残疾人学研究

奚从清 编著

浙江大学出版社
·杭州·

图书在版编目（CIP）数据

残疾人学研究 / 奚从清著. -- 杭州：浙江大学出版社，2024. 11. -- ISBN 978-7-308-25242-3

Ⅰ. C912.1

中国国家版本馆 CIP 数据核字第 2024EB4629 号

残疾人学研究

奚从清　编著

责任编辑	傅百荣
责任校对	梁　兵
封面设计	周　灵
出版发行	浙江大学出版社
	（杭州市天目山路 148 号　邮政编码 310007）
	（网址：http://www.zjupress.com）
排　　版	杭州好友排版工作室
印　　刷	杭州高腾印务有限公司
开　　本	710mm×1000mm　1/16
印　　张	23
字　　数	438 千
版 印 次	2024 年 11 月第 1 版　2024 年 11 月第 1 次印刷
书　　号	ISBN 978-7-308-25242-3
定　　价	78.00 元

版权所有　侵权必究　印装差错　负责调换

浙江大学出版社市场运营中心联系方式：（0571）88925591；http://zjdxcbs.tmall.com

前　　言

一、残疾人学研究的特定对象

建立一门新兴的学科,首先必须弄清它的特定研究对象,因为这是建立这门学科的主要依据。毛泽东说:"科学研究的区分,就是根据科学对象所具有的特殊的矛盾性。因此,对于某一现象的领域所特有的某一种矛盾的研究,就构成某一门科学的对象。"[①]

时任中国残联主席的邓朴方,在《认清历史发展趋势,加强残联干部队伍建设》一文中,针对当时"残疾人干部受到的挫折比较多一些,比较容易产生狭隘的心理",为了"研究他的心理状况",解决"造成偏激狭隘的情绪",首次提出"残疾人学"概念。[②] 笔者试图撰写一本《残疾人学研究》,由衷感谢邓朴方同志给予的启迪,使之与残疾人社会学、残疾人社会工作构成一个相对比较完整的学术体系。这正如著名学者郁建兴曾给笔者著的《人道主义与中国残疾人事业》论文集拨冗作序,写下一段鼓舞人心、催人奋进的话语:"这既是他在这个领域长期积累、深入思考的必然结果,也是他晚年自觉的人道主义情怀的生动实践。"[③]

《国务院关于印发"十四五"残疾人保障和发展规划的通知》(国发〔2021〕10号)明确指出:党中央、国务院高度重视残疾人事业发展,对残疾人格外关心、格外关注。"十三五"时期,残疾人事业取得重大成就,"全面建成小康社会,残疾人一个也不能少"的目标如期实现:710万农村建档立卡的贫困残疾人脱贫,城乡新增180.8万残疾人就业,1076.8万困难残疾人被纳入最低生活保障范围;1212.6万困难残疾人得到生活补贴,1473.8万重度残疾人得到护理补贴;残疾人基本康复服务覆盖率达到80%,辅助器具适配率达到80%。残疾少年儿童接受义务教育的比例达到95%,5万多残疾学生进入高等院校学习。城乡无障碍环境明显改善,关爱帮助残疾人的社会氛围日益浓厚,越来越多的残疾人更加勇

[①] 《毛泽东选集》第一卷,人民出版社1991年第2版,第309页。
[②] 邓朴方:《人道主义的呼唤》(第二辑 1996—2000),华夏出版社2006年版,第378-379页。
[③] 奚从清:《人道主义与中国残疾人事业》,浙江大学出版社2018年版,第4-5页。郁建兴系教育部特聘教授,曾任浙江大学公共管理学院院长、浙江工商大学校长,现为浙江工商大学党委书记。

敢地面对生活的挑战,更加坚强地为梦想而奋斗,为经济社会发展作出了重要贡献,我国在国际残疾人事务中的影响力显著提升。这些重大成就,有效改善了残疾人民生,有力推动了社会文明进步,成为全面建成小康社会的重要助力,彰显了中国共产党领导和中国特色社会主义制度的显著优势。

我国有 8500 多万残疾人。"十四五"时期,受人口老龄化加快等因素影响,残疾仍会多发高发。残疾人人数众多、特性突出,特别需要关心帮助。当前面临的突出问题:一是残疾人致贫返贫风险高,相当数量的低收入残疾人家庭生活还比较困难;二是残疾人社会保障水平和就业质量还不高,残疾人家庭人均收入与社会平均水平相比还存在不小差距;三是残疾人公共服务总量不足、分布不均衡、质量效益还不高,残疾人就学就医、康复照护、无障碍等多样化需求还没有得到满足;四是残疾人平等权利还没有得到充分实现,歧视残疾人、侵害残疾人权益的现象还时有发生;五是残疾人事业仍然是经济社会发展的短板,欠发达地区、农村和基层为残疾人服务的能力尤其薄弱。

残疾人事业是中国特色社会主义事业的重要组成部分,扶残助残是社会文明进步的重要标志。习近平总书记强调,"残疾人事业一定要继续推动"[1],要"促进残疾人全面发展和共同富裕"[2]。在全面建设社会主义现代化国家的新征程中,决不能让残疾人掉队。"十四五"时期,要继续加快发展残疾人事业,团结带领残疾人和全国人民一道,积极投身全面建设社会主义现代化国家的伟大实践,共建共享更加幸福美好的生活。

正是在这种良性互动的环境中,8500 多万残疾人中越来越多的人以不同方式参与我国政治、经济、社会、文化、生态等各个领域活动,从而形成了一定的社会关系和心理关系。由此,笔者认为,残疾人学研究是以习近平新时代中国特色社会主义思想为指导,从变动着的社会关系与心理关系出发,从满足残疾人的实际需求做起,研究残疾人劳动就业与创业、残疾预防、康复、文化、教育、体育等内容,阐明残疾人的本质、生命的意义,不断促进残疾人全面发展、共同富裕及其发展规律的一门新兴学科。

二、残疾人学研究的必要准备

笔者在《人道主义与中国残疾人事业》的前言里,写下这段文字:"平心而论,

---

[1] 《大党丨谱写人权文明的新篇章》,中国经济网 http://www.ce.cn/xwzx/gnsz/gdxw/202110/03/t20211003_36967328.shtml. 搜索时间 2024.1.11

[2] 《促进残疾人全面发展和共同富裕》,中国共产党新闻网 http://cpc.people.com.cn/n1/2022/0228/c441898-32361290.html. 搜索时间 2024.1.11

不论是我为残疾人发表的论文,还是为残疾人出版的著作,其源头活水正是来自残疾人、中国残联及浙江省残联的实践,是残疾人、中国残联及浙江省残联成就了我的学术研究,使我多年来在研究人道主义与中国残疾人事业方面取得了一些成就。这一份恩情我会永远铭记于心。"[①]从学术理论的视角看,所谓残疾人学研究的必要准备,是与笔者的学术研究、工作经历相关联的。

1961年,我毕业于杭州大学政治系,留校从事马克思主义哲学教学与研究工作。1978年7月,我到北京大学哲学系进修一年。1980年杭州大学创建哲学系,1993年更名为哲学社会学系。我于1986年担任社会学教研室主任、副教授,是社会学硕士研究生导师,并兼任哲学硕士研究生导师。我对沈善洪、薛克诚、马志政教授和黄逸宾、郑造桓书记以及郑小明校长都怀着感恩之心和感激之情。

1981年7月至1982年7月,杭州大学党委任命我为党委宣传部副部长,分管学生工作。1982年7月至1985年7月,校党委任命我为校总务处党总支书记兼任校劳服公司总经理。在校领导下,我与班子成员、广大职工打成一片,广泛听取教职工及学生的意见,努力改善全校师生员工的伙食。学校实行了一些改革措施,安排教职员工子女110余名(其中有3名残疾青年)及家属就业。黄书记送给我他画的一幅山水画,时至今日,依然难以忘怀![②]

1995年7月,哲学社会学系举办社会工作与管理专业,郑造桓书记、郑小明校长很重视,哲学社会学系招了95、96两届社会工作与管理专业学生。他们还很重视对残疾人大学生的招生与培养工作;重视与浙江省民政厅签订合作办学协议,开展社会保障与社会管理建设理论与实践研究,举行社会学与社会管理等理论研讨会,帮助民政与残联干部举办培训班,提高理论水平等。学校领导还举行仪式,聘请时任浙江省民政厅副厅长的李强为客座教授,给95届、96届社会工作与管理专业学生讲授救灾学,安排学生就业。教学实践期间,社会学教研室组织95届学生到绍兴县残联调查,撰写了10多位残疾人的先进事迹,产生了良好的社会效应。[③] 例如,肢残企业家鲁天青于1998年10月16至19日光荣地出

[①] 奚从清:《人道主义与中国残疾人事业》,浙江大学出版社2018年版,第1页。
[②] 浙江人民美术出版社为黄逸宾出版了书画集,沙孟海先生亲为之跋,内有"公余辄喜作画,下笔惊人""重视墨法,苍茫高简""魄力韵致,皆异恒流"等句,评价甚高。
[③] 浙江省残疾人联合会理事长林清和同志于1995年7月题词:平等参与,回报社会。时任中共绍兴县委书记陈敏尔同志(现任中央政治局委员,天津市委书记)于1995年8月题词:自强之歌。绍兴县人民政府县长茹关筠同志于1995年7月题词:做生活的强者,创生命的奇迹。时任中共绍兴县委副书记李会鹏作序,奚从清著:《人道主义与中国残疾人事业》,浙江大学出版社2018年版,第248-254页,其中陈君撰写的《奋斗的人生永不残缺——记坐轮椅的农民企业家鲁天青》,就是一个典型事例。

3

席了中国残疾人联合会第三次全国代表大会。

杭州大学相继招进几十名残疾大学生,我们相应出版了一些颇有影响的教材和著作。例如,奚从清、沈赓方主编《残疾人工作概论》(杭州大学出版社1990年版,邓朴方作序),奚从清、林清和、沈赓方主编《残疾人社会学》(华夏出版社1993年版,邓朴方作序),奚从清编著《残疾人问题研究》(杭州大学出版社1994年版),奚从清、林清和主编《社区残疾人工作》(杭州大学出版社1996年版),奚从清、林清和主编《残疾人社会工作概论》(浙江大学出版社2013年第1版、2019年第2版,张海迪题词)等。

1997年5月的一天,郑造桓书记找我谈话,让我担任杭州大学义乌分校校长、教授。当时我向郑书记提出一个要求,派一支由徐土林管理员负责的炊事员小分队,办好杭大义乌分校食堂。他表示支持。6月底的一天,郑小明校长、楼含松校办主任与我驱车拜访义乌市市长魏超然,为我任职做好交接工作。郑校长向魏市长介绍了本人的基本情况,魏市长则希望继续办好杭大义乌分校,为适应义乌市经济社会发展需要培养更多更好的人才。当天下午,我与戚谢美副校长进行了工作交接。

我遵照杭州大学党委和校行政对义乌分校提出的"巩固、发展、上水平"的要求,紧密结合义乌经济社会发展需求,贯彻落实义乌市委、市政府与杭州大学党委和校行政的办学方针和指示精神,成立由经维勤、奚从清、李孝华、张处桢、王联荣5人组成的新一届领导班子,完善了经维勤(义乌市人大副主任)书记负责的杭大分校党总支委员会,充分调动各方办学的积极性、主动性和创造性。

李孝华副校长分工管理教学工作,勤恳敬业,其分管的教务科长陈沛森、学生科长毛园芳尽心尽责。毛园芳概括分析:这几年办学过程艰辛,但办学成效明显。第一,招生规模稳步增长,学生人数逐年增加。1995年级共有4个班级171人,1996年级共有6个班级222人,1997年级共有6个班级294人,1998年级生源扩展了高职招生,共招收8个班级,当年报到学生有317人。同时,成人教育不断开拓新局面,面向社会的成教招生工作有序推进。第二,推进教学改革,教学管理水平不断提高,严肃教风学风,狠抓考风考纪,提高教学质量。在做好和杭州大学本部教学计划和教学实施紧密衔接的基础上,分校在加强学生文化素质教育方面进行了有益的探索,推出了不少选修课(我为学生讲授"社会学原理""企业文化理论与实践"以及社会调查讲座)。第三,建立健全教学、管理机构和规章制度。进行校内机构的整合和增设,建立岗位责任制,制定一整套行之有效的规章制度。当时正值党的十五大召开,我们结合校情,提出"凝聚力工程",号召全体师生以"二次创业"精神办好办强学校。第四,加强学生工作,将德智体美全面发展的教育方针落到实处,特别强调教育和生产劳动相结合。

王联荣副书记分管、吴雷负责的团委、学生会工作蓬勃开展,大力推动大学生的社会实践活动,鼓励学生勤工俭学,引导学生深入附近农村、街道、市场进行调查研究;积极开展文体活动,活跃学生生活和校园文化。1998年10月,分校体育代表队参加浙江大学西溪校区运动会,荣获团体总分第一,并捧回精神文明奖,彰显了教育教学的不俗成绩。

为了不辜负义乌市委、市政府和杭州大学党政领导和义乌分校全体师生的期待,我想,杭州大学分校要有一个安全、优美的办学环境。1997年8月初的一个星期日上午,浙江省金华市委常委、永康市委书记李强来分校视察。他问我:"你在这里生活习惯吧?碰到的问题不少吧?"我说:"问题确实不少,眼下有两个亟待解决的问题:一个问题是有170多米长的围墙直到现在还没有筑起来,这不仅关系到教学大楼的财物安全,而且关系到师生员工的安全。这主要是高堂村干部要学校让出两米红线,便于他们在鸡鸣山开采石头,两辆拖拉机能够对开,为村里群众增加收益。另一个问题是校园内的鸡鸣山真像癞痢头,与校园现代化教学楼极不相称。"他沉思了一下说:"多跑基层,多想发展。"在这个思想理念的推动和张处祯副校长的努力下,义乌市规划局终于答应了村干部的要求,很快就把这道围墙筑起来,使全校师生获得了安全感。一天,我问张副校长,怎么在鸡鸣山上种上树?他说,有一个办法,就是放一个炮,种一棵树,再挑土填土。我说:"这真是一个好办法。"说干就干,于是满山放炮,满山种树。

当时,李强书记还要我在教育实践中密切联系实际,充分发挥社会学专业的作用,我深受启发。为此,我在做好学校行政管理和教学工作的基础上,调查研究义乌精神的内涵和义乌文化市场的现状,指导青年教师开展学术研究等。经过一番努力,我在《义乌日报》1997年11月21日第3版发表了《论义乌精神——兼论社区精神》。随后在《义乌社会论坛》1998年第1期发表了《论文化市场——兼论义乌文化市场的繁荣和发展》,后由上海市文化局主办的《文化市场》杂志1998年第2期全文转载。我与青年教师毛园芳合写的《社会代价是一个社会学范畴》一文,刊登在《浙江大学学报》(人文社会科学版)1999年第3期。

1998年9月15日,四校合并为新的浙江大学。在此之前的一天,校办主任张美凤电话通知,校领导要来分校考察,要求做好接待与汇报工作。8月15日,新浙大组成的四校主要领导听完我的汇报,特别是义乌市委书记、市长提出继续办好浙大分校的强烈愿望,他们边听边记。休息时,张浚生书记题词:实践联合办学,发展教育事业。潘云鹤校长题词:探索教育多样化,培养人才创造性。会后,新浙大筹建小组成员与义乌市委市政府领导合影。我们陪着诸位领导登上鸡鸣山头,俯瞰分校全景。种下的树木已全部成活,呈现一片绿色、一片生机。不久,原杭州大学义乌分校改为浙江大学义乌分校,并发给我浙江大学工作证

（浙大人证字第98913号）。由于受当时义乌经济发展和土地征用等因素的限制，新浙大领导决定开办浙江大学宁波理工学院，李孝华副校长负责浙江大学义乌教学部收尾工作。我于2000年1月底回杭，参与郑造桓、李晓晋主持的"民政事业现代化研究"课题组。

2000年8月28日至2008年8月26日，我被温州大学聘为教授，给本科生讲授社会学、现代企业文化，给社会工作研究生讲授社会学专题、社会工作理论、社会调查。2010年4月8—9日，我参加世界温州人研究国际学术研讨会，主讲"论温州人的价值观：含义、作用及其提升"，引起热议。我返回杭州，整理文稿，由浙江大学出版社于2013年出版了《温州的发展与发展的温州》论文集，并请时任浙江省省长李强作序。

2018年11月10日，义乌工商职业技术学院建校25周年暨创业学院成立10周年，我参加返校团聚庆祝活动。2023年5月20日，义乌工商职业技术学院成立30周年，我又返校参加庆祝活动，真是深感荣幸。回想当年几乎光秃秃的鸡鸣山，放炮挖坑种树，再看如今的鸡鸣山，树木成林，高大挺拔，枝繁叶茂。校园里还有一个美丽的水库。陈望道石像挺立在山脚下，凝望着充满活力的校园。这与习近平提出的"绿水青山就是金山银山"理念相吻合。参观别后多年的义乌工商职业技术学院，其飞速发展及其取得的显著成就，让我感受颇多。

三、残疾人学研究的主要目标

浙江是中国革命红船的起航地，改革开放的先行地，习近平新时代中国特色社会主义思想的重要萌发地，中共中央、国务院关于支持浙江高质量发展建设共同富裕的示范区。据此，笔者从事残疾人学研究的主要目标是：立足浙江，面向全国，放眼世界。在这个过程中，不会忘记我们的党团结带领全国各族人民，进行了一场惊心动魄的抗疫大战，付出了巨大努力，成为人类同疾病斗争史上的又一壮举！

我十分感谢95届、96届哲学系社会工作与管理专业学生对我的信任与支持。1998年6月，中国社会学所刘应杰、张其仔策划编辑的《社会学家访谈丛书》，是一项国家级的社会学课题。其中第五部是袁亚愚等著的《社会学家的分析：中国社会问题》。当我接到策划者和袁亚愚教授的通知后，就邀请95届社会工作与管理专业的一位毕业生访问我，撰写了《社会公正与少数人权利保护：从残疾人访问说起》，此文被收入《中国社会问题》（中国社会出版社1998年版）一书中。从此，我从残疾人工作原发创新步入持续创新之路：参与吴德隆、谷迎春主持的"中国城市社区建设"国家级课题，撰写了其中的第一章、第八章（知识出版社1996年版）；参与马国龙主编的《中国专家学者辞典》编写（国家课题，中国大地出版社 2001 年版)。

我十分感谢温州大学法学院何平副教授撰写本著作第九章第一、二节；浙江特殊教育职业学院吕明晓撰写第九章第三节、第十章第三节及第十五章，并对原稿作了全面的审核和局部调整；浙江工商大学张延副教授撰写第十二章；杭州市残联杨云飞撰写第十四章；温州理工学院赵丽央副教授撰写第十五章，还深入龙湾区残联调研，获取了生动丰富的实证材料；义乌工商职业技术学院毛园芳教授与笔者合作撰写第十八章。这些都为这本学术著作增色不少。

我十分感谢中国残联、浙江省残联将奚从清、林清和主编的《残疾人社会工作概论》列入残疾人工作者培训教材，资助《残疾人学研究》出版。而且，我认真执行中国残疾人联合会副理事长程凯提出的要求："宁可把时间放得再长一些，也要把这本书写得更好一些。"①

我十分感谢郑造桓书记、郑小明校长、张金山、王重鸣、胡建淼、徐辉副校长、张美凤主任提供坚定的精神支持和智力支持；十分感谢浙江大学公共管理学院党政领导和时任学院院长的郁建兴支持。

我十分感谢浙江大学研究员彭凤仪在 2013 年 7 月 5 日《浙江大学报》总1308（新）第 448 期第 4 版刊登时任浙江省省长李强为笔者撰写的《温州的发展与发展的温州》论文集作的序，而且用了显著标题：赋予温州模式新的内涵和新的生命力——《温州的发展与发展的温州》序，还加了一段热情洋溢的按语。

我十分感谢浙江大学出版社责任编辑傅百荣和我的学生金菊爱为《残疾人学研究》出版作了仔细的审读与编校工作，付出了很多的辛勤劳动。还有不少学生如张海燕、殷卓成为我到基层调查作了精心安排。

如果说，《残疾人学研究》对于 88 虚岁的浙大老学者来说，算是一次攀登的话，那么"只要生命不完结，就不会停止攀登"②，我将继续努力保持学术生命的光泽。

四、残疾人学研究的新蓝图

中国残联第八次全国代表大会以习近平新时代中国特色社会主义思想为指导，深入贯彻党的二十大精神，认真落实习近平总书记关于残疾人事业的重要论述和重要指示批示，取得了重要成果。

增强了以习近平新时代中国特色社会主义思想指导引领残疾人事业发展的政治自觉。新时代 10 年残疾人事业取得的历史性成就，根本在于有以习近平同

---

① 奚从清：《人道主义与中国残疾人事业》，浙江大学出版社 2018 年版，第 006-007 页。
② 张海迪：《绝顶》，中国青年出版社 2015 年版，第 1 页。

志为核心的党中央的坚强领导,有习近平新时代中国特色社会主义思想的科学指引。习近平总书记关于残疾人事业的重要论述和重要指示批示,既体现了中国特色社会主义的鲜明特征,又植根于中华民族扶弱济困、守望相助的优秀传统文化,是习近平新时代中国特色社会主义思想的重要组成部分,为做好新时代新征程残疾人工作指明了前进方向、提供了根本遵循。

描绘了新时代新征程我国残疾人事业全面发展的新蓝图。党中央、国务院给会议发来的致辞,充分肯定了新时代10年我国残疾人事业取得的历史性成就,对新时代新征程残疾人事业的全面发展作出部署,提出了"一个必须坚持"和"三个必须牢牢把握"的要求,明确了残疾人事业的鲜明主题、指导思想、价值导向、历史使命和目标任务。

产生了中国残联新的领导机构。会议选举产生了由124人组成的中国残联第八届主席团,聘请杨晓渡担任中国残联第八届主席团名誉主席,选举程凯担任中国残联第八届主席团主席,选举周长奎、张卫星、李东梅、王永澄、侯晶晶、李校堃、郑毅、张银良、周娟为副主席,推举周长奎为第八届执行理事会理事长,李东梅、钟秀明、胡向阳、尤亮为副理事长,顺利实现了领导班子的调整和交替。

修订了中国残联章程。会议审议通过了《中国残疾人联合会章程(修正案)》。新修订的《章程》坚持以习近平新时代中国特色社会主义思想为指导,深入贯彻落实党的二十大精神,进一步体现了群团改革和残联自身建设的各项要求。

奚从清

写于西溪启真名苑　2023年12月

目 录

总 论 篇

第一章　残疾人学研究的对象与指导思想 ⋯⋯⋯⋯⋯⋯⋯⋯⋯ 3

　第一节　马克思主义的社会观 ⋯⋯⋯⋯⋯⋯⋯⋯⋯⋯⋯⋯⋯ 3
　第二节　残疾人学的研究对象与显著标志 ⋯⋯⋯⋯⋯⋯⋯⋯ 6
　第三节　坚持习近平新时代中国特色社会主义思想 ⋯⋯⋯⋯ 12
　第四节　韩正致辞对残疾人学研究的重要意义 ⋯⋯⋯⋯⋯⋯ 15

第二章　残疾人学研究的任务、原则和方法 ⋯⋯⋯⋯⋯⋯⋯⋯ 18

　第一节　《"十四五"残疾人保障和发展规划》对残疾人学研究的指导意义
　　　　　⋯⋯⋯⋯⋯⋯⋯⋯⋯⋯⋯⋯⋯⋯⋯⋯⋯⋯⋯⋯⋯ 18
　第二节　残疾人学的研究任务 ⋯⋯⋯⋯⋯⋯⋯⋯⋯⋯⋯⋯ 20
　第三节　具有中国特色的共同富裕是一个伟大的历史进程和实践过程 ⋯ 23

第三章　残疾人学在残疾人事业发展中的重要地位 ⋯⋯⋯⋯⋯ 41

　第一节　创建残疾人学,是充分体现其双重性质的内在要求 ⋯ 41
　第二节　创建残疾人学,是充分发挥残疾人潜能的迫切要求 ⋯ 50
　第三节　创建残疾人学,是残疾人心理磨合、文化认同和融合发展的客观
　　　　　要求 ⋯⋯⋯⋯⋯⋯⋯⋯⋯⋯⋯⋯⋯⋯⋯⋯⋯⋯⋯ 52

第四章　残疾人学研究,必须把残疾人生命作为主线 ⋯⋯⋯⋯ 60

　第一节　从"三个实际"出发,阐述中国残联的三种职能 ⋯⋯ 60
　第二节　创建残疾人学不能离开残疾人的生命观 ⋯⋯⋯⋯⋯ 71

第五章 建设一支堪当民族复兴重任的高素质干部队伍 …… 82

第一节 残联干部和残疾人工作者应具有的高素质 …… 82
第二节 残联干部和残疾人工作者要弘扬专业精神 …… 85
第三节 大力弘扬专业精神，自觉运用五个原则 …… 91

第六章 夯实残疾人学研究的价值理论基础 …… 94

第一节 价值与价值体系 …… 94
第二节 残疾人学倡导事业与职业相统一的价值观 …… 96
第三节 与残疾人学倡导的价值观相反的价值观 …… 112

分论篇

第七章 劳动是残疾人学的起点 …… 121

第一节 残疾人劳动概述 …… 121
第二节 坚持走中国特色的劳动福利型发展道路 …… 126

第八章 残疾人也是人，也可以活出精彩的人生 …… 135

第一节 健全人可以活出精彩的人生，残疾人也可以活出精彩的人生 … 135
第二节 残疾人创造物质财富和精神财富，需要营造良好的环境 …… 138

第九章 保障残疾人权利 …… 145

第一节 坚定不移走中国人权发展道路 …… 145
第二节 高度重视与切实维护残疾人的基本人权 …… 150
第三节 浙江省残联维护残疾人合法权益的实践 …… 156

第十章 残疾的预防与康复 …… 160

第一节 残疾预防工作 …… 160
第二节 残疾康复工作 …… 167
第三节 残疾预防和康复的对外交流与国际合作 …… 177

第十一章　残疾人特殊教育和融合教育及其发展趋势 …… 182
第一节　着力办好特殊教育，提高残疾人受教育水平 …… 182
第二节　努力发展融合教育，创设残健融合的最佳环境 …… 185
第三节　我国残疾人教育工作的发展趋势 …… 190

第十二章　残疾人体育 …… 198
第一节　国家发展促进残疾人体育进步 …… 198
第二节　中国为世界奉献一届精彩的冬残奥会 …… 210

第十三章　残疾人旅游业及其发展 …… 216
第一节　残疾游客与残疾人旅游业 …… 216
第二节　残疾人旅游文化业的发展 …… 218
第三节　我国残疾人旅游业的法律法规和社会融合 …… 221
第四节　残疾人旅游业的相关产业及其服务要求 …… 222

发展篇

第十四章　残疾人心理健康服务 …… 229
第一节　科学认识残疾人心理健康问题 …… 229
第二节　残疾人心理健康应用探索 …… 233

第十五章　健全残疾人事业领导体制和工作机制 …… 240
第一节　残疾人事业的领导体制和工作机制 …… 240
第二节　健全残疾人事业领导体制和工作机制的重要意义 …… 248
第三节　国务院残工委在健全残疾人事业的领导体制和工作机制中发挥着重要作用 …… 251

第十六章　残疾人的社会化 …… 253
第一节　什么是残疾人社会化 …… 253
第二节　残疾人社会化的条件 …… 256

第三节　残疾人社会化的内容………………………………………… 262

第十七章　残疾人的现代化……………………………………………… 271

第一节　牢牢把握以中国式现代化推进中华民族伟大复兴的使命任务
　　　　………………………………………………………………… 271
第二节　残疾人共享现代化的重要意义、地位作用和现实基础……… 273
第三节　残疾人共享现代化遵循的基本原则、长短期目标和措施…… 277
第四节　浙江省残疾人现代化的保障措施……………………………… 283

第十八章　推进残疾人事业治理体系和治理能力现代化及其重要意义…… 286

第一节　中国共产党是推进国家治理体系和治理能力现代化的领导者
　　　　………………………………………………………………… 286
第二节　省残联在推进残疾人治理体系和治理能力现代化进程中的
　　　　重要作用…………………………………………………………… 288
第三节　县残联在推进残疾人治理体系和治理能力现代化进程中的
　　　　重要作用…………………………………………………………… 293
第四节　充分发挥各级残联在残疾人事业中先进典型的引领作用……… 298

贡　献　篇

第十九章　残疾人学的新贡献之一：中国残疾人脱贫攻坚的新鲜经验…… 311

第一节　党中央全面、科学地规划和打赢脱贫攻坚战…………………… 311
第二节　充分发挥东西部扶贫协作和对口支援的重要作用……………… 314
第三节　认真做好精准扶贫和精准脱贫的各项工作……………………… 318
第四节　中国脱贫攻坚取得伟大成就的主要原因………………………… 320

第二十章　残疾人学的新贡献之二：中国残联坚持融合发展理念的先进经验
　　　　……………………………………………………………………… 337

第一节　融合发展及其主要特征…………………………………………… 337
第二节　保障残疾人平等权益，促进残疾人融合发展…………………… 340
第三节　坚持六个维度分析，保障残疾人平等权益……………………… 341

总论篇

第一章　残疾人学研究的对象与指导思想

残疾人学人是学的一个分支学科。特别是党的十八大以来，进一步发展中国特色残疾人事业，认真贯彻落实党中央、国务院的一系列决策部署，需要建立以习近平新时代中国特色社会主义思想为指导的残疾人学研究。这是一项十分艰巨而光荣的任务。从残疾人学研究的角度来说，首先必须回答三个问题：第一，人是怎样组成或构成一定历史发展阶段上的社会的？第二，残疾人学研究的逻辑起点是什么，有何指导意义？第三，残疾人学研究对象是由什么决定的，有哪些显著标志？

第一节　马克思主义的社会观

一、马克思提出最有代表性的三种说法

马克思在1844年提出："社会是人同自然界的完成了的、本质的统一。"[1]马克思在1846年指出："社会——不管其形式如何——是什么呢？是人们交互活动的产物。"[2]马克思在1847年指出："各个人借以进行生产的社会关系，即社会生产关系，是随着物质生产资料、生产力的变化和发展而变化和改变的。生产关系总和起来就构成为所谓社会关系，构成所谓社会，并且是构成为一个处于一定历史发展阶段上的社会，具有独有的特征的社会。"[3]

人是怎样组成或构成社会的问题，是一个极其复杂的交互作用的动态关系。这种关系主要是通过劳动将个人和社会联系起来；劳动是最基础、最稳定的中介。于是，由生产关系（经济关系）、政治关系、文化关系、家庭关系和其他社会关系构成一个有机的结合体——人类社会。人与社会的辩证关系如图1-1所示。[4]

---

[1] 马克思：《1844年经济学哲学手稿》，人民出版社1979年版，第75页。
[2] 《马克思恩格斯选集》第四卷，人民出版社1995年版，第532页。
[3] 《马克思恩格斯选集》第一卷，人民出版社1995年版，第345页。
[4] 上海市社会学学会编：《社会学文集》（1985年5月），刘海善：《论社会的本质特征》，第54-56页。

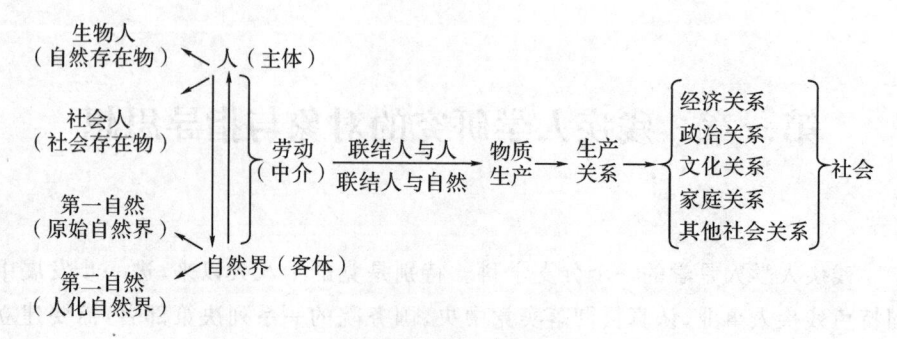

图 1-1　人与社会的辩证关系

二、人学理论的逻辑起点

当我们了解人是怎样组成或构成社会的问题之后,就可以进一步探讨建立人学理论的逻辑起点。薛克诚教授在《略论人学在马克思主义哲学中的地位》一文中说:"要建立起马克思主义的系统的人学理论,必须选择好逻辑起点。有人认为,人学理论的逻辑起点不言而喻应是人。我认为这种看法不妥,人是人学理论研究的对象,而不是研究的逻辑起点,劳动才是人学理论的逻辑起点。"[①]他认为,人学理论作为一门学科的逻辑起点,不是任意选择的,它必须遵循这样三条原则:第一,逻辑起点也是历史的起点,应坚持逻辑与历史一致的原则。人学理论的起点应是劳动,劳动才是人的历史起点。他引证恩格斯在《劳动在从猿到人的转变中的作用》中的话:"动物仅仅利用外部自然界,简单地通过自身的存在在自然界中引起变化;而人则通过他所作出的改变来使自然界为自己的目的服务,来支配自然界。这便是人同其他动物的最终的本质的差别,而造成这一差别的又是劳动。"[②]第二,逻辑起点应包含着往后发展的一切内在的矛盾。人学原理把劳动作为逻辑起点,还在于它包含着促使人发展的一切内在的矛盾。人的劳动过程必须同时发生两方面的关系,即与自然发生关系的同时,又与人发生关系,这就构成了生产力与生产关系的矛盾;人的劳动不是像鲁滨孙那样孤立地进行的,总是有组织有领导地进行的,这就构成了经济基础与上层建筑的矛盾,这些矛盾是推动社会发展的根本动力,也是促进人自身发展的社会根源。第三,逻辑起点应是最常见的东西。劳动与人类共存亡,有人类就有劳动,有劳动也就意味着有人类,因为劳动总是人类的劳动。劳动是人类赖以存在和发展的决定性条件。马克思说:"任何一个民族,如果停止劳动,不用说一年,就是几个星期,也

[①] 薛克诚:《哲学文稿》,浙江大学出版社 2008 年版,第 288-289 页。
[②] 《马克思恩格斯选集》第四卷,人民出版社 1995 年版,第 383 页。

要灭亡,这是每一个小孩都知道的。"①劳动是人学理论的逻辑起点的观点,是残疾人学理论研究中的一个重要对象,其意义尤为重要。

三、从人学到残疾人学

法国启蒙主义哲学家狄德罗说:"人们谈论得最多的东西,每每注定是人们知道得很少的东西。"例如,残疾人学是什么性质的学科,就是其中之一。邓朴方在《认清历史发展趋势,加强残联干部队伍建设》一文中首次提出了"残疾人学"②概念。

这里不妨简略地回忆一下人学讨论的历程。人学(human science)是近年兴起的一门综合性学科。它以人为对象,主要研究人的本质、人的形成、人为什么存在以及人未来的发展等问题。1977年,苏联学者阿南耶夫在《论现代人学的一些问题》一书中指出:"在最近10年内,理论的和实践的人学将成为人作为科学发展研究最主要的中心之一。人作为科学研究的对象,是一个非常复杂的系统,需要许多学科共同进行研究。目前,人学研究的特点是:研究领域更为广泛,研究方法更加多样,新的学科大量涌现。"③

1997年我国哲学界开展了人学讨论。对此,《江海学刊》1997年第5期刊登了《人学研究的若干理论问题——全国首届人学讨论会述评》。之后,我国著名教授黄楠森发表《人学研究的重要意义》一文(载《北京大学学报》1990年第1期);黄楠森主编了《人学原理》(广西人民出版社2000年版);陈志尚主编了《人学原理——人学理论与历史》(北京出版社2005年版);祁志祥著了《人学原理》(商务印书馆2012年版)。《人学原理》是祁志祥在已出版的《中国人学史》《中国现当代人学史》《国学人文读本》的基础上,综合古今中外人学思想数据,结合现实的人生体悟,横向建构的一部关于人学思想范畴体系的著作。此书按照相互联系的"人性观""人生观""人治观""人格观""社会观"五大部分,阐述人学的基本原理。所有这些文献成果,为笔者的残疾人学研究开阔了思路,拓宽了视野。

---

① 《马克思恩格斯选集》第四卷,人民出版社1995年版,第580页。
② 邓朴方:《认清历史发展趋势,加强残联干部队伍建设》,《人道主义的呼唤》(第二辑),华夏出版社2006年版,第379页。
③ 陈国强主编、石奕龙副主编:《简明文化人类学词典》,浙江人民出版社1910年版,第10页。

第二节　残疾人学的研究对象与显著标志

一、残疾人学的研究对象

创建残疾人学,首先必须确定它的研究对象,这是建立这门学科的主要依据。如前所引,毛泽东说:"科学研究的区分,就是根据科学对象所具有的特殊的矛盾性。因此,对于某一现象的领域所特有的某一种矛盾的研究,就构成某一门科学的对象。"[1]

2019 年 7 月,国务院新闻办公室发布《平等、参与、共享:新中国残疾人权益保障 70 年》,指出:"中国有 8500 万残疾人。新中国成立 70 年来,在建设中国特色社会主义伟大事业进程中,中国共产党和中国政府本着对人民负责的精神,坚持以人民为中心,关心特殊困难群体,尊重残疾人意愿,保障残疾人权利,注重残疾人的社会参与,推动残疾人真正成为权利主体,成为经济社会发展的参与者、贡献者和享有者。

在习近平新时代中国特色社会主义思想指引下,中国将残疾人事业发展作为全面建成小康社会的重要目标,坚持政府主导与社会参与、市场推动相结合,坚持增进残疾人福祉和促进残疾人自强自立相结合,将残疾人事业纳入国家经济社会发展总体规划和国家人权行动计划,残疾人权益保障的体制机制不断完善,残疾人社会保障制度和服务体系不断健全,残疾人获得感、幸福感、安全感持续提升,残疾人事业取得举世瞩目的历史性成就。"[2]

残疾人事业是中国特色社会主义事业的重要组成部分,扶残助残是社会文明进步的重要标志。习近平总书记强调,"残疾人事业一定要继续推动",要"促进残疾人全面发展和共同富裕"。在全面建设社会主义现代化国家的新征程中,决不能让残疾人掉队。"十四五"时期,要继续加快发展残疾人事业,团结带领残疾人和全国人民一道,积极投身全面建设社会主义现代化国家的伟大实践,共建共享更加幸福美好的生活。[3]

正是在这个大背景下,8500 多万残疾人中越来越多的人参与到我国政治、

---

[1] 《毛泽东选集》第一卷,人民出版社 1996 年版,第 297 页。
[2] 国务院新闻办公室:《平等、参与、共享:新中国残疾人权益保障 70 年》,人民出版社 2019 年版,第 1-2 页。
[3] 2021 年 7 月 8 日,国务院印发《"十四五"残疾人保障和发展规划》。

经济、社会、文化、生态等社会生活的各个领域,从而结成纷繁复杂的社会关系和心理关系。因此,笔者认为,残疾人学研究是以习近平新时代中国特色社会主义思想为指导,从变动着的社会关系与心理关系出发,从满足残疾人的实际需求做起,研究残疾人劳动就业与创业、残疾预防、康复、文化、教育、体育等内容,阐明残疾人的本质、生命的意义,不断促进残疾人全面发展、共同富裕及其发展规律的一门新兴学科。

按照马克思主义的社会学观点,人类社会的发展,是人和社会相互作用的结果。保持人和社会的协调发展,是社会存在和发展的基本条件。人总是生活在一定社会中的现实的人,而不是脱离一定社会的抽象的人。马克思在批判费尔巴哈关于抽象的人的观点时指出:"人的本质不是单个人所固有的抽象物,在其现实性上,它是一切社会关系的总和。"①可见,人是处于历史发展一定阶段和社会关系中的人。这是对人的本质的科学界定,也是对人和社会的内在联系的最好说明。

二、残疾人学的显著标志

2017年10月,党的十九大报告《决胜全面建成小康社会 夺取新时代中国特色社会主义伟大胜利》,作出了中国特色社会主义进入新时代、我国社会主要矛盾已经转化为人民日益增长的美好生活需要和不平衡不充分的发展之间的矛盾等重大政治论断,确立了习近平新时代中国特色社会主义思想的历史地位,提出了新时代坚持和发展中国特色社会主义的基本方略,确定了决胜全面建成小康社会、开启全面建设社会主义现代化国家新征程的目标。

党的十九大报告指出:"中国特色社会主义最本质的特征是中国共产党领导,中国特色社会主义制度的最大优势是中国共产党领导,党是最高政治领导力量。"②这一重要论断大大深化和拓展了中国特色残疾人事业研究的理论内涵和时代意义,必然推动残疾人学理论研究,推动中国特色残疾人事业更好、更快地发展。习近平说:"经过长期努力,中国特色社会主义进入了新时代,这就是我国发展新的历史方位。"③这个新的历史方位必然成为创建残疾人学的显著标志。

残疾人学的显著标志之一。

党的十八大以来,在习近平新时代中国特色社会主义思想指引下,中国将残疾人事业发展作为全面建成小康社会的重要目标,坚持政府主导与社会参与、市

---

① 《马克思恩格斯选集》第一卷,人民出版社1995年版,第60页。
②③ 习近平:《决胜全面建成小康社会 夺取新时代中国特色社会主义伟大胜利——在中国共产党第十九次全国代表大会上的报告》,人民出版社2019年版,第20、10页。

场推动相结合,坚持增进残疾人福祉和促进残疾人自强自立相结合,将残疾人事业纳入国家经济社会发展总体规划和国家人权行动计划,残疾人权益保障的体制机制不断完善、不断健全,残疾人的获得感、幸福感、安全感持续提升,残疾人事业取得举世瞩目的历史性成就。

2013年9月17日,中国残疾人联合会第六次全国代表大会在北京人民大会堂开幕,党和国家领导人习近平、李克强、俞正声、刘云山、王岐山等到会祝贺。中共中央政治局常委、国务院副总理张高丽代表党中央、国务院发表了题为"在实现中国梦的伟大实践中创造残疾人更加幸福美好的新生活"的祝词。他强调指出:按照党的十八大提出的健全残疾人社会保障和服务体系、切实保障残疾人权益的要求,着力构建稳定可靠的残疾人基本保障安全网,实现应保尽保,不断提高残疾人的社会保障和社会福利水平;着力健全残疾人公共服务体系,加强无障碍环境建设,大力实施残疾预防,积极推动残疾人人人享有康复服务;着力增强残疾人的自我发展能力,千方百计促进残疾人就业创业,加强农村残疾人扶贫开发,显著缩小残疾人生活状况与社会平均水平的差距;着力保障残疾人的平等参与权利和平等发展机会,消除残疾歧视,依法维护残疾人的各项权益,努力实现残疾人与全国人民同步小康,让残疾人生活得更有尊严、更加殷实、更加幸福。

中国残联主席张海迪主持开幕式,作了题为"自强不息,团结奋斗,为残疾人兄弟姐妹创造美好生活"的报告。该报告指出,未来五年,要保障残疾人基本民生,提高残疾人生活水平;加强残疾人基本公共服务,促进社会融合发展;依法保障残疾人事业,保障残疾人平等权利;加强农村和社区残疾人工作,推进残疾人事业均衡发展;完善残疾人工作基础数据,提升残疾人工作信息化水平;保持艰苦奋斗的作风,全心全意为残疾人服务。她在报告中强调:党的十八大提出了全面建成小康社会的宏伟目标,明确要求"健全残疾人社会保障和服务体系,切实保障残疾人权益"。

2018年9月14—16日,中国残疾人联合会第七次全国代表大会在北京人民大会堂开幕,习近平、李克强、栗战书、汪洋、王沪宁、赵乐际、韩正等在主席台就座。中共中央政治局常委、国务院副总理韩正代表党中央、国务院发表了题为"在新时代的伟大征程中创造残疾人更加幸福美好的新生活"的致辞。他在致辞中说,习近平总书记对残疾人和残疾人事业发展提出了一系列明确要求,深刻阐述了新时代残疾人事业发展的价值理念、地位作用、目标方向、重要任务和责任要求,科学回答了新时代怎样认识残疾人、怎样发展残疾人事业以及怎样做好残疾人工作等重大问题。这些重要论述,从为中国人民谋幸福、为中华民族谋复兴的高度,把我们党对残疾人事业发展的规律性认识提升到一个新的高度,为中国特色残疾人事业发展指明了前进方向,提供了根本遵循,是我们做好残疾人工作的思想指引和行动指南。

2018年9月14日,中国残联主席张海迪主持开幕式,并作了题为"以习近平新时代中国特色社会主义思想为指引,团结带领残疾人兄弟姐妹共奔美好小康生活"的报告。她强调指出:"习近平总书记对残疾人事业的重要论述,体现了我们党全心全意为人民服务的宗旨和以人民为中心的发展思想。我们要把习近平总书记的重要论述作为根本遵循,认真落实到工作的各个方面。"报告提出了今后五年的10项主要任务:坚决打赢贫困残疾人脱贫攻坚战,织密筑牢残疾人民生保障安全网;千方百计促进残疾人就业创业,帮助残疾人过上更有尊严的生活;推动实现残疾人"人人享有康复服务"的目标;提升残疾人的受教育水平,促进融合教育发展;丰富残疾人精神文化生活;全力备战2022年北京冬残奥会,促进残疾人体育全面发展;完善残疾人事业政策法规体系,依法保障残疾人的平等权利;提升基础保障水平,促进残疾人事业高质量发展;发挥社会力量和市场机制作用,为残疾人事业发展注入活力;加强国际交流合作,为促进国际残疾人事务发展贡献中国力量。

残疾人学的显著标志之二。

中国残疾人事业已经构建了保障残疾人生命健康权、生存权和发展权的制度框架,明确了生命健康权是最基本的人权。不仅如此,还确立了国家扶持、市场推动、公办民办并举的残疾人事业发展格局,形成了比较完善的残疾人事业思想理论体系、政策法规体系、组织体系和业务体系,为残疾人事业长期持续健康发展奠定了坚实基础。

习近平在党的十九大报告中提出:"发展残疾人事业,加强残疾康复服务。"[1]2019年新冠疫情发生以来,以习近平同志为核心的党中央始终把人民群众的生命安全和身体健康放在第一位,特别强调"各级党组织和广大党员干部必须牢记人民利益高于一切""紧紧依靠人民群众坚决打赢疫情防控阻击战"。[2]习近平总书记的重要指示和明确要求,充分体现了我们党对人民生命健康权、生存权和发展权的高度负责的情怀与担当,为坚决打赢疫情防控阻击战注入了强大信心和动力。

残疾人学的显著标志之三。

2015年7月6日,习近平在中央党的群团工作会议上讲话指出,党的群团

---

[1] 习近平:《决胜全面建成小康社会　夺取新时代中国特色社会主义伟大胜利——在中国共产党第十九次全国代表大会上的讲话》,人民出版社2017年版,第47页。

[2] 《发挥制度优势 坚定必胜信心》中国共产党新闻网 http://theory.people.com.cn/n1/2020/0206/c40531-31573307.html.搜索时间 2024.1.11

工作是党通过群团组织开展的群众工作。这是我们党的一大创举,也是我们党的一大优势。要下决心纠正机关化、行政化、贵族化、娱乐化,切实保持和增强党的群团工作的政治性、先进性、群众性。中国残联党组立即传达、组织学习和认真落实以习近平同志为核心的党中央关于残疾人事业的新部署新要求,即中央党的群团工作会议和《中国残联改革方案》要求,围绕"强三性、去四化"目标,总结经验,着眼长远,保持稳定性,适应新时代,更好地推动中国特色残疾人事业加快发展。

残疾人学的显著标志之四。

2012年11月17日,习近平在十八届中共中央政治局第一次集体学习时的讲话中明确指出:"中国特色社会主义是改革开放新时期开创的,也是建立在我们党长期奋斗基础上的,是由我们党的几代中央领导集体团结带领全党全国人民历经千辛万苦、付出各种代价、接力探索取得的。"[①]可以这么说,残疾人学不仅在改革开放新时期提出,而且必将在新时代创立、发展和完善。因为推动创建残疾人学发展的强大动力,来自习近平新时代中国特色社会主义思想的指导。2017年3月30日,张海迪在国务院残工委第五次全体会议上说:"2020年全面建成小康社会,残疾人一个也不能少。"这对我们来说是沉甸甸的责任。

《求是》2017年第18期刊发中国残联党组署名文章《全面建成小康社会,残疾人一个也不能少——党的十八大以来残疾人事业的新发展》。文中论及习近平总书记指出,残疾人是一个特殊困难的群体,需要格外关心、格外关注;残疾人是社会大家庭的平等成员,是人类文明发展的一支重要力量,是坚持和发展中国特色社会主义的一支重要力量。残疾人完全有志向、有能力为人类作出更大贡献。多年来,中国残联紧紧围绕"全面建成小康社会,残疾人一个也不能少"这一目标,着力做好残疾人脱贫攻坚和基本公共服务托底补短工作,残疾人的生存发展状况明显改善,越来越多的残疾人实现了生活和事业的梦想。贫困是残疾人面临的最大困境,兜底保障残疾人基本民生是加快残疾人小康进程的基础。中国残联要积极协同各部门开展相关工作,共同推动贫困残疾人的脱贫工作。

残疾人学的显著标志之五。

习近平在党的十九大报告中提出:"明确新时代我国社会主要矛盾是人民日益增长的美好生活需要和不平衡不充分的发展之间的矛盾,必须坚持以人民为

[①] 习近平:《紧紧围绕坚持和发展中国特色社会主义,学习宣传贯彻党的十八大精神——在十八届中共中央政治局第一次集体学习时的讲话》,《人民日报》2012年11月19日。

中心的发展思想,不断促进人的全面发展、全体人民共同富裕。"①这是残疾人学研究中最重要的标志。

习近平还在向 2013—2022 年亚太残疾人十年中期审查高级别政府间会议的贺信中再次发出震撼人心的时代先声:2020 年全面建成小康社会,残疾人一个也不能少。② 随着联合国《残疾人权利公约》和《2030 年可持续发展议程》的实施,保障残疾人平等权益、促进残疾人融合发展,越来越成为国际社会和各国的普遍共识和共同行动。这封贺信不仅凸显了习近平关于保障残疾人平等权益、促进残疾人融合发展的著名论断对残疾人学研究的重要性,而且随着时间的推移和实践的发展,必将彰显出国际残疾人运动的发展史是一部顺乎时代潮流的残疾人融合发展史。可以想见,中国政府在全球范围内推进与引领可持续发展,实现残疾人"一个都不能少"的目标,必将成为人类命运共同体的主旋律之一。

习近平在瑞士达沃斯举行的世界经济论坛 2017 年年会开幕式上的主旨演讲中,引证了施瓦布在《第四次工业革命》一书中的一段话:"全球最富有的百分之一人口拥有的财富量超过其余百分之九十九人口财富的总和,收入分配不平等、发展空间不平衡令人担忧。全球仍然有七亿多人口生活在极端贫困之中。对很多家庭而言,拥有温暖住房、充足食物、稳定工作还是一种奢望。这是当今世界面临的最大挑战,也是一些国家社会动荡的重要原因。"③

2023 年 3 月 5 日下午,习近平参加他所在的十四届全国人大一次会议江苏代表团审议时强调,高质量发展是全面建设社会主义现代化国家的首要任务④。必须完整、准确、全面贯彻新发展理念,始终以创新、协调、绿色、开放、共享的内在统一来把握发展、衡量发展、推动发展;必须更好统筹质的有效提升和量的合理增长,始终坚持质量第一、效益优先,大力增强质量意识,视质量为生命,以高质量为追求;必须坚定不移深化改革开放、深入转变发展方式,以效率变革、动力变革促进质量变革,加快形成可持续的高质量发展体制机制;必须以满足人民日益增长的美好生活需要为出发点和落脚点,把发展成果不断转化为生活品质,不断增强人民群众的获得感、幸福感、安全感。

笔者首次提出残疾人学研究对象的"五个"显著标志,这是基于党的十八大

---

① 习近平:《决胜全面建成小康社会　夺取新时代中国特色社会主义伟大胜利——在中国共产党第十九次全国代表大会上的报告》,人民出版社 2017 年版,第 19 页。
② 《习近平向 2013—2022 年亚太残疾人十年中期审查高级别政府间会议致贺信》,新华网 http://www.xinhuanet.com//politics/2017-11/30/c_1122035883.htm. 搜索时间 2024.1.11
③ 《习近平谈"一带一路"》,中央文献出版社 2018 年版,第 153 页。
④ 《参加江苏代表团审议　习近平系统阐释这个"首要任务"》,人民网 https://news.cctv.com/2023/03/09/ARTIShdNnOwwDXS9hCYbt435230309.shtml. 搜索时间 2024.1.11

以来对习近平提出的对残疾人要格外关心、格外关注的深刻理解,是基于对中国特色残疾人事业发展历史经验的深刻总结,是基于对8500多万残疾人生命健康权、生存权和发展权的深刻感悟,是基于对促进残疾人全面发展和共同富裕的深刻思考,是基于我们弘扬全人类共同价值、践行真正多边主义、积极参与包括人权在内的全球治理体系改革和建设、推动构建人类命运共同体的主旋律的深刻认知。随着中国特色残疾人事业的发展,残疾人学研究将不断充实新的内容,并逐步完善起来,必将为中国新时代残疾人学研究与发展添砖加瓦,为国际残疾人学研究拓展新的领域。

党的二十大表明,在进入全面建设社会主义现代化国家、向第二个百年奋斗目标进军的新征程上,只要我们遵循"央视快评"有关深刻领会习近平新时代中国特色社会主义思想的道理、学理、哲理三者之间关系的一致性,就一定能够从根本上抓住这三者之间辩证关系的核心。当然,这需要在研究残疾人学时继续密切联系实际并加以说明和发挥。

第三节　坚持习近平新时代中国特色社会主义思想

"建设中国特色残疾人事业的学术体系,离不开马克思主义人学这门新兴的学科。马克思主义人学是主要研究人的本质、权利及其生存发展的具体规律的一门具体社会科学。"[①]马克思主义与马克思主义人学是一般与个别的关系,是指导与被指导的关系。马克思主义人学与残疾人学的关系是一般与个别的关系,也是指导与被指导的关系。

一、党和国家领导人历来十分关心残疾人,高度重视发展残疾人事业

1954年1月,毛泽东同志在与育人福利会负责人张文秋谈话时说:"盲人是世界上最痛苦的人,你既然是为被压迫的人谋解放才出来革命的,为什么不去解放这些最痛苦的人呢?我劝你去,你要为他们解决困难,谋福利。"[②]

1981年,邓小平与美国前总统卡特谈话时说:"中国需要改进对残疾人服务。"[③]

江泽民为《自强之歌》(1997年卷)所作序言所说:"残疾人事业是崇高的事业……各级党委和政府要高度重视这一事业,给予更多的关心和支持。全社会

[①] 奚从清:《人道主义与中国残疾人事业》,浙江大学出版社2018年版,第78页。
[②][③] 转引自中国残疾人联合会编:《残疾人工作基本知识读本》,华夏出版社2009年版,第2页。

要继续发扬扶残助残的良好风尚,为残疾人送去更多的温暖。"①

胡锦涛在《发展残疾人事业,共同创造幸福生活》中指出,残疾人事业是崇高的事业,是中国特色社会主义事业的重要组成部分。②

这充分说明了党和政府历来十分重视残疾人及残疾人事业。既是我们研究残疾人学的思想源泉,也是我们研究残疾人学的动力所在。历史和现实表明,他们同样是社会财富的创造者。因此,残疾人的问题也是关系到充分实现公民权利和生产力解放的问题,必须始终重视,不容忽视。

众所周知,人道主义是处理人与人之间关系的一个道德规范;人权保障,是国家的责任。对残疾人这个社会脆弱群体给予帮助,是社会文明进步的标志。中国共产党人以人类解放为最高宗旨,我们的社会主义国家以实现全体人民的富裕幸福为建设的根本目的,更应尊重残疾人的公民权利和人格尊严,保护其不受侵害。同时,对这个特殊而困难的群体还应给予特殊扶助,通过发展残疾人事业,使他们的权利得到更好的实现,让他们以平等的地位和均等的机会,参与社会生活和国家建设,共享社会物质和文化发展成果。

改革开放40多年来,我国残疾人事业取得了举世瞩目的成就:国家颁布了保障残疾人的法律,各级政府成立了残疾人工作协调机构,制定并实施了发展残疾人事业的工作计划;残疾人自身素质不断提高,生活状况明显改善,扶残助残的良好社会风尚进一步形成;我国政府和残疾人组织参与国际残疾人事务,在国际人权和社会发展领域发挥着越来越重要的作用。我国残疾人事业取得的成就得到了国际社会的广泛赞誉。

残疾人,有人的尊严和权利,有参与社会生活的愿望和能力,他们是建设中国特色社会主义事业的一支重要力量。我国现有8500多万残疾人,是一个特殊的困难群体,尤其在贫困人口中残疾人占比颇高。满腔热情地关心残疾人,切实尊重残疾人的公民权利和人格尊严,给他们以平等的地位和均等的机会,让他们共享社会物质和文化发展的成果,是我国社会主义制度的本质要求。各级党委重视和支持残疾人事业的发展,把残疾人事业纳入实施全面建设小康社会的规划,根据残疾人的特殊需要,在康复、教育、就业、福利、社会保障、文化生活、无障碍环境建设等方面制定扶助政策,采取相应措施。残联组织要努力工作,切实履行职责,为残疾人奔小康铺路搭桥,团结广大残疾人一起开创残疾人事业的新局面。社会各界要进一步发扬理解、尊重、关心和帮助残疾人的良好风尚,大力弘

---

① 转引自中国残疾人联合会编:《残疾人工作基本知识读本》,华夏出版社2009年版,第2页。
② 《永远与春天同行——中央领导集体关心残疾人事业发展纪实》,中国经济网 http://www.ce.cn/xwzx/gnsz/szyw/200809/07/t20080907_16730644.shtml. 搜索时间2024.1.11

扬人道主义精神,进一步形成平等友爱的人际关系和团结互助的社会环境,人人动手,个个关心,努力为残疾人办好事、办实事,让残疾人切实感受到社会主义社会的温暖。

二、坚持共同富裕,推动残疾人事业向前发展

党的十八大以来,以习近平同志为核心的党中央提出新时代中国特色社会主义思想,带领全国人民为实现中华民族伟大复兴的中国梦而奋斗,提出实现二个百年的伟大战略蓝图,让全体中国人民走上共同富裕之路。在此前提下,更加重视经济高质量的发展,社会高度和谐,更加关注残疾人这个特殊弱势群体,多次指出:"残疾人是一个特殊困难的群体,需要格外关心、格外关注。让广大残疾人安居乐业、衣食无忧,过上幸福美好的生活,是我们党全心全意为人民服务宗旨的重要体现,是我国社会主义制度的必然要求。"①

"各级党委和政府要高度重视残疾人事业,把推进残疾人事业当作分内的责任,各项建设事业都要把残疾人事业纳入其中,不断健全残疾人权益保障制度。"②

"健全人可以活出精彩的人生,残疾人也可以活出精彩的人生。我们每个人都要珍惜生命、追求健康,努力创造无愧于时代的精彩人生。

大爱无疆,医者仁心,医护人员要树立把伤残人当亲人的思想,为伤残人提供周到细致的服务。"③

"要重视重点人群健康,保障妇幼健康,为老年人提供连续的健康管理服务和医疗服务,努力实现残疾人'人人享有康复服务'的目标,关注流动人口健康问题,深入实施健康扶贫工程。"④

"残疾人是人类大家庭的平等成员。在全球范围内推进可持续发展,实现'一个都不能少'的目标,对残疾人要格外关心、格外关注。"⑤

"希望你们坚持老有所为、继续发光发热,多向澳门青年讲一讲回归前后的故事,鼓励他们把爱国爱澳精神传承好,积极参与粤港澳大湾区建设,携手把澳门建设得更加美丽。"⑥

"民心稳,人心就稳,社会就稳……对因疫情防控在家隔离的孤寡老人、困难

---

① 《习近平致信中国残疾人福利基金会》,经济日报网 http://paper.ce.cn/jjrb/html/2014-03/22/content_193799.htm.

②③④ 转引自《学习进行时 | 这个字,习近平非常看重》,中国经济网 http://www.ce.cn/xwzx/gnsz/szyw/202105/16/t20210516_36561058.shtml.

⑥ 《习近平给澳门街坊总会颐骏中心长者义工组老人的回信(全文)》,新华网 http://www.xinhuanet.com/politics/leaders/2019-10/07/c_1125075566.htm.

儿童、特困人员、残疾人等特殊群体,要落实包保联系人,加强走访探视,及时提供必要帮助。要加强心理疏导和心理干预,尤其是要加强对患者及其家属、病亡者家属等的心理疏导工作。"[①]

　　残疾人是社会大家庭的平等成员,也是人类文明发展的一支重要力量。古今中外,残疾人身残志不残、自尊自立、奉献社会的奋斗事迹不胜枚举。残疾人完全有志向、有能力为人类社会作出重大贡献。在当代中国,在改革开放进程中,我国残疾人中涌现出一大批像张海迪那样的自强模范,他们是改革开放大潮的弄潮儿,他们的事迹感人至深、催人泪下,激励了全社会的奋发自立精神。他们身上自强不息的精神,就是我们的民族精神、时代精神,也是社会主义核心价值观的应有之义。

　　中国梦,是民族梦、国家梦,是每一个中国人的梦,也是每一个残疾人朋友自己的梦。广大残疾人应从自强模范身上汲取力量,自尊、自信、自强、自立,更加勇敢地迎接生活的挑战,更加坚强地为实现人生梦想、为实现我们的共同梦想而努力,推动我国残疾人事业在新的征程中不断迈上新台阶。

　　残疾人事业是中国特色社会主义事业的重要组成部分,扶残助残是社会文明进步的重要标志。在全面建设社会主义现代化国家的新征程中,决不能让残疾人掉队。

　　坚持以习近平新时代中国特色社会主义思想为指导,贯彻落实党中央、国务院决策部署,立足新发展阶段、贯彻新发展理念、构建新发展格局,坚持弱有所扶,以推动残疾人事业高质量发展为主题,以巩固拓展残疾人脱贫攻坚成果、促进残疾人全面发展和共同富裕为主线,保障残疾人平等权利,增进残疾人民生福祉,增强残疾人自我发展能力,推动残疾人事业向着现代化迈进,不断满足残疾人美好生活需要。

第四节　韩正致辞对残疾人学研究的重要意义

　　2018年9月14日,在中国残疾人联合会第七次全国代表大会上,韩正代表党中央、国务院发表了题为"在新时代的伟大征程中创造残疾人更加幸福美好的新生活"的致辞。

　　韩正在致辞中说,新时代我国残疾人事业发展取得显著成就,根本在于以习

[①] 《民生稳 人心稳 社会稳——学习习近平总书记在湖北考察疫情防控工作时的重要讲话之三》光明日报网 http://epaper.gmw.cn/gmrb/html/2020-03/14/nw.D110000gmrb_20200314_3-01.htm.

近平同志为核心的党中央高度重视和坚强领导。习近平总书记对残疾人有着特殊深厚的感情,始终把残疾人这一困难群体的冷暖疾苦放在心上,处处为残疾人脱贫奔小康撑腰鼓劲,关心残疾人的生活、学习和健康,鼓励残疾人更加勇敢地迎接生活的挑战、更加坚强地实现人生的梦想。

韩正在致辞中说,习近平总书记对残疾人和残疾人事业发展提出了一系列明确要求,深刻阐述了新时代残疾人事业发展的价值理念、地位作用、目标方向、重要任务和责任要求,科学回答了新时代怎样认识残疾人、怎样发展残疾人事业以及怎样做好残疾人工作等重大问题。这些重要论述,从为中国人民谋幸福、为中华民族谋复兴的高度,把我们党对残疾人事业发展的规律性认识提高到一个新的高度,为新时代中国特色残疾人事业发展指明了前进方向,提供了根本遵循,是我们做好残疾人工作的思想指引和行动指南。

从学理上来说,即从学科和原理方面来分析,韩正的致辞阐释了习近平新时代中国特色残疾人事业发展的重要思想,也凝结着新一届党和国家领导人的政治智慧和理论思考。这为研究残疾人学指明了前进方向,具有重要的政治意义、理论意义、实践意义和方法论意义。①

一、重要的政治意义

韩正在致辞中强调指出,各级残联要发扬优良传统,切实履行职责,团结带领残疾人继续开创工作新局面。要紧紧围绕时代主题,牢固树立"四个意识",坚决维护习近平总书记在党中央和全党的核心地位,坚决维护党中央的权威和集中统一领导,把残疾人团结在党的周围,带领残疾人听党话、跟党走。

各级党委和政府要高度重视残疾人事业,健全党委领导、政府负责的残疾人工作领导体制,完善政府主导、社会广泛参与、残疾人组织充分发挥作用的工作机制。各级政府残工委要发挥牵头作用,统筹协调重大问题。

二、重要的理论意义

韩正在致辞中提出了许多具有开创性的重要理论观点,比如,推动新时代残疾人事业发展,提出"五个必须",即必须坚持树立正确的价值理念;必须坚守弱有所扶的原则立场;必须完成决胜全面建成小康社会的关键任务;必须促进残疾人全面发展和共同富裕;必须把推进残疾人事业当作分内责任。

他强调,各级残联干部要坚持眼睛向下,立足基层,面向群众,多为残疾人做雪中送炭的事,及时将党和政府的温暖传递给残疾人,使残联组织和残疾人工作

---

① 厉才茂:《新时代残疾人事业发展的"五个必须"》,《残疾人研究》2018年第1期,第4-11页。

者真正成为残疾人信得过、靠得住、离不开的娘家人和贴心人。

三、重要的实践意义

韩正在致辞中强调指出,各级残联干部和残疾人工作者要增强"四个意识",坚定"四个自信",紧紧围绕时代主题,大力弘扬人道主义精神,认真落实党中央关于群团改革的系列要求,推动残疾人事业上一个新台阶。广大残疾人紧跟时代前进步伐,自尊自立、努力拼搏、奉献社会,创造了许多令人敬佩的业绩,他们身上表现出来的自强不息精神,是伟大民族精神和时代精神的真实写照。

他还强调指出,全国8500万残疾人正在以主人翁的姿态投身经济社会发展。这种前所未有的变化,只有在社会主义的中国、只有在新时代的今天,才能真正实现。

四、重要的方法论意义

韩正在致辞中科学回答了新时代怎样认识残疾人、怎样发展残疾人事业以及怎样做好残疾人工作等重大问题。这既是残疾人事业中最艰巨、最繁忙的一项具体工作,又是党和政府最牵挂、最重要的一项民生工作。要真正解决这"三个怎样"问题,各级残联干部和广大残疾人工作者就必须"解决好世界观、人生观、价值观这个'总开关'问题"。[①] 这正是马克思主义哲学科学世界观和方法论在残疾人事业中的具体运用。

从这里我们领悟到,各级残联干部和残疾人工作者学好马克思主义哲学,努力解决这个"总开关"问题,对于创建残疾人学、创造残疾人更加幸福美好的新生活,是至关重要的。对此,笔者将在第六章进行具体阐述。

---

① 习近平:《决胜全面建成小康社会 夺取新时代中国特色社会主义伟大胜利——在中国共产党第十九次全国代表大会上的报告》,人民出版社2017年版,第63页。

第二章 残疾人学研究的任务、原则和方法

残疾人学是马克思主义人学的一个分支学科,也是残疾人事业理论研究中的一门新兴学科,具有自己独特的研究对象和方法。本章阐明残疾人学的研究任务、原则和方法。

2021年7月8日,国务院为进一步保障残疾人民生、促进残疾人发展,制定了《"十四五"残疾人保障和发展规划》。这对于明确残疾人学研究的背景、任务、原则和方法具有重要的指导意义。

第一节 《"十四五"残疾人保障和发展规划》对残疾人学研究的指导意义

我们把国务院关于《"十四五"残疾人保障和发展规划》的编制背景、总体要求作为本节叙述之开始。

一、编制背景

党中央、国务院高度重视残疾人事业发展,对残疾人格外关心、格外关注。"十三五"时期,残疾人事业取得重大成就,"全面建成小康社会,残疾人一个也不能少"的目标如期实现。710万农村建档立卡贫困残疾人脱贫,城乡新增180.8万残疾人就业,1076.8万困难残疾人被纳入最低生活保障范围;1212.6万困难残疾人得到生活补贴,1473.8万重度残疾人得到护理补贴。残疾人基本康复服务覆盖率达80%,辅助器具适配率达80%。残疾儿童少年接受义务教育的比例达95%,5万多残疾学生进入高等院校学习。城乡无障碍环境明显改善,关爱帮助残疾人的社会氛围日益浓厚。越来越多的残疾人更加勇敢地面对生活的挑战,更加坚强地为梦想而奋斗,为经济社会发展作出了重要贡献。我国在国际残疾人事务中的影响力显著提升。这些重大成就,有效改善了残疾人民生,有力推动了社会文明进步,成为全面建成小康社会的重要方面,彰显了中国共产党领导和中国特色社会主义制度的显著优势。

残疾人事业是中国特色社会主义事业的重要组成部分,扶残助残是社会文

明进步的重要标志。习近平总书记强调,"残疾人事业一定要继续推动",要"促进残疾人全面发展和共同富裕"。在全面建设社会主义现代化国家的新征程中,决不能让残疾人掉队。"十四五"时期,要继续加快发展残疾人事业,团结带领残疾人和全国人民一道,积极投身全面建设社会主义现代化国家的伟大实践,共建共享更加幸福美好的生活。

二、总体要求

1. 指导思想

高举中国特色社会主义伟大旗帜,深入贯彻党的二十大的精神,坚持以习近平新时代中国特色社会主义思想为指导,贯彻落实习近平总书记关于残疾人事业的重要指示批示精神和党中央、国务院决策部署,立足新发展阶段、贯彻新发展理念、构建新发展格局,坚持弱有所扶,以推动残疾人事业高质量发展为主题,以巩固拓展残疾人脱贫攻坚成果、促进残疾人全面发展和共同富裕为主线,保障残疾人平等权利,增进残疾人民生福祉,增强残疾人自我发展能力,推动残疾人事业向着现代化迈进,不断满足残疾人美好生活需要。

2. 基本原则

坚持党的全面领导。健全党委领导、政府负责的残疾人工作领导体制,为残疾人保障和发展提供坚强的政治保障、组织保障。

坚持以人民为中心。坚持对残疾人格外关心、格外关注,解决好残疾人最关心、最直接、最现实的利益问题。激发残疾人的积极性、主动性、创造性,不断增强残疾人的获得感、幸福感、安全感。

坚持保基本、兜底线。着力完善残疾人社会福利制度和关爱服务体系,织密扎牢残疾人民生保障安全网,堵漏洞、补短板、强弱项,改善残疾人生活品质,促进残疾人共享经济社会发展成果。

坚持固根基、提质量。深化残疾人服务供给侧改革,强化残疾人事业人才培养、科技应用、信息化、智能化等基础保障条件,推动残疾人事业高质量发展,满足残疾人多层次、多样化的发展需要。

坚持统筹协调、形成合力。发挥政府主导作用和社会力量、市场主体协同作用,发挥地方优势和基层首创精神,集成政策、整合资源、优化服务,促进残疾人事业与经济社会协调发展,推动城乡、区域残疾人事业均衡发展。

3. 主要目标

到2025年,残疾人脱贫攻坚成果巩固拓展,生活品质得到新改善,民生福祉达到新水平。多层次的残疾人社会保障制度基本建立,残疾人基本民生得到稳定保障，重度残疾人得到更好照护。多形式的残疾人就业支持体系基本形成，残疾人实现较为充分较高质量的就业。均等化的残疾人基本公共服务体系更加完备，残疾人思想道德素养、科学文化素质和身心健康水平明显提高。无障碍环境持续优化，残疾人在政治、经济、文化、社会、家庭生活等各方面平等权利得到更好实现。残疾人事业基础保障条件明显改善，质量效益不断提升。

到2035年，残疾人事业与经济社会协调发展，与国家基本实现现代化目标相适应。残疾人物质生活更为宽裕，精神生活更为丰富，与社会平均水平的差距显著缩小。平等包容的社会氛围更加浓厚，残疾人充分享有平等参与、公平发展的权利，残疾人的全面发展和共同富裕取得更为明显的实质性进展。

第二节　残疾人学的研究任务

概括地说，残疾人学研究的任务主要包括两个方面。

一、残疾人学研究的基本任务

根据党的十九届五中全会文件精神，习近平总书记在关于《中共中央关于制定国民经济和社会发展第十四个五年规划和二〇三五年远景目标的建议》的说明中指出："建议稿在到2035年基本实现社会主义现代化远景目标中提出'全体人民共同富裕取得更为明显的实质性进展'，在改善人民生活品质部分突出强调了'扎实推动共同富裕'，提出了一些重要要求和重大举措。这样表述，在党的全会文件中还是第一次（着重号为引者所加），既指明了前进方向和奋斗目标，也是实事求是、符合发展规律的，兼顾了需要和可能，有利于在工作中积极稳妥把握，在促进全体人民共同富裕的道路上不断向前迈进。"[1]

浙江是中国革命红船的起航地，改革开放的先行地，习近平新时代中国特色社会主义思想的重要萌发地，当前共同富裕已成为社会关注的焦点，促进共同富裕则成为各级残联的工作重中之重。

中共中央、国务院公布了《关于支持浙江高质量发展建设共同富裕示范区的意见》（2021年5月20日）；2021年6月10日，国家发改委发布了《中共中央、国务院关于支持浙江高质量发展建设共同富裕示范区的意见》。2021年7月11日至13日，中国残联党组书记、理事长周长奎一行赴浙江省湖州市、杭州市宣讲

---

[1] 《中国共产党第十九届中央委员会第五次全体会议文件汇编》，人民出版社2020年版，第84-85页。

习近平总书记"七一"重要讲话精神并调研残疾人工作,要求认真落实中央相关要求,支持浙江省残联积极参与共同富裕先行示范区建设,为全国残联系统探索经验。

2021年8月20日,中国残疾人联合会发布《关于支持浙江残疾人事业高质量发展、促进残疾人共同富裕的实施意见》(残联发〔2021〕38号)。2021年10月25日,浙江省政府残工委印发《〈促进残疾人共同富裕专项行动计划(2021—2025年)〉的通知》(浙残工委〔2021〕6号)。

2021年10月16日出版的第20期《求是》杂志,发表中共中央总书记、国家主席、中央军委主席习近平的重要文章《扎实推动共同富裕》[①],刊登了《求是》编辑部撰写的《新发展阶段促进共同富裕的战略擘画》。这是以习近平同志为核心的党中央把促进全体人民共同富裕摆在更加重要位置作出的一项重大决策,充分体现了党中央对解决我国发展不平衡不充分问题的坚定决心,为浙江高质量发展、促进共同富裕提供了强大动力和根本遵循。同期《求是》编辑部还发表了中共浙江省委书记袁家军的重要文章《扎实推动高质量发展建设共同富裕示范区》。

2020年10月29日,党的十九届五中全会公报多次提及共同富裕,描绘未来蓝图。以人民为中心既是我党的根本执政理念,引领14亿多中国人奔向共同富裕的美好未来,也就是残疾人学研究的基本任务和基本方向。

二、残疾人学研究的具体任务及其特点

国务院《"十四五"残疾人保障和发展规则》(国发〔2021〕10号)指出:"十四五"时期,由于人口老龄化加快等因素,残疾仍会多发高发。残疾人人数众多、特性突出,特别需要关心帮助。当前面临的突出问题:一是残疾人返贫致贫风险高,相当数量的低收入残疾人家庭生活还比较困难;二是残疾人社会保障水平和就业质量还不高,残疾人家庭人均收入与社会平均水平相比还存在不小差距;三是残疾人公共服务总量不足、分布不均衡、质量效益还不高,残疾人就学就医、康复照护、无障碍等多样化需求还没有得到满足;四是残疾人平等权利还没有得到充分实现,歧视残疾人、侵害残疾人权益的现象还时有发生;五是残疾人事业仍然是经济社会发展的短板,欠发达地区、农村和基层为残疾人服务的能力尤其薄弱。显而易见,解决当前面临的突出问题,正是残疾人学研究的具体任务。

《"十四五"残疾人保障和发展规划》,对未来一个时期残疾人事业作了新的安排。主要有四个方面的突出特点。

---

① 这是习近平总书记2021年8月17日在中央财经委员会第十次会议上讲话的一部分。

突出了党对残疾人事业的全面领导。残疾人是社会大家庭的平等成员,而且是需要格外关心、格外关注的一个困难群体,为残疾人谋福祉,让残疾人过上幸福美好的生活,是党的初心使命的生动体现。《"十四五"残疾人保障和发展规划》将坚持党的全面领导作为首要的指导原则,这为残疾人事业发展提供了政治保障。因为残疾人事业既是党和政府的事业,更是全社会的事业。推动残疾人事业发展,必须坚持党的领导,这是一个基本的政治保障。

体现了以人民为中心的发展思想。具体来说,就是把做好残疾人保障和发展作为工作的出发点和落脚点。一方面,充分考虑残疾人的特殊困难,强调巩固拓展残疾人脱贫攻坚成果,解决好残疾人最关心、最直接、最现实的利益问题。另一方面,充分认识残疾人的巨大潜能,千方百计促进残疾人的经济参与和社会融合,发挥好残疾人的积极性、主动性和创造性,让残疾人的获得感、幸福感、安全感更加充实、更有保障、更可持续。"十四五"规划有两个关键词,一个是保障,一个是发展。之所以强调保障,就是充分考虑残疾人群体的特殊困难,时刻不能放松对这个群体的保障,首先要解决好基本保障,织密扎牢社会保障网。在这个基础之上,为残疾人群体赋能,充分发挥他们的内在创造性,支持其靠劳动改变自己的生活。

提出了残疾人事业高质量发展的要求。在全面建设社会主义现代化国家的新征程中,残疾人事业也要高质量发展,朝向现代化迈进。《"十四五"残疾人保障和发展规划》明确了社会保障、就业创业、公共服务、权益保障等四个方面的发展重点,明确了领导体制、投入机制、科技创新、人才培养、信息化等八个方面的支持保障条件,夯实残疾人事业高质量发展的基础,促进残疾人公共服务提质增效。残疾人事业在"十四五"的发展主题和国家经济社会发展主题同步,都是突出高质量发展。

明确了规划的实施机制。《"十四五"残疾人保障和发展规划》一个突出特点是强化了规划的实施机制,强调相关部门和单位要根据职责分工,制定配套实施方案,各地区要制定当地"十四五"残疾人保障和发展或残疾人事业规划,国务院残疾人工作委员会及有关部门要对规划实施情况进行年度监测、中期评估和最终的总结评估,开展第三方评估和社会满意度调查,及时发现和解决规划实施过程中出现的问题,确保各项任务真正落到实处。

周长奎一行赴浙考察与宣讲,先后来到湖州市安吉县梅溪镇、递铺街道鲁家村、孝丰镇、天荒坪镇余村,杭州市"人工智能小镇"、云栖小镇、滨江区江汉社区、河坊街残疾人文创点、浙江特殊教育职业学院、浙江康复医疗中心等地,实地调研残疾人康复、特殊教育、就业创业、托养、科技助残、社区无障碍建设、信息化、基层组织建设和服务等工作,听取浙江省残联关于积极参与共同富裕先行示范区建设情况汇报,并特别强调要细分不同类别残疾人需求,运用信息化、大数据等手段,促进残疾人在康复、辅具、教育、托养照护等各方面的个性需求与有效供给对接,推动实现精准化、精细化服务。要动员企业、社会组织等各方面力量,广泛开展科技助残、社会助残,共同提升残疾人的生活质量。

第三节 具有中国特色的共同富裕是一个伟大的历史进程和实践过程

一、具有中国特色的共同富裕是一个伟大的历史进程

恩格斯说:"我们只能在我们时代的条件下进行认识,而且,这些条件达到什么程度,我们便认识到什么程度。"[1]"事实上,世界体系的每一个思想映象,总是在客观上受到历史状况所限制,在主观上被得出该思想映象的人的肉体状况和精神状况所限制。"[2]"历史从哪里开始,思想进程也应当从哪里开始,而思想进程的进一步发展不过是历史过程在抽象的、理论上前后一贯的形式上的反映;这种反映是经过修正的,然而是按照现实的历史过程本身的规律修正的,这时,每一个要素可以在它完全成熟而具有典型性的发展点上加以考虑。"[3]

习近平结合中国实际情况,阐析共同富裕的思想源头和历史进程,特别关注我们党探索具有中国特色的共同富裕及其历史进程和伟大实践。

张岱年、方克立认为,中国文化中的大同世界,其基本精神就是一个"公"字。"大道之行也,天下为公,选贤与能,讲信修睦。故人不独亲其亲,不独子其子,使老有所终,壮有所用,幼有所长,矜寡孤独废疾者皆有所养……是谓大同。"(《礼记·礼运》)这种"公"的精神培育是强化对社会、民族的义务和历史责任感。在这种精神培育下,我国历史上曾出现过无数爱国爱民、为民族为社会舍小家顾大家的杰出人物,他们创造了无数可歌可泣的业绩,成为中华民族的骄傲。[4]

2018年5月4日,习近平《在纪念马克思诞辰200周年大会上的讲话》中指出:"学习马克思,就要学习和实践马克思主义关于人类社会发展规律的思想。"[5]马克思、恩格斯设想,在未来社会中,"生产将以所有的人富裕为目的","所有人共同享受大家创造出来的福利",主张在社会主义条件下,社会应该"给

---

[1] 《马克思恩格斯全集》第二十卷,人民出版社1971年版,第585页。
[2] 《马克思恩格斯全集》第二十卷,人民出版社1995年版,第376页。
[3] 《马克思恩格斯选集》第二卷,人民出版社1995年版,第43页。
[4] 张岱年、方克立主编:《中国文化概论》(修订版),北京师范大学出版社2004年版,第216页。
[5] 习近平:《论中国共产党历史》,中央文献出版社2021年版,第206-207页。

所有的人提供健康而有益的工作,给所有的人提供充裕的物质生活和闲暇时间,给所有的人提供真正的充分的自由"。人民对美好生活的向往就是我们的奋斗目标。我们要坚持以人民为中心的发展思想,抓住人民最关心最直接最现实的利益问题,不断保障和改善民生,促进社会公平正义,在更高水平上实现幼有所育、学有所教、劳有所得、病有所医、老有所养、住有所居、弱有所扶,让发展成果更多更公平惠及全体人民,不断促进人的全面发展,朝着实现全体人民共同富裕不断迈进。

在新中国成立初期,毛泽东指出:"这个富,是共同的富,这个强,是共同的强,大家都有份。"①

邓小平指出:"社会主义的目的就是要全国人民共同富裕,不是两极分化。如果我们的政策导致两极分化,我们就失败了;如果产生了什么新的资产阶级,那我们就真是走了邪路了。我们提倡一部分地区先富起来,是为了激励和带动其他地区也富起来,并且使先富起来的地区帮助落后的地区更好地发展。提倡人民中有一部分人先富起来,也是同样的道理。"②"在改革中,我们始终坚持两条原则,一是以社会主义公有制为主体,一是共同富裕。"⑤

党的十八大以来,习近平总书记站在新时代的高度,站在坚持和发展中国特色社会主义的战略和全局高度,就扎实推动共同富裕发表重要讲话,作出一系列重要部署,为逐步实现全体人民共同富裕提供了科学指引。共同富裕是社会主义的本质要求,是中国式现代化的重要特征。共同富裕路子应当怎么走?2021年12月,习近平在中央经济工作会议上强调:首先要通过全国人民共同奋斗把"蛋糕"做大做好,然后通过合理的制度安排把"蛋糕"切好分好。这与他在8月召开的中央财经委员会第十次会议上提出的促进共同富裕总思路一脉相承:坚持以人民为中心的发展思想,在高质量发展中促进共同富裕,正确处理效率和公平的关系,构建初次分配、再分配、三次分配协调配套的基础性制度安排,加大税收、社保、转移支付等调节力度并提高精准性,扩大中等收入群体比重,增加低收入群体收入,合理调节高收入,取缔非法收入,形成中间大、两头小的橄榄型分配结构,促进社会公平正义,促进人的全面发展,使全体人民朝着共同富裕目标扎实迈进。显而易见,"在高质量发展中促进共同富裕"是根本之策。从现实情况来看,我国进入新发展阶段,发展不平衡不充分问题仍然突出,城乡区域发展和收入分配差距较大。发展仍是解决问题的基础和关键,发展的质量决定了共同富裕的成色。

---

① 转引自2021年第20期求是刊登本刊编辑部撰写的《新发展阶段促进共同富裕的战略擘画》,第10页。

②⑤《邓小平文选》第三卷,人民出版社1993年版,第110—111、142页。

党的十九届五中全会通过了《中共中央关于制定国民经济和社会发展第十四个五年规划和二〇三五年远景目标的建议》，明确提出了共同富裕的目标和步骤。

习近平指出：当前，我国发展不平衡不充分问题仍然突出，城乡区域发展和收入分配差距较大，促进全体人民共同富裕是一项长期任务，但随着我国全面建成小康社会、开启全面建设社会主义现代化国家新征程，我们必须把促进全体人民共同富裕摆在更加重要的位置，脚踏实地，久久为功，向着这个目标更加积极有为地进行努力。[1]

综上所述，笔者认为，共同富裕指习近平总书记站在新时代的高度、坚持和发展中国特色社会主义的战略和全局高度，全体人民以高质量发展和高品质生活为目标，努力解决人民日益增长的美好生活需要和不平衡不充分的发展之间的矛盾，使全体人民共同富裕取得更为明显的实质性进展的过程。

二、具有中国特色的共同富裕是一个伟大的实践过程

1. 浙江省委书记袁家军接受中新社专访

2021年6月，《中共中央、国务院关于支持浙江高质量发展建设共同富裕示范区的意见》公开发布；2022年3月，国新办新闻发布会透露"十四五"规划明确"支持浙江高质量发展建设共同富裕示范区"。

2022年全国"两会"期间，浙江省委书记袁家军接受中新社记者专访时表示，浙江将努力通过高质量发展建设共同富裕示范区，让企业竞争力更强，让社会活力更足，让人民生活更好，让人民群众真真切切感受到共同富裕是看得见、摸得着、真实可感的事实。

近20多年来，在"八八战略"指引下，示范区建设扎实稳健起步，浙江高水平全面建成小康社会。在向第二个百年奋斗目标进军的新征程中，浙江接过重任，探索共同富裕的有效路径。这是一项开创性事业，没有经验可以参考借鉴。回望一路，浙江如何开局起步？牢牢把握建体系、强推进、抓改革、建机制，这是起步之路的四个关键词。

建体系，即根据《中共中央 国务院关于支持浙江高质量发展建设共同富裕示范区的意见》及《浙江高质量发展建设共同富裕示范区实施方案》，初步构建"1＋7＋N"重点工作体系、"1＋5＋n"重大改革体系。

"1＋7＋N"中，"1"是一套指标体系；"7"是经济高质量发展、收入分配制度

---

[1] 《中国共产党第十九届中央委员会第五次全体会议文件汇编》，人民出版社2020年版，第84-85页。

改革、公共服务优质共享、城乡区域协调发展、社会主义先进文化发展、生态文明建设、社会治理等7个先行示范,在浙江,这也被生动地称为"7条跑道";"N"是一系列具有引领示范作用和普遍意义的突破性抓手。

"1+5+n"则是探索有利于共同富裕的体制机制和政策体系。"1"是扩中提低、收入分配;"5"是缩小地区发展差距、缩小城乡发展差距、公共服务优质共享、精神生活共同富裕、共同富裕现代化基本单元;"n"是一系列具有引领示范作用和普遍意义的重大改革。

在强推进方面,袁家军表示:"就是坚持在高质量发展中促进共同富裕,聚焦解决'三大差距'问题,扎实抓好共同富裕重点工作。"

透过几组数字可以看到成绩单:2021年,浙江城乡居民可支配收入、居民人均消费支出稳居全国省区第一;通过实施农业"双强"、乡村建设、农民共富行动,城乡居民收入倍差从1.96缩小至1.94;为山区26县出台"一县一策",山区26县居民人均可支配收入与全省平均之比从0.725提高至0.732,设区市人均可支配收入最高与最低市倍差从1.64缩小至1.61。

同时,在探索推进扩中提低上,浙江亦在向打造橄榄型结构社会前进。一般来说,中等收入群体持续扩大、低收入群体收入持续较快增长,是走向共同富裕的重要标志。2021年,浙江家庭年可支配收入10万至50万元群体比例提高了3.2个百分点,达72.4%;20万至60万元群体比例提高了3.8个百分点,达30.6%。推动共同富裕,改革创新可提供源源不断的内生动力。

在抓改革方面,袁家军介绍,浙江扎实推进共同富裕制度及政策创新,研究制定扩中提低、农业转移人口市民化等重大改革方案,推动商业补充医疗保险、乡村集成改革、未来社区改革等取得实效,绿色发展财政奖补机制等一批改革经验向全国推广,各市县和首批28个共同富裕试点探索形成一批典型。

在建机制方面,浙江已成立高质量发展建设共同富裕示范区领导小组,省委、各市县全部建立社会建设委员会,常态化谋划推进示范区建设。同时成立浙江省委建设共同富裕示范区咨询委,大成集智推动共同富裕理论和实践探索。

2. 浙江省残联加快推进残疾人实现共同富裕的步伐

2021年10月19日,副省长王文序专题听取省残联党组书记、理事长蔡国春关于促进残疾人共同富裕近期重点工作推进情况的汇报,对残联进一步推进残疾人事业高质量发展、促进残疾人共同富裕给予悉心指导,提出具体要求。

王文序充分肯定了省残联前一阶段工作。她指出,省残联认真学习贯彻习近平总书记系列重要讲话和指示精神,全面落实中央、省委省政府和中国残联决策部署,围绕残疾人全面发展和共同富裕,扎扎实实谋划推进"5+5+N"工作举措①，取得新的进展。并指出，要统筹谋划促进残疾人共同富裕的各项举措，要深入落实中国残联支持浙江残疾人事业高质量发展促进残疾人共同富裕的实施意见，全面实施浙江省残疾人事业发展"十四五"规划，认真制定我省促进残疾人共同富裕的专项行动计划，精心筹备全省残疾人事业发展大会。

王文序强调，要广泛发动社会和慈善力量助推残疾人共同富裕；要通过建立助残基金、成立助残联盟、开展助残合作、发起助残倡议、实施助残行动等方式，形成社会各界爱心人士、企业、组织和机构等广泛参与扶残助残的强大合力。要讲好残疾人自强共富好故事、助残共富好案例，大力宣传动员全省各级残联组织、优秀残疾人和社会各界手拉手、肩并肩帮助残疾人兄弟姐妹共建共享共同富裕，营造社会浓厚的助残氛围。

于实在《浙江残联》2021年11—12期发表《扛起共同富裕的历史使命》一文中提出，共同富裕，是马克思主义的一个基本目标。马克思、恩格斯从唯物史观出发，揭示了私有制是产生贫富分化的根源，提出要建立以公有制为基础的"所有人富裕"的共产主义新社会。他认为，破解不平衡不充分是推动浙江共同富裕的主攻方向，包括缩小城乡差距、区域差距和收入差距。在缩小收入差距中，最引人注目的是要"扩中""提低"，即扩大中等收入群体规模，提高低收入群体收入，基本形成以中等收入群体为主体的橄榄形社会结构，其路径是促增收、优分配、强能力、重帮扶、提品质。

2021年12月28日至29日，王文序副省长赴温州调研残疾人共同富裕等工作，重点就残疾人就业创业、残疾人之家和无障碍环境建设等工作进行深入走访调研。在文成县百丈漈镇浙江万喜精密铸造有限公司，王文序实地察看生产车间工作环境，详细了解企业发展状况、残疾人各项待遇等情况，对企业奉献爱心、承担社会责任表示感谢。王文序一行还走访了百丈漈镇残疾人创业基地"品味明朝"旅游纪念产品展示厅和泰顺县残疾人创业孵化基地。她指出，要把残疾人就业作为共同富裕的重中之重，继续发挥先富带后富的作用，切实提高残疾人的就业水平，帮助更多的残疾人创业就业。一方面要突出特色，打响品牌，另一方面要积极探索可持续、可复制的助残模式，确保广大残疾人在共同富裕道路上"一个都不掉队"。王文序一行还到泰顺县培智实验学校、瓯海区小银河学校、珊溪镇残疾人之家和瞿溪街道残疾人之家，详细了解学校设施提升建设与机构扶

---

① 省残联党组书记、理事长蔡国春作工作汇报，提出"5+5+N"工作举措。第一个"5"即政策层面出台1个中国残联支持文件、实施1个专项规划、制定1个行动方案、召开1个发展大会、举行1场新闻发布会；第二个"5"即社会层面推进建立1个专项基金、签订1项合作协议、成立1个帮扶联盟、发出1个联合倡议、启动1个爱心助残专项行动；"N"即推出100个自强共富好故事、100个助推共富好案例等系列措施，打开促进残疾人共同富裕新局面。

残助残服务情况，要求以切实提升残疾人的获得感、幸福感和满意度为目标，扎实做好残疾人庇护、帮扶等工作，帮助残疾人群体全面发展、更好地融入社会。

在2022杭州亚运会龙舟比赛项目场地——温州龙舟运动基地，王文序调研了场馆无障碍建设情况。她对基地的无障碍建设工作表示肯定，并要求以更高、更好的标准继续做好公共建筑场所无障碍环境建设工作，造福更多有需要的人群，提高民众的幸福感，让每个人都享受到社会发展的成果。2022年3月7日，王文序一行赴丽水调研残疾人共同富裕和省府助残民生实事等工作。

从2022年1—2期开始，《浙江残联》开辟共同富裕专栏，刊登各级残联干部的工作经验及其所撰写的共同富裕方面的文章，具有一定的理论价值和实践价值。如省残联蔡国春的《促进残疾人群体共同富裕 奋力打造"重要窗口"特殊风景》。[1]

高质量发展建设共同富裕示范区是以习近平同志为核心的党中央赋予浙江的光荣使命。残疾人是人数众多、特性突出、特别需要关心帮助的困难群体，残疾人的共同富裕直接关系我省共同富裕先行示范区建设的成色和实际成效。全省残联系统深刻学习领会习近平总书记关于共同富裕和残疾人事业发展的重要论述精神，全面落实党中央、国务院和省委、省政府的决策部署，切实扛起使命担当，不断推出真招实招，推动残疾人共同富裕在浙江大地取得实质性成果。

3. 提高站位，认清形势，准确把握促进残疾人共同富裕的特殊意义

2017年11月，国家主席习近平在给亚太残疾人十年中期审查高级别政府间会议的贺信中，提出"中国将进一步发展残疾人事业，促进残疾人全面发展和共同富裕"。[2] 这是一个重要的对外宣示，充分体现了党和国家对残疾人群体的格外关心和特别重视。浙江省有312万残疾人，是新时代共富进程中"最容易掉队"的弱势群体，关系全省1/5家庭的幸福与安宁。促进残疾人共同富裕，是新阶段新征程残疾人事业发展的重要历史使命。

(1) 促进残疾人共同富裕是新阶段社会主义现代化建设的题中之义。共同富裕和现代化没有旁观者、局外人，每一个群体都是直接参与者、积极贡献者、共同受益者。残疾人事业是中国特色社会主义事业的重要组成部分，全面建设社会主义现代化国家，残疾人事业也要现代化。必须坚持完整、准确、全面贯彻新发展理念，结合示范区实践探索，系统研究新阶段残疾人事业发展的重大课题，全面分析残疾人事业存在的短板弱项，科学设计残疾人事业现代化的目标路径，

---

[1] 中国新闻网：2022-06-23 17:30。
[2] 《习近平向2013—2022年亚太残疾人十年中期审查高级别政府间会议致贺信》，新华网 http://www.xinhuanet.com//politics/2017-11/30/c_1122035883.htm

提出针对性的举措,努力实现我省残疾人事业更有质量、更有效率、更加公平、更可持续的发展。

(2)促进残疾人共同富裕是实现人的全面发展和社会全面进步的重要内容。共同富裕的核心是促进人的全面发展。残疾人是社会大家庭的平等成员,他们期盼有更好的教育、更稳定的工作、更满意的收入、更可靠的社会保障和更丰富的精神文化生活,期盼与时代、与社会共同发展进步。必须坚持在改善残疾人物质生活条件的同时,进一步丰富残疾人的精神文化生活,营造全社会关心关爱残疾人的浓厚氛围,以残疾人的全面发展充分展现中国式人权保障在浙江的生动实践。

(3)促进残疾人共同富裕是践行全心全意为人民服务宗旨的生动实践。党的十八大以来,以习近平同志为核心的党中央坚持以人民为中心的发展思想,指出人民对美好生活的向往就是我们的奋斗目标。经过多年努力,我省残疾人事业虽然取得显著成就,但残疾人公共服务供给不平衡、就业层次相对偏低等问题还较为突出,残疾人全面融入社会还存在一定阻碍和限制,社会上排斥、歧视残疾人现象依然存在。全面做好残疾人工作,保障残疾人权利,是高质量发展建设共同富裕示范区必须牢牢守住的特殊底线,要坚持用心用情为残疾人办实事、办好事,努力帮助他们解决急难愁盼问题。

4. 锚定目标,突出重点,持续拓宽残疾人共同富裕的实践路径

在省委、省政府的坚强领导下,全省残联组织聚焦强化基本保障、促进就业增收、激发内生动力,有力推动残疾人生活品质得到新改善、精神面貌展现新气象、助残服务水平再上新台阶,残疾人的获得感、安全感、幸福感显著增强。目前,全省共有30万就业年龄段残疾人实现就业,30.15万残疾人享受困难残疾人生活补贴,65.34万残疾人享受重度残疾人护理补贴。

(1)实施"政策扶持+渠道拓展+平台搭建",高质量构建残疾人就业增收体系。一是全面落实就业扶持政策。2015年以来,通过单招单考新增残疾人公务员89人,新增事业编制残疾职工179人。发挥残疾人就业保障金杠杆作用,对超比例安置残疾人就业的企业落实奖励政策。2021年,全省集中就业残疾人5.8万人,分散按比例安置残疾人就业8.5万人。二是积极拓宽就业增收渠道。扶持残疾人在电商、文创、非遗传承等领域就业创业,目前约11.9万残疾人从事个体就业、灵活就业。推动各地开发公益性岗位,鼓励残疾人参与"飞地抱团"等财产性收入分配,多渠道实现增收。三是全力打造就业创业平台。连续4年将残疾人之家建设列入省政府民生实事项目,在全国首创星级管理制度,率先出台残疾人之家省级服务标准,实现专业化服务、多元化运营、品牌化发展。全省共建成规范化残疾人之家1341家,为2.74万名智力、精神和其他重度残疾人提供

辅助性就业等庇护服务。引导支持海亮集团、可莎蜜儿、星巴克等爱心企业创办融爱面馆、西式面点、手语咖啡等门店,为残疾人创造更多就业机会。

(2)实施"数字赋能+技能提升+品牌聚力",高水平构建助残共富发展格局。一是以数字化改革赋能。实施残疾人就业服务推动机制集成改革,开发1个残疾人就业服务平台,构建主动发现、依法推进、社会动员、兜底保障、供需对接、激励奖励、培训提升等7项就业促进机制,整合就业创业需求、岗位供给等各类资源,助力更多残疾人实现就业增收。二是以专业化培养蓄能。全省设立残疾人职业技能培训基地112个,年培训残疾人2万人次以上。建立"选、育、赛、用"全链条培育机制,培养高端技能人才,近5年共有23名选手获全国技术能手称号,52名选手获省级技术能手称号,在全国大赛中摘金夺银。实施从学前到大学的全年龄段残疾学生助学制度,帮助有就业意愿和就业能力的应届高校残疾人毕业生全部实现就业。三是以品牌化建设聚能。打造"最美"残疾人系列品牌,选树残疾人就业创业典型,打造社会助残品牌,公布全省安置残疾人就业企业百强榜。发动阿里巴巴、圆通速递等20余家知名企业成立浙商爱心助残共富联盟,设立爱心助残共富基金。

5.踔厉奋进,笃行不怠,更好扛起促进残疾人共同富裕的使命担当

2003年8月1日,时任浙江省委书记习近平同志出席省残联第四次代表大会开幕式并发表重要讲话,强调"希望全体残疾人工作者要努力成为残疾人的第一知情者、第一代言者、第一维护者"。[①] 全省残联组织将从中不断汲取精神力量,着力打造与"重要窗口"相匹配的残疾人组织与队伍标杆,在助力助推残疾人群体共同富裕中交出高分报表。

(1)牢记努力成为"三个第一者"的殷殷嘱托,模范践行"两个维护"。进一步感悟习近平新时代中国特色社会主义思想的真理力量和实践伟力,充分发挥浙江作为"红色根脉"的政治优势,深入挖掘习近平同志在浙江工作期间留下的宝贵财富,不断提高政治领悟力、政治判断力、政治执行力,坚决拥护"两个确立",坚决做到"两个维护"。全面开展"牢记初心与使命,当好'三个第一者'"主题活动,推动全省残疾人工作者在牢记初心使命、坚定理想信念方面有新感悟新提升,在增进与残疾人的感情、践行党的宗旨方面有新认识新举措,在保持同残疾人群众的血肉联系、主动回应残疾人群众关切方面有新作为新成效,成为残疾人信得过、靠得住、离不开的娘家人、贴心人。

(2)聚焦系统重塑"变革型组织"的目标要求,着力锻造"残联铁军"。深入推

---

① 《浙江省残联第四次代表大会隆重召开》,浙江在线 https://zjnews.zjol.com.cn/05zjnews/system/2003/08/01/001813719.shtml.

进残联组织党的建设,巩固完善党史学习教育长效机制,全面贯彻省委"红色根脉强基工程"部署要求,认真实施"双建争先"工程。深化残联改革,进一步强"三性"去"四化",努力打造"五个群团"。加强清廉残联建设,进一步落实管党治党责任,构建亲清政商关系。以残联数字化改革为总牵引,对残疾人服务的组织架构、方式流程、工具手段进行全方位、系统性重塑。聚焦主责主业,勇于开拓创新,不断提高为残疾人服务的能力和水平,为党委政府分忧,为残疾人解难。

（3）增强"没有走在前列也是一种风险"的忧患意识,全面打造"硬核成果"。切实将残疾人事业高质量发展和残疾人共同富裕深度纳入全省高质量发展建设共同富裕示范区总体布局,紧紧依靠党委政府、团结各方力量,确保圆满完成浙江省残疾人事业发展"十四五"规划确定的10项重点任务、14项重要指标;扎实推进残疾人群体"提低"改革,积极探索发挥第三次分配在助残共富中的作用;坚持改革创新、不断突破,争取在中国残联支持浙江残疾人事业高质量发展促进残疾人共同富裕8个重点领域尽快取得阶段性、标志性成果,从而形成一批残疾人共建共享共同富裕的浙江方案、浙江经验。

三、构建体系化工作格局,推动"七个先行示范"

示范区建设扎实开局,浙江的"实践、认识、再实践、再认识"之路业已开启。2022年春节后上班第一天,浙江即召开全省高质量发展建设共同富裕示范区推进大会,传递出持之以恒、全力以赴推进示范区建设的鲜明态度和坚定决心。

2022年,浙江迎来示范区建设一周年,其也被定义为机制创新年、改革探索年、成果展示年。

袁家军表示,浙江要对标落实中央部署,体系化、科学化塑造变革,围绕重大共性问题创新突破,创造条件,完善制度,稳步朝着共同富裕目标迈进。

袁家军说:"今年浙江的主要目标可以概括为'三个一批'。第一是打造一批标志性成果,第二是探索一批共富机制性制度性创新模式,第三是谋划一批重大改革方案。"

浙江将打造哪些标志性成果备受外界关注。袁家军阐释道,我们将坚持国家所需、浙江所能、群众所盼、未来所向,努力打造具有全国影响、群众有感、可示范推广的标志性成果。

据悉,目前浙江已梳理出十方面"成果清单",包括高质量就业创业体系、扩中提低、山区26县整体高质量发展、农村集体经济改革发展、共同富裕现代化基本单元、全民全程健康服务体系、浙有善育、浙里长寿、"浙江有礼"省域文明实践、为民办事智能速办。

"'七个先行示范'是浙江体系化推进共同富裕探路的主跑道,更是浙江为全国探路的使命和要求。"袁家军说:"我们聚焦'七个先行示范'聚力推进重大改革集成突破,突出54项重点工作和34项重大改革,扎实推进机制创新和改革探索。"

以推进经济高质量发展为例,浙江明确要构建数字经济引领的现代产业体系,探索建立全域创新支撑共同富裕机制,构建高质量就业创业体系,强化中小企业融通发展机制,构建品质消费普及普惠促进体系。

再如推进收入分配制度改革,浙江将扎实开展扩中提低行动,探索构建大社保体系,研究共富型财税政策体系,探索构建新型慈善体系,探索建立共富型统计监测体系。

袁家军说,从更长远来看,实现共同富裕、建设美好社会,其目的是人民,力量亦来自人民。这正是探路者浙江的方向原则所在。

浙江将主要从以下几方面努力推动这种力量的形成。

一是鼓励勤劳创新致富。包括打造一流营商环境和企业生态,激励创新创业创造,形成人人参与的发展环境、充满活力的发展机制。

二是在实践上,如围绕市场化、法治化、国际化营商环境建设,浙江已实现企业开办一日办结,一般企业投资项目审批"最多80天",直接取消审批、审批改为备案、实行告知承诺等事项达185项,为市场主体提供法律咨询服务122万次,帮助企业解决问题15万个。

三是浙江亦强调坚持政府科学有为。袁家军表示:"我们要尽力而为、量力而行,探索构建'共性+个性'公共政策工具箱,做到科学精准施策,既努力让群众有获得感,又不作过高承诺、不吊高胃口、不搞'大呼隆''一刀切'。"

四是"扩中提低"改革。围绕此项改革,浙江既在"共性"维度提出促就业、激活力、拓渠道、优分配、强能力、重帮扶、减负担、扬新风八大路径,推动普惠性政策落地,又在"个性"层面围绕当前阶段重点关注的九类群体,率先推出一批差别化收入分配激励政策。如技术工人主要从工资制度、培育机制等方面提出具体激励举措,新就业形态从业人员主要从用工管理和权益保护、技能培训、社会保障等方面提出具体激励举措。

此外,浙江倡导企业在办好自己的事的基础上履行社会责任、参与慈善公益事业;倡导企业在高质量发展、竞争力提升基础上义利并举,推动先富带后富,发挥优势,帮助增强造血功能。

总之,我们要努力通过示范区建设,让企业竞争力更强,让社会活力更足,让人民生活更好,让人民群众真真切切感受到共同富裕是看得见、摸得着、真实可感的事实,努力探索具有普遍意义的共同富裕路子。

四、研究的基本原则

1. 基本国情与具体残情相结合的原则

研究残疾人学,构建残疾人学的框架体系,既要符合中国基本国情,又要符合中国具体残情。首先,必须从中国的基本国情出发。党的十九大报告指出:"中国特色社会主义进入新时代,我国社会主要矛盾已经转化为人民日益增长的美好生活需要和不平衡不充分的发展之间的矛盾。"[①]我国稳定解决了十几亿人的温饱问题,总体上实现小康,不久将全面建成小康社会,人民不仅对物质文化生活提出了更高要求,而且在民主、法治、公平、正义、安全、环境等方面的要求日益增长。同时,我国社会生产力水平总体上显著提高,社会生产能力在很多方面进入世界前列,更加突出的问题是发展不平衡不充分,这已经成为满足人民日益增长的美好生活需要的主要制约因素。

张海迪在中国残联七代会上说:"改革开放40年来,在党和政府的关心重视下,在社会各界的支持帮助下,千百万残疾人的命运发生了根本变化,中国残疾人事业也取得了举世瞩目的成就。"2021年是全面建成小康社会和"十三五"规划的收官之年。要实现第一个百年奋斗目标,为"十四五"发展和实现第二个百年奋斗目标打好基础,这既是决胜期,也是攻坚期。因此,认真做好当下残疾人就业、康复、教育、扶贫、社会保障等工作,确保全面建成小康社会,尤为重要。

2. 宏观研究与微观研究相结合的原则

研究残疾人学,构建残疾人学理论框架体系,必须把视野放在对残疾人学的微观研究与宏观研究的结合上。这就是说,我们在对残疾人学的每项内容作微观研究的基础上,须进一步从我国基本国情、社会结构、社会改革、社会变迁、社会政策等对残疾人学状况的影响作宏观研究。

如果不从社会整体的角度作出科学的解释和说明,缺乏宏观思考,那么就会使残疾人学理论研究难以拓展开来。当然,如果仅从宏观角度研究,而忽视从微观角度研究残疾人学理论,那么就会使残疾人学理论研究缺乏根基,也难以深入下去。只有把宏观研究与微观研究有机地结合起来,才能真正构建具有中国特色的残疾人学理论体系。

3. 静态研究与动态研究相结合的原则

残疾人学研究问题时,既有静态性的一面,又有动态性的一面。例如,一位

---

① 李慎明:《正确认识中国特色社会主义新时代社会主要矛盾》,人民网 http://theory.people.com.cn/n1/2018/0309/c40531-29858058.html

残疾人专职委员在一个特定的社区里长期从事残疾人工作,发挥党员的模范带头作用,敢于担当,勇于作为,经上级党组织考察和培养,将他提拔为街道残联副理事长。他不仅肩负着残疾人的期待和重任,肩负着党和人民赋予的神圣责任,而且还要面对残疾人提出的这样或那样的利益诉求,这促使他必须自觉地按照有关法律法规或政策处理。这恰恰说明残疾人学是一门科学性、操作性和应用性很强的学科。

4. 定量分析与定性研究相结合的原则

《国务院办公厅关于印发农村残疾人扶贫开发纲要(2011—2020年)的通知》(国办发〔2012〕1号)提出,各省(区、市)要根据本纲要,制定具体实施办法。附件《农村残疾人扶贫开发纲要(2011—2020年)》执行评估指标体系,就是定量分析与定性研究相结合的原则具体应用及其成果。

附 件

《农村残疾人扶贫开发纲要(2011—2020年)》执行评估指标体系

监测指标	单位	2015年目标值	2020年目标值
1. 农村残疾人家庭人均纯收入	元	6900	9600
2. 农村残疾人参加新农合比例	%	96	98
3. 农村残疾人参加新农保比例	%	85	95
4. 农村重度残疾人护理补贴比例	%	30	80
5. 农村贫困残疾人生活补助比例	%	50	90
6. 农村残疾儿童少年接受义务教育比例	%	90	95
7. 农村残疾人接受托养服务人数	万人(次)	80	160
8. 农村贫困残疾人生活救助和扶贫开发人数	万人	1000	2000
9. 康复扶贫贷款中央财政贴息落实率	%	100	100
10. 农村残疾人实用技术培训人数	万人	100	200
11. 农村残疾人扶贫基地数	个	5000	70000

《贫困残疾人脱贫攻坚行动计划(2016—2020年)》总体目标:到2020年,稳定实现贫困残疾人及其家庭不愁吃、不愁穿、义务教育、基本医疗、住房安全有保障,基本康复服务、家庭无障碍改造覆盖面有效扩大。确保现行标准下建档立卡贫困残疾人如期实现脱贫。

"定量分析是指对社会现象的数量特征、数量关系与数量变化的分析。其功能在于揭示和描述社会现象的相互作用和发展趋势。定性研究是指根据社会现象或事物所具有的属性和在运动中的矛盾变化,从事物的内在规定性来研究事物的一种方法。"①费孝通说:"共同性和个别性要结合,定性和定量要结合,个案描写和统计表格要结合。这是我们超过国际水平的路子。"②

习近平说,党中央的建议主要是管大方向、定大战略的。综合考虑各方面因素,建议稿对"十四五"和到2035年经济发展目标采取了以定性表述为主、蕴含定量的方式。编制规定《纲要》时可以在认真测算基础上提出相应的量化目标。③

2020年10月29日,中国共产党第十九届中央委员会第五次全体会议审议通过《中共中央关于制定国民经济和社会发展第十四个五年规划和二〇三五年远景目标的建议》,明确提出:考虑到目前仍是全面建成小康社会进行时,建议稿表述为"决胜全面建成小康社会取得决定性成就"。

5. 理论研究与实际应用相结合的原则

理论联系实际,是学术研究必须坚持的一个根本原则。我们研究残疾人学理论,不是为研究而研究,研究的目的全在于应用。概括地说,我们研究残疾人学理论的任务包括两个方面:一是研究残疾人学的理论问题,揭示残疾人学理论产生、形成、发展的客观规律,建立适合中国国情、具有中国特色的残疾人学理论体系;二是研究残疾人学理论中遇到的各种具体的实际问题,以便更好地为中国特色社会主义现代化建设服务,为中国特色残疾人事业服务。

五、研究的基本方法

1. 调查研究方法

任何科学的形成和发展,必须建立在社会调查的基础上。毫无疑问,创建残疾人学,必须通过大量的社会调查,深入了解残疾人问题及残疾人与社会的关系,从而揭示其发生、发展的客观规律。如果没有大量社会调查,那么残疾人学这门新兴的学科就难以形成、发展和构建起来。

党的十九届四中全会公报提出:"坚持和完善中国特色社会主义制度、推进国家治理体系和治理能力现代化的总体目标是,到我们党成立一百年时,在各方面制度更加成熟更加定型上取得明显成效;到二〇三五年,各方面制度更加完善,基本实现国家治理体系和治理能力现代化;到新中国成立一百年时,全面实

---

① 《中国大百科全书》社会学卷,中国大百科全书出版社1994年版,第32-33页。
② 费孝通社会学文集:《论小城镇及其他》,天津人民出版社1985年版,第243页。
③ 《中国共产党第十九届中央委员会第五次全体会议文件汇编》,人民出版社2020年版,第83、87页。

现国家治理体系和治理能力现代化,使中国特色社会主义制度更加巩固、优越性充分展现。"为此,中国残联党组印发了《关于学习宣传贯彻党的十九届四中全会精神的通知》,作出了系统部署,狠抓全会精神落实,提高残联系统治理体系和治理能力现代化。这正是残疾人学要调查研究的一个极其重要的课题。在调查研究中,多问几个为什么,这样可以减少盲目性,提高自觉性。

2. 文献研究方法

文献研究方法是一切科学研究的基础。文献研究法的主要功能有:一是可提供研究的理论依据;二是把握研究的历史和现状;三是确定选题的研究方向;四是从前人研究中吸取新的观点。其实,文献研究方法贯穿于科学研究的全过程。为了构建残疾人学,从选择课题、设计调查方案,到调查研究、撰写文稿、总结应用,都离不开文献的支撑和运用。特别是涉及残疾人发展的简史、理论、模式、方法以及残疾人学的诉求等,都离不开文献研究方法。

3. 综合分析方法

综合分析方法是科学研究的一个重要方法,越来越成为当今学术研究普遍运用的方法。残疾人学不仅涉及残疾人社会学、残疾人社会工作、残疾人社会心理学、残疾人口学、康复医学、特殊教育等基础学科,而且涉及哲学、政治学、经济学、管理学、文化学、人类学、历史学、伦理学、法学等多种学科,是各种知识的综合应用。同时,在构建残疾人学时,要弄清其诸种关系、性质、范围、特点、发展的程度及其原因等,通过综合、分析、判断、推理,进而形成残疾学的理论范畴及其框架体系,这是十分必要的。

4. 比较研究方法

比较研究方法是文化人类学研究的一种基本方法,有两个方面的比较,也有多方面的比较。比较才能鉴别,才能认识事物的本质。随着全国扎实推进共同富裕,势必要推动文化和旅游融合发展,残疾人对旅游的需求日益迫切,不仅要注意分析比较区域残疾人旅游、全国残疾人旅游及世界残疾人旅游的共同点,而且要从中找出它们之间的不同点,揭示残疾人在旅游中所结成的相互关系及其发展的具体规律。随着中国经济的高速发展,中国残障旅游将出现一个新热点,即由追求美好的世界旅游的残障个体梦,变为残障群体梦。而且,我们深信,这个残障群体梦将会越来越成为活生生的现实,以讲好中国故事为着力点,创新推进国际传播,为创建残疾人旅游学增添新的一笔。

浙江省残联专报

专报：中国残联领导、办公厅、组联部
浙江省残疾人联合会　2020年11月
浙江省开展困难残疾人"四访四助"专项行动
助推残疾人如期实现高水平全面小康
书记、省长等领导分别作出批示

为贯彻落实习近平总书记关于决战决胜脱贫攻坚和"全面建成小康社会，残疾人一个也不能少"重要指示精神，根据中国残联领导关于"残疾人群体是脱贫攻坚的难中之难、困中之困、坚中之坚，各级残联组织要深入学习贯彻习近平总书记关于脱贫攻坚工作重要指示精神，积极配合各方面共同做好贫困残疾人脱贫攻坚收官各项工作"要求，浙江省残联在去年下半年开展助残政策与服务"三查三改"专项行动、今年上半年开展困难残疾人"两问两送"专项行动基础上，于今年下半年组织实施全省困难残疾人"四访四助"专项行动。

最近，浙江省委书记袁家军、省长郑栅洁、省委常委兼组织部部长黄建发、副省长王文序就该行动分别作出批示。袁家军书记批示指出："省残联'四访四助'专项行动针对性强、效果好。"郑栅洁省长批示指出："'四访四助'四方面工作做得好，群众有获得感。望进一步做好具体工作，让每一位残疾人都能实实在在感受到党和政府的温暖。"黄建发部长批示指出："落实好袁书记、郑省长批示精神，持续做好'四访四助'后半篇文章，高质量完成今年目标任务。"王文序副省长批示指出："接续努力，再创佳绩。"

附件：浙江省残疾人"四访四助"专项行动报告

"四访四助"专项行动，即通过走访困难残疾人危房户，助力危房改造；走访年家庭人均收入8000元以下困难残疾人,助力基本生活保障提升;走访未就业残疾人大学毕业生,助力就业创业;走访居住环境"黑、脏、臭、乱"困难残疾人家庭,助力"净居亮居"。经过全省共同努力,目前已实现"三个清零、一个显著改善":992户困难残疾人家庭危房改造问题清零,374个家庭年人均收入8000元以下困难残疾人问题清零,492名有就业意愿残疾人大学毕业生就业问题清零;完成9176户困难残疾人户"净居亮居"及无障碍改造,居住环境显著改善。

专项行动中,全省残联重点突出三个方面。一是全面开展"点对点"排查确认。省残联与省农业农村厅、省民政厅等做好困难残疾人基础信息全面比对,各市县残联全面走访排查,逐人逐户核实情况。同时发挥12385残疾人服务热线等平台作用,接受群众监督和问题反映。二是全面推进"清单式"责任管理。省、市、县、乡、村残联(残协)一体推进,实行问题清单、责任清单、帮扶结果清单"三张清单"制度,1121名省市残联干部对县(市、区)包干实施现场指导、跟踪督导。三是全面落实"一对一"帮扶举措。在当地党委政府实施低收入农户高水平全面小康攻坚"一户一策一干部"基础上,2609名县乡残联干部、2.3万名基层残疾人工作专职委员同步实施困难残疾人结对,同时发动社会力量参与结对帮扶、捐款捐物。

一、聚焦残疾人危房改造,着力提升残疾人居住品质

针对全省困难残疾人居住品质较差、对无障碍设施和居住环境改善有迫切需求的实际,重点采取以下措施。

一是多管齐下解决残疾人存量危房问题。各地住建部门和残联对992户困难残疾人危房户因户施策,75%通过原拆原建、异地新建、改建等方式加以解决,25%通过公房安置、租赁补贴、集中供养等方式予以安置。为助力26个加快发展县危房改造,省慈善总会、省财政厅、省残联等推出慈善助残危房改造项目,落实补助资金3390万元。

二是精心组织残疾人家庭无障碍改造。省财政厅、省建设厅、省残联等共同推进,有针对性地实施卫生间、厨房、房门通道等设施无障碍改造,做好地面平整及坡化处理,配置视力听力残疾人专用门铃等设备,配备肢体残疾人康复辅具,落实资金4806万元,惠及8011户。

三是稳步推进残疾人"净居亮居"项目。对实地走访中发现室内昏暗、墙体污垢、电线老化、异味较重的困难残疾人家庭,结合危房改造和无障碍改造,同步实施墙面粉刷、室内照明线路改造、门窗更换、家具配置等措施,惠及1165户。发动社会爱心人士捐资,其中仅省残疾人福利基金会、中国狮子联会浙江代表处就募资近1000万元,用于"净居亮居"等助残项目。

二、聚焦残疾人基本保障,着力兜牢残疾人民生底线

针对当前我省广大残疾人整体已实现"两不愁三保障",但自我发展基础较弱,因病致贫、因灾返贫时有发生,今年受疫情影响部分家庭困难更加突出等情况,重点采取以下措施。一是全面落实"普惠加特惠"残疾人基本保障制度。在落实困难残疾人家庭低保政策和对符合条件残疾人按单人户施保的基础上,充分发挥两项残疾人专项补贴叠加保障作用。目前享受两项补贴人数达到94.26万人次(其中困难残疾人生活补贴33.23万人、重度残疾人护理补贴61.03万人),发放资金18.36亿元。二是有力推进疫情影响下困难残疾人纾困解难。省财政厅、省残联等专门出台残疾人就业和残疾人服务机构纾困政策。强化"越是非常时期越要服务好残疾人"工作理念,持续保障精神残疾人正常服用抗精神病药物10.3万人,帮助受疫情影响残疾人解决物资保障等困难6万余个,落实符合条件残疾人临时救助与慈善帮扶9.2万人。三是建立完善残疾人意外风险防范机制。全省建立残疾人意外伤害补充保险制度,目前共有117万残疾人参加意外伤害保险,有930家残疾人托养(庇护)等机构参加综合责任保险。加大社会保险补贴力度,残疾人社会保险补贴目标人群覆盖率达到97.9%。

三、聚焦残疾人就业增收,着力增加残疾人小康成色

针对残疾人群体受教育程度低、参与社会能力弱、就业层次普遍较低、岗位不稳定、整体收入偏低等现象,重点采取以下措施。

一是千方百计解决应届残疾人大学毕业生就业问题。对492名有就业意愿的残疾人大学毕业生采取销号管理方式,建立"一人一台账",实行"一生一策",落实岗位补贴、社会保险补贴、超比例安置奖励等措施,对城乡低保低边家庭、零就业家庭残疾人大学毕业生实行托底帮扶。

省委组织部、省委编办、省人力社保厅和省残联等持续推动党政机关事业单位带头安置残疾人就业,今年全省推出残疾人公务员专设岗位14个。

二是多措并举优化残疾人就业创业帮扶。落实电商助残政策,深化与阿里巴巴电商助残合作,共建"云朵之家"云客服基地,推进残疾人就业创业孵化基地建设,通过"飞地抱团"、支持残疾人投身文创产业、非遗传承等方式,拓宽残疾人就业增收渠道。着力做好就业服务,组织残疾人线上线下招聘会249场,推出岗位14613个,为残疾人提供职介服务16150人次,组织残疾人技能培训19363人次,新增残疾人就业11262人。

三是有力有序推进精神、智力及其他重度残疾人辅助性就业。深入实施省政府助残民生实事"残疾人之家"建设,目前共建成1128家,实现智力、精神和其

他重度残疾人辅助性就业与庇护服务2.32万人。通过"残疾人之家"建设,达到了"庇护一人、解放一家、稳定一片"的目的,受到广大残疾人和亲友们以及社会各界的广泛赞誉。

四、聚焦社会化助残帮扶,着力营造残健共融社会氛围

针对全省困难残疾人分布面广、需求多样的实际,积极动员社会各界,凝聚爱心合力,重点推进以下工作。

一是大力弘扬自强与助残风尚。省委宣传部、省残联等组织"最美浙江人·最美残疾人"、残疾人事业好新闻等评选宣传,开展"新时代·共奋斗"特殊艺术线上演出,点击量超过20万次,中央和我省媒体进行广泛报道。我省盲人朱丽华当选"感动中国2019年度人物"。

首次设立"浙江省特教园丁奖",首批30名长期耕耘在特教战线的教职员工受到表彰。省委宣传部、省文明办、省电影局、省残联联合启动"观影无障碍·志愿暖人心"专项行动,计划在全省培育100支无障碍观影讲解志愿服务队伍,组织无障碍观影1000场次,服务视障残疾人10万人次。

二是关心关注残疾人婚恋难题。省残联会同团省委、省妇联、浙江广电集团等,开设"浙里同行"情感访谈类节目,设置"真爱无碍"残疾人网络相亲交友版块,组织残健融合交友、网络"云相亲"等系列婚恋交友活动。

2000年9月20日,举行浙江省首届残疾人公益集体婚礼,中国残联主席张海迪从北京发来视频祝福,祝贺百对新人从此走进幸福的日子,开启人生的新征程。"我希望新人们永远铭记今天的誓言,在今后的生活中永远相亲相爱、互敬互助,幸福欢乐共同分享,艰难困苦共同担当。祝愿每一个家庭花好月圆、地久天长。"王文序副省长为新人证婚,人民日报、中央电视台等媒体广泛报道。目前,浙江省适婚年龄段已婚残疾人达84.1%,居全国前列。

三是合力推进精准化助残服务。整合社会资源,开展残疾人基本康复服务60.67万人次,完成残疾人基本辅具适配64098人次,实施康复体育进家庭服务2002人次,落实残疾学生助学17421人次,发放残疾人机动轮椅车主燃油补贴12499人次(324.97万元)。深化助残服务"最多跑一次"改革,发挥残疾人工作者和社会志愿者作用,建立代办、帮办、上门办等服务机制,让更多残疾人办事"不跑腿"。

下一步,浙江省残联组织将深入贯彻落实中国残联有关工作部署,聚焦残疾人群众的操心事、烦心事、揪心事,坚持实干实绩实效,在推动"全面建成小康社会,残疾人一个也不能少"如期实现的基础上,精心谋划省残疾人事业发展"十四五"规划,以人的现代化为核心,同步开启残疾人事业现代化新征程,确保浙江省广大残疾人在从小康到现代化的道路上"一个不少"。

第三章　残疾人学在残疾人事业发展中的重要地位

本章主要阐明残疾人学在残疾人事业发展中的重要地位,主要体现在:创建残疾人学,是充分体现其双重性质的内在要求;创建残疾人学,是充分发挥残疾人潜能的迫切要求;创建残疾人学,是残疾人心理磨合、文化认同和融合发展的客观要求。

第一节　创建残疾人学,是充分体现其双重性质的内在要求

一、残疾人学的政治性质

1. 残疾人学具有中国特色

残疾人学是马克思主义的一个分支学科,由于它在中国土地上生长、反映中国的社会实际,因此是具有中国特色的残疾人学。

(1)"中国特色"的提出及其最本质的内涵

党的十一届三中全会以后,以邓小平同志为核心的党的第二代中央领导集体,以巨大的政治勇气和理论勇气推动改革开放。中国改革开放和现代化建设的总设计师——邓小平发出的响亮号召:"中国搞社会主义,强调要有中国的特色。"[①]而且邓小平首次将"中国特色"与马克思主义、社会主义、中国共产党的领导联系起来。他说:"走自己的道路,建设有中国特色的社会主义。这就是我们总结长期历史经验得出的基本结论。我们坚信马克思主义,但马克思主义必须与中国实际相结合……我们正是根据这样的思想,力求实现我们的发展目标。"[②]他特别强调:"没有中国共产党,就没有社会主义的新中国。""离开了中国共产党的领导,谁来组织社会主义的经济、政治、军事和文化?谁来组织中国的四个现代化?在今天的中国,决不应该离开党的领导……"[③]

[①②]　《邓小平文选》第三卷,人民出版社1993年版,第213页。
[③]　《邓小平文选》(1975—1982),人民出版社1983年版,第156页。

2014年8月20日,习近平在纪念邓小平同志诞辰110周年座谈会上的讲话中指出:邓小平同志紧紧抓住"什么是社会主义、怎样建设社会主义"这个基本问题,响亮提出"走自己的道路,建设有中国特色的社会主义"的伟大号召,领导我们党在新中国成立以来革命和建设实践的基础上,成功走出了一条中国特色社会主义新道路。①

2016年5月17日,习近平主持召开哲学社会科学工作座谈会,提出要着力构建中国特色哲学社会科学,在指导思想、学科体系、学术体系、话语体系等方面充分体现中国特色、中国风格、中国气派;强调坚定中国特色社会主义道路自信、理论自信、制度自信、文化自信,说到底是要坚定文化自信,文化自信是更基本、更深沉、更持久的力量。②

习近平在党的十九大报告中指出:"中国特色社会主义最本质的特征是中国共产党的领导,中国特色社会主义制度的最大优势是中国共产党领导,党是最高政治领导力量。"③

笔者认为,不论是邓小平创造性地提出"中国特色"概念,还是习近平创造性地运用和阐述"中国特色"概念,都是基于两种需要:一是根据中国国情的需要,坚持马克思列宁主义的基本原理,走中国人民自愿选择的适合中国国情的道路;二是根据中国政治体制的需要,坚持中国共产党的领导,实行中国特色社会主义制度,走中国特色社会主义政治发展道路。这正是中国特色的最本质的内涵。由此可见,"中国特色"概念是一个完整而科学的概念。

何毅亭教授说:"中国共产党是最高政治领导力量,是习近平总书记提出并反复强调的一个重大政治论断,也是习近平新时代中国特色社会主义思想的一个重要理论观点。这一重大论断和重要观点,科学概括了中国共产党在整个国家的根本地位和无可替代的领导作用,充分表达了只有中国共产党才能肩负起带领中国人民实现中华民族伟大复兴的历史使命。"④

有论者说,20世纪20年代初中国共产党成立前后,中国政党林立,多则有过二三百个政党,少则有过一百多个政党,其中有多个政党和政治力量在中国政治舞台轮番角逐。为何成立于1921年的中国共产党能够脱颖而出最终成为最

---

① 《习近平:在纪念邓小平同志诞辰110周年座谈会上的讲话》,中国共产党新闻网 http://cpc.people.com.cn/n/2014/0820/c64094-25505692-2.html
② 《习近平主持召开哲学社会科学工作座谈会》,人民网 http://politics.people.com.cn/n1/2016/0517/c1024-28358052.html
③ 习近平:《决胜全面建成小康社会,夺取新时代中国特色社会主义伟大胜利——在中国共产党第十九次全国代表大会上的报告》,人民出版社2017年版,第20页。
④ 何毅亭:《中国共产党是最高政治领导力量》,《学习时报》2019年5月17日,第1版。

高政治领导力量呢？

何毅亭教授说，这是由中国共产党的先进性决定的，是由中国共产党的历史作用赢得的。由此，他进一步阐释了中国共产党是中国政治方向的掌舵者，是国家政治体系的统领者，是社会治理的主导者，是重大决策的决断者，并且日益显现出其强大的内生动力。① 他阐述的这些新思想、新观点和新提法，既有助于我们加深对邓小平、习近平提出的"中国特色"最本质内涵的准确理解与应用，也有助于我们加深对习近平提出的"中国共产党是最高政治领导力量"最根本观点的准确理解与应用。

（2）"中国特色"概念：具有多个一级维度与两级维度

①"中国特色"概念具有多个一级维度。"中国特色"概念具有多个一级维度，即中国特色社会主义道路、中国特色社会主义理论体系、中国特色社会主义制度和中国特色社会主义文化。这条道路、这个理论体系、这个制度、这个文化都已被写入《中国共产党章程》："改革开放以来我们取得一切成绩和进步的根本原因，归结起来就是：开辟了中国特色社会主义道路，形成了中国特色社会主义理论体系，确立了中国特色社会主义制度，发展了中国特色社会主义文化。"习近平指出："中国特色社会主义政治发展道路，是近代以来中国人民长期奋斗历史逻辑、理论逻辑、实践逻辑的必然结果，是坚持党的本质属性、践行党的根本宗旨的必然要求。世界上没有完全相同的政治制度模式，政治制度不能脱离特定社会政治条件和历史文化传统来抽象评判，不能定于一尊，不能生搬硬套外国政治制度模式。"② 对此，我们倍加珍惜、始终坚持、不断发展。

②"中国特色"概念具有多个二级维度。由于中国特色社会主义事业联系的客观性、普遍性和多样性，"中国特色"呈现出多个二级维度，残疾人事业就是一个明显的佐证。

《中共中央 国务院关于促进残疾人事业发展的意见》（中发〔2008〕7号）指出："关心残疾人，是社会文明进步的重要标志。残疾人事业是中国特色社会主义事业的重要组成部分。"

张海迪代表8500万残疾人发出了共同心声："中国的残疾人事业是中华民族有史以来一项前无古人的伟大事业，想一想在中国的历史上，有谁提出过要建立一个残疾人的组织、让残疾人平等参与和共享社会发展的成果呢？只有在中

---

① 何毅亭：《中国共产党是最高政治领导力量》，《学习时报》2019年5月17日，第1版。
② 习近平：《决胜全面建成小康社会 夺取新时代中国特色社会主义伟大胜利——在中国共产党第十九次全国代表大会上的报告》，人民出版社2017年版，第36页。

国共产党的领导下,在改革开放的历史条件下,才有了中国残疾人事业的发展。"①

随着中国特色残疾人事业的迅速发展,中国特色残疾人事业的发展道路、理论体系、制度建设、文化研究之文献不断涌现。"不论是中国特色残疾人事业,还是中国特色残疾人发展道路,无不打上时代特有的文化印记——'中国特色'。""从根本性质来说,中国特色残疾人事业深深地扎根在中国的土地上,成为中国特色社会主义事业的重要组成部分。因此,它的最本质的特征是坚持中国共产党的领导。"②

同属于"中国特色"多个二级维度的还有:中国特色妇女儿童事业研究;中国特色社会主义外交理论研究;中国特色社会主义法治体系研究;中国特色社会主义人权发展道路;中国特色基本医疗卫生制度研究;中国特色国防和军队现代化建设事业研究等,其共同点是都必须坚持中国共产党的领导。

不论是"中国特色"概念具有多个一级维度,还是"中国特色"概念具有多个二级维度,都有一条鲜明主线或一个共同本质,那就是中国共产党是最高政治领导力量。中国特色残疾人事业深深地扎根在中国的土地上,成为中国特色社会主义事业的重要组成部分。中国特色社会主义最本质的特征是中国共产党领导,中国特色社会主义制度的最大优势是中国共产党领导。因此,研究残疾人学,必须始终坚持中国共产党领导,这正是它始终坚守的政治方向。

2. 残疾人学的政治任务

中国残联是由残疾人及其亲友和残疾工作者组成的人民团体,是党和政府联系广大残疾人的桥梁和纽带。政治性是残联组织的灵魂,承担着引导群众听党话、跟党走的政治任务,把自己联系的群众最广泛最紧密地团结在党的周围。

2015年7月6日,习近平总书记在中央党的群团工作会议上发表重要讲话,从巩固党执政的阶级基础、群众基础的战略高度,从党和国家事业长远发展的全局高度,深刻阐明了党的群团工作的一系列重大理论和实践问题。他强调指出:"党的群团工作是党通过群团组织开展的群众工作。这是我们党的一大创举,也是我们党的一大优势。要下决心纠正机关化、行政化、贵族化、娱乐化,切实保持和增强党的群团工作的政治性、先进性、群众性。"③

习近平总书记强调,党的群团工作是党组织动员广大人民群众为完成党的

---

① 张海迪:《努力建设残疾人事业的好队伍》,《残疾人研究》2013年第3期,第5页。
② 奚从清:《中国特色残疾人事业的理论研究与服务实践——从人道主义的延续性说起》,《残疾人研究》2016年第3期,第17页。
③ 中共中央党史和文献研究院:《改革开放四十年大事记》,人民出版社2018年版,第107页。

中心任务而奋斗的重要工作,要求残联组织发扬优良传统,切实履行职责,多做雪中送炭的事情,为残疾人解难,为党和政府分忧,团结带领残疾人继续开创工作新局面。

《求是》2017年第18期刊发中国残联党组署名文章:《全面建成小康社会,残疾人一个也不能少——党的十八大以来残疾人事业的新发展》。文章强调,五年来,各级残联和广大残疾人工作者牢记习近平总书记的嘱托,认真贯彻落实党的十八大以来历次全会精神,认真开展党的群众路线教育实践活动、"三严三实"专题教育、"两学一做"学习教育,推进"两学一做"常态化制度化,坚定地同以习近平同志为核心的党中央保持高度一致。中国残联党组认真做好中央巡视反馈意见整改工作,坚持以"四个意识"为标尺,以党章党规党纪为遵循,聚焦坚持党的领导,加强党的建设,全面从严治党,不断提高思想认识和政治站位,努力把落实巡视整改过程作为坚定信念、锤炼党性、严纪强规的过程,作为纠正认识偏差、净化政治生态、改进加强工作的过程,努力以全面从严治党的新成效引领残疾人事业新发展。

深入贯彻落实习近平总书记在中央党的群团工作会议上的重要讲话精神,紧紧围绕保持和增强残联组织的"政治性、先进性、群众性",去除"机关化、行政化、贵族化、娱乐化",在把正方向、优化职能、提升能力、健全机制、增强活力、紧接地气上下功夫。服务党和国家工作大局,更好发挥党联系残疾人的桥梁纽带作用,把中央助残政策送到残疾人身边,把残疾人的呼声愿望及时反映上来,努力做残疾人信得过、靠得住、离不开的知心人、贴心人。突出雪中送炭工作要求,把主要精力和力量放在残疾人基本公共服务托底补短和贫困残疾人脱贫攻坚上,以残疾人的实际获得感来反映工作成效、评价实际绩效。推动重心下移,注重提升基层一线服务残疾人的能力,着力打通服务残疾人的"最后一公里"。通过开展可复制、可推广的具体项目,接通地气,努力为残疾人提供实实在在的具体服务和实际帮助。

做好残疾人工作,事关8500万残疾人及其家庭的民生福祉,事关全面建成小康社会大局,我们深感使命光荣、责任重大。我们要在以习近平同志为核心的党中央坚强领导下,高举中国特色社会主义伟大旗帜,认真贯彻党中央、国务院决策部署,奋发进取、扎实工作,团结带领广大残疾人和全国人民一道决胜全面建成小康社会,以优异成绩迎接党的十九大胜利召开。

在中国残联"七代会"上,中国残联主席张海迪在报告中说,习近平总书记强调,群团事业是党的事业的重要组成部分。新形势下,党的群团工作只能加强、不能削弱,只能改进提高、不能停滞不前;群众组织要更多把注意力放在困难群众身上,多做雪中送炭的事情;各级残联要发扬优良传统,切实履行职责,为残疾人解难,为党和政府分忧,团结带领残疾人继续开创工作新局面。我们要保持和增强政治性、先进性、群众性,坚决去除机关化、行政化、贵族化、娱乐化倾向,坚持眼睛向下,面向基层残疾人,把各级残联建设得更加充满活力、更加有凝聚力,发挥好桥梁纽带作用,把党和政府的温暖送到残疾人身边。

2020年12月7日,中国残联召开全国残联"学听跟"经验交流视频会。中国残联党组书记、理事长周长奎出席会议并讲话,党组成员、副理事长程凯主持会议。

周长奎指出,开展"学听跟"活动,是各级残联组织加强政治建设的重要载体和抓手,要把深化"学听跟"活动与深入学习贯彻党的十九届五中全会精神紧密结合起来,广泛开展面向基层、面向基层残疾人工作者和广大残疾人及亲友的宣讲;与深入推进残联改革紧密结合起来,不断增强政治性、先进性、群众性,引导广大残疾人和残疾人工作者听党话、跟党走;与提升残疾人公共服务和民生保障水平紧密结合起来,坚持以人民为中心的发展思想,不断提升残疾人的获得感、幸福感、安全感;与落实意识形态责任制紧密结合起来,坚定广大残疾人和残疾人工作者的理想信念,重视发展文化的重要作用,提升残联系统思想引导能力。要总结工作规律,创新活动方式,多采取残疾人喜闻乐见、易于接受的形式,切实增强吸引力与感染力,确实取得实效。[①]

事实证明,中国残联、各级残联组织坚持和加强党的全面领导,团结和带领全国8500万残疾人兄弟姐妹及其2.6亿亲属,团结在以习近平同志为核心的党中央周围,不断增强政治性、先进性、群众性,引导广大残疾人和残疾人工作者听党话、跟党走,就一定能够发挥好党和政府联系残疾人的桥梁纽带作用,在全面建设社会主义现代化国家的新征程中,推进残疾人事业高质量发展,并以坚定不移的步伐向现代化迈进。

二、残疾人学的学术性质

本书在集中阐明残疾人学的政治观点的同时,将在各章节中阐述残疾人学研究的学术观点。对残疾人在实际生活领域中或残疾人工作者在工作中遇到的各种问题,通过一系列特有的概念、范畴和系统的逻辑论证,从而形成一定的学术观点和理论体系。同时应当看到,在现实社会中,由于人们在一定历史阶段上实践水平、理论水平、科学技术发展水平的差异,特别是在疫情防控期间,怎样才能真正做到"保护妇女儿童,保护老年人、残疾人等弱势群体,保障人民基本生活",这就涉及人学、残疾人学的政治性质,又涉及人学、残疾人学的学术性质。

---

① 《全国残联"学听跟"经验交流视频会召开》,《中国残疾人》2021年第1期,第9页。

学习与思考

扎实推进残联改革　在新时代残疾人事业中展现新作为

浙江省残联

群团改革是以习近平同志为核心的党中央在新的历史条件下加强和改进党的群团工作的战略部署,是全面深化改革、推进治理体系治理能力现代化的重要内容。在中国残联的统一部署、精心指导和浙江省委省政府的高度重视、正确领导下,浙江残联组织认真谋划、扎实推进改革工作,努力在改革中体现群团特点、残联特色,反映时代特征、浙江实践。2019年3月,浙江省委办公厅、省政府办公厅印发了省残联改革实施方案;4月,省残联召开改革动员会议,全面部署推进57项改革任务;当前,正在制定出台新的省残联"三定"方案。联动推进市县残联改革,11个设区市全部出台改革方案,89个县(市、区)70%已出台,其余已全部报当地党委审议。

一、以改革为引领,把"三性"要求抓深做实

紧紧围绕残联组织"政治性是思想灵魂,先进性是价值追求,群众性是重要特征"这一根本要求,推进改革工作。

围绕"深"字下功夫,全面深化思想武装。紧密结合"不忘初心、牢记使命"主题教育,精心组织"学听跟"专项行动,形成学习习近平新时代中国特色社会主义思想和习近平总书记关于残疾人事业重要论述浓厚氛围。建立单月年轻干部交流、双月部室主任讲课的"知行讲坛"制度;建立每季度专家学者作主题报告的"崇学大讲堂"制度;开展残联系统年轻干部职工"学思践悟"大比武。省巡回指导组给予充分肯定,省领导首次参加指导省残联党组民主生活会。

围绕"强"字下功夫,全面加强党的领导。省残联率先推进残联系统党组织全覆盖,在残疾人福利基金会建立党支部,在五大专门协会和中国狮子联会浙江代表机构建立功能性党支部。推进直属事业单位党的建设再提升,配齐配好浙江特殊教育职业学院党委班子和纪委书记,调整优化省残疾人文体中心党组织班子,配备到位浙江康复医疗中心、省残疾人就业指导中心、省残联信息和交流

中心党组织书记。

围绕"廉"字下功夫,推进清廉残联建设。制定出台全省清廉残联建设工作意见,召开全省清廉残联建设工作会议,开展党风廉政和政治生态建设状况评估,修订相关制度,加强助残资金使用绩效等重点环节监管,制定机关和直属事业单位廉政风险点及防控措施110条,编发全省残联系统警示教育案例,将党风廉政责任落到残联工作各方面。

围绕"正"字下功夫,传递特殊"正能量"。省残联会同省委组织部、宣传部、机关工委等10个部门发起"新时代 共奋斗"特殊艺术百场巡演活动,现已演出40场。残疾人艺术团进机关、学校、企业、社区、农村文化礼堂和监狱系统,充分展现特殊艺术的独特魅力;海迪主席发来深情寄语,省委书记、省长、组织部部长、分管副省长批示肯定。持续开展"最美浙江人之最美残疾人、最美残疾人家庭、最美助残人、最美残疾人工作者"评选,传播励志故事,展现感人风采。

二、以改革为动力,把基层基础抓紧做强

紧紧抓住"广大残疾人生活在基层,残联工作根基在基层,联系残疾人落脚点也在基层"这一基本现实,推进改革工作。

着力"广代表",扩展组织代表面。优化代表委员结构,换届后残疾人及亲友代表委员分别达到67%、65%,基层一线代表委员分别达到71%、54%。提高专门协会代表性,在健全各级残联专门协会设置基础上,将更多优秀残疾人充实到协会班子。发挥浙江民营经济发达、社会组织活跃的优势,推进残疾人相对集中的企业和社会组织设置残疾人小组。加强残疾人人才队伍建设,建立全省残疾人人才库。加强人才储备,近3年机关事业单位通过单考单招招录残疾人公务员和事业编制员工182人;推荐落实残疾人及亲友担任省市县三级人大代表、政协委员206人。设立首家省级"残疾人之家"政协委员会客厅,充分发挥会客厅委员在残疾人群体中的团结、引领作用,画好更大同心圆。

着力"强队伍",扩充队伍来源面。优化残联班子结构,按照"两挂一兼"要求,省市县三级共配备276名挂职、兼职副理事长。壮大基层工作力量,会同省委组织部等4个部门出台《关于加强乡镇(街道)、村(社区)残疾人工作者队伍建设的意见》,乡镇(街道)至少选聘1名残疾人工作专职委员,村(社区)根据持证残疾人数量优化配置,推动解决助残服务"最后一公里"问题。目前,全省1376个乡镇(街道)共配备残疾人工作专职委员1104人,年人均薪酬4万多元。加强人员教育培训,提升综合素质和业务能力;加强专职委员考核管理,实行绩效考评和服务对象评价相结合,提高履职服务水平。

着力"转作风",提升联系紧密度。建立残联班子成员联系各专门协会制度,

常态化听取协会意见,指导协会工作。建立残联机关干部和直属单位班子成员深入基层调研、直接联系基层、主动服务基层"三项制度",实现联系基层全覆盖。建立全省"走转改、三服务"联系清单、责任清单、问题解决清单"三张清单"制度,推动干部在基层一线发现问题、解决难题。2019年,仅省残联干部就累计走访残疾人家庭1200多户、残疾人组织和服务机构780多家,协调解决了一系列困难问题。

三、以改革为契机,把精准服务抓细做好

紧紧锚定残联组织要推进服务创新、提升精准化服务水平、更好服务广大残疾人这一重要使命,推进改革工作。

推进数字残联建设,打好精准服务基础。按照精准识别、精准制案要求,推进打造全省残疾人数据中心,建立健全残疾人"一人一档"综合档案,精准反映残疾人需求与服务状况;实现省政府统一数据共享交换平台和残联系统数据交换共享。深化打造以统一平台、统一入口、统一认证、统一管理为特征的数字残联管理平台,结合残疾人工作重点和残疾人需求开发完善新的系统应用。深化打造向残疾人、残疾人家属等提供便捷化个性化服务的数字残联服务平台,深入挖掘残疾人服务智能化应用。

推进"最多跑一次"改革,提升精准服务能力。按照省委省政府公共服务"最多跑一次"改革部署,完成残疾人办事事项40个主项、55个子项梳理,与人力社保等部门建立助残服务"一件事"机制,将残疾人证申办等8件高频事项办理归并为"一件事",实现事项集成联办,从原来跑5个部门提交14份材料优化为只凭身份证跑一次;将"一件事"纳入省政务服务网和"浙里办"APP,实现网上办、掌上办。对行动不便的残疾人通过帮办、代办等实现"零跑腿"。

推进共享全面小康,检验精准服务成效。持续实施全省"8+1"高质量助残行动计划,在确保残疾人全面小康实现程度超过96%的基础上,推动残疾人基本保障与公共服务再提升。在2019年完成规范化建设"残疾人之家"1090家,庇护智力、精神和其他重度残疾人2.26万人的基础上,持续推进省政府民生实事建设,提升打造星级"残疾人之家",为更多残疾人提供优质服务。着力打造"浙江特殊高等职业教育""浙江特殊艺术"等助残服务品牌,以品牌建设提升事业发展品质,助力全面小康。

第二节 创建残疾人学,是充分发挥残疾人潜能的迫切要求

一、重要文献的有关规定

为了阐明本节的中心议题,我们有必要引证下列重要文献的有关规定。

联合国大会第三十七届会议1982年12月3日第37/52号决议通过的《关于残疾人的世界行动纲领》指出:"目前一般对残疾人的潜力还缺乏认识。而且往往没有涉及他们需求的法律规定,师资和设备也都不足。""人们往往认识不到残疾人参加正常社会生活的潜在力量,因此未能帮助残疾人与其他社会群体融为一体。""会员国应确保残疾人有机会充分发挥他们创造性的、艺术上的和智慧方面的潜力,这不仅是为了他们本身的利益,而且也是为了造福社会。为此目的,应确保他们享有文化活动。必要时,应作出特别安排,满足心智或感官受损者的需求,如聋人助听器、盲人点字印刷书籍和盒式录音带以及适应个人智力的阅读材料等。文化活动的领域包括舞蹈、音乐、文学、戏剧和造型艺术等。"

第61届联合国大会2006年12月通过、2008年5月3日生效的《残疾人权利公约》第二十四条明确规定:"最充分地发展残疾人的个性、才华和创造力以及智慧与体能。"

潜能是指人们在生理基础上,通过各种实践而逐步形成的心愿、兴趣和能力。其中有的正在开发,有的正在启动。郭沫若在《蜩螗集·为多灾多难的人民而痛哭》中说:"推动中国历史的铁人,你的潜能似乎才刚始发动。"生活实际的情形正是这样,多数残疾人正在自觉开发,有些残疾人的潜能正在被激活。

二、充分发挥残疾人的潜能和才能

1. 发展残疾人教育事业,是开发残疾人潜能的最好途径

1989年,由联合国社会发展和人道主义事务中心(UNCSDH)召开的国际专家会议通过的《开发残疾人资源的塔林行动纲领》指出:"只有通过人的资源开发,残疾人才能有效行使作为一个公民的权利。"邓朴方说:"我们发展残疾人教育事业,就是开发人的资源(潜能),就是对人类文明与社会进步的呼唤。"[①]中国是联合国制订《残疾人权利公约》的积极提倡者和有力支持者。

---

① 邓朴方著:《人道主义的呼唤》(第一辑),华夏出版社2006年版,第410页。

2. 残疾人由于残疾的磨炼,蕴藏在他们内心的精神力量是巨大的

一个残疾人常常面临着许多常人难以想象的困难,也正是这种艰难的环境,锻炼了他们的顽强意志,使他们中大多数人的意志比普通人更顽强。邓朴方说:"许多残疾人锻炼出一种顽强的素质,不向困难低头,敢于向命运抗争,顽强拼搏,奋发向上。这是非常可贵的,是国家富强所需要的。我看,我们应当广泛宣传这种精神,让广大群众知道,特别是让青少年知道。"①

3. 残疾人自身的奋斗,将发挥着越来越重要的作用

1998年10月16日,朱镕基总理在接见残疾人艺术团演员时含着热泪动情地说:"我今天非常地感谢大家,因为你们不但给我们一种艺术的享受、美的享受,同时你们也使每一个观众都迸发出了一种崇高的感情。一看你们的表演,我的眼泪就下来了……我非常地同情、惋惜。你们为什么残疾呢?!也非常地惊讶、惊喜,你们怎么表演得这么好呢?比一个健全人还表演得好。同时,我也非常地钦佩,你们做到这样真不容易啊!"②

各类残疾人艺术团体快速发展,全国各类残疾人艺术团体已有283个,残疾人文化艺术从业人员近30万人。"共享芬芳 共铸小康"公益巡演展览活动启动三年以来,已有17万余人参加。每四年一届的全国残疾人艺术会演,截至2017年,已举办9届,每届参与的残疾人达10多万人。中国残疾人艺术团出访了100个国家和地区进行交流演出,被联合国教科文组织指定为"联合国教科文组织和平艺术家",《千手观音》节目更是享誉世界。③

4. 特奥运动是向生命潜能挑战的最好方式

邓朴方说:"一切生命,都有尊严和潜能。残疾人参与特奥运动,不仅展示了他们乐观进取、顽强拼搏的精神风貌,同时也是对生理和心理障碍的超越,是向生命潜能的挑战。"④"在我们这个星球上,有近百分之三的人口是弱智人士,这是一个极其特殊的困难群体。帮助弱智人提高生活质量,积极创造并改善他们全面参与社会生活的环境与条件,是政府和社会共同的责任和义务。世界特奥运动三十多年来,在为弱智人提供平等参与机会、使他们融入社会并得到应有的尊重等方面,作出了不懈的努力,特奥精神得到了广泛的认同和支持,这是人类文明进步的必然。帮助需要帮助的人,实际上是帮助我们自己,这已成为大多

---

① 邓朴方:《人道主义的呼唤》(第一辑),华夏出版社2006年版,第276页。
② 参见:党和国家领导人重要讲话,中国特色残疾人事业发展研究资源之一。中国残联研究室残疾人事业发展研究中心,2017年6月,第75页。
③ 国务院新闻办公室:《平等、参与、共享:新中国残疾人权益保障70年》白皮书(2019.7),第40页。
④ 邓朴方:《人道主义的呼唤》(第二辑),华夏出版社2006版,第232页。

人的共识,因为我们共同生活在这个星球上,建设一个和谐美好的世界离不开所有的人,包括弱智人士。"①

在党和政府的亲切关怀和社会各界的真诚帮助下,我国自20世纪80年代起开展的特殊奥林匹克运动的成功实践,"充分证明了生命的潜能是可以发掘的。只要多一份爱心、多一份理解、多一份尊重、多一份关心和帮助,智力残疾人就可以通过体育运动提高自身素质和生活质量,成为有益于社会的人,使我们的社会更加和谐、更加美好。"不仅如此,它需要健全人和残疾人共同参与。"它体现了人的奋斗和创造力,它体现了和谐温馨的新型人际关系,体现了人类美好的情感和人道主义精神。"②成功举办上海特奥会、北京残奥会和广州亚残运会,成功申办2022年冬季残奥会;参加9届夏季残奥会,1337名运动员参加,获得433块金牌、339块银牌、250块铜牌,打破261项世界纪录,实现金牌榜4连冠;参加4届冬季残奥会,55名运动员参加,在2018年平昌冬残奥会上实现冬季项目金牌零的突破。积极参加国际听障奥运会和特奥会。③

邓朴方说:"在人类共同迈入具有历史意义的新千年、迎来第一个充满阳光的春天之际,中国特奥世纪行活动即将在北京、深圳和上海举行。这是由国际特奥会与我国合作举办的旨在宣传特奥精神、推动我国特奥事业发展的社会公益活动,也是一个充满真诚与挚爱的助残行动。就像新千年的春天给人们带来希望和光明一样,这一活动也定将进一步架起理解的桥梁,沟通残疾人与健全人的心灵,为广大弱智人士送去和煦的春风,因为这友谊的桥梁是由千万颗善良而热情的爱心凝聚而成。"④

党的十八大以来,以习近平同志为核心的党中央十分关心残疾人,高度重视残疾人事业发展。在习近平新时代中国特色社会主义思想指引下,中国将残疾人事业纳入"五位一体"总体布局和"四个全面"战略布局,采取切实有效措施促进残疾人体育蓬勃发展。残疾人体育运动水平不断提高,残疾人运动员自强不息、顽强拼搏、为国争光、激励社会,残疾人体育事业取得历史性成就。

第三节　创建残疾人学,是残疾人心理磨合、文化认同和融合发展的客观要求

在现实生活中,我们看到,一个人由于多种多样的原因,或存在先天性残疾,

---

① 邓朴方:《人道主义的呼唤》(第三辑),华夏出版社2006年版,第441—442页。
②④ 邓朴方:《人道主义的呼唤》(第二辑),华夏出版社2006年版,第232、231页。
③ 国务院新闻办公室:《平等、参与、共享:新中国残疾人权益保障70年》白皮书(2019.7),第42页。

或成为获得性残疾。就绝大多数残疾人而言,他们身残志不残,与残疾命运持续抗争,书写出十分动人的事迹。张海迪说:"残疾人工作者首先要爱残疾人、爱这个事业!"其实,要真正做到爱残疾人、爱这个事业,并不是一件很容易的事情,而是要经历一个由现象到本质、再到更深刻的本质的过程,是一个不断深化的过程。

列宁说:"人的思想由现象到本质,由所谓初级本质到二级的本质,这样不断地加深下去,以至无穷。"①

毛泽东说:"我们的实践证明:感觉到了的东西,我们不能立刻理解它,只有理解了的东西才能更深刻地感觉它。感觉只解决现象问题,理论才解决本质问题。这些问题的解决,一点也不能离开实践。"②

习近平总书记对残疾人和残疾人事业发展提出了一系列明确要求,深刻阐述了新时代残疾人事业发展的价值理念、地位作用、目标方向、重要任务和责任要求,科学回答了新时代怎样认识残疾人、怎样发展残疾人事业以及怎样做好残疾人工作等重大问题。③

笔者坚信,沿着伟人们提出的辩证认识路线,不懈努力,不断总结,就一定能够提高对残疾人学本质的认识。基于这个观点,笔者试着从残疾人心理磨合、文化认同和融合发展的历程进行归纳与提升。

一、心理磨合

心理磨合是指残健者心理的磨合、认知的磨合、情感的磨合是一个由不适应到逐步适应以至基本适应的过程。这集中反映在如何看待残疾和残疾人的问题上。

1. 残疾是一个演变性的概念

《残疾人权利公约》明确指出:"残疾是一个演变中的概念,残疾是伤残者和阻碍他们在与其他人平等的基础上充分和切实地参与社会的各种态度和环境障碍相互作用所产生的结果。"就伤残者而言,残疾的发生、发展都要经历一个漫长的、心理的、肉体的痛苦过程。同样地,减轻残疾的程度也要经历一个持续的、顽强的抗争过程。由于自身残疾的影响和外界物质、精神环境的阻碍,残疾人参与机会必然受到较大限制,平等权利的实现会遇到障碍。此时,他们特别需要得到

---

① 《列宁全集》第三十八卷,人民出版社 1959 年版,第 278 页。
② 《毛泽东选集》(一卷本),人民出版社 1966 年版,第 275 页。
③ 转引自 2018 年 9 月 14 日中国残疾人联合会第七次全国代表大会上,韩正代表党中央、国务院发表的题为《在新时代的伟大征程中 创造残疾人更加幸福美好的新生活》的致辞。

健全人的理解与尊重,消除对他们各种歧视性的文化、态度、行为和外界环境障碍,特别需要政府和社会的扶助与保障。

2017年1月11日国务院常务会议通过了《残疾人教育条例(修订草案)》及《残疾预防和残疾人康复条例(草案)》。新华社记者陈翰咏写下一段感人肺腑的话:"这不仅对为数不小的残疾人群体来说是福音,其意义所及,还要广得多。须知,我国现有残疾人总数为8500万,而这一群体的生存状况,事实上影响到全国近五分之一家庭的生活状态。残疾之痛,首先是个体的。与自己身上或大或小的残障以及内心或多或少的痛苦相搏斗,谁也代替不了。那么,非自己、非亲朋,其他人的位置在哪里,能做些什么?人之高贵,就在于有同情之心。所以我们知道了许多令人感佩的助残义举。还有一个更宏观的层面。政府的位置在哪里?社会之文明,很大程度上在于人道主义之弘扬。大力倡导这种文明,并将文明内涵通过细化为法规条例加以固化,从而切实保障残疾人权益,这是政府应该做也必须做的事。"①

2. 残疾是一个全程性的概念

《中国残疾人》杂志社2017年第8期刊登的《残疾预防日 防残于未然》一文中指出,每个人在人生特定阶段都可能面临残疾的风险。造成残疾的因素十分复杂,从人群结构和生命周期角度看,残疾风险有明显的普遍性、全程性。从生命孕育的初期,到身心功能日渐退化的老年期,不同人群在人生不同阶段会面临遗传和发育、传染病、慢性病、交通事故、工伤、自然灾害等不同致残风险。国内外研究和实践表明,采取适当措施,可以有效减少和控制多数残疾的发生发展。因此,开展残疾预防对维护国民健康、提高全民健康水平,有着重要的促进作用。

3. 残疾人是一个复合性的概念

残疾人并不是一个单一性质的群体,而是一个复合性质的群体,即由各类残疾人组成的弱势群体。这个群体的存在既有共同点,又有不同点。在这个由各类残疾人组成的群体中,他们所存在的功能障碍程度和适应社会能力不一,他们所遭遇的阻碍性质不一,他们所期待的各种需求不一,他们所参与社会生活的行为模式不一,他们所实现的自我价值也不一,等等。因此,健全人,尤其是残疾人工作者应当自觉地学会掌握和运用残疾人学工作的具体规律,以不同方式加以解决,为残疾人充分参与社会并享有平等的权利而作出不懈努力。

4. 残疾人是一个对应性的概念

残疾人与健全人是一种天然的对应关系。"世界上一切生物群无不由健全

---

① 陈翰咏:《残疾人福音:总理用文明公平衡量这两个条例》,中华人民共和国中央人民政府网 https://www.gov.cn/zhengce/2017-01/11/content_5158984.htm

者和残疾者共同构成。自从人类社会出现迄至今日,残疾人一直伴随着健全人同时存在。"①健全人和残疾人应当相互理解、尊重、关心和帮助,更要把理解、尊重、关心和帮助残疾人放在首位,因为残疾人是社会上最困难的一个群体。正因为有困难,所以残疾人一般表现为拥有比较坚强的意志:热爱生活,艰苦奋斗,顽强拼搏,自强不息。而且通过磨炼,一些功能得到代偿。比如,盲人看不见,他的触觉与听力特别好;聋人听不见,视觉特别敏锐;肢体残疾者活动不方便,思维比较活跃,工作特别专心。正是这种情况下的超常发挥,成就了残疾人中的一大批优秀人物。历史和现实生活表明,残疾人同样是物质文明和精神文明的创造者,是建设中国特色社会主义事业的一支重要力量。

5. 残疾并不是造成残疾人问题的根本原因

邓朴方说:"残疾并不是造成残疾人问题的根本原因。主要是来自社会的物质和精神环境方面的障碍决定了残疾对一个人日常生活的影响。如果我们的社会文明到这种程度,它不但为健全人的一切着想,也为具有特殊需求的残疾人和老年人的一切着想;不但为残疾人提供和谐的、无障碍的精神环境,同时为他们提供适合的无障碍的物质环境,包括各种各样常人难以想象的用品用具,并且努力创造条件,使残疾人在事实上得到并且自如地使用这些用品用具,那么,这个社会至少从这个侧面就可以说是'人人共享'的社会了。也只有在这种情况下,残疾人平等、充分参与社会生活才能由理想变为现实。"②邓朴方这番话说得何等实在、深刻和感人!

二、文化认同

在残疾人文化中,文化认同是指不同文化特质的残疾者和健全者的个体、群体在互相接触的过程中对一个民族或群体最具有文化意义的认同过程。

习近平从不同角度阐述了文化认同的深刻内涵,对于我们研究不同文化特质的残疾者和健全者的个体、群体都具有重要的指导意义。

2014年3月20日,在中国残疾人福利基金会成立30周年之际,习近平致信中国残疾人福利基金会,并给予高度评价:"30年来,在党和政府的支持下,中国残疾人福利基金会始终高举人道主义旗帜,动员社会,集善天下,为残疾人谋福祉,为改善残疾人生活状况、推动社会文明进步作出了积极贡献。残疾人是一个特殊困难的群体,需要格外关心、格外关注。让广大残疾人安居乐业、衣食无忧,过上幸福美好的生活,是我们党全心全意为人民服务宗旨的重要体现,是我国社会主义制度的必然要求。希望你们继承发扬优良传统,切实履行职责,锐意

---

①② 邓朴方:《人道主义的呼唤》(第一辑),华夏出版社2006年版,第9、427-428页。

进取、扎实工作,为推动残疾人共享我国经济社会发展成果,为帮助残疾人在实现中华民族伟大复兴的中国梦中实现自己的人生理想,作出更大贡献。"①

2014年5月16日,习近平在会见第五次全国自强模范暨助残先进集体和个人表彰大会上发表重要讲话时指出,残疾人是社会大家庭的平等成员,也是人类文明发展的一支重要力量。古今中外,残疾人身残志不残、自尊自立、奉献社会的奋斗事迹不胜枚举。残疾人完全有志向、有能力为人类社会作出重大贡献。在当代中国,在改革开放进程中,我国残疾人中涌现出一大批像张海迪那样的自强模范,他们是改革开放大潮的弄潮儿,他们的事迹感人至深、催人泪下,激励了全社会奋发自立的精神。他们身上的精神就是自强不息精神,就是我们的民族精神、时代精神,也是社会主义核心价值观的应有之义。同时指出,助残先进以及他们所代表的关心和帮助残疾人的社会各界人士,也堪称楷模,引领社会风气。"赠人玫瑰,手留余香"。大爱无疆、仁者爱人。这种舍己为人、乐善好施的高尚品质,是社会主义核心价值观的具体体现,是中华民族传统美德的具体体现。中华民族历来强调自强不息、厚德载物。从大家身上,我看到了中华民族优秀传统文化的传承,看到了不畏艰辛、顽强拼搏的志气,看到了社会正能量的充分发挥,看到了坚持和发展中国特色社会主义的一支重要力量。中国梦,是民族梦、国家梦,是每一个中国人的梦,也是每一个残疾人朋友的梦。我们都要凝心聚力,在实现人生梦想的同时,共同推动中华民族的美好梦想早日实现。②

2017年初,习近平对侨务工作作出了重要指示,他说:"团结统一的中华民族是海内外中华儿女共同的根,博大精深的中华文化是海内外中华儿女共同的魂,实现中华民族伟大复兴是海内外中华儿女共同的梦。共同的根让我们情深谊长,共同的魂让我们心心相印,共同的梦让我们同心同德,我们一定能够共同书写中华民族发展的时代新篇章。"③

习近平在这里阐发的共同的根、共同的魂、共同的梦的重要论述,是联系广大残疾人和健全人情感之纽带、精神之依托、动力之源泉,这不仅是残疾人和健全人的个体、群体文化认同的基础,而且是创建残疾人学必须牢牢把握的一条主线。

---

① 《大党 | 谱写人权文明的新篇章》,中国经济网 http://www.ce.cn/xwzx/gnsz/gdxw/202110/03/t20211003_36967328.shtml. 搜索时间 2024.1.11

② 《促进残疾人全面发展和共同富裕》,中国共产党新闻网 http://cpc.people.com.cn/n1/2022/0228/c441898-32361290.html. 搜索时间 2024.1.11

③ 中共中国侨联党组:《新时代侨联工作改革创新的根本遵循——深入学习贯彻习近平总书记关于侨务工作的重要论述》,人民网 http://theory.people.com.cn/n1/2018/0817/c40531-30235809.html.

三、融合发展

现在,越来越多的论者在一些领域中广泛使用融合发展概念。但是,迄今为止,还没有见到学术界给它一个明确的定义。

从残疾人文化的角度来看,融合发展是指不同文化特质的残疾者和健全者的个体、群体在一个共生系统中基于社会互动关系的若干人群,通过文化整合、协调和合作方式,使彼此朝着既定目标,发挥更大价值,从而产生一个新的文化体系的过程。事实表明,不同文化特质的残疾者和健全者的个体、群体或早或迟地会进入融合发展的过程。

新时代需要新思维。为了推动传统媒体和新兴媒体融合发展,2016年2月,习近平总书记在"2·19"讲话中强调,融合发展关键在融为一体、合而为一。这个新思维不仅为中国新闻媒体的改革指明了方向,而且也为中国残疾人事业的改革指明了方向。坚持以人为本,站在残疾人与健全人共同利益的高度,构建"残健"两种精神融合发展的关系,使我国社会出现高度文明的新局面。但是,这是一个长期而艰巨的任务。[①]

提起"残健"两种精神的融合发展,我们不妨把杭州人民小学发生的残健两种精神融合发展的感人故事介绍给大家:杭州一对双胞胎兄弟背一个残疾同学从小学一直背到55岁。

杭州都市快报 2016-07-28 15:01,张女士来电:我70岁,退休前是位小学老师,曾经在拱宸桥的大关小学(现改为人民小学,大关小学迁至莫干山路)和树人小学任教。今天,我所说的感人的事,是40多年前我在大关小学教书时所经历的。

当时,我带了二年级的一个班,班里有一个男孩子叫邵立,是个残疾人,不能走路,只能爬。同班有一对双胞胎兄弟,每天上学、放学接送他,足足背了他六年,进了拱宸桥初中后,又风雨无阻地背了他三年。当时,我就很感动,虽然这个班我只带了一两年,因为有他们三个同舟共济的学生,让我至今印象深刻。

更让我感动的是,上个星期六,这个班开同学会,我受邀参加,我这才知道,邵立的父母去世后,也就是初中毕业以后,这对双胞胎兄弟带着邵立开了家小店,维持生计。老大还跟他生活在一起,一直照顾他到今年。

四月份,老大去世了,他的儿子接过父亲的棒,继续照顾着邵立。最近,老二把邵立接到他家了,他说虽然老大不在了,但他还是要接过照顾邵立的责任,如今他们都已经55岁了。开同学会那天,老二背着邵立来到我跟前问候。我问他

[①] 笔者将在第二十一章残疾人学新贡献之三:中国残联坚持融合发展理念的先进经验中进行阐述。

生活怎么样,他说过得很好。

真的,我实在是太感动了,照顾一天两天可以、一年两年也可以,可是照顾了几十年却是不容易的,亲人都不一定能做得到。更难得的是,连双胞胎兄弟的家人都没有嫌弃他,而且他们从不宣扬。我觉得这事不仅可以感动杭州,还能感动整个中国。当我看到老二背他的那种熟练和他们之间的亲密关系,我真的是非常非常为之动容。

融合发展离不开融合教育,融合教育促进融合发展。2010年人民小学百年校庆时,曾经的师生共同演绎了《背你同行》这个故事。当故事中的主人公沈志强先生迈上台时,全场掌声雷动,有的人眼中还噙着泪花。岁月虽染白了昔日同学的双鬓,但这份感动恰似火红的霜叶,风雨弥漫,叶儿愈红!

沈氏兄弟与邵立这份"不是亲人,却胜似亲人"的情谊感动了无数人,也吸引了杭州电视台西湖明珠频道《明珠新闻》的记者来到人民小学,作进一步的了解与报道。

《背你同行》主人公——沈志强出生在一穷二白的年代,小小的身躯挺起胸膛,瘦弱的肩膀背起同伴,四十七年的相守,有多少日子,就有多少道沟坎,但他们始终不离不弃。在这四十多年中,我们知道了什么是不离不弃、无私奉献,什么是真、善、美,什么是人间自有真情在。中国残联理论研究室主任厉才茂说得好:"人性、人道和善良,仍然是我们每个人要守牢的做人的底线。"

杭州市人民小学退休教师每每说起这个故事,都赞不绝口。

美在"人民",美在杭州,美在身边,沈氏兄弟用一颗心,拨动一群人的心,用一点光,点亮身边更多"真善美"的灯火。一条路、三个人、四十七年,这份坚如磐石的承诺,纯如水晶的真情,感动了一代又一代"人民"人,并激励着人民学子"向真""向善""向美",用实际行动把这个真情故事永远传唱下去!杭州市人民小学不愧为融合教育的示范校!

《国务院关于印发"十四五"残疾人保障和发展规划的通知》(国发〔2021〕10号)明确指出:"健全残疾人教育体系。坚持立德树人,促进残疾儿童少年德智体美劳全面发展。制定实施《第三期特殊教育提升计划(2021—2025年)》。巩固提高残疾儿童少年义务教育水平,加快发展非义务教育阶段特殊教育。健全普通学校随班就读支持保障体系,发挥残疾人教育专家委员会作用,实现适龄残疾儿童少年'一人一案'科学教育安置。着力发展以职业教育为重点的残疾人高中阶段教育,使完成义务教育且有意愿的残疾青少年都能接受适宜的中等职业教育。稳步推进残疾人高等教育,支持有条件的高校面向残疾考生开展单考单招,为残疾人接受高等教育提供支持服务。开展残疾人融合教育示范区、示范校和优秀教育教学案例遴选。支持高校开展残疾人融合教育。"

第四章　残疾人学研究,必须把残疾人生命作为主线

毛泽东说:"'实事'就是客观存在着的一切事物,'是'就是客观事物的内部联系,即规律性,'求'就是我们去研究。"[①]邓小平说:"实事求是,是无产阶级世界观的基础,是马克思主义的思想基础。过去我们搞革命所取得的一切胜利,是靠实事求是;现在我们要实现四个现代化,同样要靠实事求是。"[②]残疾人学研究,一点也不能离开实事求是。

张海迪为《残疾人研究》创刊题贺,首次提出残疾人理论研究要从中国有8000多万残疾人的实际出发,从人的本身出发,从生命的本身出发,赋予残缺生命更美好的意义。这里每个层次概念的差异,都应当把它看作客观矛盾的反映。由此不妨将其概括为"从三个实际"出发,从中不仅可以看出张海迪的文学和哲学修养,而且堪称是对残疾人学研究的一大创新!更为可贵的是,张海迪自觉坚持以习近平新时代中国特色社会主义思想为指导,坚持"从三个实际"出发,立足于把残疾生命作为主线,赋予残缺生命更美好的意义。

第一节　从"三个实际"出发,阐述中国残联的三种职能

中国残疾人联合会(简称中国残联)是国家法律确认、国务院批准的由残疾人及其亲友和残疾人工作者组成的人民团体,是全国各类残疾人的统一组织。中国残联的最高权力机构是全国代表大会,每五年举行一次,由中国残联主席团召集。

中国残联成立于1988年3月,具有代表、服务、管理三种职能:代表残疾人共同利益,维护残疾人合法利益;团结帮助残疾人,为残疾人服务;履行法律赋予的职责,承担政府委托的任务,管理和发展残疾人事业。

截至2019年,全国各省市县乡(除兵团外)共有残联组织4.2万个。各省

[①]　《毛泽东选集》第三卷,人民出版社1996年版,第801页。
[②]　《邓小平文选》(1975—1982年),人民出版社1983年版,第133页。

(区、市)、市(地、州)全部建立了残联组织;97.6%的县(市、区)、97.3%的乡镇(街道)已建立残联组织。中国残联领导盲人协会、聋人协会、肢残人协会、智力残疾人及亲友协会、精神残疾人及亲友协会等专门协会。截至2019年,全国共建立省级及以下各类残疾人专门协会1.5万个,其中省级各类专门协会已建比例为98.8%,市级为94.5%,县级为91.0%。

2014年2月26日,张海迪在第二十八次全国残联工作会议上讲话时说:"代表、服务、管理"三种职能是有机联系的整体,代表是立场,服务是宗旨,管理是手段。残疾人组织要代表残疾人的根本利益,代表残疾人和残疾人亲友发出声音,提出并解决问题,维护残疾人的合法权益,让他们获得实在的帮助。

中国残联这三种职能贯穿在中国残疾人事业的理论与实践中,而且是常写常新的主题。张海迪在不同时间、地点、条件下,阐述这三种职能的重要性和必要性,体现出"主观和客观、理论和实践、知和行的具体的历史的统一"。下面,笔者就用符号＊以示择录,介绍张海迪的基本观点及其理论价值和实践价值。

一、从"三个实际"出发,有助于残疾人工作者增强代表职能,做到与残疾人心贴心

从"三个实际"出发,是指残疾人群的任何部分都不是孤立存在的,而是一个相互联系的统一整体。

＊2014年2月26日,张海迪在第二十八次全国残联工作会议上的讲话中说,要代表和帮助残疾人,首先要深刻认识生命的意义,无论健康还是残缺,都要有意义和幸福感,我们的工作就是要让残缺的生命也能感受到生活的温暖。我们更要帮助残疾人实现理想。人不仅仅要活着,有意义地活着才有精神的快乐,而无意义地活着则是痛苦的。我们要消除残疾人的痛苦,让他们感到生活的美好。做好残疾人康复托养工作也是为国家分忧。要研究每一类残疾人不同的特点,了解残疾人的痛苦,了解他们的困难和需求。要向基层学习,向群众学习,总结基层的经验和做法。要不断在实践中向前走,改进工作方法。当然每个残疾人个体的需求不一样,有康复需求、教育需求、扶贫需求和托养需求等等,我们要了解残疾人的需求,并提出来,推动解决,这就是"代表"的具体体现。我们要重视和支持各专门协会的工作,专门协会代表本类别残疾人的共同利益,充分反映他们的特殊需求。专门协会贴近基层残疾人,具有很好的代表性,做好专门协会的工作,我们的工作就有扎实根基。

张海迪强调,做残疾人工作不能闭门造车,一定要注重基层调研,要有务实的精神,把调查研究当作工作常态。要切实改进工作作风,密切与残疾人的血肉联系。把每一件事做细做好,让残疾人得到真切具体的帮助,这样才称得上是代

表残疾人的组织。

二、从"三个实际"出发,有助于残疾人工作者加强服务职能,加快实现残疾人全面小康进程

对残疾人工作者来说,为残疾人服务就是为人民服务,为残疾人服务就要全心全意,要服务到位、服务到家,因为他们是最需要帮助的人,是承受痛苦的人。

我们要坚持人道主义原则,把全心全意为残疾人服务当作应尽的义务和责任。为残疾人服务是残疾人工作者存在的意义。当初为什么要成立中国残联呢?它的功能就是要说明为残疾人服务就是我们的工作,康复、教育、就业、扶贫、维权等都是重要的内容,我们要做的就是联系政府、动员社会关心帮助残疾人和他们的家庭。当前最重要的服务就是加快推进残疾人同步小康进程。

同志们,大家想过什么是小康,小康是什么标准,全社会的小康是什么,残疾人小康又是什么?党的十八大提出,到2020年全面建成小康社会,而残疾人与健康人的生活水平差距还很大,还有1230万农村残疾人没有脱贫,260多万城镇残疾人生活还很困难。相信到农村,特别是贫困地区走访和调研的同志们一定很清楚这种差距。

我们都知道,没有残疾人的小康就不是真正意义的小康,就是不全面的小康。我们必须加快残疾人同步小康的进程,这才是对国家负责任的态度。我们要充分认识到面临的机遇,确立目标,坚定信心。社会主义从本质上说,就是共同富裕,没有共同富裕,就不叫社会主义。党的十八届三中全会《关于全面深化改革若干重大问题的决定》提出"促进社会公平正义,增进人民福祉""让发展成果更多更公平惠及全体人民",特别是党的十八届三中全会要求"健全残疾人权益保障制度",这将会有力促进残疾人保障体系的健全和完善;快速发展的经济和不断加快的城镇化建设,为我们提供了越来越好的物质基础,这些都为促进残疾人同步小康提供了重要助力和保障。中办、国办最近印发的《关于创新机制扎实推进农村扶贫开发工作的意见》,要求建立精准扶贫工作机制、创新扶贫机制,这将有助于我们解决残疾人的贫困问题。我们要认真学习领会中央相关政策的精神,主动作为,落实好中央政策,促进残疾人事业发展。我们还要深刻学习理解中央经济工作会议、中央城镇化工作会议和中央农村工作会议精神,比如,中央提出推进城镇化,我们就要做好进入城镇的残疾人的工作,协助各级政府安排好他们的居住、康复、教育、就业等,让他们更好地融入城镇生活,这对改善残疾人的生存环境、促进同步小康具有积极作用。

20多年来,中国残疾人事业不断发展,相关政策法规不断完善。这次会议上征求同志们意见的《关于加快推进残疾人同步小康进程的意见》,是今后几年

加快残疾人同步小康进程的重要基础。近年来,各级党委、政府高度重视和支持残疾人事业,全社会也给予残疾人更多的关心帮助,各级残联逐步建立健全工作体制机制,为残疾人服务的内容越来越多,残疾人的状况有了明显的改善和改变。比如,现在无论到哪个城市,无论在机场、车站还是码头,还有数不清的街道、商场、银行、电信、影剧院、宾馆,甚至有的农村残疾人家庭,都有无障碍设施。还有成千上万的残疾人得到了不同程度的康复,很多听障孩子能够说话了,并且能与健康孩子一起读书。有的残疾人安装假肢后,不仅能行走,有的还能骑自行车。这几年,肢体残疾人和聋人驾驶汽车已经不再是新闻话题。残疾人的生活比起20多年前已经发生了巨大的变化。这是残联的服务职能发挥的作用,几代残疾人工作者为了让残疾人曾经的梦想变成现实,付出了艰苦的努力,作出了无私的奉献,全心全意为残疾人服务已经成为我们的自觉行动。

当然,任何一项事业的进步都要经过长期奋斗,残疾人事业也是如此。残疾人小康以省、市、县为单位,使残疾人的生活水平接近当地平均发展水平,而不是简单地与全国平均水平相比较,更不是与发达地区平均水平比较,能让本地残疾人实现小康,就是对国家全面建成小康社会的贡献。走中国特色残疾人事业发展的道路,为残疾人服务的工作,需要扎扎实实,一步一步地做好。我们要以实事求是的精神、科学的工作态度、饱满的工作热情、扎实的工作作风去为之奋斗。大家要沉下心来,任务越重越要坚定不移地向前走,要把队伍带好,少走弯路,把事业做强。我们铺就的是中国特色残疾人事业的道路,一定要有前瞻性的目光,想得更远一点。作为残联的领导同志,不能只为自己这一届出成绩,不能把残疾人工作仅仅当作自己的政绩,而要当作终身为之奋斗的伟大事业。社会主义从空想的萌芽,到马克思恩格斯提出科学社会主义的设想,到今天中国特色社会主义的探索和实践,历经几百年的摸索和追求,是一代又一代人艰苦奋斗的结果。再过5年或10年,我们这一代残疾人工作者终究要离开,残疾人事业需要一代一代人的奋斗。今天我们要为20年、30年甚至50年后的残疾人事业打下坚实的基础,到那时候,残疾人能够拥有法制健全、保障完善的生活,残疾人和家庭才能真正生活无忧。我们还要为残疾人全面融入社会而努力,我们的工作是社会福利的一部分,是民生事业和社会建设的一部分,是公共服务的重要内容。我们的理想是残疾人像健全人一样过上美好的生活,有完善的社会保障和医疗保障,肢残人有轮椅,聋人有助听器,盲人有盲道。到那时残疾孩子都能到学校读书,社会将不再有对残疾人的歧视。

为残疾人服务,还要掌握服务方法。要善于处理整体和具体的关系,要抓8500多万人的整体工作,也要把每个残疾人个体的工作做好,认真解决每一个残疾人的困难和问题。当前,我们要研究怎样将国家有关残疾人的政策措施逐一落实到每个残疾人身上。比如,随着我国人口老龄化进程的加速,老年残疾人会不断增加。我们要做好残疾人托养工作,科学研究托养机构、康复机构建设问题。一方面要努力加强基础建设,建设康复机构、托养机构要注意与医疗机构、养老机构资源整合共享。机构建设要注重实效,避免重复建设。要勤俭办一切,把每一分钱都用在残疾人身上,要力戒形式主义,不能把康复托养机构建得像宾馆,要让残疾人住得起。康复与托养设施要讲求实效和质量,要与小区和周围环境相结合,设施服务和运转要规范标准,这样才能让残疾人享有好的服务。

残疾人就业是服务残疾人的重要内容,要呼吁各地党委、政府对残疾人事业重视再重视,要以多种形式安排残疾人就业,在安排重度残疾人居家就业的同时,也要重视人的社会属性和人的归属感,要帮助残疾人融入社会、回归社会,而不是孤立地生活。发展残疾人事业要有更广阔的视野。一些好经验和做法往往来自基层,要支持地方积极探索和实践,好经验要及时发现总结和推广。比如,北京、上海等地制定了国家机关、事业单位、国有及国有控股企业对残疾人岗位预留和定向招录残疾人的规定;山东青岛实施重度残疾人提前5年享受养老保险金的政策;河南、湖北、安徽、河北等开展全省残疾人状况调查,建立全省残疾人口数据库,为打好数据基础进行探索;天津按高于当地人均收入增长比例,提高增发残疾人生活救助金增长比例;浙江2012年起将国家规定纳入医保报销范围的9项康复项目扩大到25项;河北石家庄为重度残疾人发放护理补贴,并明确规定补贴可与已享有的低保、城乡医疗和养老保险个人缴费政府补贴、贫困重度残疾人生活补贴叠加享受;河南正在积极探索用耕地补贴方式增加农村残疾人收入。这些做法都很好。我在这里仅举了几个省市的例子。我们国家幅员辽阔,东西南北、内地沿海都有区别,残疾人工作要因地制宜,各地要有自己的方法和措施,大胆实践,稳中求进。总之,我们要把为各类残疾人的服务纳入国家公共服务体系中去,努力提高残疾人的生活品质和幸福指数。

*2018年新春之际,上班第一天,张海迪接受专访。

中国残联主席张海迪表示,2018年,残联要办好五件事:一是要按照中央的决策部署和习近平总书记的要求,全力推动实现"全面建成小康社会,残疾人一个也不能少"的目标;二是要把残疾人康复放在第一位,完善康复设施,加快培养康复人才;三是要加强融合教育,提高特殊教育的办学质量;四是要帮助更多的残疾人创业和就业,改善残疾人的生活状况;五是要加快建立残疾人托养机构,为残疾人解除后顾之忧。

张海迪表示,做好当前和今后一个时期的残疾人工作,首要任务是学习宣传贯彻党的十九大精神和习近平新时代中国特色社会主义思想。学习党的十九大精神,牢记"以人民为中心"的思想,是残联系统今后工作的要求。今后三年,要按照中央的决策部署和习近平总书记的要求,全力推动实现"全面建成小康社会,残疾人一个也不能少"的目标;不断满足残疾人的美好生活需要,开启新时代残疾人事业发展新征程。

张海迪表示,残疾人是精准脱贫的重点,必须做到精准识别、分类施策、有效帮扶,确保农村贫困残疾人如期脱贫,重点研究解决农村重度残疾人的托养照料问题;要帮助更多残疾人就业创业,加快建立残疾人托养机构,为残疾人解除后顾之忧;要创造一切条件,帮助残疾人康复,建立更完善更多的康复设施,加快推进中国康复大学建设,加快康复人才培养;要继续巩固特殊教育的基础,提高特殊教育办学质量,让更多残疾孩子能够接受教育,大力推进融合教育,帮助更多残疾孩子进入普通学校读书;加强残疾人资料建设,进一步完善资料的采集、分析研究、共享和转化应用工作,为残疾人提供便捷有效的公共服务;加强残疾人领域的国际交流合作,提升我国在国际残疾人事务中的话语权和影响力。

张海迪表示,一定要落实好群团改革任务,在政治建设、思想建设、作风建设、能力建设等方面都提高到一个新水平;残疾人工作者要做一个高尚的、擎着火把为残疾人照亮生活道路的人,要有无私奉献的精神、全心全意为残疾人服务的情怀,踏踏实实为残疾人办实事;各级残联要坚持党的好干部标准,把那些一腔热血,对残疾人有感情,对工作有激情,为人忠诚干净,敢于担当的好干部选配到残疾人工作岗位上来,要特别重视选拔培养残疾人干部,增强残疾人组织的代表性;要履行好"代表、服务、管理"的职能,残联工作要面向基层,植根群众,推动残疾人得到最实在的帮助,为党分忧,把党的温暖送到残疾人身边;要建立残疾人群众的满意度测评制度,以此作为检验残联工作的重要标准;要加强和改善调查研究,不断增强为残疾人服务的本领。

三、从"三个实际"出发,有助于残疾人工作者完善管理职能,努力推进残疾人事业快速发展

中国残联成立 20 多年来,残疾人事业在不断发展,从一个小家发展成一个大家,从几十个人的组织发展到几十万人,现在全国每一个地方都有残疾人工作者。但是家大了,我们怎么管好家?怎样管理好残疾人事务呢?这个问题越来越迫切地摆在我们面前。管理是基础,是一门科学。党的十八届三中全会提出"推进国家治理体系和治理能力现代化",残疾人事业管理也是国家治理体系的一部分,我们把管理工作做好了,也是对国家治理能力现代化所作的应有贡献。

怎么做好管理工作呢?这就要求大家努力学习,不断更新知识,提高工作能力。我们要学习的知识很多,涉及医学、心理、经济、社会保障、科技信息等方方面面,特别是公共管理。管理水平决定效率的高低。没有管理的能力和力量,这

么大的家业,怎么管得好呢？在中国残联决定开展残联系统"基础管理建设年"活动基础上,各地残联都要把加强管理作为重要工作,要用现代化的信息技术手段对事业进行管理。要建章立制,该健全的健全,该改进的改进,没有的要建立,过时的要修订,切实完善人、财、物的监督与管理。

在各项管理工作中,信息化建设是最重要的内容。数据是管理的基础,是科学开展残疾人工作的依据。我们现在使用的一些数字是否准确,是否经得起时间的检验呢？残疾人口有三个资料:一是根据"二抽"推算的数,这个最大;二是当地工作需要调查的人数,这个位列第二;三是持证残疾人的资料,这个最小。这三个数据根据需要选择使用,但哪个是最准确的？谁也说不清。反映的数字一定要准确,必须反映真实的情况,问题多了没关系,我们的工作就是为了解决问题,越有困难我们越要千方百计地解决困难。要善于发现问题、解决问题。我们一定要把摸清底数作为要务来做。一定要抽调最强力量把数据库做好,给国家提供更多、更精确的数据源,让政府和社会了解真实情况。在当今大数据时代,我们要用准确可靠的残疾人数据来管理残疾人事务,为政府宏观决策和向社会购买服务提供依据。

必须把信息化建设纳入非常重要的日程,摸清基本数据和基本情况,掌握基本材料,做好数据库。资料准确了,不但能争取财政投入,而且使每一分投入都能发挥应有的作用。只有这样才能做到精准管理、精准服务。管理和质量是紧密相关的,管理出了问题,质量就会出现偏差。残疾人事业管理也要讲质量,讲投入、产出和效益。虽然我们的事业取得了很大的成绩,但是也存在一些不足。比如,在过去的五年,中央财政为残疾人投入100多亿元,加上地方财政投入,这是一个很大的数字。大家有没有认真核算过,这些款项在本地区都为残疾人做了什么,产生了什么效益？我们干工作头脑一定要清楚,要把残疾人事业当作大家庭的事情来管理。

有些事本来应该光明正大地说,但却要小声说,甚至不敢说。比如,中央财政拨款,加上各地财政的投入,这些资金的投向、得到的效益怎么样？还有的地方用就业保障金盖楼建房或是做其他的事情,类似情况并不鲜见。残疾人事业本身是充满阳光、慈善的事业,充满了爱和温暖,可有的地方有些事却不能明朗地对大家讲,甚至遮遮掩掩,不透明,这样就得不到很好的监督,而残疾人得到的帮助就打了折扣。我们一定要认真研究各级财政对残疾人事业的投入和效益,要完善残疾人就业保障金的使用监督和管理。管理是服务的基础,通过加强管理,不断提高服务质量,要把残疾人事业做成阳光下的事业,让它照亮每一个残疾人生活的角落,给他们带来温暖和光明。

除了内部建章立制,残联发挥管理职能主要体现在履行法律和章程赋予的职责。《残疾人保障法》第八条"中国残疾人联合会及其地方组织依照法律、法规、章程或者接受政府委托,开展残疾人工作,动员社会力量,发展残疾人事业"。《中国残疾人联合会章程》规定:"履行法律赋予的职责,承担政府委托的任务,管理和发展残疾人事业。"各级残联一定要积极向各级党委、政府充分反映残疾人的诉求、困难和问题,使政府把推进残疾人同步小康作为全面建成小康社会的一项紧迫任务纳入日程,纳入目标管理和领导班子、领导干部政绩考核评价指标。各地政府残工委是各地残疾人事业管理、决策、协调的核心机构,残工委办公室是具体办事机构,应充分利用这个平台,加强与各成员单位及各方面的联系,强化工作手段,加强统筹安排和督导检查,使各成员单位切实将残疾人工作纳入工作职责,形成各司其职、齐抓共管的合力。

我们也要用好社会化工作方式,争取社会组织、社会力量支持残疾人事业。未来几年政府要加快职能转变,大力发展社会组织。2013年9月30日,国务院办公厅下发《关于政府向社会力量购买服务的指导意见》,这是增加公共服务供给、提高公共服务水平和效率的重要步骤。我们要认真研究政府向社会力量购买服务给残疾人事业创造的新的条件,推动形成"政府主导、社会参与、公办民办并举"的残疾人公共服务供给模式,积极推进政府购买社会组织的助残服务,大力发展残疾人慈善事业,发展壮大助残志愿者队伍。我们要积极培育和支持残疾人社会组织,加强对残疾人服务的行业管理。动员社会力量支持残疾人事业,是残联这个人民团体特有的工作方式,也是残疾人公共服务的一个发展方向。我国处在并将长期处在社会主义初级阶段,为残疾人服务的资源在长时期内还会相对短缺。因此,社会化的工作方式就十分必要。社会组织服务的丰富性和针对性比较强,各级残联应加强与社会组织的联系,提供培育和指导,动员各种社会力量为残疾人服务,为残疾人实现同步小康注入新的活力和动力。我们要代表残疾人参与国际残疾人事务,健全联合国《残疾人权利公约》履约机制,加强国际合作,通过学习借鉴发达国家和地区管理残疾人事务的有益经验和做法,完善我们的管理制度。

总之,"代表、服务、管理"是残联的根本所在,也是残联推进残疾人事业科学发展的内在动力。

四、从"三个实际"出发,有助于残疾人工作者运用科学方法,坚持从残疾人中来,到残疾人中去

* 2017年3月30日在十二届全国政协会议上,张海迪说:党的十八大以来,在党中央、国务院的坚强领导下,在各成员单位的共同努力下,残疾人事业取得了新的进步。

习近平总书记多次对残疾人事业作出重要指示。他说,2020年全面建成小康社会,残疾人一个也不能少。这对我们来说是沉甸甸的责任。一个也不能少,就是说无论这个残疾人在哪里,都要帮他过上好生活。总书记还要求,要努力实现残疾人"人人享有康复服务"的目标。

李克强总理也多次对残疾人工作作出重要指示,包括困境残疾人和残疾儿童都关心到了。

我深知残疾人事业多么重要,为8500多万残疾人服务,责任重于泰山。

本届残工委组成以来,中国残联与各成员单位密切协调合作,共同为残疾人谋福祉,大家心系残疾人,把残疾人的冷暖苦乐当作自己的事情,为改善他们的生活状况,实现脱贫和小康,竭尽全力。残疾人得到了很多实在的帮助,比如,很多困难和重度残疾人得到"两项补贴",一些残疾孩子参加高考得到了便利措施,康复大学建设列入"十三五"规划纲要等等。国家还出台了一些重要的制度和法规,为维护残疾人权益提供了重要保障。

几年来,各成员单位各司其职,对中国残联提出的有关残疾人的请求和建议总是满腔热情,积极予以支持。中国残疾人事业取得的进步,凝聚着残工委同志们的智慧和心血,一届又一届的同志们默默地奉献着,也许千千万万的残疾人不知道他们是谁,但却在他们的辛勤努力下改善了生活、看到了希望。想到这些,我不能不感动。

农村残疾人脱贫是加快残疾人小康进程的头等大事。今年春节前,我再次去河北滦平农村调研,我到一位残疾人家里看望,这位老大姐因为没钱手术,长期瘫痪在炕上,成了家庭的负担。我向一同调研的中国康复研究中心的同志提要求,要帮助这样的残疾人。康复研究中心很快就把老大姐接来做了手术,现在她又能站起来,康复项目给她的生活带来了新希望。

实事求是地说,残疾人事业的发展道路是漫长的,我们的工作要一年又一年不断地推动,这项事业也可能进行几十年,也可能永远也做不完。只要有残疾人,我们就要努力帮助他们。现在的困难是,还有很多残疾人,特别是贫困偏远地区的残疾人还没有得到帮助,就是近处的一些残疾人也还有处在困境之中的。比如,去年我去顺义农村调研,有1个残疾人已经躺在床上8年了,瘫痪的身体已经严重萎缩,家庭负担很沉重。这样的工作就需要各级残联一家一户地去帮扶,这就是残联应该做的工作,这就是底层设计。

＊2017年6月15日上午,张海迪来到中国延安干部学院,看望参加全国残疾人领导干部培训班的全体学员,并与大家亲切座谈。在听取学员汇报后,张海迪指出,延安是中国革命的圣地,孕育出伟大的延安精神。在这里举办培训班,对大家来讲不仅是一次政治学习,也是对大家为人民服务精神的检阅。张海迪

强调,作为一名合格的残疾人工作者首先必须要有坚定的理想信念,深入学习习近平总书记系列重要讲话精神,增强"四个意识",把党中央关于残疾人事业发展的新部署新要求真正落到实处。当前最紧迫的任务是帮助贫困残疾人脱贫,这是工作的重点难点,各级残联的同志要深入基层,走进千家万户,开展调查研究,认真了解每一位贫困残疾人的困难和需求,制定精准扶贫措施,真正解决残疾人的疾苦,确保2020年如期实现脱贫攻坚目标。

张海迪要求,残疾人领导干部应该做到从残疾人中来,再到残疾人中去,这是符合马克思主义认识论的观点。毛泽东指出:"在我党的一切实际工作中,凡属正确的领导,必须是从群众中来,到群众中去。这就是说,将群众的意见(分散的无系统的意见)集中起来(经过研究,化为集中的系统的意见)又到群众中去作宣传解释,化为群众的意见,使群众坚持下去,见之于行动,并在群众行动中考验这些意见是否正确。然后再从群众中集中起来,再到群众中坚持下去。如此无限循环,一次比一次地更正确、更生动、更丰富。这就是马克思主义的认识论。"①

我们在工作中要有人道主义情怀,始终牢记残联"代表、服务、管理"职能,与残疾人心连心,做残疾人的亲人和贴心人。要坚持实事求是,说真话、说实话、说贴心的话、说有用的话、说让老百姓听得懂的话。同时,残疾人工作者要不忘初心,坚决克服官僚主义,克服机关化、行政化,克服懈怠和不思进取倾向,要永远全心全意为残疾人服务,为残疾人事业发展鞠躬尽瘁、无私奉献。

张海迪指出,残疾人工作包括康复、教育、就业、维权等方方面面,因此,残疾人工作者要不断加强学习,学习党中央、国务院的政策部署,学习信息化、智能化等新知识,还要拓宽国际视野,学习先进理念,不断提升管理残疾人事业的能力和水平。

最后,张海迪勉励学员,今天重温延安精神,更要发扬延安精神。残疾人工作者要有远大的理想,肩负起党和人民的重托,要抵御各种诱惑,经得住时间的考验,要向张思德、白求恩学习,发扬艰苦奋斗的精神,做一个让残疾人放心、让人民放心的人。

从"三个实际"出发,到论述"代表、服务、管理"三种职能,这两者之间有内在联系吗?

笔者的回答是肯定的。世界上的任何事物都不是孤立地存在,都同其他要素联系着,整个世界是一个相互联系的统一体。残疾人事业的方方面面,也是一个相互联系的统一体。张海迪的论述给了我们以下几点启示。

---

① 《毛泽东选集》第三卷,人民出版社1991年版,第898页。

启示之一：张海迪在《谈谈"代表、服务、管理"》一文中开篇就说："要代表和服务残疾人，首先要深刻认识生命的意义，无论健康还是残缺，都要有意义和幸福感，我们的工作就是要让残缺的生命个体也能感受到生活的温暖。"这正是坚持从"三个实际"出发的真谛所在。在中国残联第七届主席团第一次全体会议上的讲话中，张海迪深情地说："残疾人工作者肩负的使命多么光荣，又是多么神圣，因为这个事业是为改变千百万人的命运发展起来的。"

启示之二：张海迪从"三个实际"出发，阐述残疾人工作者要有远大的理想，肩负起党和人民的重托，做一个让残疾人放心、让人民放心的人。张海迪的这个思想在2018年9月15日中国残联第七届主席团第一次全体会议上的讲话——《努力开创新时代残疾人事业发展新局面》中得到了充分的发挥与最好的印证："一定要对残疾人有感情，要和残疾人心贴心。"

启示之三：张海迪从"三个实际"出发，无论是健全还是残疾，生命的本质都是高贵的，都应该享有阳光、空气和水。通过对残疾人问题的研究，我们会更好地认识生命，维护人的尊严，创造符合人的生命多样性的生存环境。

启示之四：张海迪从"三个实际"出发，论述与实践各级残联"代表、服务、管理"的职能，不仅方向明确，富有新意，而且自觉引导广大残疾人工作者脚踏实地做好本职工作。正如她所说："残疾人工作者要牢记使命，以不竭的热情和赤诚的心为残疾人服务。"这就会使残疾人的获得感、幸福感、安全感持续提升。1984年，张海迪参加了中国残疾人福利基金会成立大会。当她看到会标上写着"中国残疾人福利基金会"的时候，很感慨，泪湿眼眶。为什么呢？因为此前残疾人是被称作残废人的，当时的残疾军人叫"残废军人"。在这一年，一个字改了，"残废人"成了"残疾人"。一个字的改变，包含了我们对生命的尊重和人们对残疾的重新认识。残疾不是哪一个人的痛苦，它是千万个家庭的痛苦，残疾人事业就是要帮助残疾人解除这些痛苦。残疾人事业的发展，使残疾人看到了希望，很多人自强自立，成为对社会有用的人。从1991年以来，我们已经表彰过900多名全国自强模范。

启示之五：从"三个实际"出发，在谈到残疾人的生存困境时，张海迪说，残疾人的困境不仅是生命个体的问题，更是一个有关人的尊严、社会公正和进步的问题。她说，残疾人这个词叠加着无数的磨难，也蕴含着残疾人美好的梦想和热切的渴望，还有顽强不屈的努力和抗争。

总之，无论是健全还是残疾，生命的本质都是高贵的，活着就要创造，就要探索，即使身体已经残疾，思想的火花也决不停止迸发，这就是生命的意义。

中国残联理论研究室副主任郭春宁说，张海迪主席从一个女性和文学的视角，以生命的追问来探索、研究残疾人工作，有很多宝贵的成果。这也是生命至上、人民至上的时代声音。

张海迪在这里论述生命的本质及其意义,更是一种创新的文化,对我们研究马克思主义的生命观及其重要意义,亦颇有启迪作用。

第二节 创建残疾人学不能离开残疾人的生命观

一、研究马克思主义的生命观及其重要意义

1. 什么是生命？生命的本质是什么？

早在1976年,方宗熙、江乃萼在《生命发展的辩证法》一书中写道:"什么是生命？生命的本质是什么？这是科学上的一个大问题,也是哲学上的一个大问题。从古以来,在这个问题上一直存在着唯物主义与唯心主义、辩证法与形而上学、科学与宗教的斗争。"[1]

我们要想知道什么是生命及其本质,就必须作更进一步的考察。恩格斯在《反杜林论》中首次给生命下了科学定义:"生命是蛋白体的存在方式,这种存在方式在本质上就在于这些蛋白体的化学成分的不断的自我更新。"[2]恩格斯的这个定义是在批判杜林的生命定义的基础上提出来的。杜林曾把生命定义为有机体的新陈代谢。恩格斯尖锐地指出:"这就等于规定生命就是生命……所以这种解释并没有使我们前进一步。"[3]事实上,"无论在什么地方,只要我们遇到生命,我们就发现生命是和某种蛋白体相联系的,而且无论在什么地方,只要我们遇到不处于分解过程中的蛋白体,我们也无例外地发现生命现象。"[4]

高级的生物确是由简单的类型"细胞"组成的,但有低于细胞的生物,它们和高级的生物相联系,只是因为它们的基本组成部分是蛋白质,从而它们执行着蛋白质的职能——生和死。对此,恩格斯又作了进一步发挥:"蛋白体内各种成分的这种不断转化,摄食和排泄的这种不断交替一旦停止,蛋白体本身就立即停止生存,分解,即死亡。因此,生命,蛋白体的存在方式,首先是在于:蛋白体在每一瞬间既是它自身,同时又是别的东西。"[5]

恩格斯关于生命的定义,实际上是和他关于物质运动形式的思想相统一的。恩格斯认为,自然界存在五种运动形式,即机械运动、物理运动、化学运动、生命运动和社会运动。这五种运动形式从历史的角度看,反映了自然界演化发展的

---

[1] 方宗熙、江乃萼:《生命发展的辩证法》,人民出版社1976年版,第1页。
[2][3][4][5] 《马克思恩格斯选集》第三卷,人民出版社1995年版,第422、421、422、423页。

顺序,每一种后面的运动形式都是由前面的运动形式演化来的。不同的运动形式有不同的物质承担者,有不同的运动规律,高级的运动形式包含低级的运动形式。生命运动是一种高级的运动,它是由化学运动发展而来的,它的物质承担者及其运动规律都不同于化学运动,但是生命运动包含化学运动。恩格斯当时非常强调自然界的连续性,如果把生命定义为细胞结构之上的活动,就难以解释生命的起源问题。

2.坚持优生优育,降低先天残疾发生率

人的精子染色体是 23 个,人的卵子染色体也是 23 个。经过受精作用,精子和卵子结合而成为受精卵,其染色体是 46 个。这样的染色体数目叫作二倍体,即含有两个染色体组。染色体是细胞核中载有遗传信息的物质,主要由 DNA 和蛋白质组成,在细胞发生分裂时,容易着色,所以称为染色体。人体的体细胞内有 23 对染色体,包括 22 对常染色体和 1 对性染色体,性染色体包括 x 染色体和 y 染色体,正常的染色体具有一定的形态和结构,当染色体的形态和结构发生异常时就会引起染色体疾病,常见的有先天愚型、先天多发性畸形等。因此,医生真诚地希望残疾朋友学点科学知识,重视婚前健康检查、孕前遗传咨询、产前筛查,避免残疾患儿出生,防止遗传风险。国务院办公厅印发《国家残疾预防行动计划(2021—2025 年)》明确提出,要实施出生缺陷和发育障碍致残防控行动,这有助于提高生命的质量和生命的价值。

二、残疾是生命的一种存在形态

为了说明问题,笔者再次引证张海迪于 2014 年 12 月 28 日在中央党校作《残疾人工作的视野》报告时提出的一个观点:残疾是生命的一种存在形态,残疾与生命始终形影不离,残疾人从来就是人类的一部分。在过去很长的历史时期,残疾人很少被社会关注,他们被歧视、被遗弃,甚至被遗忘在社会的角落里。今天,无论在中国,还是在世界,残疾人受到越来越多的关注,残疾人已经被联合国和世界大多数国家所重视。改革开放以来,中国残疾人事业取得了巨大的进步,残疾人的生活得到了显著的改善。

张海迪的观点印证了列宁说的"把生命包括在逻辑中的思想是可以理解的——并且是天才的"。列宁从认识是主体对客体的反映以及认识的真理性要由实践来检验这两个方面,肯定了黑格尔在逻辑中考察生命的路径。认识是客观事物在人脑中的反映。如果只有客观事物,而没有人去反映它,那还不能构成认识。人是认识的主体,没有人就无所谓认识。其次,主观认识是否符合客观实际,要通过实践来检验。实践是人改造世界的社会活动,没有人就没有实践。因此,从实践是检验认识的真理性标准来看,谈真理问题也必然要涉及作为实践活动主体的人。所以,列宁说:"从客观世界在人的意识(最初是个体的)中的反映过程和以实践来检验这个意识(反映)的观点来看,把生命包括在逻辑中的思想是可以理解的——并且是天才的。"[①]由此可见,残疾是生命的一种存在形态,是一种天才的表述方式,因为在考察认识问题时,必然要涉及主体,涉及生命(人),这就为研究残疾人学理论与实践增添了新的内容,揭示了研究残疾人生命存在价值新的一页。

下面实例,视作"残疾是生命的一种存在形态"的有力佐证。

笔者从《浙江老年报》上得知长兴县一位盲人钦元德养虾脱贫致富的信息,2021年10月6日,我与老伴王宜翠、女儿奚杭英、外孙女王琬婧,我的长兴籍学生殷卓成及其夫人邱兰兰,在村党支部委员、监委主任李丽敏陪同下,驱车到该县洪桥镇陈家埭村走访钦元德。

多家媒体报道,果然名不虚传。钦元德说,30岁前他给村里开拖拉机。30岁后,他两眼看不清任何东西。他说:"劳动者,勤劳致富,有手有脚,不给社会添麻烦!"

2000年,钦元德承包了10多亩地开始养虾。第一年严重亏损,连本都没收回。但他不气馁,咬牙苦干,最终在镇、村工作人员的帮助下,请教行家,自己摸索,找到了养虾的技巧。最重要的是学会了防止虾塘缺氧的办法和技巧。

钦元德说:"正常人一般都用眼睛看,我只能用手去摸。水里开始缺氧了,虾就会本能地往塘边和水面上来。把手伸进水里十来公分摸一下,如果能摸到很多虾了,说明这个塘里开始缺氧了。"他认真总结经验,刻苦钻研,终于掌握了养虾的技术。

钦元德现有70多亩养殖场,雇用一个临时工,2020年纯收入达40多万元。他自建了300多平方米的三层楼房。他有个女儿,招了个女婿,生活越过越红火!

这个活生生的事例,不仅使钦元德深刻认识到自己生命存在的意义,而且使健全人深切地感受到残疾人生命的价值,从而也为残健融合理论提供了一个典型案例。

三、残疾与健全融合是生命的又一种存在形态

笔者受张海迪"残疾是生命的一种存在形态"观点启发,拟出这个标题。除残疾是生命的一种存在形态之外,还有没有残疾与健全之间相互影响、相互作用的其他存在形态呢?笔者的回答是肯定的,不妨说说自己亲身经历和研究的一件事。

---

① 转引自张懋泽编著:《黑格尔逻辑学一书摘要解析》,中国人民大学出版社1982年版,第237页。

例：

一件难忘的事情

杭州市残疾人托管中心，不仅是全省首个市级专业残疾人托养中心，而且其规模投入和管理水平亦领先于全国。

2019年1月8日上午，我事先与我的学生、肢体残疾人丁豪相约，他自己开车陪我到杭州市残疾人托管中心调研。开了一个小时光景接到一个电话，我回话："过5分钟就到！""奚老师，中心领导已经到大门口迎接您了！"

我下车时，受到何国荣主任、王亦霖和陈晓瑛同志热情接待。到会议室，我刚坐下来，突然听到一个熟悉的声音："奚老师，多年未见，欢迎您！"我抬头一看，原来是我教过的杭大学生钱正元，真是高兴极了！我仔细地听了何主任等同志的介绍后，对他们的辛劳工作、全心服务的精神感到十分敬佩！

何主任等陪着我参观了养护中心。首先，看了托管中心建设布局示意图，然后看了音乐室养护人员唱歌、舞蹈室养护人员排练舞蹈、劳作室养护人员安静地做工艺品。

突然，一男士养护人员乘我不备，侧身紧紧地抱着我，一定要亲我的脸。当时，我把头歪过去，不让他亲。何主任马上劝阻他，王亦霖、陈晓瑛也做他的工作，但他就是不放手。我只好让他亲了我的左脸，脸上还有口水往下流。他终于放开了我，脸上露出一丝笑容。我正想着掏纸巾擦口水时，想起邓朴方说的一句话："残疾人也是人！"于是我没有掏纸巾，转身去观看一排橱窗陈列的养护人员制作的工艺品。

我们离开劳作室回到会议室，何主任再三歉意地说："奚教授，我们的工作没有做好！"我说："没关系！"正想说"残疾人也是人"这句话时，丁豪笑着说："我到中心无数次，都还没有享受到这么亲热的待遇！"会议室严肃的气氛一下子变得轻松自如起来。

对我来说，这一天真是难忘的一天。可以想见，托管中心的领导、干部及其他工作人员为了这些重度残疾人的康复做了多少亲情化护理工作。我作为一个残疾人理论工作者，应当好好学习他们全心全意为残疾人服务的精神，坚守人性、人道和人权的理念，把他们的思想理念转化为理论成果，变成为残疾人和残疾人社会工作者服务的理论，这才是我追求的价值！

诚如张海迪所说："残疾人工作者首先要爱残疾人，爱这个事业！我在此工作常说，一定要对残疾人有感情，要和残疾人心贴心！"

肯定残疾人的价值，就要认识到世间万物都有其价值，生命尤其如此。残疾人，是人类多样性的体现；残疾人，同样是人类大家庭平等的成员，是物质财富和精神财富的创造者。残疾是人类社会发展进程中不得不付出的一种代价，残疾人的价值和作用理应得到充分的肯定。

四、笔者拥有的"三种生命"与残疾人生命的联系

马克思说："出生只是赋予人以个人的存在，首先只是赋予他以生命，使他成为自然的个人；而国家的规定，如立法权等等，则是社会产物。"①

笔者认为，生命有狭义与广义之分。狭义的生命，是指残疾是生命的一种存在形态，由此联想，健全也是生命的一种存在形态。广义的生命，是指人的生命的多种存在形态。通过对残疾人问题的研究，我们会更好地认识生命的价值，维护人的尊严，创造符合人的生命多样性的生存环境，这也是残疾人学研究的一个发展趋势。

2018年，笔者在《人道主义与中国残疾人事业》论文集的"序言"中写道："我今年84虚岁，但我没有虚度年华。因为我深知，自己不仅是经历了'从站起来、富起来到强起来'的过来人，而且我是拥有自然生命、政治生命（1953年9月1日参加中国人民解放军海军，1956年7月1日加入中国共产党，1957年1月转正）和学术生命的过来人。就是说，笔者拥有'三种生命'及其价值：一是跟着党走是我的政治生命的初心；二是理论研究是我的学术生命的底色；三是热情待人是我的自然生命的秉性！"

有人可能会问，你为什么在学术生涯中热衷于残疾人问题研究？我想，主要有两个原因。

一是要树立社会责任感。

1989年4月的一天，浙江省残联理事长林清和约我到他办公室商量一件事，就是要我担任浙江省残疾人理论研究会副会长。他介绍了中国残联的性质、职能及研究会的任务，强调在做好残疾人工作的同时，要开展理论研究工作。我当即答应。因为1986年我担任杭州大学哲学系社会学教研室主任时，就深知残疾人问题是一个必须重视研究的社会问题，这也正是我关注和研究的一项重要内容。

---

① 《马克思恩格斯全集》第二卷，人民出版社1957年版，第377页。

1989年5月18日,浙江省残联最先成立残疾人问题理论研究会,林清和为会长,奚从清、万润龙为副会长。经过较长时间的努力,相继出版了一些颇有影响的教材和著作。

二是要让更多人知道,残疾人是人,也是劳动者。

中华人民共和国成立前,幼年时的我常在江苏省江宁县(现南京市江宁区)秣陵镇陶巷村外公外婆家生活,亲眼所见堂舅即四舅聂方治、五舅聂方勤,他们都是残疾人,为了生计拼命苦斗的精神和意志力给我留下了深刻的印象。

笔者最早看到一本国际文献资料《关于残废人的世界行动纲领》(后改译为《关于残疾人的世界行动纲领》,联合国1984年,纽约)。当时,我就把"残废人"改为"残疾人"来读。因为在我心目中的残疾人是人,也是劳动者,是最突出的弱势群体,需要政府和社会更多地给予关心和帮助。后来,看到邓朴方的论述:"残废人"的称谓改为"残疾人",这说明残疾人在精神上已经站立起来,有了自己的尊严;广大残疾人的自强精神表明,他们也是物质财富和精神财富的创造者。

有人可能会问,你是怎么做好学问的?我想,主要有三个因素。

一是要做好学问,必须把感谢党的培养放在心坎里。

1949年7月,我小学毕业,因为旧社会遗留给我家的贫困,我父亲在桥南广仁堂药店旁摆烟摊,困难时期病逝。我母亲与姨妈在桥北村帮人家做农活,农闲时,我跟着母亲沿着章山王村等地卖些日用品及食品等。1950年土改时,我家被划为贫农,分得西旺圩两亩三分田。1950年4月,王宜灏介绍我参加共青团。之后,我们几个同学考取了江宁初级中学1950年春季初中班,学制两年半。学校领导考虑到我的家境,给予我乙等助学金,直至初中毕业。[①]

"吃水不忘挖井人,翻身不忘共产党。"文献记载,1950年10月19日,中国人民志愿军第13兵团25万大军分三路秘密入朝。为了感谢和政府的恩情,我虽是独子,但瞒着父母,积极响应政府号召,报名参加了解放军。

1953年9月7日,我进入南京海军预科学校,担任副班长。1953年11月至1954年4月,在河北昌黎海军直属政治干部训练大队,担任班长。1954年4月至1958年8月,我调到山东潍坊海军航空预备学校(1657部队),担任文化教员。1956年7月1日加入中国共产党。之后被授予准尉军衔。

同时,部队领导很重视提高文化教员的政治、文化素质,周一至周六晚上,派车送我们到青岛教师进修学院学习。因为我给部队干部学员上语文课,便选修了古典文学、文学概论、语法修辞等课程,我听了这些课感觉很新鲜,尤其是哲学

---

① 当时江宁县教育局以我们班为基础,在龙都镇举办杨柳初级中学,之后又迁至新建的秣陵镇初级中学,发给秣陵镇初级中学文凭。

更激起我学习的兴趣。

我在部队曾获两次荣誉:1955年2月21日,获海航预校政治部批准立三等功;1957年2月20日,被评为先进工作者。

2014年,浙江大学公共管理学院党委评我为"优秀共产党员";2021年,学院党委给我颁发在党50年共产党员纪念章;2023年,学院党委给我颁发老党员慰问金。

1958年8月,上级决定我所在部队集体转业到浙江杭州。1958年9月—1959年9月,我被分配到浙江省建筑工业学校,担任校长办公室秘书。

1959年上半年,我被组织推荐参加杭州大学政治系入学资格考试,学制两年。经考试,哲学专业录取49人。我学了一年哲学专业知识后,政治系党总支决定王治安、姚延福和奚从清提前一年任教。1961年8月,我哲学各门课程和公共课程考试均取得优异成绩,顺利毕业。

笔者先后给数学系、教育系、历史系、化学系等本科生讲授艾思奇所著的《辩证唯物主义纲要》。到北大进修后,给哲学系77级、78级、79级本科生讲授相关课程,给龚浩然、薛克诚、马志政教授带的哲学研究生讲授列宁的《唯物主义与经验批判主义》。1991年龚浩然、薛克诚合招社会学研究生,我是硕士生导师,讲授角色理论。后来我和俞国良合著《角色理论研究》(杭州大学出版社1991年版),邀请中国著名社会学家王康教授作序。我又花了较长一段时间,终于撰写出《角色论》(浙江大学出版社2010年出版)。

二是要做好学问,必须把勤奋落在行动上。

笔者读了保尔·拉法格等著的《回忆马克思恩格斯》。读了这本著作,让我懂得了什么叫勤奋好学,什么叫厚积薄发。当时身为德国和国际工人运动活动家的威廉·李卜克内西在《忆马克思》一文中写道:"'天才就是勤奋',曾经有人这么说过。如果这话不完全正确,那至少在很大程度上是正确的。"[①]他深情地说:"我所认识的所有的真正的伟人,都是极其勤勉而且工作极其努力的。这种说法,完全适用于马克思。"[②]

天赋是属于先天禀赋的能力范畴,天才是属于后天锻炼的能力范畴。天才来自勤奋,勤奋造就天才。我非常珍惜来之不易的生活和经历,特别欣赏勤奋二字,特别喜欢毛泽东在《水调歌头·上井冈山》写的"世上无难事,只要肯登攀"。为了提高自己适应新时代中国特色社会主义事业迅速发展的需要,笔者年岁越大,勤奋意识和登攀意识越强。

[①②] 《回忆马克思恩格斯》,人民出版社1973年版,第49页。

1. 勤学

(1)要树立勤学的态度。勤学的目的不仅要懂得事物是什么,而且更要探求事物的内部联系及其发展的规律性,否则就会失去勤学的方向和动力。

(2)要明确勤学的对立面是惰性。坚持勤学,就必须克服自己的惰性。所谓惰性是指因主观原因而无法按照既定目标行动的一种心理状态。人的惰性一旦生成,就会形成一种不求上进的落后心态;人的惰性一旦固化,就会形成一种不易改变的落后习性。无论是前者还是后者,都不利于做人,更不利于做学问,必须自觉防范。

(3)要养成勤思的良好习惯。1978年9月,杭州大学哲学系派我到北京大学哲学系进修,学习马列经典哲学著作、马克思主义哲学及中外哲学史等课程,聆听了资深教授朱德生、黄楠森、施德福、赵光吾、陈志尚等讲授的哲学课程,这成为我大学期间开展学术研究的新起点。进修结束前,根据北京大学哲学系领导的要求,笔者撰写了一篇读恩格斯的《〈路德维希·费尔巴哈和德国古典哲学的终结〉——关于哲学的基本问题的学习体会》一文,得到黄楠森教授的好评,后公开发表。

1983年,浙江省社科院院长沈善洪曾担任杭州大学政治系哲学专业班主任。1978年,我从北大哲学系进修回来后去拜访。他听了我的汇报,思索了一下说:"你好好研究一下列宁的《哲学笔记》和列宁的《唯物主义与经验批判主义》这两本著作之间的关系。"并且提醒我,要潜心读书,勤学多思,文字简洁,主题突出。他的话对我的学术研究启发很大。经过两年多努力,我撰写《试论〈唯物主义和经验批判主义〉和〈哲学笔记〉的关系》一文,寄给复旦大学哲学系余源培教授审阅。余教授回复:"略作修改,可以发表。"我当即把文稿和信件送给方集理先生审阅,后发表在《杭州大学学报》1985年第3期。

长期以来,笔者养成了一种哲学和社会学思维的方式。如在《残疾人研究》2016年第3期发表的《中国特色残疾人事业的理论研究和服务实践——从人道主义的延续性》,因文中体现哲学、社会学思维的表达方式,被排在《中国发展观察》《经济研究》之后。

2. 勤问

养成勤问的作风,是做好学问的必要条件。从学理角度来说,学问是一种开放式的知识内容;从实践角度来说,学问是一种探究式的知识内容。学问,一半是学来的,一半是问来的,既要学中问,又要问中学。其中最重要的是学会分析和掌握事物发展的特殊本质和共同本质及其发展的规律性。毛泽东说:"迈开你的双脚,到你的工作范围的各部分各地方去走走,学个孔夫子的'每事问'。"①此话我一直记在心里,落在行动上,受益颇多。

3. 勤用

毛泽东说:"读书是学习,使用也是学习,而且是更重要的学习……说学习和使用不容易,是说学得彻底、用得纯熟不容易。"②1978年7月至1979年7月,我到北京大学哲学系进修时,没有机会聆听到中国著名哲学家冯友兰(1895—1990)的教诲,但是从同寝室一位进修生的介绍中得知,这位83岁高龄的冯老先生,以"老骥伏枥"的精神全神贯注地继续撰写《中国哲学史新编》,每天坚持用毛笔书写数百字。这对我启发极大。我还年轻,下定决心确定选题和具体目标,加倍努力,变主观的东西为客观的东西。我发表了近百篇论文和调查报告、30多部著作和教材,都是这样做的。

4. 勤动

每天坚持阅读书报、撰写文稿、校园散步,这有助于保持生命的活力。

其三是要做好学问,必须把履行党员使命担在肩膀上。

在党的十九大即将召开之际,2017年10月16、17日,中国残疾人事业发展研究中心秘书长厉才茂提前几天给笔者发来邀请函,拟出5个研讨题目,在北京商务会馆召开座谈会。我首次对中国特色残疾人事业发展的指导思想谈了自己的认识。③

党的十八大以来,以习近平同志为核心的党中央接过历史的接力棒,高举中国特色社会主义伟大旗帜,汇聚起实现中华民族伟大复兴的强大力量,带领全党全军全国各族人民开创了党和国家事业发展的崭新局面。这一系列重要论述,深刻回答了党和国家社会主义事业发展的一系列重大理论和现实问题,进一步深化了党对中国特色社会主义发展规律的认识。中国特色社会主义是改革开放以来党的全部理论和实践的主题,全党必须高举中国特色社会主义伟大旗帜,牢固树立中国特色社会主义道路自信、理论自信、制度自信、文化自信,确保党和国家事业始终沿着正确方向胜利前进。这既是对中国改革开放伟大历程的高度概括,也是对我们党在新的历史条件下举什么旗、走什么路、实现什么样的奋斗目标的科学总结。

2017年9月19日,《浙江日报》刊登了署名中央马克思主义理论和建设工

---

① 《毛泽东著作选读》甲种本,人民出版社1996年版,第21页。
② 《毛泽东选集》第一卷,人民出版社1966年版,第174-175页。
③ 2017年10月15日下午,笔者与老伴王宜翠到达北京商务会馆会议报到处办理入住手续,并委托宫瑞娟同志打印5份发言稿,送给厉才茂秘书长及中国残联领导4份。

程咨询委员会主任徐光春撰写的《坚持和发展中国特色社会主义的理论指导和实践指南》一文,文中首次提出习近平的思想理论,引起广泛热议。这是时代需要,众望所归。

第一,我作为一个有61年党龄的老党员、老学者,完全认同习近平的思想理论,这一理论已经成为坚持和发展中国特色社会主义的科学理论和实践指南。因为习近平的思想理论正确反映了中国特色社会主义科学理论和实践指南的本质特征及其发展规律。

第二,改革开放的伟大历程证明,中国特色社会主义理论体系是包括邓小平理论、"三个代表"重要思想、科学发展观和习近平新时代中国特色社会主义思想在内的科学理论体系,是对马列主义、毛泽东思想的坚持和发展。因此,马列主义、毛泽东思想和中国特色社会主义理论体系,是中国共产党的指导思想和行动指南。

第三,30来年的实践表明,中国残疾人事业是中国特色社会主义事业的一个重要组成部分。它从小到大、从弱到强,走上一条具有中国特色残疾人事业发展道路。因此,中国残疾人事业不仅深深地打上了改革开放的时代印记,而且在我们心里自然地烙下了"中国特色"的印记。

2018年3月11日,第十三届全国人大第一次会议通过的《宪法》序言第七自然段中"在马克思列宁主义、毛泽东思想、邓小平理论和'三个代表'重要思想指引下"修改为"在马克思列宁主义、毛泽东思想、邓小平理论、'三个代表'重要思想、科学发展观、习近平新时代中国特色社会主义思想指引下",实现了党和国家指导思想的与时俱进。

党的十九大报告明确指出:"中国特色社会主义是改革开放以来党的全部理论和实践的主题,是党和人民历尽千辛万苦、付出巨大代价取得的根本成就。"改革开放以来的历史,都是中国特色社会主义发展的历史。因而,在这段历史中创新的指导思想,都属于中国特色社会主义理论体系的重要组成部分。

党的二十大于2022年10月16日至22日在北京举行。这是在全党全国各族人民迈上全面建设社会主义现代化国家新征程、向第二个百年奋斗目标进军的关键时刻召开的一次十分重要的大会,是一次高举旗帜、凝聚力量、团结奋进的大会。大会高举中国特色社会主义伟大旗帜,坚持马克思列宁主义、毛泽东思想、邓小平理论、"三个代表"重要思想、科学发展观,全面贯彻习近平新时代中国特色社会主义思想,分析了国际国内形势,提出了党的二十大主题,回顾总结了过去5年的工作和新时代10年的伟大变革,阐述了开辟马克思主义中国化时代化新境界、中国式现代化的中国特色和本质要求等重大问题,对全面建设社会主义现代化国家、全面推进中华民族伟大复兴进行了战略谋划,对统筹推进"五位一体"总体布局、协调推进"四个全面"战略布局作出了全面部署。①

在浙江残联的高度重视和具体指导下,笔者和林清和主编的《残疾人社会工作概论》由浙江大学出版社2009年修订出版。该书明确提出,残疾人社会工作是指残疾人社会工作者以习近平新时代中国特色社会主义思想为指导,运用社会工作理论和方法,为残疾人提供各种服务而进行的具有专业性或职业性活动的一门应用学科。

根据新时代残疾人社会工作学科发展和建设的需要,现分为"五个层次"理论,即由残疾人社会工作的指导理论、基础理论、专业理论、法律法规政策理论和历史理论所构成的框架体系。在"五个层次"的理论构架中,残疾人社会工作的指导理论是核心、是统领;基础理论是重点、是支撑;专业理论是骨骼、是依托;法律法规政策理论是应用、是准则;历史理论是历程、是趋势。

"五个层次"理论既相互区别,又相互联系,有共时性和共在性,即在时间和空间上共同存在和共同发展,忽视或抛弃残疾人社会工作理论构架中的任何一个层次或部分内容,都将会使其失去先进性、科学性和完整性。因此,正确理解与运用"五个层次"理论,不仅有利于中国特色残疾人事业的发展,也有利于中国特色残疾人社会工作的发展。

笔者时刻记住自己拥有的"三种生命"与残疾人生命的联系,一心想完成残疾人学研究这部学术性著作。这是我退休后申请的第二个重要课题,也是我当下最想实现的一个梦想!

中国梦,是民族梦、国家梦,是每一个中国人的梦,是每一个残疾人朋友的梦,也是每一个残疾人实际工作者与理论工作者的梦。站在中国特色残疾人事业的新起点上,我们将与广大残疾人朋友携手并进,不忘初心,牢记使命,砥砺前行,锐意进取,开拓创新,共同在新时代广阔的舞台上,使残疾人学研究彰显其生命光彩与强大活力。

---

① 《中共中央关于认真学习宣传贯彻党的二十大精神的决定(2022年10月29日)》,党建网 http://www.dangjian.cn/shouye/zhuanti/zhuantiku/mofanjiguan/yaowenfabu/202211/t20221101_6502501.shtml

第五章　建设一支堪当民族复兴重任的高素质干部队伍

2022年10月16日，习近平在党的二十大报告中指出：建设堪当民族复兴重任的高素质干部队伍。全面建设社会主义现代化国家，必须有一支政治过硬、适应新时代要求、具备领导现代化建设能力的干部队伍。坚持党管干部原则，坚持德才兼备、以德为先、五湖四海、任人唯贤，把新时代好干部标准落到实处。树立选人用人正确导向，选拔忠诚干净担当的高素质专业化干部，选优配强各级领导班子。坚持把政治标准放在首位，做深做实干部政治素质考察，突出把好政治关、廉洁关。加强实践锻炼、专业训练，注重在重大斗争中磨砺干部，增强干部推动高质量发展本领、服务群众本领、防范化解风险本领。加强干部斗争精神和斗争本领养成，着力增强防风险、迎挑战、抗打压能力，带头担当作为，做到平常时候看得出来、关键时刻站得出来、危难关头豁得出来。完善干部考核评价体系，引导干部树立和践行正确政绩观，推动干部能上能下、能进能出，形成能者上、优者奖、庸者下、劣者汰的良好局面。抓好后继有人这个根本大计，健全培养选拔优秀年轻干部常态化工作机制，把到基层和艰苦地区锻炼成长作为年轻干部培养的重要途径。重视女干部培养选拔工作，发挥女干部重要作用。重视培养和用好少数民族干部，统筹做好党外干部工作。做好离退休干部工作。加强和改进公务员工作，优化机构编制资源配置。坚持严管和厚爱相结合，加强对干部全方位管理和经常性监督，落实"三个区分开来"，激励干部敢于担当、积极作为。关心关爱基层干部特别是条件艰苦地区干部。[①]

第一节　残联干部和残疾人工作者应具有的高素质

2008年3月28日，《中共中央 国务院关于促进残疾人事业发展的意见》明确指出："选好配强各级残联领导班子，将残联干部队伍建设纳入干部队伍人才

[①] 习近平：《高举中国特色社会主义伟大旗帜，为全面建设社会主义现代化国家而团结奋斗——在中国共产党第二十次全国代表大会上的报告》，人民出版社2022年版，第66-67页。

队伍建设整体规划,加大培养、使用和交流力度,从政治上、工作上、生活上关心爱护,造就一支恪守'人道、廉洁、服务、奉献'职业道德的高素质残疾人工作干部队伍。"特别是党的十八大以来,中国残联在加强残联干部队伍建设方面积累了丰富的经验,使之带上原则性,很有必要。[①]

2018年9月14日,张海迪在中国残联七代会上明确提出,要加强干部队伍建设。各级残联要贯彻新时期好干部标准,突出政治标准,努力建设一支忠诚干净担当、高素质专业化的干部队伍。要注重选用真心帮助残疾人、热爱残疾人事业的干部,特别要注意培养和选用残疾人干部和年轻干部。要加强残疾人工作者业务素质和专业能力培训,提高为残疾人服务的能力。要采取专兼挂等方式充实力量,让更多的社会各界人士加入残疾人工作。要激励广大干部新时代新担当新作为,旗帜鲜明鼓励那些敢于担当、踏实做事、不谋私利的优秀干部,让残疾人工作者队伍永远充满朝气、充满爱、充满创新活力。

2021年7月8日,国务院《"十四五"残疾人保障和发展规划》明确提出:"培养忠诚、干净、担当,懂残疾人、知残疾人、爱残疾人、心系残疾人的高素质残联干部队伍。重视各级残联残疾人干部、年轻干部、基层干部培养选拔。加强各级残联党风廉政建设和反腐败斗争。广大残疾人工作者要不忘初心、牢记使命,自觉践行好干部标准,恪守职业道德,加强思想修养,提高专业素质,全心全意为残疾人服务。"

一、提高政治思想素质

(1)残联干部在实际工作中必须坚持以习近平新时代中国特色社会主义思想为指导,深入学习贯彻习近平总书记关于残疾人事业的重要论述,紧跟时代主题,增强"四个意识",坚定"四个自信",完善残疾人社会保障制度和关爱服务体系,促进残疾人事业全面发展。

(2)必须加强党的领导,健全党委领导、政府负责的领导体制,坚持政府主导、社会参与、残疾人组织充分发挥作用的工作机制。残疾人事业要融入大局,为党为国家事业作贡献。

(3)必须弘扬人道主义精神,维护残疾人的权利和尊严,全心全意为残疾人服务,不断增进残疾人福祉,促进残疾人的全面发展,帮助残疾人过上更有尊严、更有意义的生活。

---

① 本章主要在《努力弘扬适应新时代发展要求的专业精神——学习张海迪关于弘扬专业精神论述札记一文》的基础上作了补充与说明。见奚从清:《人道主义与中国残疾人事业》,浙江大学出版社2018年版,第55-69页。

（4）必须爱残疾人，爱这个事业，充分发挥自己的积极性、主动性和创造性，认真贯彻执行党的路线方针政策和国家法律法规。

（5）必须恪守"人道、廉洁、服务、奉献"职业道德，增强服务意识，强化职业素质，做残疾人的知心人和残疾人工作的热心人。

二、提高专业化水平

（1）要努力学习残疾人社会工作专业理论知识，提高社会治理现代化、社会化、法治化、智能化、专业化水平，使自己真正成为合格的社会工作者、理论社会工作师等。

（2）要认真学习哲学、政治学、领导学、管理学、教育学、心理学、社会学、社会调查理论与方法等学科知识，以及相关的法律、法规和政策知识，维护残疾人的合法权益。

（3）要具备一专多能的才干，自觉运用个案社会工作、小组社会工作、社区社会工作方法以及社会化管理的工作方式，积极主动地帮助残疾人克服困难、解决问题。

（4）要具有"团结、务实、开拓、高效"的工作作风，深入基层社区，与广大残疾人交朋友，倾听残疾人的呼声，反映残疾人的需求。

（5）要坚持走"从群众中来，到群众中去"的群众路线，不要滋生官僚主义作风，要为残疾人事业倾注心血，做人民的好公仆。

三、提高专业能力素质

1. 责任能力

提高解决残疾人问题的责任能力，始终把维护好残疾人的切身利益作为开展工作的首要前提和基本依据。

2. 悟性能力

通过对残疾人及其社会工作的感悟，充分认识和发掘残疾人的潜能，努力把握残疾人工作规律，提高自觉性，避免盲目性。

3. 调研能力

加强基层社区调查研究，密切党、政府与残疾人之间联系的纽带，具体落实党和政府对残疾人的相关政策。

4. 协调能力

善于协调各种关系，调动各方面的积极因素，最大限度地整合利用各种资源，充分动员社会力量，以人力物力财力支持残疾人事业。

5. 创新能力

不断学习积累,认真总结经验,寻求工作规律,从而形成具有基础性、时代性、创新性的残疾人工作模式和方法,使之不断普及和推广。

6. 研究能力

张海迪明确提出:"新时代残疾人工作不能再采取一般化、粗放型的方式方法,残联干部要成为残疾人工作的专家和行家里手,在新的征程中,提升服务水平要立足于大资料的运用和前瞻性研究。"[1]

7. 心理调适能力

残联干部必须加强社会心理服务体系建设,注意人文关怀,加强心理疏导,团结、激励残疾人自尊、自信、自强、自立。同时,要知责于心、担责于身、履责于行,发扬谦虚谨慎、戒骄戒躁、心胸开阔、团结同志的优良作风。

8. 身体素质能力

残疾人工作者要有比较健壮的体质和健康的心境,有经得住繁重工作磨炼的意志,有充沛的精力和饱满的热情。唯有如此,才能实现好、维护好、发展好残疾人的利益。

第二节 残联干部和残疾人工作者要弘扬专业精神

一、增强弘扬专业精神的责任感和使命感

1. 弘扬专业精神有其必然性

张海迪提出,残联干部及残疾人工作者要弘扬专业精神,是基于对党的十八大以来习近平提出的一系列关于治国理政的新理念新思想新战略的深刻理解,是基于对党的十九大精神和十九大确立的习近平新时代中国特色社会主义思想的深刻理解,是基于对"代表先进阶级的正确思想,一旦被群众掌握,就会变成改造社会、改造世界的物质力量"[2]的精神本质及其作用的深刻理解,是基于"残疾人工作是开创性的""做残疾人工作,最重要的是精神"[3]的深刻理解,是基于对

---

[1] 张海迪:《残疾人工作者要做高尚的、擎着火把为残疾人照亮生活道路的人》,《华夏时报》2017年12月30日。
[2] 《毛泽东著作选读》甲种本,人民出版社1966年版,第383页。
[3] 邓朴方:《人道主义的呼唤》(第三辑),华夏出版社2006年版,第146页。

中国残联30年来广大残联干部和残疾人工作者在长期实践过程中所形成的精神特质及其内涵的深刻理解。

2. 弄清有关精神的几个概念

精神,是哲学范畴里的一个基本概念。它是指人的意识、思维活动和一般心理状态。人们在实践基础上产生的认识、思想、观念、理论等,都是精神的东西。精神是物质高度发展的产物,是人脑对客观物质世界的反映。精神不是消极地、被动地反映世界,而是通过实践能动地反映世界,又通过实践而能动地改造世界。

专业精神,是指人们按照所从事专业的知识内容、行为规范、道德准则、办事程序等要求,不断提高专业技能和业务水平,尤其是对本专业的投入程度受其所支配的价值观而表现出来的感情特质和精神品质。

2014年10月15日,习近平在文艺工作座谈会上指出:"要把爱国主义作为文艺创作的主旋律,引导人民树立和坚持正确的历史观、民族观、国家观、文化观,增强做中国人的骨气和底气。"[①]残疾人工作者的专业精神,是指残疾人工作者在长期为广大残疾人服务的实践过程中逐步形成的与中国特色残疾人事业发展要求相适应的社会精神生活积极成果的总和。这个总和包括坚持弘扬爱国主义精神与人道主义精神相统一的社会精神生活的积极成果,而且植根于社会主义核心价值观的指导和实践。

二、残联干部和残疾人工作者须弘扬专业精神

在党中央、国务院的领导和关怀下,我国残疾人工作者队伍经过30多年的发展,终于由小到大、由弱到强,现已有60多万残疾人工作者,承担着8500多万残疾人的信任和嘱托。

张海迪撰写了5000余字的《努力建设残疾人事业的好队伍》(以下简称"论文")[②],明确提出,残疾人工作者应具有专业化水平、专业能力和专业精神。笔者认为,这篇论文对残疾人工作者的精神特质不仅论述深刻,而且见解独到,学术性强,富有启迪和教育意义。更为可贵的是,张海迪重视整理自己的经验,使之带上原则性、理论性和科学性,初步形成颇有特色的专业精神——捧出赤诚的心,弘扬人道主义精神;树立坚定理想,发扬鞠躬尽瘁精神;树立公仆思想,弘扬全心全意为残疾人服务精神;不忘初心使命,发扬艰苦奋斗精神;带着深厚情感,

---

① 《习近平在文艺工作座谈会上讲话(全文)》,人民网 http://culture.people.com.cn/n/2014/1015/c22219-25842812.html

② 张海迪:《努力建设残疾人事业的好队伍》,《残疾人研究》2013年第3期,第3-5页。

发扬无私奉献精神;深入调查研究,发扬基层首创精神。这六种专业精神,建立在中国残疾人事业理论与实践的基础上,符合马克思主义认识论的原理,即从实践中来,到实践中去。尤其是"捧出赤诚的心,弘扬人道主义精神",与习近平总书记强调的"爱国主义是常写常新的主题""坚持弘扬人道主义精神"高度契合。这是中国残疾人工作者队伍的一大特点,也是中国特色残疾人事业的一大亮点。

六种专业精神彰显了残疾人工作者的专业精神及其价值。诚然,这是一个初步的构想,但却是一个重要的理论概括和总结,而且将会随着中国残疾人事业理论与实践的发展而不断丰富和发展。

1. 捧出赤诚的心,弘扬人道主义精神

张海迪在论文中说:"既然是一支队伍就要有追求,有前进方向。怎样做一个优秀的残疾人工作者呢?我想朴方同志就是我们的好榜样。"

20多年间,邓朴方同志与很多致力于改变残疾人状况的同志们一起,描绘了中国残疾人事业的宏大图景,他以永不懈怠的工作精神感染着大家,带领残疾人工作者开拓前行的道路,使中国残疾人事业发展起来。

成立中国残疾人联合会。邓朴方同志高举人道主义旗帜,积极消除歧视和忽视残疾人的旧观念,让社会重新认识残疾人——这个群体是全体人民的一部分,全社会都要关心和帮助残疾人,让他们活得体面、活得有尊严。中国残疾人联合会成立了,残疾人工作成为一项事业,一项永久的事业,为残疾人带来了新的希望。

张海迪高度评价:"邓朴方同志是改革开放新时期我国残疾人事业的开拓者和领导者,人道主义的重要传播者和实践者。"[①]

2. 树立坚定理想,弘扬鞠躬尽瘁精神

张海迪在论文中开门见山地说,我们国家有8500多万残疾人,要让这么多残疾人摆脱困境,改善生活状况,是一项非常艰巨的任务。怎么办呢?她说:"这就需要我们树立坚定的理想,以鞠躬尽瘁的精神,全心全意地帮助残疾人过上好生活。"

张海迪强调,作为一名合格的残疾人工作者,首先必须要有坚定的理想信念,深入学习习近平总书记系列重要讲话精神,增强"四个意识",把党中央关于残疾人事业发展的新部署新要求真正落到实处。当前最紧迫的任务是帮助贫困残疾人脱贫,这是工作的重点难点,各级残联的同志要深入基层,走进千家万户,开展调查研究,认真了解每一位贫困残疾人的困难和需求,制定精准扶贫措施,

---

① 钟山:《绝不辜负8300万残疾人重托——访问新当选的中国残联第五届主席团》,《人民日报》2008年11月14日。

真正解决残疾人的疾苦,确保2020年如期实现脱贫攻坚目标。

张海迪在论文中强调,作为一名合格的残疾人工作者,要深入认识残疾人,真切了解残疾人的痛苦。残疾不是某一个人的痛苦,而是人类的痛苦。对此,2014年12月28日,张海迪应邀在中央党校作《残疾人工作的视野》报告中又作了进一步阐发。她说,残疾是生命的一种存在形态,残疾与生命始终形影不离,残疾人从来就是人类的一部分。在过去很长的历史时期,残疾人很少被社会关注,他们被歧视、被遗弃,甚至被遗忘在社会的角落里。今天,无论在中国,还是在世界,残疾人受到越来越多的关注,残疾人已经被联合国和世界大多数国家所重视。新中国成立以来,特别是改革开放以来,中国残疾人事业取得了巨大的进步,残疾人的生活得到了显著的改善,世界残疾人事业也不断拓展。在谈到残疾人的生存困境时,张海迪说,残疾人的困境不仅是生命个体的问题,更是一个有关人的尊严、社会公正和进步的问题。

张海迪如此关注和阐发残疾及生命的意义,就在于她希望努力消除歧视或忽视残疾人的旧观念,让社会重新认识残疾人——这个群体是全体人民的一部分,让全社会都要关心和帮助残疾人,消除旧残疾人观,树立新残疾人观,即现代文明社会残疾人观。她一再强调,残疾人工作者要把为广大残疾人兄弟姐妹谋幸福作为崇高的理想,发扬甘于鞠躬尽瘁的精神。

3. 树立公仆思想,弘扬全心全意为残疾人服务精神

张海迪在论文中明确提出几点要求。

领导就是责任,责任重于泰山。她说:"残联领导干部怎样才能更好地担负责任呢?首先,要正确看待自己的工作。无论什么职位,都是人民的公仆,是为残疾人服务的,不要把职务当官做,不讲排场。"因为"残联的领导者肩负着残疾人的期待和重任,肩负着党和人民赋予的神圣责任"。

既突出残疾人的主体性,又重视为残疾人的服务性。张海迪在"论文"中说:"残疾人成就了残疾人事业,没有残疾人就没有残疾人联合会,就没有残疾人工作者。""我们应该感谢残疾人兄弟姐妹,他们忍受的痛苦,让社会增添了爱和同情,他们的奋斗推动了社会文明的进程。"她一再强调,残疾人工作者和残疾人应该是密不可分的鱼水关系。残联就是残疾人的家,不能让残疾人觉得隔阂与陌生,不能让残疾人觉得残联像官府衙门一样高高在上。残联是他们最可亲近的地方,即可以倾诉内心、得到鼓励和帮助的地方。

2017年6月15日上午,张海迪来到中国延安干部学院,看望参加全国残疾人领导干部培训班的全体学员,要求残疾人工作者与领导干部要坚决克服官僚主义,克服机关化、行政化,克服懈怠和不思进取倾向,永远全心全意为残疾人服务,为残疾人事业发展鞠躬尽瘁、无私奉献。残联的钱,每一分都要花在残疾人

身上。对此,她旗帜鲜明地提出三个"坚决",即"坚决不能为个人和小团体谋利益,坚决不能做伤害残疾人感情的事,坚决不做昧着良心的事"。

4. 不忘初心使命,弘扬艰苦奋斗精神

张海迪强调,残疾人工作者与领导干部要不忘初心,这个初心就是,为什么要创立和发展残疾人事业,而这个事业的初心就是,为千百万残疾人减轻痛苦,让他们活得有尊严,并且生命有意义。残联干部要成为残疾人的贴心人,这是对残疾人工作者的基本要求。她在"论文"中写道:"昨天,很多残疾人工作者艰苦奋斗,为这个事业打下了坚实的基础。今天,无私奉献的精神还要继续发扬光大。""残疾人事业是一项要永远延续下去的宏大工程,所以它需要一种艰苦奋斗的精神,一种献身精神,需要一大批品德高尚、把这项事业当作自己终身使命的人。"[1]

20世纪80年代,残联组建初期,没有自己的办公楼就租房子,更没有交通工具。开展工作时,还得不到别人的承认、理解和支持,心理上承受着巨大的压力。但是,残联干部和广大残疾人工作者为了最困难的残疾人、发展残疾人事业,不怕困难,艰苦奋斗,一步一步开拓前进,做了大量卓有成效的工作。

当时,社会上流传一句话:"残联工作辛苦、条件艰苦、生活清苦。"据云南省白内障康复中心提供的材料,眼科主任张晋江为了给白内障患者做复明手术,经常背着药箱到禄丰县去。途中要渡过金沙江的一条支流,河上没有桥,只有一条铁索链横跨两岸(当地叫溜索)。张主任冒着掉下去的危险攀上铁索,当他攀行到江中心时,药箱忽然倒置,箱口翻开,药品全部掉入江中。他毫不犹豫地返回去,走了两天山路取了药品再赶到禄丰县,给白内障患者做了复明手术。这充分表现出张主任不忘初心、坚韧不拔的毅力和艰苦奋斗的精神。

5. 带着深厚情感,发扬无私奉献精神

在残联成立初期,有的干部带着深厚情感,为残疾人事业奔波忙碌,积劳成疾,甚至献出了宝贵的生命。例如,原湖南省残联理事长胡盛穆同志,受任之际,县残联组建还是零,他一个县一个县去做宣传工作,一年之内,除了抓其他工作之外,还要把县残联组建起来。白天干不完晚上干,没有汽车就搭车,一趟又一趟做说服教育工作,终于把县残联组建起来。最后,他积劳成疾,不幸逝世。应当说,胡盛穆同志是为残疾人事业献出了最后的光辉人生。[2] 笔者引用这段质朴而厚重的文字,就是为了彰显他对残疾人事业作出的杰出贡献和无私奉献的精神。

---

[1] 张海迪:《努力建设残疾人事业的好队伍》,《残疾人研究》2013年第3期,第4页。
[2] 转引自奚从清、林清和:《社区残疾人工作》,杭州大学出版社1996年版,第178页。

张海迪在论文中说:"我们的事业就是在这样艰苦的条件下发展起来的。所以,我们什么时候都要讲奉献精神,残联领导干部尤其要讲奉献精神。"她还引用朴方同志的一段话:"我们有些老同志兢兢业业、竭心尽力,把工作生涯的最后一段时光完全奉献给了残疾人事业,起了重大作用。现在更多同志还在默默无闻地奉献着自己。"令人感动的是,2009年春节前,张海迪不顾自己的病痛,去四川看望残疾人。她在"论文"中写道:"灾区几十万人受伤,有的成了残疾人,但他们都得到了很好的治疗和康复。一些孩子在很短的时间就装上假肢重新站起来,还有很多人及时得到了轮椅等辅助器具。如果没有巨大的工作热情、忘我无私的奉献精神,短时间内做那么多事是不可能的。我曾想,无论遇到多大的困难,只要有忘我的精神,就没有克服不了的障碍。"

6. 深入调查研究,发扬基层首创精神

调查研究,是我们党的优良传统和作风。《中共中央 国务院关于促进残疾人事业发展的意见》明确指出:"新时代大兴调查研究之风,尊重基层首创精神,鼓励基层结合实际探索创新,充分调动干事创业的积极性。"

事实上,残疾人事业面临着很多新问题新课题新挑战,迫切需要残疾人工作者深入基层调查研究,不断增强为残疾人服务的本领。而且,深入基层调查研究的过程,是一个真实了解残疾人疾苦、进行科学决策、推动各项工作的过程,也是一个联系群众、为民办事的过程,还是一个自我学习提高、发扬基层首创精神的过程。2002年7月7日,邓朴方同志到湖北省秭归县残联工作调研时,发现他们在工作中形成的基层首创精神,充分肯定他们提出的"横向到边、纵向到底",这个口号"很不错"[1]。

张海迪积极倡导调查研究,发扬基层首创精神的优良传统。她在"论文"中说,我们要经常到基层去,到最困难的残疾人中间去,多调查,多思考,多出工作思路。这就是我们残疾人工作的群众路线,残疾人工作者要成为残疾人的贴心人,不仅要解决他们当前的问题,还要考虑他们长远的发展,为他们的幸福生活铺路架桥。"残疾人工作者要深入基层,不要在机关闭门造车,去调研不要走马观花,不能搞形式主义,更不能做官僚。"[2]2018年5月22日,《浙江日报》头版以醒目标题,报道《省残联党员干部走访乡村残疾人家庭——深入调研找问题,实实在在破难题》,就是残疾人工作者深入调查研究、发扬基层首创精神的一个案例。

---

[1] 邓朴方:《人道主义的呼唤》(第三辑),华夏出版社2006年版,第144-145页。
[2] 张海迪:《残疾人小康道路上面临很多困难,需要付出艰苦努力》,《中国新闻网》,2017年12月29日。

第三节　大力弘扬专业精神,自觉运用五个原则

残联干部和残疾人工作者在弘扬专业精神的实践过程中,必须坚持以习近平新时代中国特色社会主义思想作为行动指南,自觉坚持和运用以下五个辩证原则。

一、基本国情与具体残情相结合的原则

习近平总书记在党的十九大报告中指出:"中国特色社会主义进入新时代,我国社会主要矛盾已经转化为人民日益增长的美好生活需要和不平衡不充分的发展之间的矛盾。"[①]"必须认识到,我国社会主要矛盾的变化,没有改变我们对我国社会主义所处历史阶段的判断,我国仍处于并将长期处于社会主义初级阶段的基本国情没有变,我国是世界最大发展中国家的国际地位没有变。全党要牢牢把握社会主义初级阶段这个基本国情,牢牢立足社会主义初级阶段这个最大实际,牢牢坚持党的基本路线这个党和国家的生命线、人民的幸福线,领导和团结全国各族人民,以经济建设为中心,坚持四项基本原则,坚持改革开放,自力更生,艰苦创业,为把我国建设成为富强民主文明和谐美丽的社会主义现代化强国而奋斗。"[②] 同时,必须认识到,目前全球有超过 10 亿残疾人;中国有 8500 多万残疾人,是世界上残疾人口最多的国家。这决定了我国残疾人事业的发展及其理论研究,必须从我国社会主义初级阶段这个最大实际出发,发展残疾人事业,加强残疾康复服务,遵循残疾人事业发展固有的客观规律,走中国特色残疾人事业发展道路。这就是新时代赋予残联干部和残疾人工作者的神圣使命。

残疾人学的框架体系,既要符合中国基本国情,又要符合中国具体残情。

二、共性研究与个性研究相结合的原则

从共性上说,即从根本性质上来说,中国特色残疾人事业深深地扎根在中国的土地上,成为中国特色社会主义事业的重要组成部分。而中国特色社会主义最本质的特征是中国共产党领导,中国特色社会主义制度的最大优势是中国共产党领导。因此,残联干部和残疾人工作者必须始终坚持中国共产党领导。

从个性上说,即从具体属性上来看,中国残联作为群团组织"要始终把自己

[①②] 习近平:《决胜全面建成小康社会　夺取新时代中国特色社会主义伟大胜利——在中国共产党十九次全国代表大会上的报告》,人民出版社 2012 年版,第 11、12 页。

置于党的领导之下,在思想上政治上行动上始终同党中央保持高度一致,自觉维护党中央权威,坚决贯彻党的意志和主张,严守政治纪律和政治规矩,经得住各种风浪考验,承担起引导群众听党话、跟党走的政治任务,把自己联系的群众最广泛最紧密地团结在党的周围。"[1]张海迪表示,一定要落实好群团改革任务,在政治建设、思想建设、作风建设、能力建设等方面都提高到一个新水平。她说:"我们肩负着历史的光荣使命,也承担着开创未来的重任。全国 8500 万残疾人兄弟姐妹都在注视着我们,对我们充满了期待。因此,我们没有理由停滞不前,也没有理由畏惧困难,而是要牢记残疾人的殷切期盼,按照我们的工作计划和长远发展战略,实实在在地做好每一件事。"

事实证明,只要中国残联、各级残联组织以及广大残疾人工作者坚持和加强党的全面领导,团结和带领全国残疾人兄弟姐妹及其亲属,更加紧密地团结在以习近平同志为核心的党中央周围,就一定能够发挥好党和政府联系残疾人的桥梁纽带作用,为打好打赢全国残疾人脱贫攻坚战、决战决胜全面建成小康社会作出应有的贡献。

三、领导重视与群众参与相结合的原则

党和国家领导人一再强调,要学习和掌握人民群众是历史创造者的观点,紧紧依靠人民推进改革。要坚持把实现好、维护好、发展好最广大人民根本利益作为推进改革的出发点和落脚点,让发展成果更多更公平惠及全体人民,唯有如此,改革才能大有作为。同样地,要紧紧依靠广大群众推进脱贫攻坚工作。

2018 年 6 月,习近平对脱贫攻坚工作作出重要指示,强调脱贫攻坚时间紧、任务重,必须真抓实干、埋头苦干。各级党委和政府要以更加昂扬的精神状态、更加扎实的工作作风,团结带领广大干部群众坚定信心、顽强奋斗,万众一心夺取脱贫攻坚战全面胜利。[2]

张海迪与她的同事们坚持以人为中心的发展思想,以问题为导向,与广大残疾人工作者齐心合力,充分发挥广大残疾人的主体作用,坚决打好脱贫攻坚仗,推进残疾人事业加快发展,努力实现残疾人与全国人民同步小康,增强全国 8500 万残疾人兄弟姐妹的获得感、幸福感和安全感。她说,残疾人对美好生活的向往就是残疾人工作者努力的方向。中国残联这棵大树只有深深根植在残疾

---

[1] 《习近平在中央党的群团工作会议上强调:切实保持和增强政治性先进性群众性 开创新形势下党的群团工作新局面》,中国工会网 http://acftu.people.com.cn/n/2015/0708/c67502-27269767.html

[2] 《习近平对脱贫攻坚工作作出重要指示强调 真抓实干埋头苦干万众一心 夺取脱贫攻坚战全面胜利》,央视网 http://news.cctv.com/2018/06/11/ARTIsds1oUH4tvTY8STAsFat180611.shtml

人当中,才能永葆生机和活力。为此,张海迪一再呼吁,每一位残疾人工作者都要努力做一个高尚的、擎着火把为残疾人照亮生活道路的人。

四、文化传承与文化融合相结合的原则

习近平总书记在党的十九大报告中指出:"文化是一个国家、一个民族的灵魂。文化兴国运兴,文化强民族强。"[①]对此,我们应大力宣传正确的文化观,弘扬民族精神和时代精神。张海迪指出:残疾人事业是崇高的事业,它不同于一般的所谓积德行善,所谓做好事,而是要改变一个特殊困难的巨大群体的生存状况,让他们作为平等的成员参与社会生活,与健全的人们共同分享文明进步的成果;同时,在注重文化传承的同时,还要注重文化融合。她说:"残疾人工作渗透了人道主义精神,以人为本的思想就蕴含其中。我们要研究的是怎样使残疾人回归社会生活,平等地参与和分享社会文明成果。"中国残联认为,"平等·参与·共享"是在总结我国残疾人事业实践基础上,借鉴国际残疾人运动的经验而提出的残疾人事业发展的崇高目标,是现代文明社会残疾人观的核心内容,并成为社会宣传和残疾人自我激励的口号。

五、认真学习与勤于思考相结合的原则

残疾人工作者要不断学习新知识,开阔残疾人事业的当代视野,这对于创造性地开展残疾人工作是十分重要的。张海迪说:"残疾人工作者要做一个勤奋好学的人。"为此,她提出了具体要求。

要认真学习哲学,掌握辩证唯物主义和历史唯物主义的世界观和方法论,才能不断从中汲取科学智慧和理论力量,了解人的生命的本质和人应该怎样活着的问题,进而思考和认识残疾人问题。唯有如此,残疾人工作者才能把残疾人事业作为自己生命的一部分,才能把为残疾人事业服务当作生活的意义,才能真正把献身于这个伟大事业当作毕生追求的目标。

要认真学习和研究残疾人事业科学发展的理论和实践问题,这样才会有远大的目光、分析判断的能力、开拓创新的勇气。

还要认真学习很多专业知识,比如,什么是脊椎损伤,什么是视神经损伤,什么是孤独症,残疾与医学、康复医学和遗传学的关系,轮椅、假肢、人工耳蜗和材料学,残疾康复、重建与仿生学的关系等,我们多学一些专门知识,就多一份工作能力。

[①] 习近平:《决胜全面建成小康社会 夺取新时代中国特色社会主义伟大胜利——在中国共产党第十九次全国代表大会上的报告》,人民出版社2017年版,第40-41页。

第六章　夯实残疾人学研究的价值理论基础

习近平在党的十九大报告中指出:"中国共产党人的初心和使命,就是为中国人民谋幸福,为中华民族谋复兴。这个初心和使命是激励中国共产党人不断前进的根本动力。全党同志一定要永远与人民同呼吸、共命运、心连心,永远把人民对美好生活的向往作为奋斗目标,以永不懈怠的精神状态和一往无前的奋斗姿态,继续朝着实现中华民族伟大复兴的宏伟目标奋勇前进。"[①]为此,必须"解决好世界观、人生观、价值观这个'总开关'问题,自觉做共产主义远大理想和中国特色社会主义共同理想的坚定信仰者和忠实实践者。"[②]这就清楚地告诉我们,中国真正强大的是其价值信仰和执政理念深入人心,让人折服。本章主要阐明在全党开展"不忘初心、牢记使命"的主题教育中,我们必须依据习近平总书记一系列格外关心、格外关注残疾人这个特殊困难群体的重要论述,进一步夯实残疾人学研究的价值理论基础。

第一节　价值与价值体系

一、价值的含义

马克思说:"价值这个普遍的概念是从人们对待满足他们需要的外界物的关系中产生的。"[③]第一,马克思这个论断,是为批判瓦格纳的"价值产生于主观评价"而提出的。第二,价值指的是人们与外界物的一种关系,即主体与客体的关系。第三,外界物,即客体的属性和功能可否满足主体的需要。可见,价值是一个标志着客观事物与人们需求之间关系的哲学概念。这种关系极为广泛,包括一切影响人们工作、学习、生活,自然的和社会的、物质的和精神的种种因素,都是客观存在的。所谓价值,是指客观事物对人们需要的满足。简言之,就是客体

[①②] 习近平:《决胜全面建成小康社会　夺取新时代中国特色社会主义伟大胜利——在中国共产党第十九次全国代表大会上的报告》,人民出版社2017年版,第1、63页。

[③] 《马克思恩格斯全集》第十九卷,人民出版社1973年版,第406页。

的属性同主体的需要相符合。

理解价值含义时应注意几点：

(1)价值的客体,可以是物质性的东西,也可以是精神性的东西;价值的主体,可以是个人,也可以是社会、群体、集团、阶级、民族,以至整个人类。

(2)客体所具有的属性(用途与功能)是价值的必要前提和客观基础;人们对客体的属性的需要,是构成价值的主观条件。因此,实现客体固有的价值,既不能脱离客体的基础,也不能脱离主体的需要。

(3)客体具有多方面的属性,能满足主体不同的需要。有时,同一客体的属性,对于不同的主体会有完全相反的价值。客体的属性能满足人们的需要,就是对人有用的,即有价值,或者是正价值(对人有益);反之,客体的属性不能满足人的需要,就是对人无用,即无价值,或者是负价值(对人不利或有害)。因此,人们对同一客体会产生不同的价值评价。价值的形成和实现,离不开人的实践活动。社会生活的一切领域都存在着价值问题,价值渗透于人的全部实践活动和认识活动之中。人们每时每刻都在同周围的事物和现象发生各种各样的关系,其中就包括价值关系。因此,客体与主体之间的关系,就表现为实践关系、认识关系和价值关系。

(4)价值的客体的属性和主体的需要是多方面、多层次的。这就有一个价值分类问题。价值的分类取决于价值的分类标准,分类标准不同,分类结果也随之而异。总的说来,价值一般分为经济价值、政治价值和精神价值三大类。经济价值包括劳动对象、生产工具、物质财富等方面所具有的价值;政治价值包括国家机构、政治制度等方面所具有的价值;精神价值包括科学价值(真)、伦理价值(善)、审美价值(美)等方面所具有的价值。

二、价值体系的内涵

一般来说,体系泛指一定范围内同类事物按照一定秩序和内部联系组合而成的一个有机的整体。价值体系是指人们在一定社会历史条件下对特定事物的价值主体与价值客体之间的价值关系所形成的各种价值观念的总和。它主要阐明那些具有价值的事物何以存在和如何存在的问题,是一个内涵丰富、层次分明、结构复杂、功能多样的系统,主要包括:(1)价值主体与价值客体及其价值关系;(2)价值目标及其价值效应;(3)价值观及其价值取向;(4)价值中介的类型及其作用等。这些价值构成要素不仅对于我们科学认识和准确把握"中国特色"的价值体系及其价值导向具有重要的指导意义,而且对于我们进一步研究与夯实新时代残疾人学的价值观基础也具有重要的指导意义。

三、价值观的内涵及其特征

价值观,即价值观念,是指人们在实践过程中对事物的意义或价值所形成的根本观点、看法和态度。它通过人们的行为取向及对事物的评价、态度反映出来,是驱使人们行为的内部动力。

为了正确认识与把握价值观的内涵,还要进一步明确价值观的特征。

1. 价值观是一种具有逻辑体系的观念

一个事物价值的大小,是不依人的意志为转移的客观存在。只有当客观存在的事物价值反映到人的大脑中并积淀下来、反映出来,才能形成一种价值观念。价值观念不是一些零星的、分散的观念,而是一个长期形成的、相对完整的观念体系,是一种深层的认定,主要由一些基本价值的理念、信仰和理想所构成。

2. 价值观是一种具有辩证性质的观念

人们的价值观取决于人们的世界观、人生观。对于同一事物,由于人们的利益需要、文化传统、生活方式的不同,特别是由于人们的世界观与人生观的不同,往往会得出不同甚至截然相反的结论。但是,由于价值观能调节和控制人们的态度、意志、情绪和兴趣,指导人们的活动,规范人们的行为,所以它又反过来对人们的世界观和人生观产生一定影响。

3. 价值观是一种不断变化发展的观念

人们的价值观是随着人类社会的变化发展而变化发展的。任何社会形态的重大变化,都会引起价值观的变化。即使在同一社会的同一时代里,由于社会变革引起的内部机制的重大变化以及利益关系的重新调整,人们的价值观也会发生这样或那样的转换或更替。换句话说,人们的价值观是社会现实价值取向的变化在观念上的表现。

第二节 残疾人学倡导事业与职业相统一的价值观

党的十八大以来,中国特色残疾人事业之所以取得显著成就,根本在于以习近平同志为核心的党中央的坚强领导,在于习近平新时代中国特色社会主义思想的科学指导。

习近平倡导的人类解放、人民至上、生命至上等一系列观点,为创建残疾人学厚植了中国特色的文化底色与民心基石,从而进一步夯实了残疾人学研究的价值理论基础。

恩格斯说:"历史从哪里开始,思想进程也应当从哪里开始,而思想进程的进一步发展不过是历史过程在抽象的、理论上前后一贯的形式上的反映;这种反映是经过修正的,然而是按照现实的历史过程本身的规律修正的,这时,每一个要素可以在它完全成熟而具有典型性的发展点上加以考察。"①"逻辑的发展完全不必限于纯抽象的领域。相反,它需要历史的例证,需要不断接触现实。因此这里插入了各种各样的例证……"②我们应用恩格斯采取的逻辑与历史相统一的方法来研究残疾人学,倡导事业与职业相统一的价值观。

一、人类解放观

中国共产党人的解放观是以人类解放为最高宗旨,为中国人民谋幸福、为中华民族谋复兴的根本观点和态度。残疾人的解放是人类解放过程中的一部分。残疾人的解放观是指残联干部和残疾人工作者为残疾人解放所持有的根本观点和态度。

2014年12月26日,张海迪应中央党校邀请,以"残疾人工作的视野"为题,为中央党校及国家机关分校全体秋季班在校学员作残疾人工作专题报告。她在报告的最后指出,残疾人事业最终的目的是解放残疾人。马克思主义认为,人类解放的条件是"每个人的自由发展是一切人的自由发展的条件"③。马克思所说的"每一个人"和"一切人"是包括残疾人在内的所有人的解放,这首先要依靠法律、制度消除残疾人参与社会生活的一切障碍,消除残疾人自身功能缺失所造成的能力限制。只有当每一个残疾人都能够"自由地发展","一切人",也就是全人类,才有可能自由地发展。这便是残疾人兄弟姐妹和他们家庭的中国梦。

在中国共产党的领导下,中国8500多万残疾人在实现自身解放的道路上取得了十分可喜的成绩。特别是党的十八大以来,以习近平同志为核心的党中央领导全国人民全面打响脱贫攻坚战,以前所未有之决心、前所未有之力度、前所未有之规模、前所未有之投入推动脱贫攻坚取得决定性成就。贫困人口从2012年年底的9899万人减至2019年年底的551万人,贫困发生率由10.2%降至0.6%,连续7年每年减贫1000万人以上。贫困群众收入水平大幅度提高,贫困地区基本生产生活条件明显改善、经济社会发展明显加快、贫困治理能力明显提升。这些成就既为如期打赢脱贫攻坚战、全面建成小康社会奠定了坚实基础,更是推动乡村振兴、解决好"三农"问题、优先发展农业农村的有力保障。习近平总书记指出:"到2020年现行标准下的农村贫困人口全部脱贫,是党中央向全国人

---

①② 《马克思恩格斯选集》第二卷,人民出版社1995年版,第43、45页。
③ 习近平《论中国共产党历史》,中央文献出版社2021年版,第198页。

民作出的郑重承诺,必须如期实现,没有任何退路和弹性。"①

《平等、参与、共享:新中国残疾人权益保障70年》白皮书指出,残疾人脱贫攻坚深入开展。党的十八大以来,政府将贫困残疾人脱贫纳入国家脱贫攻坚战略布局,并作为脱贫攻坚的重要内容,在制度设计、政策安排、项目实施上给予支持。中共中央、国务院2018年发布《关于打赢脱贫攻坚战三年行动的指导意见》,专门部署贫困残疾人脱贫行动,确保到2020年贫困残疾人同全国人民一道进入全面小康社会。国务院扶贫办、国家发展改革委、中国残联等26部门制定了《贫困残疾人脱贫攻坚行动计划(2016—2020年)》,并制定了电子商务助残扶贫行动、产业扶持助残扶贫行动等配套实施方案。加大金融资金投入,2011年至2018年,中央财政累计安排康复扶贫贴息贷款53亿元,35万贫困残疾人受益。实施精准扶贫战略以来,政府将600多万残疾人纳入贫困户建档立卡范围,截至2018年,建档立卡贫困残疾人人数已减至169.8万。到2020年底,残疾人全部脱贫。

2021年2月25日,习近平总书记在全国脱贫攻坚总结表彰大会上庄严宣告,中国脱贫攻坚战取得了全面胜利,完成了消除绝对贫困的艰巨任务,创造了又一个彪炳史册的人间奇迹。

二、改革开放观

改革开放观是指残疾人工作者在改革开放的进程中,对党和政府实施一系列发展残疾人事业、改善残疾人状况的重大举措所持有的根本观点和态度。

《平等、参与、共享:新中国残疾人权益保障70年》白皮书指出:残疾人事业在改革开放中兴起。改革开放以来,中国共产党和中国政府实施了一系列发展残疾人事业、改善残疾人状况的重大举措。1984年成立中国残疾人福利基金会,1987年开展第一次全国残疾人抽样调查,1988年成立中国残联,1991年颁布实施《中华人民共和国残疾人保障法》并第一次制定实施中国残疾人事业五年计划纲要。进入21世纪,国家加快推进全面建成小康社会,残疾人事业全面提升。2008年出台《中共中央、国务院关于促进残疾人事业发展的意见》,同年修订《中华人民共和国残疾人保障法》。残疾人事业由改革开放初期以救济为主的社会福利工作,逐步发展成为包括康复、教育、就业、扶贫、社会保障、维权、文化、体育、无障碍环境建设、残疾预防等领域的综合性社会事业。残疾人参与社会生活的环境大为改善,残疾人的经济、政治、文化和社会权利得到尊重和保障;残疾人的面貌发生了根本性变化,由被动的受助者变为积极参与的主体,成为经济社

---

① 习近平:《在决战决胜脱贫攻坚座谈会上的讲话》,人民出版社2020年版,第13页。

会发展的一支重要力量,在改革和发展中涌现出一大批像张海迪那样体现民族精神和时代风貌的优秀残疾人。

残疾人事业迈上新台阶。党的十八大以来,以习近平同志为核心的党中央对残疾人格外关心、格外关注。2014年、2019年习近平两次会见全国自强模范暨助残先进集体和个人表彰大会受表彰代表,为我国残疾人事业发展指明方向;2014年向中国残疾人福利基金会成立30周年发去贺信,提出"残疾人是一个特殊困难的群体,需要格外关心、格外关注";2016年在河北省唐山市考察时提出"2020年全面建成小康社会,残疾人一个也不能少"的任务目标;2017年向2013—2022年亚太残疾人十年中期审查高级别政府间会议致贺信,提出"中国将进一步发展残疾人事业,促进残疾人全面发展和共同富裕"。党的十八大以来,残疾人工作成为"五位一体"总体布局和"四个全面"战略布局的重要内容,在国家层面建立起覆盖数千万残疾人口,包含生活补贴、护理补贴、儿童康复补贴等内容的残疾人专项福利制度;在全国范围内将数百万农村贫困残疾人脱贫作为打赢脱贫攻坚战的重点,精准施策、特别扶助;在实施"健康中国"战略中高度重视和关注每个残疾人的健康问题,加快实现"人人享有健康服务"目标;将残疾人基本公共服务纳入国家基本公共服务体系,持续推进残疾人基本公共服务托底补短工作,不断提高残疾人基本公共服务供给水平;各行各业、社会各个方面都在努力消除障碍,越来越多的残疾人接受更好教育、实现就业创业、平等参与社会。残疾人"平等、参与、共享"的目标得到更好实现,关心帮助残疾人的社会氛围更加浓厚,残疾人事业发展进入快车道,残疾人的获得感、幸福感、安全感持续提升,残疾人事业整体发展水平迈上一个新台阶。

中国残联组织在改革开放中蓬勃发展,广大残疾人对我国40年翻天覆地的变化感受至深,存在感、获得感和幸福感不断增强。《是颗流星,就要把光留给人间》,1983年《中国青年报》的这篇文章让张海迪家喻户晓,她是改革开放40年的见证者、受益者,如今更是中国残疾人事业的服务者、引领者。《中国残疾人》杂志2018年第12期邀请中国残疾人联合会主席张海迪为这场伟大的变革撰写了卷首语。

2018年9月14日,张海迪在中国残联七代会上作《以习近平新时代中国特色社会主义思想为指引,团结带领残疾人兄弟姐妹共奔美好小康生活》的报告中指出:"今年是改革开放40周年。40年来,在党和政府的关心重视下,在社会各界的支持帮助下,千百万残疾人的命运发生了根本变化,中国残疾人事业也取得了举世瞩目的成就。在邓朴方同志和几代残疾人工作者的不懈努力下,人道主义精神不断弘扬,不断建立健全政策法规体系和公共服务体系,探索为8500万残疾人带来福祉的残疾人事业发展道路。"张海迪表示,我们始终坚持从五个方面推进事业发展：一是坚持党的领导；二是坚持人民为中心；三是坚持依法发展残疾人事业；四是坚持与经济社会发展相适应；五是坚持发挥残疾人组织密切联系群众的作用。

三、人民至上观

人民至上观是指残疾人工作者在实际工作中坚持以人民为中心的发展思想的根本观点和态度。

2017年10月18日，习近平在党的十九大报告中指出："党的一切工作必须以最广大人民根本利益为最高标准。我们要坚持把人民群众的小事当作自己的大事，从人民群众关心的事情做起，从让人民群众满意的事情做起，带领人民不断创造美好生活！"①

2020年5月22日下午，习近平参加他所在的十三届全国人大三次会议内蒙古代表团审议。在认真听取大家发言后，习近平说："中国共产党根基在人民，血脉在人民。坚持以人民为中心的发展思想……人民至上、生命至上，保护人民生命安全和身体健康可以不惜一切代价。"②习近平提出的人民至上的价值观具有丰富而深刻的内涵。

1. 就是为人类谋解放，为人民谋幸福

2018年5月4日，习近平在纪念马克思诞辰200周年大会上发表重要讲话，并对这一理论进行了全面总结。作为公认的"千年第一思想家"，马克思给我们留下的最有价值、最具影响力的精神财富，就是以他名字命名的科学理论——马克思主义。"这一理论犹如壮丽的日出，照亮了人类探索历史规律和寻求自身解放的道路。"③

习近平总结道："马克思创建了唯物史观和剩余价值学说，揭示了人类社会发展的一般规律，揭示了资本主义运行的特殊规律，为人类指明了从必然王国向自由王国飞跃的途径，为人民指明了实现自由和解放的道路。"④"马克思主义是人民的理论，第一次创立了人民实现自身解放的思想体系。"⑤人类解放始终是马克思全部思想的主题，让人民获得解放是马克思毕生的追求。

习近平指出："马克思主义博大精深，归根到底就是一句话，为人类求解

---

① 习近平：《决胜全面建成小康社会 夺取新时代中国特色社会主义伟大胜利——在中国共产党第十九次全国代表大会上的报告》，人民出版社2017年版，第50页。
② 习近平：《坚持人民至上》，《求是》2020年第20期。
③④⑤ 习近平：《论中国共产党历史》，中央文献出版社2021年版，第196、198、198页。

放。"①马克思关于人类解放理论的核心思想是,"人类解放只有通过无产阶级的解放才能实现,无产阶级只有解放全人类才能解放自己"。

习近平指出:"在马克思之前,社会上占统治地位的理论都是为统治阶级服务的。马克思主义第一次站在人民的立场探求人类自由解放的道路,以科学的理论为最终建立一个没有压迫、没有剥削、人人平等、人人自由的理想社会指明了方向。"②这个理想社会就是共产主义社会。未来社会"将是这样一个联合体,在那里,每个人的自由发展是一切人的自由发展的条件"③。马克思主义所指明的通过消灭私有制、消灭阶级、建立共产主义社会而实现人的彻底解放的道路,才是提高和实现人的真正的、全面的价值的唯一正确途径。

2. 就是不忘初心方得始终

习近平在党的十九大报告中指出:"中国共产党人的初心和使命,就是为中国人民谋幸福,为中华民族谋复兴。这个初心和使命,是激励中国共产党人不断前进的根本动力。全党同志一定要永远与人民同呼吸、共命运、心连心,永远把人民对美好生活的向往作为奋斗目标,以永不懈怠的精神状态和一往无前的奋斗姿态,继续朝着实现中华民族伟大复兴的宏伟目标奋勇前进。"④

3. 就是坚持全心全意为人民服务

党除了工人阶级和最广大人民群众的利益,没有自己特殊的利益;在实际工作中实行群众路线,一切为了群众,一切依靠群众,从群众中来,到群众中去,把党的正确主张变为群众的自觉行动。

4. 就是始终把人民利益摆在至高无上的地位,让改革的成果更多更公平惠及全体人民

习近平在党的十八届一中全会上提出的"要正确处理最广大人民根本利益、现阶段群众共同利益、不同群体特殊利益的关系,切实把人民利益维护好、实现好、发展好"。⑤习近平创造性地运用马克思主义关于人民利益的观点,具体地提出"三种利益"的观点,为我们深入研究人民奋斗所争取的利益问题指明了前进方向,奠定了理论基础。其中,第三个不同群体特殊利益的关系,就包含着妇女儿童、残疾人、少数民族的特殊利益的关系。

---

①②③ 习近平:《论中国共产党历史》,中央文献出版社2021年版,第198、198、203页。
④ 习近平:《决胜全面建成小康社会 夺取新时代中国特色社会主义伟大胜利——在中国共产党第十九次全国代表大会上的报告》,人民出版社2017年版,第1页。
⑤ 《全面贯彻落实党的十八大精神要突出抓好六个方面工作》,中国经济网 http://www.ce.cn/xwzx/gnsz/szyw/201301/02/t20130102_23992645_1.shtml

5. 就是习近平治国理政新理念、新思想和新战略的重要体现

浙江是习近平治国理政新理念新思想新战略的重要萌发地。在2002年至2007年的6个年头里,习近平始终高度重视残疾人等特殊群体的生产生活条件改善,时时关心,处处呵护。2003年8月1日,习近平出席浙江省残疾人联合会第四次代表大会开幕式。2005年1月27日,习近平一行冒雨前往湖州市吴兴区考察。在完成既定行程后,他来到爱山街道红丰西村小区看望残疾人王国荣家庭。当时,王国荣正值壮年,因为一场大病导致偏瘫,丧失劳动能力,家中仅有年迈的老母亲相伴。他回忆说:"习书记握起我的左手说,你的手很凉啊,要注意身体。知道我平时都是母亲照顾,又担心我母亲年纪大了落下我……"动情的细节,王国荣都一一记在心间。时至今日,王国荣家中还保留着习近平总书记当年带到家里的一条让他倍感温暖的棉被。

习近平在调查研究中自始至终高度关注残疾人等特殊群体的生产生活条件改善,体现了他对残疾人等特殊群体的深切关怀,体现了他一以贯之的民生思想:民生是本,群众越是困难,越要雪中送炭,我们要真正把执政为民思想落实到特殊群体心坎上。

2014年3月21日,习近平总书记致信中国残疾人福利基金会,强调"残疾人是一个特殊困难的群体,需要格外关心、格外关注"。这"两个格外"的提出,正是习近平一以贯之的民生思想的高度概括和高度凝练,成了全国8500多万残疾人的福音。而这一群体的生存状况,事实上又影响到全国近1/5家庭的生活状态。因此,"两个格外"的提出,蕴含了习近平总书记的实践品格和人民情怀。

6. 就是坚持党心与民心的一致性

2020年5月24日,再次当选国家主席的习近平谈到三个"始终",也是三次强调"人民"——"始终要把人民放在心中最高的位置,始终全心全意为人民服务,始终为人民利益和幸福而努力工作"。① 在全党开展"不忘初心、牢记使命"主题教育,用党的创新理论武装头脑,以优良党风凝聚党心民心,带动政风民风,推动全党更加自觉地为实现新时代党的历史使命不懈努力。

四、社会代价观

社会代价观是指党和政府为保护人民生命安全和身体健康可以不惜一切代价的根本观点和根本态度。

习近平说:"中国特色社会主义是改革开放新时期开创的,也是建立在我们

---

① 《今年首次下团组,习近平为何重点谈这个话题》,中国青年网 https://news.youth.cn/gn/202005/t20200523_12340130.htm

党长期奋斗基础上的,是由我们党的几代中央领导集体团结带领全党全国人民历经千辛万苦、付出各种代价、接力探索取得的。它承载着几代中国共产党人的理想和探索,寄托着无数仁人志士的夙愿和期盼,凝聚着亿万人民的奋斗和牺牲。因此,我们必须倍加珍惜、始终坚持、不断发展。"①

2020年"两会"期间,习近平总书记多次"下团组",指出:"人民至上、生命至上,保护人民生命安全和身体健康可以不惜一切代价。""中国共产党根基在人民、血脉在人民。党团结带领人民进行革命、建设、改革,根本目的就是为了让人民过上好日子,无论面临多大挑战和压力,无论付出多大牺牲和代价,这一点都始终不渝、毫不动摇。"②

习近平说:"疫情无情人有情。人的生命是宝贵的,生命只有一次,失去不会再来。在保护人民生命安全面前,我们必须不惜一切代价,我们也能够做到不惜一切代价,因为中国共产党的根本宗旨是全心全意为人民服务,我们的国家是人民当家作主的社会主义国家……为了保护人民生命安全,我们什么都可以豁得出来!从出生仅30多个小时的婴儿到100多岁的老人,从在华外国留学生到来华外国人员,每一个生命都得到全力护佑,人的生命、人的价值、人的尊严得到悉心呵护。这是中国共产党执政为民理念的最好诠释!这是中华文明人命关天的道德观念的最好体现!这也是中国人民敬仰生命的人文精神的最好印证!"③

自有人类就有残疾人,残疾是人类发展进程中不可避免要付出的社会代价,而且是一部分人的残疾换来了更多人躯体和心智的健全,换来了人类文明和社会的进步。从这个意义上来说,残疾人是人类文明和社会进步的奉献者。同时,残疾人要做到自尊、自信、自强、自立,要改变自己的命运,不可能不付出代价。这种特定的代价观是与残疾人以某种牺牲为代价的程度相关联、与残疾人改变自身处境的欲望相关联的。正因为这样,这种特定的代价观才具有科学分析性用语的独特含义。

事实上,残疾人为了获取自身的利益付出的代价比健全人付出的代价要大得多。例如,有些残疾人的残疾,是为人类健康繁衍和社会文明进步所付出的一种社会代价。大家知道,没有战争造成的非死即伤即残,人类就不会那样痛恨非正义战争,不会那样渴望和平;没有各类事故(如工伤事故、交通事故)造成的伤残,人类就不会制定科学的、安全的作业规程和交通管理规则;没有先天愚型及

---

① 中央党校中国特色社会主义理论体系研究中心:《深入学习贯彻习近平同志"7·26"重要讲话精神》,2017年8月11日,来源:人民网—人民日报。
② 《从人民中汲取磅礴力量——习近平总书记同出席2020年全国两会人大代表、政协委员共商国是纪实》,中国经济网 http://www.ce.cn/xwzx/gnsz/szyw/202005/29/t20200529_35001080.shtml
③ 习近平:《全国抗击新冠肺炎疫情表彰大会上的讲话》,人民出版社2020年版,第13页。

失明、失聪，人类就不会懂得优生优育以及近亲何以不能婚配；没有药物致盲、致聋以及其他中毒病症，就不会有那样详细的药物检验和药物管理制度；没有脊髓灰质炎后遗症造成的肢体残疾，就不会有预防这种疾病的"糖丸"问世。这些事实清楚地告诉我们，正是一部分人的残疾换来了更多人躯体、心智的健全和健康，换来了秩序和科学，换来了人类文明和社会进步。因此，每个健全人都应该给残疾人以更多的关心、理解和帮助。

　　应当看到，残疾人在社会各个群体当中人均生活水平是最低的，对社会索取是最少的，而残疾人每做一件事都要比别人付出更多的代价。因此，邓朴方认为，"对这个付出最多得到最少的群体，我们应该给予更多的关爱，给予更多的尊重，给予更多的实实在在的帮助"，做残联工作就要代表残疾人利益，为他们说话。同时要把残疾人利益与国家利益结合起来考虑。

　　事实上，加强残疾预防的宣传教育工作尤为重要。残疾预防是从根本上减少残疾发生的重要手段，它所包括的范围很广，如防止工伤和交通事故、控制污染、优生优育、卫生防疫、对可能致残的疾病给予及时治疗，建立巩固的家庭关系与稳定的社会生活环境，以及有关预防措施的宣传教育等。同时应当看到，为了维护人民生命至上，必须承受值得付出的代价。

　　2017年8月25日，中国残联、人社部等16部门联合发出通知，就进一步加强残疾预防宣传教育工作作出部署。改革开放以来，我国先后制定了一系列法律法规，通过大力发展医疗卫生、残疾人康复和社会保障事业，显著改善了残疾预防工作状况。我国正处在老龄化、工业化、城镇化快速发展的时期，残疾预防工作仍面临严峻挑战，残疾发生率仍然较高，而针对主要致残因素和残疾高风险人群的防控措施仍不完善，全社会的残疾预防意识还需增强，决不能懈怠。

　　2017年8月，国务院正式批准将每年8月25日设立为全国"残疾预防日"，主题为"推进残疾预防，建设健康中国"。希望通过全国设立"残疾预防日"和开展一系列残疾预防"进小区、进校园、进家庭"的宣传教育活动，提高全社会对残疾预防工作的重视，减少致残因素和完善残疾高风险人群的防控措施。

　　2019年9月，国务院新闻办公室在《新时代的中国与世界》白皮书中指出："经过70年发展，中国取得了巨大成就，但中国仍处于并将长期处于社会主义初级阶段的基本国情没有变，中国是世界上最大发展中国家的国际地位没有变。解决好人民日益增长的美好生活需要和不平衡不充分的发展之间的矛盾，让近14亿人民都过上富裕的日子，仍然有很长的路要走，仍然需要付出长期艰苦的努力。"

五、反腐倡廉观

反腐倡廉观是指残疾人工作者对党的反对腐败、建设廉洁政治的执政理念的根本观点和态度。

2022年1月18日,习近平在中国共产党第十九届中央纪律检查委员会第六次全体会议上发表重要讲话。习近平指出,2021年是中国共产党成立一百周年。党中央坚定不移推进全面从严治党,为全面建设社会主义现代化国家开好局、起好步提供了有力政治保障。党中央把全面从严治党纳入"四个全面"战略布局,以前所未有的勇气和定力推进党风廉政建设和反腐败斗争,刹住了一些多年未刹住的歪风邪气,解决了许多长期没有解决的顽瘴痼疾,清除了党、国家、军队内部存在的严重隐患,管党治党宽松软状况得到根本扭转,探索出依靠党的自我革命跳出历史周期率的成功路径。党的十八大以来,全面从严治党取得了历史性、开创性成就,产生了全方位、深层次影响,必须长期坚持、不断前进。[①]

早在2015年6月26日,习近平总书记在主持中央政治局集体学习时就强调,要加强反腐倡廉法规制度建设,把法规制度建设贯穿到反腐倡廉各个领域、落实到制约和监督权力各个方面,发挥法规制度的激励约束作用,推动形成不敢腐、不能腐、不想腐的有效机制。[②] 这就清楚明白地告诉我们,不仅要从法规制度上完善制约和监督权力的主要内容,而且还要从法规制度上构建一个更加自觉、更加完善、更加有效的监督体系,包括党内监督、人大监督、民主监督、行政监督、司法监督、审计监督、群众监督、社会监督、舆论监督等在内的多种方式,把"内部监督"和"外部监督"有机结合起来,科学有效地对权力运行进行制约和监督,增强制约和监督权力的合力和实效。

反腐倡廉是我们党反对腐败、建设廉洁政治的执政理念,是我们党一贯坚持的鲜明立场,也是全国人民最为关注的重大政治问题。从党的层面看,存在着一种不依人们意志为转移的价值主体与价值客体的价值关系,其特点表现在价值客体的功能对价值主体的需要是否满足的状况。从价值主体与价值客体关系来说,我们党是反对腐败、建设廉洁政治的价值主体;我们党面临的价值客体是环境。不过,这里的"环境"不是泛指"周围的境况",而是特指与反腐倡廉建设相关联的精神环境、法治环境、从政环境和心态环境等。

[①] 《习近平在十九届中央纪委六次全会上发表重要讲话》,中国经济网 http://bgimg.ce.cn/xwzx/gnsz/szyw/202201/18/t20220118_37267706.shtml

[②] 《习近平:加强反腐倡廉法规制度建设 让法规制度的力量充分释放》,中国共产党新闻网 http://cpc.people.com.cn/n/2015/0627/c64094-27217702.html

1. 精神环境：坚定党的理想信念，筑牢强大精神支柱

改革开放以来，尤其党的十八大以来，我们党把党风廉政建设和反腐败斗争提到关系党和国家生死存亡的高度来认识，是深刻总结了古今中外的历史教训的。中国历史上因为统治集团严重腐败导致人亡政息的例子比比皆是，当今世界上由于执政党腐化堕落、严重脱离群众导致失去政权的例子也不胜枚举。腐败是社会毒瘤，如果任凭腐败问题愈演愈烈，最终必然亡党亡国。

20世纪80年代末90年代初，苏联之所以会亡党亡国，就是其内因与外因交互作用的结果，即放弃对马克思主义的信仰，放弃对社会主义和共产主义的信念，放弃共产党的领导地位，放弃党的纲纪和作风教育，放弃意识形态领域的斗争，放弃与西方敌对势力"和平演变"的斗争。随之而来东欧一些社会主义国家骤然"变色"，世界社会主义运动陷入低谷。

2012年11月17日，习近平在党的十八届中共中央政治局第一次集体学习时强调指出：坚守理想、信念、信仰，就是坚守共产党人的精神追求，坚守对未来美好远景和远大目标的价值追求。坚定理想信念，坚守共产党人精神追求，始终是共产党人安身立命的根本。对马克思主义的信仰，对社会主义和共产主义的信念，是共产党人的政治灵魂，是共产党人经受住任何考验的精神支柱。形象地说，理想信念就是共产党人精神上的"钙"，没有理想信念，理想信念不坚定，精神上就会"缺钙"，就会得"软骨病"。[①] 现实生活中，一些党员、干部出现这样那样的问题，说到底是信仰迷茫、精神迷失。全党要按照党的十八大部署，深入学习实践中国特色社会主义理论体系，特别是科学发展观，讲党性、重品行、作表率，矢志不渝为实现中国特色社会主义共同理想而奋斗。

2014年10月8日，习近平在党的群众路线教育实践活动总结大会上作重要讲话。他说："我们国家要出问题主要出在共产党内，我们党要出问题主要出在干部身上。"他多次强调，古今中外，因为统治集团作风败坏导致人亡政息的例子多得很，一定要引为借鉴，以最严格的标准、最严厉的举措治理作风问题。要坚持全面从严治党、从严管理干部，使干部心有所畏、言有所戒、行有所止。要坚持以零容忍态度惩治腐败，以猛药去疴、重典治乱的决心，以刮骨疗毒、壮士断腕的勇气，坚决把党风廉政建设和反腐败斗争进行到底。要坚持"老虎""苍蝇"一起打。坚决查处周永康、徐才厚、令计划等大案，就是向世人证明中国共产党敢于直面问题、纠正错误，勇于从严治党、捍卫党纪，善于自我净化、自我革新。这几年来，反腐倡廉成效明显，几十名省部级以上腐败分子被查处，约10万人因违

---

① 《"平语"近人——习近平谈理想信念》，新华网 http://www.xinhuanet.com/politics/2017-10/05/c_1121763712.htm

反中央八项规定精神受到处理,700多起典型案件被通报。事实表明,只有从党内抓起,从高层抓起,才能赢得党心军心民心,才能坚定党的理想信念,筑牢强大精神支柱,确保中国坚定不移沿着中国特色社会主义道路前进。①

2. 法治环境:加强法规制度建设,努力制约监督权力

反腐倡廉,核心是制约和监督权力,关键是让权力在阳光下运行。习近平总书记特别重视制度在反腐倡廉中的重要作用,强调把权力关进制度的笼子里,最大限度减少体制缺陷和制度漏洞,形成不敢腐的惩戒机制、不能腐的防范机制、不易腐的保障机制。

党的十八大以来,中央一直强调,我们党长期执政,既具有巨大政治优势,也面临严峻挑战,必须依靠党的各级组织和人民的力量,不断加强和改进党的建设、管理、监督。铲除不良作风和腐败现象滋生蔓延的土壤,根本上要靠法规制度,且法规制度带有根本性、全局性、稳定性、长期性。要贯彻全面深化改革、全面依法治国的要求,加大反腐倡廉法规制度建设力度,把中央要求、群众期盼、实际需要、新鲜经验结合起来,本着于法周延、于事有效的原则制定新的法规制度,完善已有的法规制度,废止不适应的法规制度,努力形成系统完备的反腐倡廉法规制度体系。要强化法规制度意识,在全党开展法规制度宣传教育,引导广大党员、干部牢固树立法治意识、制度意识、纪律意识,形成尊崇制度、遵守制度、捍卫制度的良好氛围,坚持法规制度面前人人平等、遵守法规制度没有特权、执行法规制度没有例外。要加强监督检查,落实监督制度,用监督传递压力,用压力推动落实,对违规违纪、破坏法规制度踩"红线"、越"底线"、闯"雷区"的,要坚决严肃查处,不以权势大而破规,不以问题小而姑息,不以违者众而放任,不留"暗门"、不开"天窗",坚决防止"破窗效应"。总之,努力形成系统完备的反腐倡廉法规制度体系、让法规制度的力量充分释放,制约和监督权力,就是让法规制度充分发挥其客体价值的正能量。

3. 从政环境:着力净化政治生态,营造廉洁从政环境

2015年3月6日,习近平来到十二届全国人大三次会议江西代表团参加审议,指出,自然生态要山清水秀,政治生态也要山清水秀。要着力净化政治生态,营造廉洁从政的良好环境。严惩腐败分子是保持政治生态山清水秀的必然要求。党内如果有腐败分子藏身之地,政治生态必然会受到污染。要深入推进反腐败斗争,下大气力拔"烂树"、治"病树"、正"歪树",使领导干部受到警醒、警示、

---

① 《习近平在党的群众路线教育实践活动总结大会上的讲话》,人民网 http://politics.people.com.cn/n/2014/1009/c1024-25792284.html

警戒。① 同时,也要通过表彰先进典型,营造风清气正的良好政治生态。可见,"政治生态污浊,从政环境就恶劣;政治生态清明,从政环境就优良"。

2015年6月30日,习近平在会见全国优秀县委书记时指出,在党的生日前夕,以中央组织部名义再次表彰一批优秀县委书记,非常有意义,这是一个崇高的荣誉。习近平强调,县委是我们党执政兴国的"一线指挥部",县委书记就是"一线总指挥",是我们党在县域治国理政的重要骨干力量。习近平还强调,县委书记要以焦裕禄、杨善洲、谷文昌等同志为榜样,始终做到心中有党、心中有民、心中有责、心中有戒,努力成为党和人民信赖的好干部。他对广大县委书记提出了四点要求:一是要做政治的明白人,二是要做发展的开路人,三是要做群众的贴心人,四是要做班子的带头人。② 我们深信,随着时间的推移和创先争优活动的开展,"营造风清气正的良好政治生态"的本质属性会越加进入价值化过程,从而充分发挥政治生态环境这个客体价值应有的作用。

4. 心态环境:重视凝聚党心民心,促进党风民风建设

中国共产党成立100周年以来,中国革命和建设取得了举世瞩目的成就,靠的就是党和人民始终站在一起,靠的就是人民对党始终爱戴拥护,我们实现了第一个百年奋斗目标,在中华大地上全面建设小康社会,正在向着全面建成社会主义现代化强国的第二个百年奋斗目标迈进。因此,在实现中华民族伟大复兴中国梦的道路上,党和各族人民始终是利益共同体、事业共同体和命运共同体。2013年6月18日在北京召开党的群众路线教育实践活动工作会议,习近平总书记强调,人心向背关系党的生死存亡。党只有始终与人民心连心、同呼吸、共命运,始终依靠人民推动历史前进,才能做到坚如磐石。③ 由此可见,我们在讨论反腐倡廉理论所蕴含的价值体系时,既要看到我们党在党风廉政建设和反腐败斗争中所发挥的价值创造的领导作用,又要看到人民拥护、爱戴、监督我们党的主体作用,这就是"我们认准了党的宗旨使命,认准了人民的期待"的真谛所在。

六、扶贫脱贫观

扶贫脱贫观是指残疾人工作者坚持贯彻党的精准扶贫、精准脱贫及大扶贫

---

① 《习近平的两会时间(五):政治生态也要山清水秀》,中国经济网 http://www.ce.cn/xwzx/gnsz/szyw/201503/07/t20150307_4751702.shtml.

② 《习近平会见全国优秀县委书记:要做政治的明白人》,新华网 http://www.xinhuanet.com/politics/2015-06/30/c_127968850.htm.

③ 《习近平出席党的群众路线教育实践活动工作会议并发表重要讲话》,中国共产党新闻网,http://fanfu.people.com.cn/n/2013/0619/c141423-21890722.html.

格局的根本观点和态度。

2018年12月18日,习近平在《庆祝改革开放40周年大会上的讲话》中指出:"40年来,我们始终坚持在发展中保障和改善民生,全面推进幼有所育、学有所教、劳有所得、病有所医、老有所养、住有所居、弱有所扶,不断改善人民生活、增进人民福祉。全国居民人均可支配收入由171元增加到2.6万元,中等收入群体持续扩大。我国贫困人口累计减少7.4亿人,贫困发生率下降94.4个百分点,谱写了人类反贫困史上的辉煌篇章……几千年来困扰我国人民的问题总体上一去不复返了!"而且要"在新时代创造中华民族新的更大奇迹!创造让世界刮目相看的新的更大奇迹!"[1]

《平等、参与、共享:新中国残疾人权益保障70年》白皮书指出:"残疾人脱贫攻坚深入开展。中共十八大以来,政府将贫困残疾人脱贫纳入国家脱贫攻坚战略布局,并作为脱贫攻坚重要内容,在制度设计、政策安排、项目实施上给予支持。"中共中央、国务院2018年发布《关于打赢脱贫攻坚战三年行动的指导意见》专门部署贫困残疾人脱贫行动。国务院扶贫办、国家发改委、中国残联等26部门制定《贫困残疾人脱贫攻坚行动计划(2016—2020年)》,并制定了电子商务助残扶贫行动、产业扶持助残扶贫行动等配套实施方案。

2019年10月31日,党的十九届四中全会通过的公报指出:"坚决打赢脱贫攻坚战,建立解决相对贫困的长效机制。"早在20世纪90年代初,中国人民大学教授李强在《社会工作研究》1996年第5期就提出,绝对贫困与相对贫困是关于贫困问题研究中常用的两个基本概念与基本指标。所谓绝对贫困是就社会上人们的绝对生活水平而言的,即用纯粹客观的物质指标去测量贫困,因而我们可以把它定义为:低于最低物质生活水平的一种生活状况。所谓相对贫困是指相对于社会上其他部分的人的生活水平而言,有一部分人处于社会水平的最下层,因而,相对贫困测量的是财富或收入在不同社会阶层、社会群体之间的分配问题。

邓志平、汤志华在《新时代中国扶贫战略的转变:从解决绝对贫困到解决相对贫困》一文中说:"新时代扶贫工作是建设中国特色社会主义,实现创新发展、协调发展、绿色发展、开放发展、共享发展的重要载体,是彰显社会主义本质优越性,坚定对中国特色社会主义的道路自信、理论自信、制度自信、文化自信的重要实现路径。脱贫摘帽不是终点,而是新生活、新奋斗的起点。2020年后,我国将进入一个统筹城乡贫困治理的新阶段。要针对主要矛盾的变化,将扶贫工作统筹纳入乡村振兴战略,把城乡贫困治理统筹起来考虑,实行城乡并重的减贫战略,由集中性减贫治理战略向常规性减贫治理战略转型,由解决绝对贫困向解决

---

[1] 《习近平在庆祝改革开放40周年大会上的讲话》,人民出版社2018年版,第13页。

相对贫困转变,由重点解决农村贫困转向城乡减贫融合推进转变,由重点解决国内贫困向国内减贫与国际减贫合作相结合方向转变。"① 在中国共产党的领导下,经过百年奋斗,终于历史性地解决了绝对贫困问题。

七、创新文化观

创新文化观是指残疾人工作者坚持和运用创新文化指导和开展残疾人工作的根本观点和态度。

1998 年,中科院院长路甬祥痛感当前某些文化氛围不利于创新,首次明确提出了创新文化的概念。② 但是,没有对创新文化的含义作出界定。在他的启示下,笔者认为,创新文化是与创新实践相关的,以崇尚追求变革、崇尚创新为基本理念和价值取向的多种文化形态的总和,包含观念文化、制度文化及环境文化三个层面。③

1. 创新性的观念文化

它既包含个体性的创新观念思想,也包含群体性的创新观念文化,表现为创新理念、创新理论、创新方法、创新价值体系、价值取向及创新精神等。创新性观念文化构成创新的内在动力精神、理念和价值观,对主体的自主创新活动起先导作用,构成创新的"灵魂"。

2. 创新性的制度文化

指有助于自主创新活动的体制、机制、政策中的文化因素的总和,主要包括政府运作机制创新、科技管理体制创新、教育制度与体制创新、技术市场体制创新、企业制度创新、投融资体制创新、人才评价与激励机制创新、产学研合作制度创新、科研成果评价与转化机制创新、投融资体制创新等。这些制度文化及其影响的差异性明显,其影响的有效性则取决于它在多大程度上与人类的现实活动过程和创新价值取向相联系。

3. 创新性的实体文化

指有助于自主创新活动的各种社会环境与氛围、社会关系和生活关系中包含的文化因素的总和。它主要包括社会大众对创新的基本态度与评价、对风险的普遍理解、生产者与消费者之间所建立起来的新型关系,以及社会对创新者所

---

① 2020 年 03 月 27 日 09:18,来源:中国社会科学网——中国社会科学报 作者:邓志平 汤志华
② 路甬祥:《学习理论,认清形势,把知识创新工程工作抓实抓好》,《中国科学院院刊》1998 年第 6 期,第 407 页。参见叶育登、方立明、奚从清:《试论创新文化及其主导范式》,《浙江大学学报》(人文社会科学版)2009 年第 3 期,第 89 页。
③ 论点摘编:《创新文化的定义与创新文化范式的创设》,《光明日报》2009 年 6 月 9 日(第 1 版)。

能提供的各项服务与支持等。

2020年7月,民政部等九部门联合印发《关于加快实施老年人居家适老化改造工程的指导意见》(以下简称《指导意见》)。《指导意见》明确两个阶段的目标任务,推进符合条件的特殊困难老年人家庭实施居家适老化改造,为决战决胜脱贫攻坚提供兜底保障;"十四五"期间,继续实施特殊困难老年人家庭适老化改造,创新工作机制,加强产业扶持,激发市场活力,加快培育居家适老化改造市场,有效满足城乡老年人家庭的居家养老需求。

《指导意见》统筹施工改造、设施配备、老年用品配置,提出了居家适老化改造项目和老年用品配置推荐列表,明确7项基础类项目和23项可选类项目,指导各地针对老年人多层次的改造需求,合理确定本地区改造项目内容,明确相应的补贴方式。《指导意见》要求各地因地制宜确定特殊困难老年人家庭居家适老化改造对象申请条件,完善和规范工作环节,严格落实管理责任,将符合条件的服务事项列入政府购买养老服务指导性目录,鼓励和引导公益慈善组织、爱心企业等社会力量捐赠支持。探索建立家庭养老床位,支持养老服务机构参与居家适老化改造并上门提供照料服务,实现机构养老与居家小区养老融合发展。落实税收优惠政策,积极培育带动性强的龙头企业和大批富有创新活力的中小企业,推动市场规模不断扩大、服务质量持续提升。将居家适老化改造与信息化、智能化居家小区养老服务相结合,加大老年用品和服务供给。加强社会宣传引导,激发城乡特困老年人家庭实施居家适老化改造意愿和消费潜能。

八、正确政绩观

2022年春季学期中央党校(国家行政学院)中青年干部培训班3月1日上午在中央党校开班。习近平在开班式上发表重要讲话强调,年轻干部是党和国家事业发展的希望,必须筑牢理想信念根基,守住拒腐防变防线,树立和践行正确政绩观,练就过硬本领,发扬担当和斗争精神,贯彻党的群众路线,锤炼对党忠诚的政治品格,树立不负人民的家国情怀,追求高尚纯粹的思想境界,为党和人民事业拼搏奉献,在新时代新征程上留下无悔的奋斗足迹。[1]

习近平指出,树立和践行正确政绩观,起决定性作用的是党性。只有党性坚强、摒弃私心杂念,才能保证政绩观不出偏差。共产党人必须牢记,为民造福是最大政绩。我们谋划推进工作,一定要坚持全心全意为人民服务的根本宗旨,坚

---

[1] 《习近平在中央党校(国家行政学院)中青年干部培训班开班式上发表重要讲话强调 筑牢理想信念根基树立践行正确政绩观 在新时代新征程上留下无悔的奋斗足迹》,新华网 http://www.news.cn/politics/leaders/2022-03/01/c_1128427317.htm.

持以人民为中心的发展思想,坚持发展为了人民、发展依靠人民、发展成果由人民共享,把好事实事做到群众心坎上。什么是好事实事,要从群众切身需要来考量,不能主观臆断,不能简单化、片面化。哪里有人民需要,哪里就能做出好事实事,哪里就能创造业绩。业绩好不好,要看群众实际感受,由群众来评判。有些事情是不是好事实事,不能只看群众眼前的需求,还要看是否会有后遗症,是否会"解决一个问题,留下十个遗憾"。①

习近平强调,实现第二个百年奋斗目标,我们要坚持党的基本路线,坚持以经济建设为中心,但在新形势下发展不能穿新鞋走老路,必须完整、准确、全面贯彻新发展理念,加快构建新发展格局,着力推动高质量发展。业绩都是干出来的,真干才能真出业绩、出真业绩。面对新形势新任务,党员干部一定要真抓实干,务实功、出实招、求实效,善作善成,坚决杜绝口号式、表态式、包装式落实的做法。对当务之急,要立说立行、紧抓快办,不能慢慢吞吞、拖拖拉拉。对长期任务,要保持战略定力和耐心,坚持一张蓝图绘到底,滴水穿石,久久为功。要强化精准思维,做到谋划时统揽大局、操作中细致精当,以绣花功夫把工作做扎实、做到位。②习近平提出树立和践行正确政绩观,对于加强残疾人工作干部队伍建设具有重大的现实意义与深远意义。

第三节　与残疾人学倡导的价值观相反的价值观

习近平说:"弘扬科学精神,普及科学知识,开展移风易俗,弘扬时代新风行动,抵制腐朽落后文化侵蚀。"③美国社会学家戴维·波普诺说:"文化中的价值观往往成双地出现,所以每一个正面的价值观都有一个反面的价值观与之对应。"④残疾人文化既有正功能,又有负功能。笔者在《重新认识残疾人文化》一文中阐述了残疾人文化的正功能——导向功能、教育功能、社会化功能、整合功能、控制功能和娱乐功能。⑤ 同时,应当看到,在社会实际生活的一切领域中都是社会的人所参与的,他们观察事物的世界观、人生观各不相同。

---

①②《习近平在中央党校(国家行政学院)中青年干部培训班开班式上发表重要讲话强调 筑牢理想信念根基树立践行正确政绩观 在新时代新征程上留下无悔的奋斗足迹》,新华网 http://www.news.cn/politics/leaders/2022-03/01/c_1128427317.htm。

③ 习近平:《决胜全面建成小康社会　夺取新时代中国特色社会主义伟大胜利——在中国共产党第十九次全国代表大会上的报告》,人民出版社2017年版,第43页。

④〔美〕戴维·波普诺著,刘云德、王戈译:《社会学》(上),辽宁人民出版社1987年版,第108页。

⑤ 奚从清:《重新认识残疾人文化》,《残疾人研究》2016年第1期。

一、发生在某些消极的文化观念中

例如,把残疾看成是"天意",是"前世作孽"的因果报应;把残疾视为"残废",是单纯的救济和怜悯的对象。事实上,任何一种残疾人观的形成,都离不开一定的客观经济条件和文化发展水平。所谓一定的客观经济条件,是指一定的生产力和生产关系发展的状况;所谓一定的文化发展水平,是指人们在理论、知识、思想和道德发展的状况。大家知道,旧残疾人观是在社会生产力发展水平和文化发展水平比较落后的情况下形成的。但是,现代社会的文明与进步已取得如此长足的发展,为什么旧残疾人观在人们中间还会产生这样或那样的影响呢?

历史唯物主义原理告诉我们,社会意识对社会存在具有相对独立性。作为一种社会意识的旧残疾人观,即使在它赖以存在的物质条件发生根本改变之后,还可能存在一个相当长的时期,并对残疾人事业的发展起着一定的阻碍作用。这些年来,虽然歧视残疾人的现象有所好转,但是新残疾人观,即现代文明社会残疾人观的形成,还需要经历一个长期的过程,现代文明社会远未消除对残疾人歧视的现象。因此,在人们中间,残疾人观要有一个根本性的转变,即由一种旧残疾人观转变为一种新残疾人观:弘扬人道主义精神,理性对待残疾人。

当前,我国进入全面建设小康社会、加快推进社会主义现代化的新的发展阶段,社会主义文化大发展大繁荣又全面推进残疾人文化事业大发展大繁荣,迫切需要加强残疾人文化建设。在这种经济与文化交互作用的背景下,应当关切解决社会对残疾人的歧视问题,大力宣传现代文明社会残疾人观,消除旧残疾人观的影响,真正从生活上、思想上、精神上、人格上理解、尊重、关心、帮助残疾人,并且把这些行为准则和价值观念深深扎根于人们的灵魂深处。但是,消除旧残疾人观的影响,绝不是一朝一夕的事情,而是长期艰巨的任务。因此,为了加强残疾人文化建设,我们必须毫不动摇地坚持下去,决不半途而废。

二、发生在媒体报道中歧视残疾人的言语中

下面的事例虽发生在 10 多年前,但现在歧视残疾人的语言并没有销声匿迹。

新京报讯(记者王卡拉)昨日(2013 年 12 月 15 日,引者注),中国社科院新闻与传播研究所等机构发布《中国印刷媒介残障报道监测报告》。报告显示,媒体关注残障人士较片面,主要集中在残障人残疾本身及其健康或康复方面,忽略了报道残障群体与社会发展的关系等重要方面。还有部分媒体仍采用歧视性词汇形容残障人士。

报告对 12 家媒体在 2008 年到 2012 年间有关残障人士的 1468 篇报道进行

分析后发现,大众媒体在提高公众认识残障人群的权利方面已经起到了重要作用,但仍有一些报道存在不少误区或误解,甚至少数报道存在着对于残疾人的歧视。调查样本中存在歧视表述,如"就像瘸子丢了拐棍""院子里的瞎子路灯亮了""监控探头变成瞎子报警系统无法正常工作""技防系统半残现象倒逼相关立法出台"等。

中国社科院新闻与传播研究所卜卫教授指出,对残障人群的误解、偏见和社会歧视,是残障人群就业、融入及参与公共生活的最大障碍。她建议,媒体对残障人群的报道可以更平衡、多元、具有权利视角。还应该增加残障人群对社会发展贡献以及残障人群积极参与社会、政治、文化活动的报道,通过这类报道逐渐消除公众对残障人群的刻板印象。同时,以残障人群权利为准则,检查并彻底摒弃歧视的词语及其报道,避免以残疾为基础对人进行分类,如"正常的"和"不正常的"。

《中国残疾人》2021年10月26日刊登孔军强撰写的《媒体对听力残疾人的称谓引发的思考》一文。他说,新华社发布《新华社新闻信息报道中的禁用词和慎用词》中明确规定,对有身体伤残的人士不使用"残废人""独眼龙""瞎子""聋子""傻子""呆子""弱智"等蔑称,而应使用"残疾人""盲人""聋人""智力障碍者"或"智障者"等词汇。但对"聋哑人""哑巴"等具有歧视性的称谓却没有规定。

三、发生在歧视残疾人的文艺小品中

笔者曾经多次在地市县残联干部培训班上指出,有的文艺小品以残疾人的残疾作为"笑料",真是格调低俗!当这类小品引起一些观众"笑声"时,不论是小品的作者,还是角色的扮演者,你们有没有考虑到我国8500多万残疾人内心是怎样的感受?涉及2.6亿人口的家庭又是怎样的感受?若是容忍这种状况继续下去,显然有悖于"坚持弘扬人道主义精神"原则。此时要求单个的残疾人文艺工作者和残疾人社会工作者来解决这类问题,显然超越他们的能力范围。但是,他们的不懈努力会直接或间接地影响政府有关部门发挥文艺宣传效应的正功能或正能量。事实表明,这种状况的存在,与政府有关部门对某些歧视残疾人的文艺小品的推荐与监管制度不完善及文艺作品评价体系和机制的不健全有一定的关系。

笔者曾看过《延安颂》,这部优秀的革命历史题材电视剧中有一个非常感人的画面,即刘志丹同志在东征战役中英勇牺牲,一位白发苍苍、双目失明的老大娘每天都要来到他的墓前哭泣,烧纸祭奠,表达思念之情。其实,她就是刘志丹同志认的干娘。当毛主席看到这令人心碎的一幕时,背起大娘满含热泪说:"大娘啊!今后我毛泽东就是您的儿子!"我被毛泽东爱人民、爱残疾人的高贵品质

深深感动,真想振臂高呼:"伟大的母亲,伟大的爱!""伟大的领袖,伟大的爱!"

习近平总书记在党的十九大报告中明确提出:"社会主义文艺是人民的文艺,必须坚持以人民为中心的创作导向,在深入生活、扎根人民中进行无愧于时代的文艺创造。"[①]"倡导讲品位、讲格调、讲责任,抵制低俗、庸俗、媚俗。"[②] 积极支持残疾人艺术发展和残疾人题材作品创作生产,是形势所然。不仅如此,残疾人艺术发展和残疾人题材作品创作生产要开花结果、落地生根,更有赖于现实的强力支撑。例如,《向幸福出发》《越战越勇》是中央电视台强档推出的情感类综艺访谈栏目,其中通过展现多位残疾人的感人故事,表达情感,传递幸福,砥砺意志,很有教育意义。例如,伟岸丈夫轮椅妻,爱意浓浓千里缘;女子双目失明,从未见过丈夫的模样,每晚睡觉偷偷摸着丈夫的脸;身患罕见病、坚强的果毅四岁开始直面绝症与命运抗争等。这些活生生的残疾人自强不息的精神,感人至深、催人泪下,必将激励全社会奋发向上的精神。

广大文艺工作者只有自觉地贴近实际、贴近生活、贴近残疾人,才能创作出真正反映残疾人追求美好生活、自强不息、努力拼搏的优秀作品,才能生动展示残疾人积极的人生追求、高尚的情感境界、坚韧不拔的意志品质、健康的生活情趣,才能让更多的人从中受到教育、获得启迪。如此,残疾人文化的正功能或正能量非但不会削弱,反而会得到增强。

四、发生在残疾人文化中的某些制度性文化滞后时

在残疾人文化变迁过程中,其各个组成部分变化是各不相同的。面对残疾人事业发展的新形势、新情况和新问题,残疾人文化中某一部分的变迁快于其他部分时,便会产生不平衡状态。这主要表现在某些具体制度滞后于社会、经济、政治、文化发展现实的要求时,便会产生负功能。因此,迫切需要从具体制度上进行切实有效的改革,努力解决影响残疾人权益公正的深层次问题。现在,党和政府发布了一系列重要文件,从医疗、康复、预防、基本生活保障、教育、就业、文化体育等方面,努力解决一些具体制度建设的滞后问题。这不仅是诠释人间大爱、传递社会正能量,更是通过健全残疾人权益制度和完善基本公共服务体系的引领作用,帮助残疾人共享我国经济社会发展成果,为努力实现残疾人与全国人民同步小康打下坚实的物质基础,为加快发展残疾人事业提供根本性、全局性、长期性的制度保障,为进一步发挥残疾人文化的正功能、正能量提供新机遇、新理念和新发展。

[①②] 习近平:《决胜全面建成小康社会 夺取新时代中国特色社会主义伟大胜利——在中国共产党第十九次全国代表大会上的报告》,人民出版社 2017 年版,第 41 页。

《平等、参与、共享:新中国残疾人权益保障70年》白皮书指出:"中国残疾人事业发展仍然不平衡、不充分,滞后于全国经济社会发展总体水平。残疾人生活状况与残疾人对美好生活的期待相比依然存在较大差距,反对基于残疾的歧视还需要长期努力。充分保障残疾人平等权益,全面促进残疾人融合发展依然任重道远。"

张海迪在《怎样做一个合格的残疾人工作者》一文中指出:"中央对党的建设、对干部队伍的管理有很多规定和要求,大家都严格照着办。我现在只给大家提醒几点。首先,要明白残联组织的基本性质是群众组织,不是官僚机构;第二,残联干部不是官,是服务者,是残疾人的亲人;第三,不要忘记残疾人的疾苦,不要忘记我们的道德承担;第四,多交残疾人朋友,不断吸收政治营养;最后,就是监督系统,特别是残疾人群众的监督,这是我们的薄弱环节。希望大家共同探讨,共同实践,加强监督机制。""现在,我们有少数人开始变了,脱离群众者有之,高高在上者有之,斗志衰退者有之,甚至贪污腐败者也有之,许多残疾人对残联的一些干部是不满意的,也有极端的人对残联系统不满意,这都是危险的信号。对残联这些消极败坏的因素如果不加重视、不加消除,残联就会变成高居群众之上的官僚机构。"[①]

2020年11月30日,中国残联召开2020年度警示教育大会,通过党的十八大以来中国残联违规违纪典型案例,对深入推进党风廉政建设和反腐败工作作出部署。会议以视频形式分设会场。党组、理事会成员在主会场参加会议,中央纪委国家监委驻民政部纪检监察组有关负责同志出席会议。

中国残联党组书记、理事长周长奎在讲话中强调,要以案促改,履职尽责,坚持严管厚爱,把"严"的主基调长期坚持下去,严肃查处违规违纪问题;深化作风建设,密切联系,竭诚服务残疾人群众,以讲政治的高度整治形式主义、官僚主义,锲而不舍贯彻落实中央八项规定及其实施细则精神;紧抓主体责任,把管党治党政治责任扛起来,以党建工作为统领,推动党建与业务相融合;抓好制度完善和执行,建立健全规章制度,严格按规矩办事,按制度用权;持续加大监督力度,加强经常性纪律教育和警示教育,运用"四种形态"加强党员干部的日常教育管理监督;发挥巡视利剑作用,积极配合中央巡视工作,抓好中央巡视反馈意见整改,深入开展党组内部巡视,为新时代残疾人事业发展提供坚强保证。

习近平总书记在党的十九大报告中说:"加强社区治理体系建设,推动社会治理重心向基层下移,发挥社会组织作用,实现政府治理和社会调节、居民自治

---

① 张海迪:《怎样做一个合格的残疾人工作者》,《残疾人研究》2013年第1期,第4页。

良性互动。"①2019 年 10 月 24 日,习近平总书记在主持学习时强调,区块链技术的集成应用在新的技术革新和产业变革中起着重要作用。要推动区块链底层技术服务和新型智慧城市建设相结合,提升城市管理的智能化、精准化水平。基层是社会和谐稳定的基础,提升社区精细化治理水平,需要进一步强化党建引领基层治理,严密基层党的组织体系,创新治理方式,特别是运用大数据、区块链等现代化信息技术赋能社区治理,切实提升社区治理效能和居民幸福指数。② 谢昊琨在《有效提升社区精细化治理水平》一文中提出:进一步严密基层党的组织体系;进一步完善社区精细化治理格局;进一步提升社区群众服务水平;进一步加强社区智能化基础建设。③

---

① 习近平:《决胜全面建成小康社会 夺取新时代中国特色社会主义伟大胜利——在中国共产党第十九次全国代表大会上的报告》,人民出版社 2019 年版,第 49 页。
② 《习近平在中央政治局第十八次集体学习时强调 把区块链作为核心技术自主创新重要突破口 加快推动区块链技术和产业创新发展》,央广网 http://news.cnr.cn/native/gd/20191025/t20191025_524832759.shtml?from=timeline
③ 谢昊琨:《有效提升社区精细化治理水平》,《学习时报》2022 年 3 月 9 日。

分论篇

第七章　劳动是残疾人学的起点

与马克思主义人学的逻辑起点相一致,劳动是残疾人学的逻辑起点。本章在概述劳动及残疾人劳动的基础上,着重论述中国以建立劳动福利型残疾人事业为目标,坚持走中国特色的劳动福利型发展道路,从而进一步阐述残疾人也是物质财富和精神财富的创造者。

第一节　残疾人劳动概述

一、劳动的基本含义

赵履宽、王子平在《劳动社会学概论》中界定劳动的基本含义:"是指人类创造自身生存和发展所必需的物质财富和精神财富的有目的的活动。"[①]认为劳动可作广义和狭义两种理解。广义的劳动包括三项要素:人本身有目的的活动,即劳动;劳动对象;劳动资料。第一项是劳动过程的主观因素,后两项则为客观因素。任何一个实际的劳动过程,都必须包括上述三项要素,否则就不会成为现实的劳动。由此,他们认为广义的劳动就是三项要素的有机统一。狭义的劳动仅就劳动的主体——人而言,即为劳动力的支出或消耗。[②]

二、我国残疾人的劳动概况

1. 残疾人劳动就业

《平等、参与、共享:新中国残疾人权益保障70年》白皮书指出:中国以建立劳动福利型残疾人事业为目标,通过完善法律法规、拓展就业渠道、完善服务体系,促进残疾人就业权利的实现。

残疾人就业权利受到法律保护。《中华人民共和国残疾人保障法》对残疾人就业作了明确规定,要求各级人民政府采取优惠政策和扶持保护措施,实现残疾人多渠道、多层次、多种形式的就业。《中华人民共和国就业促进法》对保障残疾

[①②] 赵履宽、王子平:《劳动社会学概论》,上海人民出版社1984年版,第17、19页。

人的劳动权利作了规定。《残疾人就业条例》对残疾人就业方针、政府职责、用人单位责任、保障措施、就业服务及法律责任等作了详细规定。最高人民法院发布典型案例，依法切实保障残疾人劳动的权利，切实维护残疾人的合法权益。地方人大和政府也发布了促进残疾人就业、鼓励残疾人创业的规范性文件，保障残疾人平等就业。

残疾人就业创业得到政策支持。政府有关部门相继发布《关于促进残疾人按比例就业的意见》《残疾人就业保障金征收使用管理办法》《关于发展残疾人辅助性就业的意见》《关于促进残疾人就业增值税优惠政策的通知》《关于促进残疾人就业政府采购政策的通知》《关于扶持残疾人自主就业创业的意见》《残疾人职业技能提升计划（2016—2020年）》等一系列扶持和保护残疾人就业的政策。将残疾人纳入积极的就业政策体系覆盖范围，在坚持以市场为导向的就业机制基础上，对残疾人就业创业采取优惠政策和扶持保护措施，包括税费减免、设施设备扶持、政府优先采购、信贷优惠以及资金支持、岗位补贴和社会保险补贴等。《中华人民共和国中医药法》规定，盲人按照国家有关规定取得盲人医疗按摩人员资格的，可以以个人开业的方式或者在医疗机构内提供医疗按摩服务。

残疾人就业方式丰富多样。残疾人按比例就业、集中就业、自主就业创业稳定发展。近年来，政府优化公益性就业岗位开发管理，鼓励"互联网＋"就业。制定《关于发展残疾人辅助性就业的意见》，针对就业年龄段内有就业意愿但难以进入竞争性劳动力市场的智力、精神和重度肢体残疾人，安排辅助性就业，集中组织生产劳动，在劳动时间、劳动强度、劳动报酬和劳动协议签订等方面采取灵活方式。通过优惠措施帮助农村残疾人从事种植业、养殖业、手工业等生产劳动，实现就业创业。近十年来，中国残疾人就业总体规模与结构趋于稳定，新增残疾人就业人数每年保持在30万人以上。2018年，城乡持证残疾人新增就业36.7万人，其中，城镇新增就业11.8万人，农村新增就业24.9万人。截至2018年，城乡持证残疾人就业人数达到948.4万人。[①]

产业扶贫助推贫困残疾人就业增收。制定《农村残疾人扶贫开发计划（2001—2010年）》《农村残疾人扶贫开发纲要（2011—2020年）》。2011年以来，中国扶持近1300万残疾人发展生产，其中676万贫困残疾人摆脱贫困。各地建立残疾人扶贫基地5490个，安置88.1万残疾人就业，扶持带动176.9万户残疾人家庭增加收入。支持残疾人贫困户因地制宜发展种养业和手工业。深入实施

[①] 参见厉才茂、毛修炳主编：《中国残疾人发展与社会进步年度纵览（2018）》，求真出版社2019年版，第77页；奚从清、林清和主编：《残疾人社会工作概论》（第二版），浙江大学出版社2019年版，第212-227页。

"雨露计划",优先培训贫困残疾人,将适合从事农业生产的贫困残疾人纳入农民教育培训相关工程,鼓励他们在农业领域创业。实施职业技能提升计划和贫困户教育培训工程,残疾人贫困户优先接受培训,确保贫困残疾人家庭劳动力至少掌握一门致富技能。落实残疾人贫困户培训后资金、场地、设备、市场信息、经营管理等方面的就业创业服务与扶持政策措施。将优秀脱贫致富残疾人纳入贫困村创业致富带头人培训工程。制定《发展手工制作促进贫困残疾妇女就业脱贫行动实施方案》,加强对残疾妇女的实用技术和就业技能培训,发展手工制作,促进贫困残疾妇女就业脱贫。鼓励"全国巾帼脱贫基地"负责人、农村致富女带头人等与残疾妇女结对帮扶。在城镇举办劳动技能培训,加强就业指导和服务,积极扶持残疾妇女自主择业创业。

2. 残疾人劳动的社会指导

《平等、参与、共享:新中国残疾人权益保障70年》白皮书指出:残疾人就业创业服务和培训广泛开展。各地将残疾人就业纳入公共服务范围,为有劳动能力和就业意愿的城乡残疾人免费提供就业创业服务,为残疾人就业和用人单位招用残疾人提供说明。省、市、县三级政府建立了专门的残疾人就业服务机构,为残疾人提供政策咨询、求职登记、职业指导、职业介绍、职业培训等就业服务,并于元旦、春节期间举办就业援助月专项活动,集中为残疾人就业提供帮扶。截至2018年,全国共有残疾人就业服务机构2811家,工作人员3.4万人。实施残疾人职业技能提升计划,开展适合残疾人特点的职业培训和创业培训,组织各类残疾人职业技能竞赛,提升残疾人就业创业能力。2018年,城乡新增残疾人实名制培训49.4万人,建立了500家国家级残疾人职业培训基地,350家省级残疾人职业培训基地。

3. 残疾人职业技能竞赛

第一届全国残疾人职业技能竞赛于1989年在湖北省武汉市举办,经国务院批准,2003年起全国残疾人职业技能竞赛与国际接轨,每四年举办一次。2007年,国务院颁布施行的《残疾人就业条例》将这一重要赛事以法规的形式确定下来。至今已举办六届全国残疾人职业技能赛。全国残疾人岗位精英职业技能竞赛为国家级二类竞赛,2012年起每年举办。

2015年7月11日,李克强总理对第五届全国残疾人职业技能竞赛暨第二届全国残疾人展能节作了重要批示:"提升残疾人技能,促进他们就业和增收,既是保障基本民生、加快残疾人小康进程的要求,也是践行大众创业、万众创新的生动体现。各地区、各部门要进一步加强残疾人职业教育和技能培训,让他们掌握更多实用技术;进一步落实和完善残疾人就业创业的各项扶持政策,督促用人单位依法安排残疾人就业;进一步加大农村残疾人扶贫开发力度,兜住和筑牢底线;帮助每一个有条件的残疾人实现就业创业梦想,通过劳动创造更加幸福美好的生活。"①

由中国残联、人力资源和社会保障部主办,浙江省政府承办的第六届全国残疾人职业技能大赛暨第三届全国残疾人展能节于2019年10月25—30日在浙江省嘉兴市成功举办。本届大赛精彩圆满,全体参赛选手在大赛中赛出了风格、赛出了水平、赛出了友谊,展现了良好的精神风貌,在中国革命红船启航地上展示了一场具有时代特征、富有红色基因、彰显自强精神的一流赛事。②

本届全国残疾人职业技能大赛,是在新中国成立七十周年之际举办的第一场大型残疾人赛事,正值第一届全国残疾人职业技能大赛举办30周年。党和国家领导高度重视本届大赛,李克强总理就提升残疾人职业技能、促进残疾人就业创业工作作出重要批示,王勇国务委员宣布开幕并参观展能节和竞赛活动;国务院副秘书长孟扬、浙江省领导车俊、袁家军、王文序,中国残联领导周长奎、程凯,人力社保部领导汤涛及部分省(区、市)政府分管领导和嘉宾出席相关活动。

本届大赛主要包括职业技能比赛、展能节、促进残疾人就业座谈会、残疾人文创产业发展座谈会、开闭幕式等重要活动。本届职业技能比赛共设置美术、手工、信息通信、工业和服务等五大类26个比赛项目;各省、自治区、直辖市和新疆生产建设兵团、黑龙江垦区等33个省级单位组队参赛,892名残疾人技术能手参加角逐。本届展能节主要包括残疾人就业培训和文创成果展览、技能展示、产品展销,分设综合展区、中国残联直属单位展区、长三角和各省(区、市)展区及展销区,共36个展馆、120个展位。大赛期间,参赛选手、裁判员、展能人员、新闻记者、各界来宾、工作人员、志愿者等4680余人云集嘉兴。国际残疾人职业技能竞赛组织以及香港、澳门等地残疾人组织前来观摩。

4. 残疾人职业技能竞赛的主要特点

(1)这是一届富有红船味、展现红色传承的大赛。大赛开创了此项全国一类赛事由地级市具体举办的先河,全国层面成立组委会,省级层面成立省筹备工作领导小组,市级层面成立筹备工作委员会,三级联动、全力以赴。指导浙江发挥"中国革命红船的起航地、改革开放的先行地、习近平新时代中国特色社会主义思想的重要萌发地"三个地的政治优势,高标准、高质量推进赛事组织、服务保障、安全保卫、新闻宣传等各项工作,全体工作人员按照"案不积卷、事不过夜、马

---

① 《李克强对第五届全国残疾人职业技能竞赛作出重要批示》,人民网 http://military.people.com.cn/n/2015/0711/c172467-27289440.html。

② 2019年11月,第六届全国残疾人职业技能大赛总结,由浙江省残联提供。

上就办、办要办好"的要求,做好各项赛事筹备和保障。各类大型活动充分展示红色传承,开幕式和展能节会场中国革命红船元素鲜艳夺目,闭幕式晚会《红船》等节目震撼全场。浙江将大赛与"不忘初心、牢记使命"主题教育紧密结合,嘉兴将"迎大赛·献爱心"等活动纳入建党98周年系列活动,全市513个党支部参与。大赛期间,组委会组织各省代表团、裁判员、工作人员分批参观南湖革命纪念馆,实地体验革命红船的伟大历程。

(2)这是一届走在前列、展现时代特征的大赛。赛事项目根据残疾人就业的新状况,对部分项目进行了精简合并,适度增设了反映现代市场需求的新型服务业项目,突出了适应残疾女性的就业项目和脱贫类项目。机电一体化专案首次列入大赛,这是在适应产业转型升级需求的工业智能制造领域进行的尝试和突破。展示技能活动紧贴新中国成立70周年和"长三角区域一体化发展"国家战略,开辟70年成就展和长三角综合展区;同时,首次将文创、电商就业、辅助性就业作为主题,生动展现了新中国成立70周年以来残疾人事业在党的领导下取得的巨大成就。有关领导对浙江"互联网+创就业""传统手工艺、非遗项目师带徒创就业"和辅助性就业等特色工作给予高度评价。大赛期间召开了新时代促进残疾人就业座谈会和残疾人文化创业产业座谈会,国内外专家、学者齐聚一堂,共商残疾人就业与文创产业发展。

(3)这是一届智慧高效、展现科技魅力的大赛。大赛充分发挥浙江世界互联网大会永久举办地的独特优势,建设集人脸识别、智能导航、信息云共享、一证互通等功能于一体的"智能办赛"系统,将5G等信息技术运用于接待服务、餐饮住宿、交通保障、场馆通行等各方面,赛程提醒、机器人服务、选手"'美好一瞬间'的礼物"服务等,切实为不同类别的残疾人、不同需求的来宾提供人性化、个性化的服务,让每一位宾客都感受到浙江人民的真诚与热情、感受到浙江发展的速度与温度。首次在国内残疾人大赛中使用信息无障碍系统,将智能抽签、选手身份智能识别等技术贯穿赛事全过程。大赛各项服务保障工作受到代表团的广泛好评,赛后收到40多封(面)各省代表团发来的感谢信、锦旗。

(4)这是一届凝聚爱心、展现社会大爱的大赛。大赛的成功举办得益于党中央、国务院的亲切关怀,得益于相关国家部委的精心指导,得益于浙江省委、省政府的高度重视和嘉兴市委、市政府的倾力筹办,得益于各代表团、社会各界的共同努力。大赛期间,共有86家省级以上媒体,其中中央媒体23家,210名新闻记者参与宣传报道;境内外各级各类媒体刊发转载大赛相关报道3200多条。开幕式当天,中央电视台《新闻联播》播出2条大赛信息。大赛实现了"零记者投诉、零负面报道,为大赛争了光、添了彩"的目标,得到了各省代表团的一致好评。

(5)这是一届精益求精、展现自强风采的大赛。大赛设置项目涉及范围创历届最广、参赛选手创历届最多、智能化水平为历届最高,组委会认真做好比赛排程、大赛编排、场地安排、材料准备、人员培训等工作,为残疾人职业技能选手创造了良好的大赛条件。经过激烈角逐,浙江、上海、江苏分获团体总分前三名,陈丁等50位残疾人在大赛中脱颖而出,被授予"全国技术能手"称号。残疾人选手们在大赛中展示出的精湛技艺,使社会对残疾人的职业技能和特殊潜能有了更加直观的了解,为残疾人平等就业和充分参与社会发展增添了助力。大赛的成功举办也进一步激发了广大残疾人学技术、学本领的热情,增强了残疾人积极参与社会、贡献社会的信心。

第二节 坚持走中国特色的劳动福利型发展道路

《平等、参与、共享:新中国残疾人权益保障70年》白皮书指出:"中国以建立劳动福利型残疾人事业为目标,通过完善法律法规、拓展就业管道、完善服务体系,促进残疾人就业权利的实现。"

一、中国以建立劳动福利型残疾人事业为目标

为什么中国以建立劳动福利型残疾人事业为目标呢?笔者认为,在回答这个问题时,必须遵循主观和客观、理论和实践、知和行的具体的历史的统一的观点。

从国情上来说,邓朴方说:"我国目前正处在从温饱型向小康型过渡的阶段,完全像西方国家那样走高福利的路子,是不现实的。照搬他们的做法是行不通的。那么,中国到底怎么做?根据我国的实际情况,我们从一开始发展残疾人事业,就注重让残疾人劳动就业,至今已搞了三十多年,有了一批福利工厂,包括乡镇、街道办的。我国的特点是:我们较早地重视了残疾人的劳动就业。从几十年实践看,在我国形成劳动福利型的残疾人事业,是可行的。"[1]他明确指出:"国家社会为残疾人提供劳动就业的机会和条件,鼓励残疾人做社会的奉献者。这就为残疾人提供了一条自强自立、共同富裕的道路。"[2]

从目标上来说,邓朴方说:"残疾人工作的目标是什么呢?就是逐步创造良好的物质条件和精神条件,使残疾人在事实上成为社会平等的一员,享有全面参与社会生活的权利,履行公民义务,共享由劳动和社会经济发展所带来的物质文化成果。"[3]

---

[1][2][3] 邓朴方:《人道主义的呼唤》(第一辑),华夏出版社2006年版,第99、185、132页。

从人权上来说,邓朴方说:"我跟一些朋友讨论时说:大家不是讲人权吗,残疾人最需要的人权是什么呢?是劳动的权利、贡献的权利。解决残疾人就业问题,是提高残疾人社会地位的关键。你拿钱救济他,只能解决暂时的困难,你拿这些钱为残疾人创造劳动就业的条件,让他们作贡献,让他们发挥潜能,这是更积极的实践人权。"同时,他认为这样做,"对社会经济生活来说,既体现公平,又有效率,这是一种公平效率的统一。我认为创造条件让残疾人广泛就业,是符合人道主义原则的。许多国家都提出要学习中国这个办法。"①

从社会关系上来说,邓朴方在给残疾人口与发展研究丛书撰写的序言中写道:"残疾从来不是孤立的社会现象,也不是残疾者自身的问题,恰恰相反,我们认为残疾是社会关系的组成和一种社会现实的存在,是人类社会进程中不可避免要付出的一种社会代价,正确认识和解决残疾人问题,是人类文明和社会进步的一个标尺,也是社会和政府的责任。"②

从劳动力资源上来说,"残疾人同样是社会物质文明和精神文明的创造者,是国家的劳动力资源。我们残疾人不仅有劳动能力,而且干活非常认真,非常专心。我们残疾人自强、勤奋,很聪明,有创造性。"③他又说:"按照我们的观点,除极个别的'植物人'外,没有什么残疾人是没有劳动能力的。只要社会创造适合的条件,他们都能为社会作出贡献。"④邓朴方同志在康复国际第十届会议上的书面发言,把残疾人就业提到应有的高度。他说:"我们认为,用多种方法为残疾人创造就业的机会,是残疾人自立的核心,因为它不仅能够向社会显示残疾人的价值,有利于克服某些人的偏见,而且能够提高残疾人在社会和家庭里的地位。"⑤

从"三个保证"上来说,1984年8月31日,邓朴方在《中国残疾人福利基金会的任务》一文中概括了"三个保证",即"国家的保证、集体的保证、群众的保证"⑥,这三方面的结合,正是建立具有中国特色的残疾人福利事业的标志。

二、中国特色的劳动福利型发展道路探寻

《三月风》2014年第7期刊登了《"劳动福利型"的中国残疾人事业》一文,从此,中国特色的劳动福利型发展道路载入中国特色的残疾人事业发展史册。这是一份极具史料价值和学术价值的珍贵文献。

残疾人要想实现小康,只有残疾人本人或他们的家庭有较好的就业才有可

---

① 邓朴方:《人道主义的呼唤》(第一辑),华夏出版社2006年版,第137页。
② 《残疾人口与发展研究丛书》,邓朴方:序言,华夏出版社2018年版,第1页。
③④⑤⑥ 邓朴方:《人道主义的呼唤》(第一辑),华夏出版社2006年版,第136、55、507、26页。

能。1988年,中国残联第一次全国代表大会在北京举行,时任中国残疾人联合会主席团主席邓朴方同志首次提出发展"劳动福利型"残疾人事业的论断,其核心就是把就业放在突出的位置,作为解决残疾人问题的关键、发展残疾人事业的基础、实现残疾人劳动权益的根本。

1989年8月,联合国社会发展和人道主义事务中心在苏联召开"开发残疾人资源"的国际专家会议。会上,专家们意识到人们日益感到有必要发展"劳动福利型"的中国残疾人事业。对开发残疾人的人力资源问题应给予更高的优先地位,特别是在教育、培训、就业和科技方面,强调"只有通过人的资源开发,残疾人才能够有效行使作为一个公民的权利"。残疾人资源开发就是对残疾人的就业等方面的开发,体现着残疾人是自己命运的主人,而不是靠人施舍或照顾的对象。这一论点与邓朴方所倡导的"劳动福利型"论点不谋而合。我们是发展中国家,不能像西方发达国家那样,实行"摇篮到坟墓"的福利政策。

"残疾人也不满足于享受救济,要求走向社会。"也正是从那时候起,解决残疾人问题不能靠救济和供养解决的思路成为社会的普遍共识,残疾人可以在特定领域里发挥自己的特长,并激发出各项潜能,技能大赛、就业洽谈会、特殊教育成为有效手段。截至2022年底,全国已有905.5万名城乡持证残疾人就业,保障了残疾人的基本生活。

三、中国残疾人权益保障不断加强

2021年6月,《中国共产党尊重和保障人权的伟大实践》白皮书明确指出:"残疾人权利保障不断加强。截至2021年4月,直接保护残疾人权益的法律有90多部,行政法规有50多部。全面建立困难残疾人生活补贴和重度残疾人护理补贴制度,截至2020年,有1212.6万困难残疾人享受了生活补贴,1473.8万重度残疾人享受了护理补贴。实现家庭经济困难的残疾学生12年免费教育,北京、辽宁、江苏、西藏、新疆等省(区、市)实现残疾学生15年免费教育。国家为残疾人提供职业培训和就业服务,截至2020年,累计有631.4万残疾人接受了职业技能培训。大力支持无障碍环境建设,积极推进康复辅助器具产业发展,建立实施残疾儿童康复救助制度,不断完善低收入重度残疾人社会化照护服务体系。加快发展精神障碍社区康复服务,推进精神卫生福利机构建设。"

四、五部委制定办法,促进机关、事业单位、国有企业带头安排残疾人就业

为推动《"十四五"残疾人保障和发展规划》任务目标落实落地,2021年10月27日,中组部、中央编办、人社部、国资委和中国残联五部门共同印发了《机

关、事业单位、国有企业带头安排残疾人就业办法》(残联发〔2021〕51号),对机关事业单位及国企招聘安排残疾人作出了明确规定,可适当放宽开考比例、年龄、户籍等限制;要为残疾人参加招录(聘)考试提供便利,还规定了用人单位、各级残联和残疾人个人的责任,提出了具体的监督和救济措施。

《中共中央、国务院关于促进残疾人事业发展的意见》(中发〔2008〕7号)首次明确提出了"党政机关、事业单位及国有企业要带头安置残疾人"的要求。近年来,在各级政府和相关部门的大力推动下,党政机关、事业单位及国有企业带头安排残疾人就业工作不断取得突破。

《"十四五"残疾人保障和发展规划》更是首次以国务院文件形式提出了具体量化目标,要求:"到2025年,安排残疾人就业未达到规定比例的省级、地市级编制50人以上的党政机关至少安排1名残疾人。编制67人以上的事业单位(中小学、幼儿园除外)至少安排1名残疾人。县级以上残联机关干部队伍中要有15%以上的残疾人。"

五部门印发的"办法"的适时出台,将对保障残疾人就业权益,推动机关、事业单位、国有企业安排残疾人就业工作,为持续坚持走中国特色的劳动福利型发展道路提供有力支持,创造新的经验,开创新的局面。

学习与思考

浙江残疾人就业工作实践

浙江省残联(2020年5月)

一、做好残疾人就业工作的重要意义

就业是最大的民生工程。2018年7月,中美贸易摩擦加剧,外部环境发生明显变化。中央审时度势,未雨绸缪,首次提出做好包括稳就业在内的"六稳"工作。今年4月,突如其来的疫情严重冲击世界经济,造成前所未有的影响,中央及时作出新的安排,在扎实做好"六稳"工作基础上,提出"六保"任务,全面强化保就业举措,千方百计稳住就业基本盘。在这场就业"保卫战"中,残疾人就业是不可或缺的组成部分。

第一，做好残疾人就业工作是残联系统落实"六稳"工作"六保"任务的必然要求。无论是"六稳"还是"六保"，稳就业、保就业始终位于首位，其他"五稳"和"五保"，都是以稳就业和保就业为中心和重心的。没有就业，就谈不上民生，其他的"稳"和"保"就失去了抓手和意义。

第二，做好残疾人就业工作是满足残疾人对美好生活向往的现实需要。就业事关残疾人群体能否真正融入社会，事关残疾人全面小康成色，事关残疾人事业整体发展。当前，社会上把残疾人视为"等、靠、要"对象，认为把他们保起来、养起来就可以的认识仍然存在。在实际生活中，很多残疾人的就业潜力超出我们的想象，比如盲人朋友，他们不仅可以从事按摩行业，还可以从事钢琴调音师甚至淘宝售后客服等岗位。我们作为残疾人的代表组织，要广泛宣传残疾人就业创业典型事例，让全社会都了解和支持残疾人就业；要激发残疾人潜在的劳动能力，使他们通过劳动去创造财富，过上更有尊严的生活，赢得社会的理解和尊重。

第三，做好残疾人就业工作是打造"重要窗口"特殊风景线的重要内容。当前，全省残联正在按照省委关于建设"重要窗口""全省域都是主角、全方位都要展示"的要求，努力打造"重要窗口"特殊风景线。在此过程中，我们要把打造更高水平残疾人就业创业体系作为我省残疾人工作领域具有牵动性、创新性、突破性的主要抓手之一。我们要充分发挥浙江创新资源集聚、数字经济领先等优势，大力推进残疾人就业创业与新业态新模式有机融合；创建一批国家级残疾人职业培训基地，打造一批残疾人就业创业示范基地，培育一批残疾人参与文创和非遗传承项目；推动残疾人按比例就业、集中就业、辅助性就业、个体就业创业、居家灵活就业等协调发展，形成更加多元、更为稳定、更高质量的浙江特色残疾人就业创业格局。

二、客观分析浙江省残疾人就业工作现状

多年来，在省委省政府高度重视、社会各界关心支持和各级残联组织共同努力下，我省残疾人就业工作有声有色、亮点纷呈，特别呈现以下几个特点。

（一）党政机关、事业单位和国有企业带头安置残疾人就业成为我省残疾人就业工作的一大亮点。我省是全国最早开始残疾人公务员单招单考的省份，继2015年首次推进省级机关、2016年进一步推进市县单招单考残疾人公务员后，2017年实现省市县三级联动扩大范围招录残疾人公务员。近5年，全省单招单考残疾人公务员78人，事业编制职员142人。我省此项工作多次受到中国残联充分肯定。

（二）按比例就业和集中就业成为我省残疾人实现就业的重要渠道。我们认

真贯彻落实新的税收优惠政策和新的就业保障金征收使用管理办法,进一步调动用人单位安置残疾人就业积极性。截至2019年底,全省按比例就业8.5万人,占已就业残疾人的27.7%;全省共有2122家残疾人集中就业企业,安置残疾人职工6.5万人,全年退税39.49亿元,人均6.12万元。我省残疾人按比例就业人数仅次于江苏,居全国第二,集中就业人数居全国第一。

(三)"残疾人之家"成为我省残疾人辅助性就业的特色品牌。我省是全国最早探索残疾人辅助性就业的省份之一。我们以"残疾人之家"建设为抓手,不断加大残疾人辅助性就业扶持力度,形成不同管理主体、不同服务形式、具有浙江特色的辅助性就业模式。目前,全省共建成规范化"残疾人之家"1128家,为2.32万名智力、精神和其他重度残疾人提供辅助性就业或其他庇护服务。

(四)电商就业创业成为我省残疾人就业工作的创新平台。浙江是电商大省,我们联合省商务厅、省人力社保厅等部门出台政策,大力推进残疾人电商就业创业。截至2019年底,全省创建电商等各类残疾人创业孵化基地102家,其中省级电商孵化基地19家。全省每年新增残疾人电商就业创业2500多人,目前全省从事电商就业创业残疾人达1.87万人。多个兄弟省市到我省学习取经。

三、浙江省残疾人就业工作还存在一些突出困难和问题

在看到成绩的同时,也要清醒认识到,我省残疾人就业工作还存在一些突出困难和问题。一是残疾人就业能力整体较弱。目前我省持证残疾人高中以上学历只占总人数的10.89%,已就业残疾人中高中以上学历只有18.97%。受教育程度低和参与社会能力弱影响,残疾人就业层次普遍较低、岗位不稳定。根据2019年动态更新调查,在已就业人群中,灵活就业和辅助性就业残疾人达到就业总人数的42%。二是就业扶持力度仍然不够。2019年全省征收残保金60.69亿元,用于直接扶持残疾人就业支出5.06亿元,仅占征收总额的8.33%。现有残疾人就业政策落实不到位,比如部分地区至今未落实超比例奖励政策,个别市2019年用于残疾人就业创业贷款贴息金额为0;一些地方对机关事业单位按比例就业推动不力,根据省审计厅组织的对8个市39个县的专项审计调查,有19个市县残工委成员单位未达到各安排1名残疾人的要求;一些地方优先采购庇护产品政策落实不到位。三是就业服务水平有待进一步提高。残疾人就业帮扶精准性不够、职业技能培训形式单一实际效果不佳、残疾人就业工作人员能力水平有待提升。据2019年全省残疾人就业服务统计数据显示,有6个市市本级及所属县(市、区)开展雇主培训的次数少于5次,其中有3个市未开展雇主培训;有3个市没有开展网上专场招聘会;有1个市超比例奖励的人数和资金均是0;有4个市尚未创建市级残疾人职业培训基地;有2个市还没有文创类残疾人创

业孵化基地。今年突如其来的新冠疫情使我省残疾人就业工作存在的上述问题进一步凸显。残疾人个体就业、灵活就业、自主创业等面临收入下降、岗位减少；残疾人辅助性就业和盲人保健按摩机构面临管理压力增大、盲人按摩消费群体萎缩，等等。这些问题都需要我们引起高度重视，持续推动解决。

四、扎实做好下一阶段浙江省残疾人就业工作

中央和省委全会提出，要提高人民收入水平，强化就业优先政策，实现更加充分更高质量就业，扎实推动共同富裕。我们各级残联组织要切实按照省委群团工作会议提出的以浙江"五大历史使命"为统领，以数字化改革赋能群团工作体系和能力现代化，打造忠诚于党的红色群团、唯实唯先的实干群团、共建共享的为民群团、高效协同的数智群团、创新创优的品牌群团的总要求，扎实做好残疾人就业工作。要着力在以下三个方面聚焦发力。

（一）秉承"唯实唯先、善作善成"的原则，抓好新政落地实施，增强就业相关主体获得感。我们要准确把握全国和我省残疾人就业新政文件精神，抓紧抓好贯彻落实。一是精准把握新政突破点。月如同志介绍了我省实施意见在全国残疾人就业新政文件基础上的新突破。比如"将劳动年龄段内有劳动能力和就业意愿的未就业持证残疾人认定为就业困难人员，按规定落实各项就业扶持政策"，这是我们呼吁了多年终于出台的政策。又比如"对用工企业组织开展残疾人岗前、岗中、转岗培训，可给予一定的培训补贴"，这是为了鼓励企业培训残疾职工，提高培训的精准性和有效性。再比如"加大基层岗位开发力度，社区工作人员等招聘岗位应预留部分名额安置残疾人大学生就业""确保有就业意愿的残疾人大学毕业生全部实现就业"，这是保障残疾人大学毕业生作为重点群体千方百计实现就业，等等，各地残联一定要精准把握。二是及时加强部门对接。各地残联要主动对接相关职能部门，推动落实新政要求。特别是"支持残疾人自主就业创业""扩大职业培训规模""支持就业服务平台发展"等 4 项工作，均明确"具体办法由各地制定"，各地残联要及时对接人力社保、财政等部门制定实施细则。同时要结合本次新政，对近年来残疾人就业政策进行系统梳理、查漏补缺，对未落实到位的政策要分析原因、及时改进，确保政策效应最大化。三是优化改进工作流程。各地残联要按照"最多跑一次"改革要求，借助大数据和信息化手段，简化优化工作流程，打通政策"最后一公里"，让需要享受、能够享受政策的应享尽享、能享快享，让残疾人和用人单位从新政中增强获得感。特别是要配合税务部门按新标准做好残保金征收，优化用人单位残疾职工核定程序，积极配合财政部门做好减免、缓缴残保金审核，千方百计为企业减负。比如各地现行残疾人就业补贴政策，需要用人单位上半年提出职工就业情况审核、下半年提出岗位补贴及

超比例安置补贴申请,手续烦琐、耗时长、补助金额不大,很多企业都放弃申报。杭州市江干区残联从精简优化办事流程入手,依托杭州"亲清在线"平台,自动核算用人单位残疾职工情况,计算补贴金额后即时兑付,企业反响很好。

(二)强化"综合集成、高效协同"的理念,巩固拓展就业渠道,千方百计促进残疾人就业。我省残疾人就业工作得益于浙江民营经济发达、电商大省的优势,呈现出多元并举、多管齐下的特点。我们要全面深化、巩固、拓展好各种残疾人就业形式和渠道。一是巩固传统就业渠道。按比例就业、集中就业等传统渠道安置残疾人相对稳定,收入保障较好。我省按比例就业、集中就业人数在就业总人数中的占比居全国之首,但仍有较大提升空间。各地要落实好超比例奖励、在岗职工培训补贴等政策,为企业做好残疾职工招聘、落实退税等服务,调动企业积极性。要持续推进党政机关、事业单位、国有企业带头安置残疾人工作。二是提升辅助性就业水平。要通过办好省政府民生实事,持续增加对"残疾人之家"规范化建设投入,推进规范化管理和运营。要建立辅助性就业产品区域调配机制,促进辅助性就业机构稳定运行。要积极探索结对帮扶、服务功能拓展、信息化管理手段应用、第三方机构参与运营等实践,将"残疾人之家"打造成残疾人辅助性就业的重要阵地。三是拓展电商创业等各种灵活就业形式。要充分利用我省民营经济发达和电商大省的区位优势,大力扶持残疾人自主创业、灵活就业。要继续推进电商助残和文创助残,推进残疾人就业创业孵化基地建设,帮助更多残疾人开设淘宝公益网店、"淘小铺"。要注重培育就业新业态,积极探索网络直播带货、残疾人网红培育,助推更多残疾人成为"网红""主播"。要推动残疾人文创项目纳入各地文化创意、旅游休闲等产业规划,支持更多残疾人投身文创产业、非遗传承。要进一步落实盲人按摩机构扶持措施,鼓励更多盲人考取医疗按摩资格证书,开办盲人医疗按摩所。

(三)突出"迭代升级、数字赋能"的要求,加强就业服务体系建设,提升残疾人就业服务水平。当今社会已身处信息时代、数字时代。疫情带动的"云招聘"成为今年最热门的求职模式。我们要全力跟上政府服务数字化转型新态势。一是转变服务理念。要树立"人人享有就业服务"理念,坚持服务重心向残疾人、用人单位、基层延伸下沉,实现对服务对象的全流程服务;准确掌握辖区内残疾人、用人单位、社会组织的底数和残疾人就业需求。要善于联合专业化社会组织和市场机构,为残疾人提供全链条、个性化就业服务。近年来,社会上涌现出一些社会助残服务机构,它们利用大数据优势,架设就业供需端平台,助推残疾人就业供需对接;开发云客服、云审核等适合残疾人的岗位,帮助更多残疾人实现就业。我们各级残联所属残疾人就业服务机构要对接更多此类社会助残服务机构,通过合作、政府购买服务等多种方式,共同为残疾人就业创业提供更加精准有效的服务。二是强化培训赋能。要深入推动残疾人职业技能培训纳入各地公共就业服务，全面落实残疾人免费职业技能培训政策，确保残疾人享受到各项补贴扶持政策。本次我省残疾人就业新政明确用工企业组织开展残疾人岗前、岗中、转岗培训，可给予培训补贴。各地要及时协调财政、人力社保部门制定具体办法。要进一步加大政府购买培训服务的力度，不断扩大培训覆盖面，让所有有需求的残疾人都能得到培训。三是创新服务方式。要用好全国残疾人就业创业网络服务平台和浙里办助残专区、浙江省人力资源网残疾人专区，进一步推广线上线下结合的残疾人职介服务活动，加强残疾人教育机构、就业服务机构和就业单位之间的转介服务。要结合"最多跑一次"改革要求，对接人力社保、税务、退役军人等部门单位，实现残疾人求职和就业信息的互联互通。要宣传普及残疾人就业政策，让就业年龄段残疾人及其家人、已安置和有意向安置的用人单位知晓相关政策信息，营造全社会关爱帮扶残疾人就业的良好氛围。

第八章 残疾人也是人,也可以活出精彩的人生

本章主要阐明在大量事实面前,人们不再将"残"与"废"联系起来,而将"残"与"财富的创造者"联系起来。① 残疾人身体虽然残缺或存在功能障碍,但是他们的健康器官有着功能补偿作用,有人的尊严和权利,有强烈的参与社会、奉献社会的愿望和能力。历史和现实表明,残疾人也是物质财富和精神财富的创造者。

第一节 健全人可以活出精彩的人生,残疾人也可以活出精彩的人生

一、残疾人用行动诠释生命的价值和意义

2016年7月28日,在唐山抗震救灾和新唐山建设40年之际,习近平前往唐山市截瘫疗养院,看望正在做康复训练的截瘫伤员。在疗养病室,他同因地震伤害截瘫的杨玉芳、高志宏夫妇亲切交谈。得知他们长期参加力所能及的劳动和工作,努力融入社会、自食其力,习近平很高兴。夫妇俩向总书记赠送自己新近出版的小说和诗歌集,并即兴朗诵了一首歌颂解放军当年抗震救灾英勇事迹的诗歌。习近平称赞他们乐观上进、事迹感人,用行动诠释了生命的价值和意义,并勉励他们说,健全人可以活出精彩的人生,残疾人也可以活出精彩的人生。② 我们每个人都要珍惜生命、追求健康,努力创造无愧于时代的精彩人生。

习近平这段十分暖人心的话语给了我们深刻的启示:他不仅把马克思主义的残疾人学与残疾人价值论有机地结合起来,而且以两个"活出精彩的人生",阐明健全人和残疾人都是物质财富和精神财富的创造者,符合马克思主义关于人的本质的基本观点。

---

① 丁启文:《构建新文明——人道原则与新残疾人观》,华夏出版社2001年版,第19页。
② 《习近平:全面建成小康社会,残疾人一个也不能少》,中国日报(中文)网 https://cn.chinadaily.com.cn/2016zglz/2016-07/29/content_26360374.htm

马克思恩格斯吸取了人类思想上一切优秀的文化成果,特别是吸收了黑格尔的辩证法和费尔巴哈的唯物主义的合理内核,提出了关于人的本质的科学论断。马克思反对抽象地理解人的本质,主张从现实的具体的个人去理解人。"我们的出发点是从事实际活动的人……但不是处在某种虚幻的离群索居和固定不变状态中的人,而是处在现实的、可以通过经验观察到的、在一定条件下进行的发展过程中的人。"[1]这样,就将人不仅作为自然存在物,而且是社会存在物。"人创造了宗教,而不是宗教创造了人……宗教把人并不是抽象地栖息在世界之外的东西。人就是人的世界,就是国家,社会。"[2]最后,马克思在《关于费尔巴哈的提纲》中得出了人的本质的科学结论:"人的本质不是单个人所固有的抽象物,在其现实性上,它是一切社会关系的总和。"[3]马克思主义关于人的本质的经典表述,既是对人的本质的科学论断,也为人的本质提供了科学的思维方法。

习近平提出的"两个精彩的人生"的观点,是从具体的人出发而不是从抽象的人出发,这就清楚地告诉我们,要尊重残疾人的尊严、人格和权利,关爱残疾人的生命的价值,就要肯定残疾人和健全人都是物质财富和精神财富的创造者。历史与现实表明,残疾人往往更多、更深入地考虑生活的价值和意义,强烈地要求与健全人一样在社会上发挥作用、贡献力量,中外历史上发奋自强的残疾人取得显著成就的生动事例就是明证。

二、中外历史上发奋自强的残疾人取得显著成就

孙膑(约前 378—前 302 年),齐国著名军事家,孙武的后代,因受庞涓的忌害"去膝盖骨",故称孙膑。马陵之战,他协助田忌统帅齐军,大败魏军。于是,庞涓自杀,太子申被俘,十万魏军被歼。1972 年山东临沂银雀山出土的汉墓发现竹简本《孙膑兵法》。

蜚声中外的当代著名数学家华罗庚(1910 年 11 月—1985 年 6 月),出生于江苏常州金坛区,祖籍丹阳。1924 年华罗庚从金坛县立初级中学毕业,1929 年冬不幸染上伤寒病,落下左腿终身残疾,走路要借助手杖。但他没有自暴自弃,而是更加发奋地攻读数学,最后在清华大学一位教授指导和帮助下,自学成长为享誉国内外的科学巨匠。他的名字已载入中国和国际著名科学家史册。

中国近代著名民间音乐家阿炳(1893 年 8 月—1950 年 12 月),原名华彦钧,江苏无锡人,民间音乐家,因患眼疾而双目失明。他创造了三百多首乐曲,代表作品有《二泉映月》《听松》《昭君出塞》等。其中《二泉映月》成为华夏音乐宝库中

---

[1][3] 《马克思恩格斯选集》第一卷,人民出版社 1995 年版,第 73、56 页。
[2] 《马克思恩格斯全集》第一卷,人民出版社 1979 年版,第 452 页。

与世长存的经典。"五十年代两本书教育了一代人,一本是《钢铁是怎样炼成的》,一本是《把一切献给党》。我们这些五十年代的人就是在这两本书的影响下形成了人生观、价值观,形成了一生的立场和追求。新时期又出现了张海迪等各种各样的先进人物,他们这种自强不息、顽强拼搏的精神是我们这个社会最宝贵的文化财富。"①中华人民共和国成立后,涌现了吴运铎、高士其这样身残志坚的一大批人物。20世纪80年代出现了张海迪和老山战斗英雄等一大批人物,他们响亮地喊出了"废字与我们无缘,自强是我们的主旋律"。邓朴方说:"从某种意义上来说,中国文化几千年的积淀中,那些最厚重的东西,都集中反映在残疾人身上,反映在他们的现实处境和奋斗经历上。"②

斯蒂芬·威廉·霍金是英国著名的物理学家和宇宙学家,是继牛顿和爱因斯坦之后最杰出的物理学家之一,被世人赞誉为"宇宙之王"。霍金全身瘫痪,不能发音,硬是凭借只能动弹的3根手指和两只眼睛,引领我们一点点揭开宇宙的奥秘。1970年他和彭罗斯一起运用拓扑学,证明了广义相对论方程导致奇点解,间接证明了大爆炸奇点的存在。1974年霍金运用弯曲时空背景下的量子场论方法,证明黑洞像热力学黑体一样对外辐射,这是广义相对论和量子力学相结合的第一个典范。霍金还留下了很多著作,如《时间简史》《果壳中的宇宙》等等,霍金的十大预言更是影响后世。拜伦的《唐璜》是他的代表作,也是欧洲浪漫主义文学的代表作品,他是肢残人。著名的欧洲古典主义时期作曲家贝多芬后来双耳失聪。贝多芬童年丧母,历尽贫穷和孤独的煎熬,青年时代又遭受失恋的严重打击。特别是他不到30岁的时候双耳失聪,这对于决心以音乐为终身事业的他来说,更是致命的打击。然而,一次又一次的挫折与残酷无情的打击,只能使他痛苦和忧伤,却无法使他消沉和退却。他说:"我要扼住命运的咽喉。它决不能使我完全屈服……"正是靠着这种信念,他与命运展开了一场震撼人心的大搏斗,连续创作了《第一交响曲》等几十首著名的乐曲。此后,他的耳聋越来越重,直到双耳完全失聪。但与此同时,他的创作却进入了全盛时期。他把一根细棒触在钢琴上,用嘴咬着棒的另一端,凭借舌头和牙齿的振动来感觉每一个音符。就这样,贝多芬又为全人类留下了《第九交响曲》等许多传遍世界的名曲。

苏联著名作家尼古拉·奥斯特洛夫斯基在战争中双目失明,全身瘫痪,但他凭着坚强的意志、顽强的精神,在病榻上历时三年,写出了震撼人心的自传小说《钢铁是怎样炼成的》。

海伦·凯勒(Helen Keiler,1980—1968)是美国著名作家、教育家,幼时患病,两耳失聪,双目失明。从六岁起,在家庭教师安妮·沙利文帮助下,她学会摸

---

①② 邓朴方:《人道主义的呼唤》(第三辑),华夏出版社2006年版,第154-156、34页。

读识字,用手摸着老师的脸和嘴,学会模仿发声,艰难读完小学、中学课程。二十岁时考上了美国最好的大学之一——哈佛大学拉德克里夫学院,1904年以优异的成绩毕业,并写出她的第一部名著《我的生活故事》,讲述了她如何战胜病残的故事,给成千上万的残疾人和正常人带来鼓舞。这本书被译成50多种文字,在世界各国流传。大学毕业后,她投身于盲人福利事业,撰写出版了《乐观》《走出黑暗》《石墙之歌》等十几部著作。她筹建和领导了美国盲人基金会,为帮助世界各地的盲人和聋哑人,她先后出访欧、亚、非、澳的13个国家,还曾多次汇款资助中国的盲人、聋哑人学校。她53岁时获美国坦博尔大学荣誉博士学位,75岁时获哈佛大学荣誉博士学位。二战期间,她访问多所医院,慰问失明士兵。1964年获美国总统颁发的"自由勋章奖",后被推选为世界十名杰出妇女之一。1968年6月1日逝世,享年88岁。

事实表明,残疾人是残疾人事业的价值主体,只要充分发挥他们的主观能动性,唤起参与意识,激励自强精神,发掘自身潜能,就一定能促使残疾人创造社会财富,实现其人生价值。因此,我们不仅要充分肯定残疾人的价值主体作用,而且还要认真帮助残疾人成为主宰自己命运的主人。这是研究残疾人学的性质和任务所决定的。

第二节 残疾人创造物质财富和精神财富,需要营造良好的环境

一、环境的含义

"环境"一词,《辞海》解释:(1)指周围的境况,如自然环境;社会环境。(2)指围绕所辖的区域。邓朴方说:"残疾人事业作为一项社会事业,不是孤立地存在于真空中的,而是处于一定的社会环境之中,并受到环境的作用和影响。良好的环境,可以促进事业的发展。反之,则对事业发展起限制和制约作用。"[1]环境包括政治环境、经济环境、文化环境、法律环境和群众环境。

改革开放40年,中国残联成立30周年,中国共产党成立100周年,特别是党的十八大以来,正如中国共产党章程所指出,以习近平同志为主要代表的中国共产党人,顺应时代发展,从理论和实践结合上系统回答了新时代坚持和发展什么样的中国特色社会主义、怎样坚持和发展中国特色社会主义这个重大时代课

---

[1] 邓朴方:《人道主义的呼唤》(第二辑),华夏出版社2006年版,第255-256页。

题,创立了习近平新时代中国特色社会主义思想。习近平新时代中国特色社会主义思想是对马克思列宁主义、毛泽东思想、邓小平理论、"三个代表"重要思想、科学发展观的继承和发展,是马克思主义中国化的最新理论成果,是党和人民实践经验和集体智慧的结晶,是中国特色社会主义理论体系的重要组成部分,是全党全国人民为实现中华民族伟大复兴而奋斗的行动指南,必须长期坚持并不断发展。

新时代中国残疾人事业之所以能够蓬勃发展并取得卓越成就,根本在于以习近平同志为核心的党中央高度重视和坚强领导,根本在于以习近平新时代中国特色社会主义思想作为指导思想。这就为发展残疾人事业、改善残疾人状况营造了良好的政治环境、经济环境、社会环境、文化环境、法律环境和生态环境。

二、营造良好的环境

1. 政治环境

从政治上看,中国最有优势。中国改革开放和社会主义现代化建设的总设计师——邓小平发出响亮号召:"把马克思主义的普遍真理同我国的具体实际结合起来,走自己的道路,建设有中国特色的社会主义,这就是我们总结长期历史经验得出的基本结论。"[①]他又指出:"中国搞社会主义,强调要有中国的特色。"[②]而且他特别强调:"没有中国共产党,就没有社会主义的新中国……离开了中国共产党的领导,谁来组织社会主义的经济、政治、军事和文化?谁来组织中国的四个现代化?"[③]

习近平在党的十九大报告中指出:"中国特色社会主义最本质的特征是中国共产党领导,中国特色社会主义的最大优势是中国共产党领导,党是最高政治领导力。"[④]总之,我国有独特的政治优势、制度优势、发展优势和机遇优势。

《平等、参与、共享:新中国残疾人权益保障70年》白皮书指出:残疾人获得平等地位。新中国成立以后,残疾人在政治上获得了和其他人一样的地位,享受应有的公民权利和义务。1950年11月,中国政府公布实施《革命残废军人优待抚恤暂行条例》等法规,对伤残军人等伤残人员的休养、治疗、生活、学习、工作给予特殊保障;建立福利机构和精神病院,收养或安置无依无靠的重度残疾人、残疾孤儿、残疾老人、精神残疾人和残疾军人;兴办了盲童学校、聋哑学校等特殊教

[①②] 《邓小平文选》第三卷,人民出版社1993年版,第3、213页。
[③] 《邓小平文选》(1975—1982),人民出版社1983年版,第156页。
[④] 习近平:《决胜全面建成小康社会 夺取新时代中国特色社会主义伟大胜利——在中国共产党第十九次全国代表大会上的报告》,人民出版社2017年版,第20页。

育学校,确立了特殊教育在国民教育体系中的地位。在农村,对符合条件、失去劳动能力的残疾人由集体经济组织给予"五保"待遇(即保吃、保穿、保住、保医、保葬或保教);在城市,兴办福利工厂、福利生产单位安排残疾人就业。探索社会化管理方式,1953年成立中国盲人福利会,1956年成立中国聋哑人福利会,1960年成立中国盲人聋哑人协会。大部分省、自治区、直辖市也建立起地方协会和基层组织,残疾人开始参与自身事务的管理。全国城乡劳动就业的残疾人增多,文化体育活动有所开展,残疾人生活初步改善。

2. 经济环境

"十三五"时期是全面建成小康社会决胜阶段。面对错综复杂的国际形势、艰巨繁重的国内改革发展稳定任务,特别是新冠疫情的严重冲击,以习近平同志为核心的党中央不忘初心、牢记使命,团结带领全党全国各族人民砥砺前行、开拓创新,奋发有为推进党和国家各项事业。全面深化改革取得重大突破,全面依法治国取得重大进展,全面从严治党取得重大成果,国家治理体系和治理能力现代化加快推进,中国共产党领导和我国社会主义制度优势进一步彰显;经济实力、科技实力、综合国力跃上新的台阶,经济运行总体平稳,经济结构持续优化,GDP突破100万亿元;脱贫攻坚战取得了全面胜利,9899万农村贫困人口全面脱贫,832个贫困县全部摘帽。全面建成小康社会已取得了阶段性成果,中华民族伟大复兴向前迈出了新的一大步,社会主义中国以更加雄伟的身姿屹立于世界东方。全党全国各族人民要再接再厉、一鼓作气,确保如期打赢脱贫攻坚战,确保如期全面建成小康社会、实现第一个百年奋斗目标,为开启全面建设社会主义现代化国家新征程奠定坚实基础。

3. 社会环境

助残社会组织逐步壮大。2012年以来,中央财政每年划拨专项资金支持社会组织参与社会服务,其中残疾人社会服务是重点领域之一。推进社会组织"放管服"改革,支持小区社会组织承接小区公共服务和基层政府委托事项,完善国家对助残社会组织的税收优惠政策。助残社会组织的数量迅速增长,截至2017年,各地民政部门共登记助残社会组织6200余个,包括1500余个社会团体、4600余个民办非企业单位和约100个基金会。

扶残助残社会风尚基本形成。中国政府网站开设残疾人信息与服务专栏,报刊、广播、电视和网络等新闻媒体广泛报道残疾人生活和事务,促进尊重残疾人的尊严和权利,消除对残疾人的偏见和歧视,形成理解、尊重、帮助残疾人的社会氛围。自1991年设立全国助残日(每年5月第三个星期日)以来,每年都开展"牵着蜗牛去散步"等公益系列活动,各类公益慈善组织、志愿者服务组织还开展了形式多样的面向残疾儿童的公益活动。举办残疾人运动会、文艺汇演、职业技能竞赛等大型活动,展示残疾人自强不息的精神风貌。开展百家图书馆、百家媒体、百家博物馆、百家出版社等文化公益助残活动,提升全社会对残疾人的关注。在中小学生中开展"红领巾手拉手助残"行动;在高校学生和广大青年中开展中国青年志愿者助残"阳光行动";成立中国助残志愿者协会,整合凝聚社会力量推进志愿助残服务。

全国助残日是中国残疾人的节日。1990年12月28日第七届全国人大常务委员会第十七次会议审议通过的《中华人民共和国残疾人保障法》第14条规定:"每年五月第三个星期日,为全国助残日。"每年一次的"全国助残日"活动,动员了从中央到地方各级领导及数以亿计的群众参加,形成了强劲的声势和规模,为众多残疾人提供了切实可行的帮助和扶持,有力地推动了残疾人事业的发展,其意义广泛而深远。与有关部门共同会签下发"助残日"活动文件,不仅加强了文件的权威性,而且广泛调动了有关方面的积极性,保障了"助残日"活动在各地的顺利开展。通过协调有关部委、单位参与"助残日"活动,各职能部门更加全面了解残疾人的需求,贴近残疾人,加大了政府各个领域支持残疾人事业的力度。公共传媒积极反映残疾人生活,报道残疾人事业,团结和激励了一大批理解残疾人、热爱残疾人事业的新闻界朋友,在全国形成宣传报道残疾人事业的热点,营造有利于残疾人事业可持续发展的舆论氛围。

4. 文化环境

《平等、参与、共享:新中国残疾人权益保障70年》白皮书指出:中国倡导社会主义核心价值观和"平等、参与、共享"的理念,弘扬中华民族传统美德和人道主义精神,培育全社会扶残助残意识,形成关爱残疾人、关心残疾人事业的良好社会风尚。

残疾人文化事业欣欣向荣。《中华人民共和国公共文化服务保障法》和《"十三五"推进基本公共服务均等化规划》均载入了残疾人的文化服务项目,将残疾人文化事业纳入国家公共文化服务体系。各地采取措施确保残疾人以无障碍方式获得文化产品和服务,欣赏电视、电影、戏剧等文化作品。文化和旅游部与中国残联连续多年在全国开展残疾人文化周活动,每四年举办一届全国残疾人艺术会演,截至2017年,共举办9届,每届参与的残疾人达10多万人。中国残疾人艺术团已出访100多国家和地区进行交流演出,被联合国教科文组织指定为"联合国教科文组织和平艺术家","千手观音"节目享誉世界。2011年至2018年,中央财政投入近1200万元,在城市小区实施"残疾人文化进小区"项目,为小区设立"残疾人书架",配备文化活动用品。在"农家书屋"工程中,把为残疾人服务的图书列入采购书目。实施文化进残疾人家庭"五个一"项目,支持中西部和农村地区 10 万户贫困、重度残疾人家庭每年读一本书、看一次电影、游一次园、参观一次展览、参加一次文化活动。建成融多种功能于一体的中国盲文图书馆,组织实施盲人数字阅读推广工程。

残疾人体育事业蓬勃发展。残疾人健身体育、康复体育和竞技体育全面发展。2011 年启动残疾人自强健身工程,以提高残疾人体育健身指导服务能力和服务水平。2011 年起,体育总局支持中国残联开展残疾人社会体育指导员培训,截至 2017 年,共培养 10.4 万名社会体育指导员。各级政府和组织加大经费投入,为各类残疾人开辟日常体育活动场所。2017 年,各地残疾人文化体育活动场所达到 9053 个。成功举办上海特奥会、北京残奥会和广州亚残运会,成功申办 2022 年冬季残奥会;共参加 9 届夏季残奥会,1337 名运动员参加,获得 433 块金牌、339 块银牌、250 块铜牌,打破 261 项世界纪录,实现金牌榜 4 连冠;参加 4 届冬季残奥会,55 名运动员参加,在 2018 年平昌冬残奥会上实现冬季项目金牌零的突破。积极参加国际听障奥运会和特奥会。[①]

5. 精神环境

残疾人的奋斗精神和贡献获得社会褒扬。残疾人积极投身于国家建设,努力实现自身价值,并为社会作出贡献。他们中涌现出一大批自强不息、奋发有为的先进人物,获得"全国劳动模范""全国三八红旗手"等称号。国家和地方表彰了一大批残疾人自强模范,授予"自强模范""助残先进个人""助残先进集体"等称号。召开 6 次全国自强模范暨助残先进表彰大会,表彰了 919 个"全国自强模范"、1117 个"全国助残先进集体"和"全国助残先进个人"。[②]

6. 创业环境

2021 年 5 月 24 日,笔者到桐乡市残联调研,参观了桐乡市高桥镇越丰村三治融合馆,颇有收获。

越丰村位于桐乡市东南部,坐拥高速、高铁"双门户"的区位优势。全村区域面积 3.33 平方公里,辖 26 个村民小组,农户 751 户,总人口 3100 余人。2020 年,实现村级集体经济总收入 1807 万元,村民人均纯收入 3.99 万元。村党委下设 3 个网格支部,现有党员 104 名。自 2013 年 9 月启动"自治、法治、德治"建设工作以来,越丰村始终坚持党建核心引领,以"三治"为理念,形成"一约两会三团"工作机制(村规民约,百姓议事会,乡贤参事会,道德评判团、法律服务团、百事服务团),推进"大事一起干、好坏大家判、事事有人管"的乡村社会治理模式不断向纵深发展。2017 年,发源于越丰村的"三治融合"基层社会治理新模式被写

[①②] 国务院新闻办公室:《平等、参与、共享:新中国残疾人权益保障 70 年》,人民出版社 2019 年版,第 40、43 页。

入党的十九大报告。目前该村有残疾人88人,困难残疾人家庭全部纳入民生保障体系,就业年龄段残疾人除2人重度精神智力外全面实现就业。

在桐乡市残联座谈会上,听了桐乡市残联副理事长姚淙的介绍,颇受启发。一厂家负责人还介绍"三珍斋""全程接送"模式托起残疾人就业梦的事迹。

嘉兴三珍斋食品有限公司坐落于桐乡乌镇,始于清道光年间,迄今已有170余年历史。2019年,公司投资200多万元建成"三珍斋残疾人之家",总占地面积600平方米,内设展示大厅、健身活动室、阅览中心、会议中心、医疗室等,残疾职工工作之余可以自由活动,或健身锻炼或浏览电视报纸。

公司始终坚持多元化、人性化理念,为残疾职工提供舒适的工作环境。在采集残疾职工信息和报名加入"残疾人之家"的残疾人需求后,公司了解到,虽然乌镇已实现村村通公路、有公交,但对于精神、智力和重度肢体残疾人来说,独立出行还是存在一定困难,如上下车存在安全隐患、等待过程中容易产生焦虑情绪等。为此,公司积极与市残联、乌镇镇沟通协商,出资50万元购买了2辆考斯特班车,一站式解决残疾职工上下班接送的问题。一是精细化设计。好钢用在刀刃上,由于车辆少,而残疾职工又分布于全镇二十几个行政村,保障还是面临不少困难。为此,公司专门进行研究分析,精细化设计,制定合理的运行路线,既最大限度地满足群众需求,又提高所有职工的出行时效。与此同时,还专门配备了两名热心服务、富有爱心的驾驶员,力所能及地提供各种服务。二是不间断接送。始终把接送残疾职工上下班当作重点任务,风雨无阻。三是个性化服务。在每个有需求的残疾职工家庭附近设置"残疾人之家"上下班站点,由家至"家",用爱心托起残疾人的"上班梦"。

点对点的接送保障,打通了残疾职工上下班不便的障碍,增强了残疾职工的凝聚力,提升了他们的获得感和幸福感。残疾职工在残疾人之家经过工作、培训、康复,自理能力和工作能力得到了提升,年收入有大幅提升,受到当地群众的普遍赞誉。

目前杭州市持有《中华人民共和国残疾人证》的残疾人共有20.8万人,其中就业年龄段有就业愿望和就业能力的残疾人约5.4万人。"十三五"期间,杭州已实现就业的残疾人达4.97万人,就业率为92%。

据2022年2月17日都市快报报道,2月16日上午,杭州市残联、市财政局、市人社局联合召开杭州市残疾人培训就业新政新闻发布会,对残疾人高质量就业评价体系、残疾人职业技能培训管理办法、残疾人就业创业补贴制度优化措施等作了详细介绍,并发布了杭州市2022年残疾人就业增收十件实事。

完善残疾人就业创业补贴制度。早在2018年,杭州市残联、市财政局、市人社局就联合印发了《关于进一步落实残疾人就业创业补贴制度的通知》。此次新政对集中就业企业超比例安排残疾人就业奖励和劳务派遣残疾人的认定进行了多方面补充完善，具体包括注重鼓励用人单位更好地安置残疾人就业、注重破解智力、精神和重度残疾人就业难题、注重促进残疾人电商文创就业创新、注重扶持残疾人自主创业、注重推进农村残疾人就业、注重实现城乡一体化等六个方面。

比如，在就业安置实行岗位梯度补贴方面，规定用人单位每安置一名杭州户籍残疾人就业，按照残疾人职工工资在当地最低工资标准120%～200%和200%以上两个梯度分别给予用人单位当地最低工资标准1倍和2倍的岗位补贴。通过梯度补贴，鼓励用人单位逐步推出高层次就业岗位，扩大就业收入中高区间的就业规模。

健全残疾人职业培训体系。新政规定，除各级残联自主组织实施各类培训外，各类高等院校、职业院校、经各级残联认定的残疾人职业培训基地等主体，均可承接《杭州市残疾人社会化培训项目目录》的各项培训。按照"政府主导、社会参与、专业管理"的运行模式，市残联以残疾人需求为导向，实时动态更新残疾人培训项目目录库，定期向社会公布，符合文件规定的社会培训机构对可以承接的培训项目可以实时向市残联发起申报，经市残联审核通过后即可承接申报项目，为残疾人开展职业技能培训。2022年，杭州市残联发布了45个残疾人培训项目，截至目前，全市已经有32家社会培训机构完成申报。

新政打破了原有户籍限制，强调全市一盘棋，培训资源统筹共享。

此外，为了加强对残疾人就业创业环境的监测和评价，杭州市残联构建了残疾人高质量就业评价体系，填补了行业空白。

第九章　保障残疾人权利

本章主要依据中共中央总书记习近平就中国人权发展道路进行第三十七次集体学习而发表的重要讲话和国务院新闻办公室发表的《中国共产党尊重和保障人权的伟大实践》白皮书，从保障残疾人权利的实际出发，主要阐述党高度重视与切实维护残疾人的基本人权，成功走出了一条中国特色社会主义人权发展道路。同时，论述浙江省残联维护残疾人合法权益的实践与体会。

第一节　坚定不移走中国人权发展道路

在我国开启了全面建设社会主义现代化国家、向第二个百年奋斗目标进军的新征程时，我们要深刻认识做好人权工作的重要性和紧迫性，坚定不移走中国人权发展道路，更加重视尊重和保障人权，更好推动我国人权事业发展。

一、尊重和保障人权是中国共产党人的不懈追求

《平等·参与·共享：新中国残疾人权益保障70年》白皮书（以下简称"白皮书"），白皮书指出，中国共产党自成立之日起，就以无产阶级政党的面貌出现，通过各种纲领、主张、宣言，鲜明地宣扬了救国救民和争取人权的立场与主张。为中国人民谋幸福，为中华民族谋复兴，是中国共产党人的初心和使命，也是中国共产党人权思想之本。中国共产党以鲜明的人民立场，赢得了中国人民的拥护和支持，成为领导中国革命的核心力量。

习近平强调，尊重和保障人权是中国共产党人的不懈追求。我们党自成立之日起就高举起"争民主、争人权"的旗帜，鲜明宣示了救国救民、争取人权的主张。在新民主主义革命时期、社会主义革命和建设时期、改革开放和社会主义现代化建设新时期，我们党都牢牢把握为中国人民谋幸福、为中华民族谋复兴的初心使命，领导人民取得了革命、建设、改革的伟大胜利，中国人民成为国家、社会和自己命运的主人，中国人民的生存权、发展权和其他各项基本权利保障不断向

前推进。①

习近平指出,党的十八大以来,我们坚持把尊重和保障人权作为治国理政的一项重要工作,推动我国人权事业取得历史性成就。我们实现了第一个百年奋斗目标,全面建成小康社会,历史性地解决了绝对贫困问题,为我国人权事业发展打下了更为坚实的物质基础。我们不断发展全过程人民民主,推进人权法治保障,坚决维护社会公平正义,人民享有更加广泛、更加充分、更加全面的民主权利。我们推动实现更加充分、更高质量的就业,建成了世界上规模最大的教育体系、社会保障体系、医疗卫生体系,大力改善人民生活环境质量。我们坚持人民至上、生命至上,有力应对新冠疫情,最大限度保护了人民生命安全和身体健康。我们全面贯彻党的民族政策和宗教政策,坚持各民族一律平等,尊重群众宗教信仰,保障各族群众合法权益。我们深入推进司法体制改革,加强平安中国、法治中国建设,深入开展政法队伍教育整顿,全面开展扫黑除恶行动,严厉打击各类违法犯罪,保持社会长期稳定,切实保护人民群众生命财产安全。我国是世界上唯一持续制定和实施四期国家人权行动计划的主要大国。我们积极参与全球人权治理,为世界人权事业发展作出了中国贡献、提供了中国方案。②

历史表明,没有中国共产党,就没有新中国;没有中国共产党,就没有中国人权事业的不断发展进步。中国共产党的领导,是中国人权事业发展和中国人民享有更加充分人权的根本保障。

当今,中国打赢脱贫攻坚战,全面建设小康社会取得了重大战略性成果,如期实现第一个百年奋斗目标。目前,中国共产党正带领全国人民为实现第二个百年奋斗目标和中华民族伟大复兴的中国梦而努力。到新中国成立100年时,中国将建成富强民主文明和谐美丽的社会主义现代化强国。到那时,中国人民的各项权利必将得到更高水平的保障,中国人民将更加享有尊严、自由和幸福。到那时,世界将因中国而更加繁荣发展,中国必将为推动世界人权事业发展作出更大贡献。

二、中国特色人权发展道路的主要特征

习近平强调,在推进我国人权事业发展的实践中,我们把马克思主义人权观同中国具体实际相结合、同中华优秀传统文化相结合,总结我们党团结带领人民尊重和保障人权的成功经验,借鉴人类优秀文明成果,走出了一条顺应时代潮流、适合本国国情的人权发展道路。③这条道路有六大主要特征。

---

①②③ 《习近平在中共中央政治局第三十七次集体学习时强调 坚定不移走中国人权发展道路 更好推动我国人权事业发展》,新华网 http://www.news.cn/politics/leaders/2022-02/26/c_1128418774.htm

1. 坚持中国共产党领导

习近平在讲话中指出,全心全意为人民服务是我们党的根本宗旨。中国共产党领导和我国社会主义制度,决定了我国人权事业的社会主义性质,决定了我们能够保证人民当家作主,坚持平等共享人权,坚持以系统性思维谋划人权建设,推进各类人权全面发展,不断实现好、维护好、发展好最广大人民根本利益。[①]

习近平在党的十九大报告中明确指出,中国特色社会主义最本质的特征是中国共产党领导,中国特色社会主义制度的最大优势是中国共产党领导,党是最高政治领导力量。[②]

白皮书强调,坚持中国共产党领导、社会主义制度与尊重和保障人权相统一。没有中国共产党的领导,便没有社会主义制度;没有社会主义制度,便无法保障全体人民的根本权益。中国共产党在人权上的政治原则是人民当家作主,人民当家作主的实现主要体现在民主、自由、平等等权利的获得和实现上,这也是社会主义核心价值观的重要内容。同时,发展好人权事业,不断提高人权保障水平,又能够更好地坚持中国共产党的领导和发展社会主义制度,进而实现国家长治久安和繁荣发展。

2. 坚持尊重人民主体地位

习近平强调,人民性是中国人权发展道路最显著的特征。人权不是一部分人或少数人享有的特权,而是广大人民群众享有的普惠性人权。我们保障人民民主权利,充分激发广大人民群众积极性、主动性、创造性,让人民成为人权事业发展的主要参与者、促进者、受益者,切实推动人的全面发展、全体人民共同富裕取得更为明显的实质性进展。[③]

白皮书强调,中国共产党来自人民、植根人民、服务人民,为人民谋幸福。以人民为中心,奉行人民至上,坚持人民主体地位,是中国共产党的核心人权理念。习近平主席在致信纪念《世界人权宣言》发表70周年座谈会时提出"人民幸福生活是最大的人权"[④]的新时代人权观,赋予了新时代中国人权事业发展全新意蕴。新时代人权观体现了人权的人民性,科学地指明了在中国发展人权事业的最本质特征。人权没有最好,只有更好;人权保障只有进行时,没有完成时。中

[①③] 《习近平在中共中央政治局第三十七次集体学习时强调 坚定不移走中国人权发展道路 更好推动我国人权事业发展》,新华网 http://www.news.cn/politics/leaders/2022-02/26/c_1128418774.htm

[②] 习近平:《决胜全面建成小康社会 夺取新时代中国特色社会主义伟大胜利——在中国共产党第十九次全国代表大会上的报告》,人民出版社2017年版,第20页。

[④] 鲁广锦:《人民幸福生活是最大的人权》,人民网 http://gs.people.com.cn/n2/2022/0714/c183343-40037496.html。

国人权事业要由中国人民来评判，要以中国人民的获得感、幸福感、安全感是否得到满足为衡量尺度。

残疾人是人类大家庭的平等成员。尊重和保障残疾人的人权和人格尊严，使他们能以平等的地位和均等的机会充分参与社会生活，共享物质文明和精神文明成果，是国家义不容辞的责任，也是中国特色社会主义制度的必然要求。中国有8500万残疾人。新中国成立70年来，在建设中国特色社会主义伟大事业进程中，中国共产党和中国政府本着对人民负责的精神，坚持以人民为中心，关心特殊困难群体，尊重残疾人意愿，保障残疾人权利，注重残疾人的社会参与，推动残疾人真正成为权利主体，成为经济社会发展的参与者、贡献者和享有者。①

3. 坚持从我国实际出发

习近平指出，各国人权发展道路必须根据各自国情和本国人民愿望来决定。我们把人权普遍性原则同中国实际结合起来，从我国国情和人民要求出发推动人权事业发展，确保人民依法享有广泛充分、真实具体、有效管用的人权。②

白皮书指出：在中国实现尊重人权、保障人权、发展人权，没有现成的条条框框可以照搬，必须从本国实际出发，走自己的路。中国共产党坚持将人权的普遍性原则与本国实际相结合，成功地走出了一条符合国情的人权发展道路，丰富发展了人权文明多样性。

4. 坚持以生存权、发展权为首要的基本人权

习近平指出，生存是享有一切人权的基础，人民幸福生活是最大的人权。我们完整、准确、全面贯彻新发展理念，坚持以人民为中心的发展思想，坚持发展为了人民、发展依靠人民、发展成果由人民共享，努力实现更高质量、更有效率、更加公平、更可持续、更为安全的发展，在发展中使广大人民群众的获得感、幸福感、安全感更加充实、更有保障、更可持续。③

白皮书指出：坚持以促进人的全面发展为目的。促进人的全面发展，是中国共产党领导中国人民实现社会主义现代化强国的奋斗目标，也是中国人权事业发展的最高追求。马克思主义经典作家认为，"每个人的自由发展是一切人的自由发展的条件"。人的全面发展既是所有人的全面发展，又是全方位的发展；既是人的个性、能力和知识的全面发展，又是人的各项权利的充分发展。在建设中国特色社会主义伟大事业中，中国共产党促进人权事业全面发展，就是在为实现

---

① 国务院新闻办公室：《平等、参与、共享：新中国残疾人权益保障70年》，人民出版社2019年版，第1页。

②③ 《习近平在中共中央政治局第三十七次集体学习时强调 坚定不移走中国人权发展道路 更好推动我国人权事业发展》，新华网 http://www.news.cn/politics/leaders/2022-02/26/c_1128418774.htm

"人的自由而全面的发展"创造和提供条件。中国共产党既重视集体人权,又重视个人人权;既重视生存权、发展权的首要地位,又重视公民权利、政治权利和经济社会文化各项权利的协调发展;既重视经济、社会、资源和环境保护相协调,又重视人类当前与长远福祉相统一的可持续发展。

白皮书强调,坚持以发展促进人权保障。发展是解决中国所有问题的总钥匙,也是推动中国人权事业进步的发力点。中国共产党坚持从国情出发,创造性地提出"生存权、发展权是首要的基本人权"的人权观,构建起了中国人权事业不断发展进步的"密码"。生存权是享有其他权利的前提和基础,是处于首要地位的权利,发展权与生存权是紧密相连的。中国共产党深信,坚持把生存权、发展权放在首要位置,不断促进各项人权全面发展,是实现中国人民人权梦想的不二选择。

5. 坚持依法保障人权

习近平指出,法治是人权最有效的保障。我们坚持法律面前人人平等,把尊重和保障人权贯穿立法、执法、司法、守法各个环节,加快完善权利公平、机会公平、规则公平的法律制度,保障公民人身权、财产权、人格权,保障公民参与民主选举、民主协商、民主决策、民主管理、民主监督等基本政治权利,保障公民经济、文化、社会、环境等各方面权利,不断提升人权法治化保障水平。[①]

习近平强调,要加强人权法治保障,深化法治领域改革,健全人权法治保障机制,实现尊重和保障人权在立法、执法、司法、守法全链条、全过程、全方位覆盖,让人民群众在每一项法律制度、每一个执法决定、每一宗司法案件中都得到公正正义。要系统研究谋划和解决法治领域人民群众反映强烈的突出问题,依法公正对待人民群众的诉求,坚决杜绝因司法不公而造成伤害人民群众感情、损害人民群众权益的事情发生。对一切侵犯群众合法权利的行为,对一切在侵犯群众权益问题上漠然置之、不闻不问的现象,都必须依纪依法严肃查处、坚决追责。[②]

截至 2021 年 4 月,直接保护残疾人权益的法律已有 90 多部,行政法规已有 50 多部,规定了保障残疾人权益的内容,残疾人权益保障机制更加完善。

6. 坚持积极参与全球人权治理

习近平指出,发展人权是全人类共同的事业。人权保障没有最好,只有更好。各国都有权利自主选择人权发展道路,不同文明、不同国家应该相互尊重、相互包容、相互交流、相互借鉴。我们弘扬全人类共同价值,践行真正多边主义,

---

[①②] 《习近平在中共中央政治局第三十七次集体学习时强调 坚定不移走中国人权发展道路 更好推动我国人权事业发展》,新华网 http://www.news.cn/politics/leaders/2022-02/26/c_1128418774.htm

积极参与包括人权在内的全球治理体系改革和建设,推动构建人类命运共同体。①

白皮书强调,坚持以构建人类命运共同体为使命。面对当今世界百年未有之大变局,习近平主席提出了"构建人类命运共同体"重大理念。这一重大理念奉行人民至上,关心关爱人的发展,旨在建设一个持久和平、普遍安全、共同繁荣、开放包容、清洁美丽的世界。这一重大理念更加强调包容、合作、开放、共赢精神,契合了世界各国人民求和平、谋发展、促合作、同进步的诉求。这一重大理念符合人类社会发展进步要求,为推动世界人权事业发展贡献了中国智慧,提供了中国方案。这一重大理念已经被写入多个联合国文件之中,成为对当今世界发展有着重要影响的思想主张。②

以上6条,既是中国人权发展的主要特征,又是我们在推进我国人权事业实践中取得的宝贵经验,要结合新的实践不断坚持好、发展好。习近平指出,要促进人权事业全面发展,坚持中国人权发展道路,顺应人民对高品质美好生活的期待,不断满足人民日益增长的多方面的权利需求,统筹推进经济发展、民主法治、思想文化、公平正义、社会治理、环境保护等建设,全面做好就业、收入分配、教育、社保、医疗、住房、养老、扶幼等各方面工作,在物质文明、政治文明、精神文明、社会文明、生态文明协调发展中全方位提升各项人权保障水平。③

第二节 高度重视与切实维护残疾人的基本人权

多年来,我国注重将残疾人权益保障与社会发展相结合,通过纳入国家规划和部门职责、提供均等化的基本公共服务,保障残疾人在事实上享有各种权利,特别是注重保护残疾人的生命健康权、生存权和发展权,使残疾人共享经济社会发展成果。"十三五"时期,我国残疾人权益保障取得新的历史成就,残疾人的获得感、幸福感、安全感显著提升。

一、维护残疾人的生命健康权

残疾人健康保障政策务实全面。《平等、参与、共享:新中国残疾人权益保障

---

①③ 《习近平在中共中央政治局第三十七次集体学习时强调 坚定不移走中国人权发展道路 更好推动我国人权事业发展》,新华网 http://www.news.cn/politics/leaders/2022-02/26/c_1128418774.htm。

② 国务院新闻办公室:《平等、参与、共享:新中国残疾人权益保障70年》,人民出版社2019年版,第53-56、57-58页。

70年》白皮书指出：中国高度重视残疾人健康权利保障，全面开展残疾预防，大力推进康复服务，努力实现残疾人"人人享有康复服务"的目标。[①] 习近平在党的十九大报告中提出："发展残疾人事业，加强残疾康复服务。"《"健康中国2030"规划纲要》《"十三五"卫生与健康规划》《"十三五"深化医药卫生体制改革规划》等，都对维护残疾人健康、加强基层医疗康复能力建设等提出明确要求。《残疾预防和残疾人康复条例》颁布实施，建立重度残疾人护理补贴制度，向残疾人提供残疾特需的医疗卫生服务，将残疾人作为家庭医生签约服务的优先对象，鼓励各地将基本康复服务纳入个性化签约范围。运动疗法等29项医疗康复项目纳入基本医疗保险支付范围。特别关注农村贫困残疾人医疗卫生服务状况，制定发布《关于实施健康扶贫工程的指导意见》《健康扶贫工程"三个一批"行动计划》《着力解决因残致贫家庭突出困难的实施方案》和《医疗保障扶贫三年行动实施方案（2018—2020年）》，将农村贫困残疾人纳入基本医保、大病保险、医疗救助范围，充分发挥三项制度综合保障作用，切实提高建档立卡贫困残疾人医疗保障受益水平，加强县级残疾人康复服务中心建设，提升基层康复服务能力，建立医疗机构与残疾人专业康复机构协调配合的工作机制。

残疾人康复条件逐步完善。残疾人康复机构从无到有，专业队伍建设不断加强，工作体系、业务格局、运行机制逐步建立，服务能力日益提高。截至2018年，全国已竣工的省、市、县三级康复设施914个，总建筑面积344.9万平方米；全国残疾人专业康复服务机构9036个，在岗人员25万人，2750个县（市、区）开展小区康复服务。康复工作内容由三项抢救性康复项目发展成为覆盖多学科领域、满足各类别残疾人需要、预防与康复并重的服务体系。全国累计建成残疾人服务设施8000多个，开展了全国残疾人基本服务状况和需求专项调查，为实现精准化服务、精细化管理奠定了基础。

2018年，全国621所中等、高等职业技术学校和普通本专科院校开设康复专业，毕业生人数为29334人。为进一步加强康复专业人才培养，建设中国康复大学已纳入国民经济和社会发展"十三五"规划和《"十三五"加快残疾人小康进程规划纲要》，筹建工作正式启动。大力开展小区康复服务，提升小区康复能力。截至2018年，开展小区康复服务的市辖区为1001个，县（市）为1749个，有小区康复协调员47.8万人。建立残疾儿童康复救助制度，为残疾儿童接受基本康复救助提供制度性保障。全国有9个省（区、市）建立了残疾人辅助器具补贴制度，减轻了残疾人家庭的经济负担。实施残疾人精准康复服务行动，为残疾儿童和

[①] 国务院新闻办公室：《平等、参与、共享：新中国残疾人权益保障70年》，人民出版社2019年版，第13-17页。

持证残疾人提供康复医疗、康复训练、支持性服务、辅助器具适配等基本康复服务。科技部着力推进助残、惠残产品研发,通过"主动健康和老龄化科技应对"和"生物医用材料研发与组织器官修复替代"重点专项,部署开展康复辅助器具、人工组织器官修复材料等研发。完善工伤康复制度,提高伤残抚恤标准。2006年至2016年,2178.1万残疾人次得到不同程度康复。2018年,1074.7万名残疾儿童及持证残疾人得到基本康复服务,残疾人康复服务覆盖率达79.8%。

残疾儿童健康得到特别关注。遵循儿童利益最大化原则,高度关注残疾儿童健康。第二次全国残疾人抽样调查数据显示,0～14岁残疾儿童占残疾人总人数的4.69%,比1987年第一次全国残疾人抽样调查资料下降11.21个百分点。优先开展0～6岁残疾儿童抢救性治疗和康复,实施精准康复服务。2018年,15.7万名0～6岁残疾儿童得到基本康复服务。为更全面更可持续地保障残疾儿童的基本康复权利,国务院2018年6月发布《关于建立残疾儿童康复救助制度的意见》,正式建立残疾儿童康复救助制度。推进残疾儿童康复救助项目,对患有脑瘫、弱视、听障等重大疾病的儿童进行救助。建立包括残疾孤儿在内的孤儿基本生活保障制度,实施"儿童福利机构建设蓝天计划"和"全国残疾孤儿手术康复明天计划"。截至2018年6月,"全国残疾孤儿手术康复明天计划"已为12.5万名手术适应证残疾孤儿、弃婴实施了手术矫治和康复训练。

二、维护残疾人的生存权

《平等、参与、共享:新中国残疾人权益保障70年》白皮书指出:中国残疾人社会保障体系不断完善。残疾人按规定享受社会救助、社会福利和社会保险待遇,生活质量提升,获得感显著增强。

残疾人享有平等的社会保障权利。按照平等不歧视原则,国家保障包括残疾人在内的所有公民享有社会保障权利。《中华人民共和国宪法》明确规定:公民在年老、疾病或者丧失劳动能力的情况下,有从国家和社会获得物质帮助的权利;国家和社会保障残疾军人的生活,抚恤烈士家属,优待军人家属;国家和社会帮助安排盲、聋、哑和其他有残疾的公民的劳动、生活和教育。《中华人民共和国残疾人保障法》明确规定"国家保障残疾人享有各项社会保障的权利"。《中华人民共和国社会保险法》《社会救助暂行办法》《工伤保险条例》《军人抚恤优待条例》等法律法规,都对残疾人的社会保障权利作出具体规定。国家承担更加积极的义务,促进残疾人社会保障权利的实现,包括将符合条件的成年无业重度残疾人按照单人户纳入最低生活保障范围、对贫困和重度残疾人参加社会保险给予补贴、对残疾人实行社会优待等。

残疾人生活保障体系不断完善。按照"普惠+特惠"的原则,通过完善社会救助制度保障残疾人的基本生存权利。同时,依法对贫困残疾人、重度残疾人、一户多残家庭给予重点救助,综合采取措施保障其基本生活。截至2018年3月,全国共有904.4万残疾人享受城乡最低生活保障。落实国务院《关于进一步健全特困人员救助供养制度的意见》,将近90万残疾人纳入特困人员救助供养范围。在城市公租房、旧住宅区整治建设中,优先安排贫困残疾人住房。2018年,全国共有62万残疾人享受公租房保障。各地通过贷款贴息帮助残疾人进行危房改造。截至2018年,中央财政共支持176.5万户农村贫困残疾人家庭完成危房改造。自2017年起,中央财政集中支持农村贫困残疾人家庭等4类重点对象改造危房,户均补贴标准为1.4万元。将符合条件的贫困残疾人纳入医疗救助范围,资助其参加基本医疗保险,并对基本医疗保险、大病保险和其他补充医疗保险支付后难以负担的个人自负合规医疗费用给予补助。部分省市对低收入残疾人家庭的生活用水、电、气、暖等基本生活支出给予优惠和补贴。

  残疾人福利体系初步建立。建立困难残疾人生活补贴和重度残疾人护理补贴制度。2018年,受益残疾人超过2190万人次,发放补贴超过230亿元。大力发展托养服务,残疾人托养设施逐年增加。截至2018年,全国共有已竣工托养设施791个,总建筑面积214.8万平方米,共有残疾人托养机构8435个,为22.3万残疾人提供托养服务,有88.8万残疾人接受了居家服务。不断完善残疾人托养购买服务、评估监管和人才培养等机制,制定托养服务国家标准,积极培育社会力量,为残疾人提供多层次、多元化托养服务。按照国家加快推进残疾人小康进程的总体规划,加快农村托养建设进程,探索以贫困重度残疾人为主要保障对象的农村托养模式。公园、旅游景点和公共文化体育设施对残疾人免费或优惠开放,为残疾人发放专用机动轮椅车燃油补贴,对军人、警察等特殊伤残群体实施抚恤和优待政策。大多数城市已对残疾人搭乘市内公共交通工具给予了便利和优惠。

  残疾人社会保险保障力度持续增强。实施全民参保计划,加大残疾人参保支持力度,对招用符合条件的就业困难残疾人的企业给予参保补贴,对城乡贫困残疾人和重度残疾人参保给予补贴。截至2018年,2561.2万城乡残疾人参加城乡社会养老保险,1024.4万残疾人领取养老金。595.2万重度残疾人中有576万人得到了政府参保补助,代缴养老保险费比例达96.8%;另有298.4万非重度残疾人享受全额或部分代缴养老保险费的优惠政策。近年来,残疾人参加各项社会保险的人数和比例持续上升,2018年,持证残疾居民养老保险参保率为79.2%。试点和完善与残疾人相关的社会保险制度,2010年,国务院修订《工伤保险条例》,提高工伤致残补偿标准。2018年,全国参加工伤保险人数为23874万人,评定伤残等级人数为56.9万人,享受工伤保险待遇人数为198.5

万人。部分地区探索残疾意外伤害保险制度,财政给予参保补贴,缓解了残疾家庭的经济压力。在全国15个城市试点长期护理保险制度,对符合条件的长期失能残疾人基本护理服务费用按规定支付,减轻了残疾家庭的护理负担。

残疾人脱贫攻坚深入开展。党的十八大以来,政府将贫困残疾人脱贫纳入国家脱贫攻坚战略布局,并作为脱贫攻坚重要内容,在制度设计、政策安排、项目实施上给予支持。中共中央、国务院2018年发布《关于打赢脱贫攻坚战三年行动的指导意见》,专门部署贫困残疾人脱贫行动,确保到2020年贫困残疾人同全国人民一道进入全面小康社会。国务院扶贫办、国家发改委、中国残联等26部门制定了《贫困残疾人脱贫攻坚行动计划(2016—2020年)》,并制定了电子商务助残扶贫行动、产业扶持助残扶贫行动等配套实施方案。加大资金投入,2011年至2018年,中央财政累计安排康复扶贫贴息贷款53亿元,35万贫困残疾人受益。实施精准扶贫战略以来,政府将600多万残疾人纳入贫困户建档立卡范围,截至2018年,建档立卡贫困残疾人人数已减少至169.8万。[1]

通过以上措施,残疾人的生存权得到稳定保障。截至"十三五"末,经过精准扶贫精准脱贫,710万建档立卡贫困残疾人如期脱贫,107.5万残疾人得到特困人员救助供养,1076.8万残疾人纳入最低生活保障范围,1212.6万困难残疾人领取生活补贴,1473.8万重度残疾人得到护理补贴。城乡残疾人基本养老保险参保率超过90%,基本医疗保险参保率达95%。在抗击新冠疫情战役中,残疾人的生命安全和身体健康得到最大限度的保护。

三、维护残疾人的发展权

党和政府高度重视和保障残疾人的发展权。《残疾人保障法》第十条规定:"国家鼓励残疾人自尊、自信、自强、自立,为社会主义建设贡献力量。"残疾人的发展权是残疾人实现自身价值、为社会贡献自己力量的又一重要人权。这种观点主要立足于:大多数残疾人具有劳动的能力和参与社会的能力;残疾人往往更多、更深入地考虑生活的价值和意义,强烈要求与健全人一样在社会上发挥作用,履行义务,享受权利,贡献力量;我国残疾人中涌现出一大批像张海迪那样的自强模范,他们是改革开放大潮的弄潮儿,他们的事迹感人至深、催人泪下,激励了全社会奋发自立的精神。他们身上体现出的自强不息精神,就是我们的民族精神、时代精神,也是社会主义核心价值观的应有之义。这是残疾人的发展权的重要基础和支撑。

---

[1] 国务院新闻办公室:《平等、参与、共享:新中国残疾人权益保障70年》,人民出版社2019年版,第27—31页。

目前,残疾人发展权得到较好实现。一是残疾人就业状况稳定提升。"十三五"时期新增城乡残疾人就业180.8万人,越来越多残疾人通过按比例就业、集中就业、灵活就业和自主创业等形式实现就业增收。二是残疾人公共服务水平大幅提升。残疾人康复状况明显改善,96.7万人次残疾儿童得到康复救助,残疾人基本康复服务覆盖率、辅助器具适配率均超过80%。残疾人受教育水平显著提高,残疾儿童少年义务教育入学率达95%以上,5.8万名残疾学生进入高等院校就读,实现家庭经济困难的残疾学生12年免费教育,北京、辽宁、江苏、西藏、新疆等省(区、市)实现残疾学生15年免费教育。城乡无障碍环境不断优化,65万户贫困重度残疾人家庭实施了无障碍改造,残疾人日常出行、信息交流更加便利。三是残疾人合法权益得到有力维护。开通"12385"残疾人服务热线和法律救助网络系统,97万余人次残疾人接受法律咨询服务,残疾人法律援助案件超过23万件。全国"两会"有关建议提案累计达431件。各级人大、政协开展残疾人保障法执法检查、视察和调研3000多次。6637名残疾人、残疾人亲属和残疾人工作者担任各级人大代表和政协委员。残疾人接受法律咨询服务,残疾人法律援助案件超过23万件。

四、维护残疾人的参与权

参与权是保障残疾人实现社会价值、提高社会地位的重要表现。《残疾人保障法》第六条规定:"国家采取措施,保障残疾人依照法律规定,通过各种途径和形式,管理国家事务,管理经济和文化事业,管理社会事务。制定法律、法规、规章和公共政策,对涉及残疾人权益和残疾人事业的重大问题,应当听取残疾人和残疾人组织的意见。残疾人和残疾人组织有权向各级国家机关提出残疾人权益保障、残疾人事业发展等方面的意见和建议。"

残疾人的权利得到更加充分的保障,参与社会的深度和广度不断加大。对此,浙江残联的具体做法是:一是提高认识,深入学习,努力提高自身素质;二是强化责任,勇于担当,不辜负残疾人的信任与厚爱;三是尽心尽责,不辱使命,切实提高履职能力。5000多名残疾人、残疾人亲友和残疾人工作者担任各级人大代表和政协委员,积极参政议政、建言献策,为推动社会文明进步作出积极努力。

举例来说,浙江大学2003届历史系毕业生、现在杭州市残联组宣部工作的肢体残疾人杨云飞,多年来在参政议政、建言献策方面表现尤为突出。

在省市残联的关心和推荐下,2008年,杨云飞当选第十一届省人大代表,当时包括她在内共有3名残疾人当选,残疾人首次出现在省人大代表队伍中。此后,各级人大代表、政协委员中相继出现了一批残疾人的身影,残疾人参政议政的机会越来越多,这是时代的进步。至今,杨云飞已连任三届省人大代表,2017

年又当选第十三届杭州市人大代表。在日常生活和工作中,她十分注重调研,认真听取残疾人的意见和心声。同时,她积极参与人大组织的相关会议、视察活动,主动发声,并通过开设两会博客、微博、新闻采访等形式,让更多的人了解、关心、支持残疾人事业。十余年来,她累计提交大会百余件建议,多数都是关于残疾人的教育、就业、保障、无障碍环境建设等民生方面的内容。她所提的建议也得到了省市人大常委会领导的重视,其中《以高质量推动无障碍设施建设的建议》入选"2020年市人大代表优秀议案建议";《关于加强亚运场馆无障碍建设的建议》《关于提高体育中考残疾学生得分比例的建议》等多个建议被列入人大常委会主要领导的督办议题;《关于推进康养联合体建设的建议》被杭州市人大常委会确定为2021年8件重点督办代表建议,由副市长领办、市人大常委会主任会议成员督办。这些建议取得了较好的办理结果,解决了许多残疾人的实际问题。如《关于提高体育中考残疾学生得分比例的建议》,通过建议的办理,改变了残疾人初中毕业生升学体育考试各地计分执行标准不统一的地区差,教育部门从政策文件上明确,全省丧失运动能力的残疾人免考体育,其体育成绩按满分计入升学考试总分。

第三节 浙江省残联维护残疾人合法权益的实践

浙江是中国革命红船起航地、改革开放先行地、习近平新时代中国特色社会主义思想重要萌发地。历届浙江省委、省政府高度重视残疾人权益保障工作,浙江省人大常委会、浙江省政协也在残疾人权益保障方面做了大量卓有成效的工作。在各级有关部门的大力支持下,各级残联组织发挥代表、管理、服务职能,宣传普及残疾人权益保障有关法规、案例,健全残疾人权益保障机制和服务组织,积极维护残疾人权益,残疾人合法权益得到有力保障。在扩大法律知识和遵守法律培训的基础上,广大残疾人的维权意识日益增强,维权方式日渐成熟,形成了残疾人权益保障的良性互动。

一、始终将残疾人权益保障工作纳入法治浙江、平安浙江建设

从1996年省委提出依法治省的目标要求,到2000年省委作出关于进一步推进依法治省的决定,再到2006年省委作出建设"法治浙江"的重大决策,浙江省在建设"法治中国"的省域层面进行了大胆实践与创新探索。十多年来,浙江省加强立法引领、坚持依法行政、深化司法体制改革、推进基层治理法治化,法治建设从"事"到"制""治""智"转变。法律是最有力的维权武器,对于残疾人合法

权益而言,法治不仅界定了残疾人合法权益的范畴和惩戒、激励和保障机制,而且建立了各方协同共同维护残疾人权益的工作机制。《关于建设"法治浙江"的决定》提出:加强对工会、共青团和妇联等人民团体的领导,支持他们依照法律和各自章程开展工作,更好地成为党联系广大人民群众的桥梁和纽带。《关于建设"法治浙江"的决定》强调:加强和改进维权工作,加快建立和完善维权机制,充分发挥城乡基层自治组织和工会、共青团、妇联等人民团体在维权方面的作用。这强化了残联组织在维护残疾人权益方面的职能,也为残联组织成立维权内设机构提供依据。在残疾人等相对弱势群体的法律救助方面,《关于建设"法治浙江"的决定》指出:各级人民法院对经济困难群众要依法缓、减、免收诉讼费用。2004年5月,中共浙江省委十一届六次全会审议通过了《关于建设"平安浙江"促进社会和谐稳定的决定》。平安是最大的公共品,残疾人已经作为普通公民在"平安浙江"中普遍受益,平安浙江建设还通过加强特定群体保护等措施,进一步维护残疾人等群体的合法权益。通过连续多年"平安浙江"建设,浙江省城乡居民收入不断增加,贫富差距扩大的势头得到遏制;居住条件不断改善,全省城乡人均居住面积继续位于全国前列;社会保障制度更加完善,覆盖城乡的最低生活保障和养老、失业、医疗等社会保障制度更加健全,失地农民基本生活保障以及困难群众救助的长效机制规范运行;公民的合法权益切实得到保护,人民物质文化生活水平不断提高。至今,浙江还在不断传承和创新"枫桥经验",制度化开展领导干部下访,把矛盾化解在基层,把残疾人等群体的合法权益维护工作纳入全局。为贯彻落实2022年中共中央、国务院颁布实施的《信访工作条例》,省有关信访工作联席会议机制将省残联列入成员单位,为残疾人权益保障加了一道防护门。这表明,在"法治浙江""平安浙江"建设的升级版中,同样把残疾人权益保障列入其中并予以重点关切。

二、不断健全和完善残疾人权益保障制度

一方面,在省委有关重要决议中体现对残疾人的关心关爱和权益保障。早在2008年,《中共浙江省委关于全面改善民生促进社会和谐的决定》就提出了在"扶持残疾人就业和创业""制定和完善残疾人康复救助办法,加强残疾人医疗康复和残疾预防工作,保障残疾人享有基本医疗卫生服务""实施残疾人共享小康工程,切实保障贫困残疾人的基本生活、基本居住、基本康复和贫困重度残疾人的基本照料"等方面改善残疾人民生、维护残疾人权益。

另一方面,在省人大常委会出台的地方性法规和省政府颁发的规章中体现对残疾人的关心关爱和权益保障。比如在精神卫生、未成年人权益保护、妇女权益保护、老年人权益保护、就业、低保等方面给予残疾人普惠基础上的特惠保障。

同时,贯彻落实《残疾人保障法》和残疾人教育、就业、残疾预防和康复、无障碍环境建设等法律法规进一步深化细化,出台含金量较高的浙江版残疾人权益保障法律法规。2009年浙江省人大常委会发布《浙江省残疾人保障条例》,2014年浙江省政府颁布《浙江省残疾人就业办法》并于2021年修订,2018年浙江省政府颁布《浙江省实施〈无障碍环境建设条例〉办法》。在浙江省委有关建议的基础上,浙江省政府在历年经济社会发展五年规划中都有涉及残疾人权益保障的规定,每年省政府在两会上的报告,也有残疾人权益保障规定。省政府还坚持为民办实事,多次将残疾人民生实事列入每年十件实事的范围,近年来更是连续多年为残疾人办实事。

三、不断完善扶残助残政策

把党委政府的关怀落到实处,关键还是在政策。新世纪以来,浙江省高度重视残疾人事业与经济社会协调发展,围绕"缩小差距,协调发展,共享小康,走在前列"的目标,努力实现残疾人"人人享有基本生活保障、人人享有基本医疗卫生和康复服务、人人享有安全的住房,残疾儿童少年人人享有九年义务教育"的目标,加强残疾人社会保障和服务体系建设,在残疾人医疗、康复、教育、就业、扶贫、社会保障、托养、文化体育等方面出台各项政策措施,切实改善残疾人的生命健康权、生存权、发展权。

浙江省残疾人事业发展投入在总量和人均方面都走在全国前列,浙江省残疾人全面小康实现程度走在全国前列,浙江省残疾人事业多项指标排在全国前三。特别是历届省残联都有品牌化的残疾人民生工程,从最早的残疾人三项康复工程,到残疾人万户安居工程,再到残疾人共享小康工程,再到无固定收入残疾人生活补贴制度、残疾人两项补贴制度,再到近几年实施的残疾儿童康复机构提升改造,历届省残联针对当时全省残疾人工作存在的薄弱环节,有针对性地实施政策,改善残疾人健康、生存和发展。比如在最低生活保障制度的基础上,给予残疾人30%的生活补贴,然后又对成年无业重度残疾人单独施保,总体上残疾人有了兜底保障,也减轻了家庭负担,残疾人在家里和社会上都有了尊严。

四、加强对人道主义和残疾人事业的宣传

通过全国助残日、国际残疾人日等节日,在报纸、广播、电视、网站、公交站台、户外大屏、社区横幅和新媒体等渠道,经常性开展残疾人事业宣传,营造全社会关心、支持、帮助残疾人的浓厚氛围。

通过公益广告、专题节目、民生热线以及一些影视、小品、文学等形式,宣传助残风尚。通过最美残疾人、最美助残人等评选活动,树立自强和助残的正面典

型。特别是省政府于2010年开展的扶残助残爱心城市（区）创建，推动残疾人受教育、无障碍等权益实现全方位改善。2017年，浙江把无障碍建设作为一项基础工作，加快无障碍社区建设，经省政府同意，2017年至2020年在全省创建300多个省级无障碍社区。近年来，在省市县三级开播手语节目的基础上，推动直播新闻的手语翻译同步，包括各级两会开幕式也同步手语翻译，维护残疾人信息获取的及时性。

五、不断完善保障残疾人合法权益的体制机制

一是政治上保证残疾人权益有代言人。各级人大代表、政协委员都有残疾人和残疾人工作者。一般残联理事长或副理事长担任同级人大或政协常委。在审议涉及公民权益的法律时，能够最大限度避免残疾人的权益被遗忘、遗漏和侵犯。每年两会期间，都有关于残疾人权益方面的提案、建议，逐年努力最终转化为有利于残疾人权益改善的政策。比如残疾人进入机关事业单位工作，原来由于体检标准实际上门槛关闭，通过人大代表的不断呼吁而采取了党政机关事业单位带头安置残疾人的措施。有的地方还建立了残疾人体验评价的先导机制，人大常委会、政协和政府职能部门组织的执法检查、视察，对一些新建和改造公共场所在设计评审、投入使用前请残疾人开展无障碍体验，有的人大主任、政协主席带领有关部门坐上轮椅，体验残疾人的不易。

二是各类党政联席机制中残联组织占有一席之地，乡村振兴、健康浙江、就业创业、法治浙江、平安浙江、信访等各类领导小组、联席会议将残联组织列为成员单位之一。各级政府残工委有几十个党委政府职能部门，残联主席团成员单位也有组织部、统战部、军区等单位。浙江省政府残工委对成员单位开展考核评价，对维护残疾人权益成绩显著的单位予以表彰。

三是各级残联加强残疾人权益保障工作的组织领导。在省编办的大力支持下，浙江省残联较早设立维权部，一些地方残联也设立维权部。维权部是残疾人权益保障的专门职能部门。同时在残疾人事业五年发展规划中，专门对残疾人权益保障作出部署。省级有关部门联合出台残疾人权益保障五年发展的子规划并组织实施。各级残联还主动和法院、检察院等健全联动机制。各地残联维权部每年都组织大量的残疾人法律培训，提升残疾人自我维权的能力。

四是完善残疾人权益保障服务机制，省和各地残联设立残疾人信访室，也在省信访办中健全残疾人权益保障的转办和办结督查机制。省和各地残联通过购买服务的方式，设立法律顾问，完善残疾人法律援助机制，提升运用法律来维护残疾人权益的专业化。

第十章　残疾的预防与康复

2016年8月19日至20日,全国卫生与健康大会在北京举行。习近平总书记出席会议并发表重要讲话。没有全民健康,就没有全面小康。党的十八大以来,以习近平同志为核心的党中央高度重视残疾人事业。习近平在全国卫生与健康大会上强调,要增强全社会残疾预防意识,重视残疾人健康,努力实现残疾人"人人享有康复服务"的目标。① 国务院正式批准将每年8月25日设立为"残疾预防日"。2016年8月25日,是全国第一个"残疾预防日"。对于个人,残疾预防关乎健康;对于家庭,残疾预防关系家庭幸福;对于国家,残疾预防关联社会健康发展。②

第一节　残疾预防工作

一、残疾的预防

《平等、参与、共享:新中国残疾人权益保障70年》白皮书指出:残疾预防工作取得积极成效。制定发布《国家残疾预防行动计划(2016—2020年)》,采取有效措施减少和控制残疾发生。在全国开展残疾预防综合试验区试点工作,探索完善残疾筛查、评定、报告及干预一体化工作机制。实施国家免疫规划,加强婚前孕前健康检查、孕产妇产前筛查诊断以及新生儿和儿童残疾筛查。制定《0～6岁儿童残疾筛查工作规范(试行)》,实现5类儿童残疾的早筛早诊早治。加强传染病、地方病、慢性病等疾病防治,实施食盐加碘、增补叶酸等重点预防工程,基本消除了脊髓灰质炎、碘缺乏病等致残因素。加强安全举措,减少意外伤害致残因素。科技部积极推进残疾预防技术攻关,通过"生殖健康及重大出生缺陷防控研究"和"重大慢性非传染性疾病防控研究"重点专项,部署开展出生缺陷防控和

---

① 《习近平出席全国卫生与健康大会并发表重要讲话》,央广网 http://china.cnr.cn/news/20160821/t20160821_523044689.shtml

② 张恪忞:《绘就健康中国蓝图 总书记这句话耐人寻味》,2017-08-25 08:08:42 来源:央视网

主要致残性重大慢性疾病防控技术研究,有效减少因病致残的发生。2017 年,国务院正式批准将每年 8 月 25 日设立为"残疾预防日"。在残疾预防日、爱耳日、防治碘缺乏病日、爱眼日、预防出生缺陷日、精神卫生日等节点开展宣传活动,提高公众的残疾预防意识。截至 2016 年,全国共为 8091 万名农村孕期妇女提供免费补服叶酸服务,为 97.8 万对夫妇免费提供地中海贫血筛查服务,为 469 万名新生儿提供免费先天性疾病筛查。[①]

二、认真贯彻执行国家残疾预防行动计划(2021—2025 年)

1. 总体要求

（1）指导思想

以习近平新时代中国特色社会主义思想为指导,全面贯彻党的十九大和十九届历次全会精神,认真落实党中央、国务院决策部署,坚持以人民为中心的发展思想,贯彻预防为主的方针,以基层为重点,以改革创新为动力,将残疾预防融入经济社会发展各领域,全民动员、科学施策、依法推进,提高全社会残疾风险综合防控能力,有力保障人民群众生命安全和身体健康。

（2）基本原则

政府主导,联防联控。进一步完善政府主导、多部门协调联动、社会共同参与的残疾预防工作格局。强化政府责任,加强跨部门协作,完善防治策略、制度安排和保障政策。落实单位、个人责任,调动全社会积极性,形成政府、社会、个人协同推进残疾预防的合力。

人人尽责,共建共享。倡导每个人是自己健康第一责任人的理念,把增强公民个人残疾预防意识和能力作为残疾预防的基础工程抓紧、抓实,广泛开展残疾预防宣传教育,让残疾预防知识、行为和技能成为全民普遍具备的素养和能力。

系统推进,早期干预。全面实施覆盖全人群全生命周期的残疾预防三级防控策略,着力推进关口前移、早期干预。针对各阶段主要致残因素采取综合干预措施,推进健康教育、健康促进,提供系统连续的筛查、诊断、治疗、康复一体化服务。

（3）工作目标

到 2025 年,覆盖经济社会发展各领域的残疾预防政策体系进一步完善,全人群全生命周期残疾预防服务网络更加健全,全民残疾预防素养明显提升,遗传和发育、疾病、伤害等主要致残因素得到有效防控,残疾康复服务状况持续改善,残疾预防主要指标处于中高收入国家前列。

---

① 国务院新闻办公室:《平等、参与、共享:新中国残疾人权益保障70年》,人民出版社 2019 年版,第14-15 页。

(4)主要指标

领域		指　标	2020 年	2025 年
残疾预防知识普及行动	1	重点人群残疾预防知识普及率	—	≥80%
出生缺陷和发育障碍致残防控行动	2	婚前医学检查率	68.5%	≥70%
	3	孕前优生健康检查目标人群覆盖率	≥80%	≥80%
	4	孕产妇系统管理率	≥90%	≥90%
	5	产前筛查率	≥60%	≥75%
	6	新生儿遗传代谢性疾病筛查率	≥98%	≥98%
	7	新生儿听力筛查率	86.5%	≥90%
	8	3 岁以下儿童系统管理率	≥80%	≥85%
疾病致残防控行动	9	高血压患者基层规范管理服务率	≥60%	≥65%
	10	2 型糖尿病患者基层规范管理服务率	≥60%	≥65%
	11	百万人口白内障复明手术率	≥2000	≥3000
	12	以社区为单位心理咨询室或社会工作室建成率	—	≥80%
	13	登记在册的严重精神障碍患者规范管理率	≥80%	≥83%
	14	适龄儿童免疫规划疫苗接种率	≥90%	≥90%
	15	控制和消除重大地方病的县(市、区、旗)	≥95%	≥95%
	16	接触职业病危害的劳动者在岗期间职业健康检查率	≥90%	≥90%
伤害致残防控行动	17	生产安全事故发生起数	比 2016 年下降 10%以上	比 2020 年下降 10%以上
	18	声环境功能区夜间达标率	80.1%	达到 85%
康复服务促进行动	19	每 10 万人口康复医师人数	—	力争达到 8 人
	20	65 岁以上失能老年人健康服务率	≥80%	≥80%
	21	开展精神障碍社区康复服务的县(市、区、旗)	—	≥80%
	22	开展精神障碍社区康复服务的县(市、区、旗)的居家患者接受社区康复服务比率		≥60%
	23	残疾人基本康复服务覆盖率	≥80	≥85%
	24	残疾人辅助器具适配率	≥80%	≥85%
	25	公共建筑无障碍设施建设率	—	100%

注："十三五"期间未开展数据统计工作的指标 2020 年数据标注为"—"。

2. 主要行动

(1) 残疾预防知识普及行动

建立完善残疾预防科普知识资源库。出版、遴选、推介一批残疾预防科普读物,针对重点人群、主要致残因素定期更新、发布残疾预防核心知识。推动将残疾预防和出生缺陷防治核心知识纳入全科医生、专科医生、妇幼保健人员、社会工作人员、残疾人工作者等职业培训课程和教材内容,形成残疾预防知识科普骨干队伍,确保残疾预防知识规范、有效传播。

加强重点人群残疾预防知识普及。面向儿童、青少年、新婚夫妇、孕产妇、婴幼儿家长、老年人、高危职业从业者等重点人群开展针对性宣传教育,主动提供残疾预防和出生缺陷防治科普知识,普及遗传和发育、疾病、伤害等致残防控的科学知识、方法;面向伤病者、残疾人,加强康复知识宣传普及,着力提升康复意识、能力。

组织实施重点宣传教育行动。持续开展残疾预防日宣传教育活动,同时利用爱耳日、爱眼日、世界噪声日、防治碘缺乏病日、预防出生缺陷日、精神卫生日、防灾减灾日、全国消防日、全国交通安全日等宣传节点,加强残疾预防知识专题宣传,充分利用群众喜闻乐见的活动形式、传播方式,提升各类宣传教育活动的影响力、实效性。

(2) 出生缺陷和发育障碍致残防控行动

加强婚前、孕前保健。推进婚前保健,加强对遗传性疾病、指定传染病、严重精神障碍的检查并提出医学意见,指导婚前医学检查服务机构科学优化婚前医学检查场所布局及服务流程,加强婚姻登记场所婚姻家庭健康咨询室建设,加大健康婚育指导力度。深入实施孕前优生健康检查、增补叶酸等基本公共卫生服务,指导科学备孕,为计划受孕夫妇提供健康教育、咨询指导、筛查评估、综合干预等孕前优生服务,推进补服叶酸预防神经管缺陷。

做好产前筛查、诊断。提供生育全程基本医疗保健服务,广泛开展产前筛查,加强对常见胎儿染色体病、严重胎儿结构畸形、单基因遗传病等重大出生缺陷的产前筛查和诊断。推进高龄孕产妇等重点人群的分类管理和服务,落实妊娠风险筛查与评估、高危孕产妇专案管理等制度,强化县、乡、村三级妇幼卫生服务网络建设,完善基层网络和转诊网络。

加强儿童早期筛查和早期干预。全面开展新生儿苯丙酮尿症、先天性甲状腺功能减退症等遗传代谢性疾病和听力筛查,逐步扩大致残性疾病筛查病种范围,推进早筛、早诊、早治。规范婴幼儿早期发展服务,加强对家庭和托幼机构儿童早期发展服务的指导,深入实施中央专项彩票公益金出生缺陷干预救助项目。做实0～6岁儿童健康管理工作,大力推进0～6岁儿童致残性疾病筛查,建立筛查、诊断、康复救助衔接机制,不断提升儿童致残性疾病早发现、早诊断、早干预、早康复能力和效果。

(3)疾病致残防控行动

加强慢性病致残防控。推广健康生活方式,提倡戒烟限酒、合理膳食、均衡营养、科学运动,减少每日食用油、盐、糖摄入量。开展全民健身行动,发挥好体育健身在主动健康干预、慢性病防治、康复中的作用。加强高血压、糖尿病等慢性病患者规范管理,做好并发症筛查和干预。丰富家庭医生签约服务内容,提高服务质量,推进基层慢性病医防融合管理。持续开展脑卒中等高危人群筛查与干预项目。着力做好防盲治盲、防聋治聋工作。

加强社会心理服务和精神疾病防治。构建社会心理健康服务体系,强化重点人群心理健康服务、社会工作服务和个体危机干预,加强群体危机管理,将心理援助纳入突发事件应急预案,为遭遇突发公共事件群体提供心理援助服务。加强对精神分裂症、阿尔茨海默病、抑郁症、孤独症等主要致残性精神疾病的筛查识别和治疗。做好严重精神障碍患者规范管理,落实监管责任,加强救治救助。

加强传染病及地方病致残防控。全面实施国家免疫规划,继续将脊髓灰质炎、流行性乙型脑炎等致残性传染病的疫苗接种率维持在高水平。落实《中华人民共和国疫苗管理法》,保证疫苗使用安全。加强传染病防控,做好传染病报告及患者医疗救治。针对地方病流行状况,实行重点地方病监测全覆盖,持续消除碘缺乏病、大骨节病、氟骨病等重大地方病致残。

加强职业病致残防控。加强职业健康监管体系建设,做好重点行业职业健康管理,督促用人单位落实职业病防治主体责任,提升职业健康工作水平。落实防尘、防毒、防噪声、防辐射等重点措施,减少工作场所职业危害因素。加强重点人群劳动保护,避免接触有毒有害元素。加强严重致残职业病患者救治,预防尘肺病、职业中毒、噪声等致残。

(4)伤害致残防控行动

加强安全生产和消防安全监督管理。加大安全生产监管执法力度,排查治理重点行业领域重大事故隐患,持续改善工矿行业劳动条件。大力推进工伤预防工作,减少因工伤致残。加强消防安全管理,排查治理客运车站、码头、医院、学校、幼儿园、养老院、儿童福利机构、未成年人救助保护机构及劳动密集型企业等人员密集场所的消防安全隐患,完善消防安全设施,提高防范火灾能力。

加强道路交通和运输安全管理。加强交通安全系统治理、依法治理、综合治理、源头治理,深化隐患排查治理,提升道路设施安全保障水平,加大严重交通违法行为查处力度。加强道路运输指挥调度、动态监测、应急处置。加强旅游包车、班线客车、危险货物运输车、货车等重点车辆安全管理,推动落实政府领导责任、行业部门监管责任和企业安全主体责任。加强机动车生产、改装、登记、检验等环节监管。加强道路交通事故伤者救援渠道和救治网络建设,减少交通事故致残。

加强儿童伤害和老年人跌倒致残防控。开展学校、幼儿园、社区、家庭儿童伤害综合干预,推广"四安全"儿童伤害综合干预模式,积极开展针对儿童溺水、道路交通伤害、跌落、烧烫伤、中毒、暴力等风险的安全教育,健全儿童用品强制性国家标准体系,加强对玩具、电子产品的监督和管理。推广使用儿童安全座椅。加强老年友好环境建设,鼓励家居环境适老化改造,改造易致跌倒的危险环境。开展老年人跌倒干预和健康指导,提高老年人及其照料者预防跌倒的意识和能力,提高对儿童伤害和老年人跌倒的救援、救治水平。

增强防灾减灾能力。加强灾害风险隐患排查及群众性应急演练。做好灾害监测预警、应急准备、应急救援、生活救助、恢复重建等工作,加强社区、学校、幼儿园、医院、车站、工厂等人员密集场所灾害防御,依托现有资源,推动建设全国应急救援医疗平台,提高突发灾害现场应急处置能力和水平。完善应急医疗技能实战训练、救援人员康复治疗技能培训、移动医院和医疗救援装备储备等。

加强农产品和食品药品安全监管。聚焦突出问题,防范化解农产品质量安全风险隐患,推进农产品质量安全治理现代化。完善食品生产安全风险防控体系和分级管理制度,加强食品安全风险动态排查,定期开展风险评估研判,加强生产经营过程监管,加大抽检力度,严惩重处违法行为,压实企业主体责任。严厉打击制售假劣药品、无证医疗器械违法行为,持续加强药品不良反应和医疗器械不良事件监测。

保障饮用水安全和加强空气、噪声污染治理。全面开展城乡饮用水卫生监测,及时掌握全国饮用水水质基本状况,确保达到生活饮用水卫生标准。加强水源保护和水质保障,推动城市供水设施建设改造,保障城市供水安全,推进农村饮水安全向农村供水保障转变。持续开展大气污染防治行动,强化工业企业无组织排放管控,推进工业污染源全面达标排放,加大超标处罚和联合惩戒力度。大力推进企业清洁生产,推动重点行业污染治理升级改造,积极推进钢铁等行业超低排放改造,深入推进柴油货车污染治理,实施清洁取暖等措施,加强环境空气质量监测,做好重污染天气应急响应。加强噪声污染治理,推动地级及以上城市全面实现功能区声环境质量自动监测。强化生态环境与健康管理,减少饮用水、空气、噪声等环境污染致残。

(5)康复服务促进行动

加强康复医疗服务。贯彻落实国家卫生健康委等八部门印发的《关于加快推进康复医疗工作发展的意见》,提高康复医疗服务能力,完善康复医疗服务指南和技术规范,积极发展中医特色康复服务。加强康复医疗人才教育培养,加快建设康复大学,鼓励有条件的院校设置康复治疗、康复工程等相关学科和专业。积极发展社区和居家康复医疗,鼓励有条件的医疗机构将机构内康复医疗服务延伸至社区和家庭。

保障残疾人基本康复服务。落实政府基本公共服务责任,开展残疾人基本需求与服务状况调查,持续组织实施残疾人精准康复服务行动,为残疾人提供康复医疗、康复训练、康复辅助器具配置等基本康复服务。加强残疾人康复机构规范化建设,着力推进精神障碍、智力残疾等社区康复服务。健全基本康复服务、康复辅助器具适配服务标准规范,持续提升残疾康复服务质量。落实残疾儿童康复救助制度,合理确定救助标准,增加康复服务供给,确保残疾儿童得到及时有效的康复服务。有条件的地方可对城乡困难残疾人、重度残疾人基本型辅助器具适配给予补贴。

加强长期照护服务。完善居家、社区、机构相衔接的专业化长期照护服务体系,改善失能老年人照护服务质量,努力延缓残疾发生、发展。落实经济困难的失能老年人补贴制度,加强与残疾人两项补贴政策衔接。稳步推进长期护理保险制度试点,推动形成符合我国国情的长期护理保险制度。鼓励发展商业型长期护理保险产品,为参保人提供个性化长期照护服务。

提升无障碍设施建设水平。修订完善无障碍环境建设标准,组织创建全国无障碍建设城市,持续推动城市道路、公共交通、居住社区、公共服务设施和残疾人服务设施等加快无障碍建设和改造。实施困难重度残疾人家庭无障碍改造,提高残疾人家庭无障碍改造水平。探索传统无障碍设施设备数字化、智能化升级。加快发展信息无障碍,加快普及互联网网站、移动互联网应用程序和自助公共服务设备无障碍。

3. 保障措施

(1) 加强组织领导

国务院残疾人工作委员会负责组织实施本行动计划,指导各地、各有关部门及单位落实相关工作任务,定期召开会议,听取汇报,通报情况,开展调度,研究解决重大问题。各地要结合实际研究制定本地残疾预防行动计划,健全工作推进机制,保障工作条件,加强统筹调度,确保实现各项任务目标。各有关部门要按照职责分工,将所承担的残疾预防工作任务纳入重点工作安排,逐项抓好落实。

(2) 健全技术支撑体系

完善国家残疾预防专家咨询委员会,建立健全各省(自治区、直辖市)残疾预防专家咨询委员会,承担咨询、评估、宣教等任务,为本行动计划实施提供技术支持。加强残疾预防科技攻关、示范应用,针对残疾预防重点难点,结合中央财政科技计划(专项、基金等)以及地方科技发展专项等给予支持。强化残疾预防信息支撑,推动残疾预防信息跨部门跨区域共享。确定残疾预防重点联系地区,加强监测,探索经验,开展残疾预防新技术示范应用。

(3)开展监测评估

国务院残疾人工作委员会成员单位和有关单位按职责分工做好相关任务指标年度监测,及时收集、分析反映相关任务落实情况的数据和信息。国务院残疾人工作委员会组织开展中期及终期评估,通过评估了解掌握本行动计划实施进展情况,系统分析评价目标任务完成情况,总结经验做法,找出突出问题,提出对策建议。地方各级残疾人工作委员会负责组织有关单位,做好本地残疾预防行动计划实施情况监测评估。对进度滞后、工作不力的地区、部门和单位,及时督促整改。

(4)做好宣传引导

采取多种方式,强化舆论宣传,编写发布解读材料,宣传介绍实施本行动计划的重大意义、目标任务和主要举措,帮助社会各界了解掌握核心内容,鼓励引导社会广泛参与、支持实施。及时宣传报道实施进展、阶段性成效,做好经验交流分享,为推进实施营造良好氛围。

2022年1月6日,中国残联下达关于贯彻落实《国家残疾预防行动计划(2021—2025年)》的通知。开展残疾预防的研究与行动,这关系人的生命尊严、家庭幸福和国家经济社会的发展,并且自觉地把保障残疾人权益、促进残疾人全面发展和共同富裕作为重要使命和奋斗目标。笔者认为,从残疾人学的观点来看,以习近平新时代中国特色社会主义思想为指导的《国家残疾预防行动计划(2021—2025年)》,不仅具有中国意义,而且具有世界意义。

第二节 残疾康复工作

一、残疾康复工作的主要成就

《平等、参与、共享:新中国残疾人权益保障70年》白皮书指出:中国高度重视残疾人健康权利保障,全面开展残疾预防,大力推进康复服务,努力实现残疾人"人人享有康复服务"的目标。

残疾人健康保障政策务实全面。《"健康中国2030"规划纲要》《"十三五"卫生与健康规划》《"十三五"深化医药卫生体制改革规划》等,对维护残疾人健康、加强基层医疗康复能力建设等提出明确要求。《残疾预防和残疾人康复条例》颁布实施。建立重度残疾人护理补贴制度,向残疾人提供残疾特需的医疗卫生服务,将残疾人作为家庭医生签约服务的优先对象,鼓励各地将基本康复服务纳入个性化签约范围。运动疗法等29项医疗康复项目纳入基本医疗保险支付范围。自20世纪90年代以来,中国政府和社会各界出资,对白内障患者开展手术治疗,累计使1000余万人复明。特别关注农村贫困残疾人医疗卫生服务状况,制定发布《关于实施健康扶贫工程的指导意见》《健康扶贫工程"三个一批"行动计划》《着力解决因残致贫家庭突出困难的实施方案》和《医疗保障扶贫三年行动实施方案(2018—2020年)》,将农村贫困残疾人纳入基本医保、大病保险、医疗救助范围,充分发挥三项制度综合保障作用,切实提高建档立卡贫困残疾人医疗保障受益水平,加强县级残疾人康复服务中心建设,提升基层康复服务能力,建立医疗机构与残疾人专业康复机构协调配合的工作机制。

残疾人康复条件逐步完善。残疾人康复机构从无到有,专业队伍建设不断加强,工作体系、业务格局、运行机制逐步建立,服务能力日益提高。截至2018年,全国已竣工的省、市、县三级康复设施914个,全国残疾人专业康复服务机构9036个,在岗人员25万人,2750个县(市、区)开展小区康复服务。康复工作内容由三项抢救性康复项目发展成为覆盖多学科领域、满足各类别残疾人需要、预防与康复并重的服务体系。2018年,全国621所中等、高等职业技术学校和普通本专科院校开设康复专业,毕业生人数为29334人。为进一步加强康复专业人才培养,建设中国康复大学已纳入"十三五"规划和《"十三五"加快残疾人小康进程规划纲要》,筹建工作正式启动。大力开展小区康复服务,提升小区康复能力。全国9个省(区、市)建立了残疾人辅助器具补贴制度,减轻了残疾人家庭的经济负担。实施残疾人精准康复服务行动,为残疾儿童和持证残疾人提供康复医疗、康复训练、支持性服务、辅助器具适配等基本康复服务。科技部着力推进助残、惠残产品研发,通过"主动健康和老龄化科技应对"和"生物医用材料研发与组织器官修复替代"重点专项,部署开展康复辅助器具、人工组织器官修复材料等研发。完善工伤康复制度,提高伤残抚恤标准。2018年,1074.7万名残疾儿童及持证残疾人得到基本康复服务,残疾人康复服务覆盖率达79.8%。

残疾儿童健康得到特别关注。遵循儿童利益最大化原则,高度关注残疾儿童健康。第二次全国残疾人抽样调查数据显示,0~14岁残疾儿童占残疾人总人数的4.69%,比1987年第一次全国残疾人抽样调查资料下降11.21个百分点。优先开展0~6岁残疾儿童抢救性治疗和康复,实施精准康复服务。2018年,15.7万名0~6岁残疾儿童得到基本康复服务。为更全面更可持续地保障残疾儿童的基本康复权利,国务院2018年6月发布《关于建立残疾儿童康复救助制度的意见》,正式建立残疾儿童康复救助制度。推进残疾儿童康复救助项目,对患有脑瘫、弱视、听障等重大疾病儿童进行救助。建立包括残疾孤儿在内的孤儿基本生活保障制度,实施"儿童福利机构建设蓝天计划"和"全国残疾孤儿手术康复明天计划"。截至2018年6月,"全国残疾孤儿手术康复明天计划"已为12.5万名手术适应证残疾孤儿、弃婴实施了手术矫治和康复训练。值得一提的是,2017年,浙江省又新增13项残疾人康复项目进医保,并提高了残疾儿童基本服务补贴标准。

二、残疾康复工作存在的问题

1. 残疾康复工作协调机制运用得不够

在政府领导、政府残工委负责下,卫健委、民政、残联乃至教育等部门,都有一定的康复工作机制,也有较好合作,但不可避免地存在着职责不清、界限不明等现象。残联作为群团组织,牵头组织实施残疾人康复工作,还有薄弱环节,如在康复工作中运用资源整合机制还不够。

2. 残疾康复工作存在不平衡现象

经济发达地区和欠发达地区用于残疾人康复的补助项目、报销比例、财政投入等方面存在很大差异,远未实现基本康复服务的均等化目标。"人人享有康复服务"目标,在可及性方面存在障碍,在康复服务质量上还有待提升。与此并存的是,一些基层康复机构、小区及小区卫生服务机构中的康复设施设备闲置现象突出,主要是没有配备专业人员或经过培训合格的兼职指导员,具有康复需求的残疾人因为种种原因不信任、不积极参与康复。残疾人自身和家属康复意识不强,缺少相关业务培训。

3. 康复人才存在极大短缺

据全国残疾人基本服务状况和需求实名制调查,全国有1300多万持证残疾人和残疾儿童反映需要康复服务。另据测算,约1.3亿慢性病患者有医疗康复需求,约4000万失能、半失能老人有康复需求,而我国康复人才总量严重不足,每年毕业生总数仅约8000人,而且超过七成为专科学历,与需求相比存在严重缺口。康复医学各层次教育的培养模式、课程设置、教学内容、师资条件等缺乏规范标准,存在标准杂、资源散、层次低等问题。另外,护理等康复相关专业往往被学生、家长认为是伺候人而被忽视。康复专业人才在职称晋升、工资待遇、职业前景等方面与临床医学等热门存在差距。

三、建设健康中国，助力全面小康

（1）始终将残疾预防作为减少残疾发生发展、优化康复资源分配的前置环节和全社会基础性的生命教育、健康教育、安全教育的重点范畴，从小抓起，进校园、进企业、进小区、进家庭，普及健康理念和基础康复知识。

（2）在健康中国战略中凸显康复的地位，将康复和医学作为同等重要、不同分工的支柱，加大财政投入力度，提高康复在公共卫生体系中的地位和作用。

（3）融入国家机构改革大局，进一步理顺康复工作机制。强化政府责任，突出卫健委的牵头作用，整合民政、残联等其他部门的康复职责和康复资源，发挥中国康复研究中心的辐射带动效应，支持各省建立起一家以康复为特色的省级公办医疗机构并做大做强，根据需求变化情况切实做好康复医疗机构的科学布局布点，完善康复服务体系，共同完善综合医院康复医学科、康复专科医院、社区康复站共同组成的康复医疗服务供给链。

（4）推进精准康复，以需求调查和科学评估为前提，确保基本康复服务全覆盖，逐步提高精准康复服务率。精准康复能有效减少康复失误、延误，提高康复质量和效果，但需过硬的康复服务能力和有效的康复资源体系作为支撑。优先开展残疾儿童抢救性康复，做好不同残疾类别、年龄的残疾人康复，加大辅助器具科技创新、研发力度和适配服务水平，通过福利性发放、优惠购买、定点适配、集中采购等各种方式，降低价格，提高质量，形成满足不同层次需求的供给体系，同时辅助器具适配和适配后康复服务有机衔接，提高辅具实用性、舒适性和有效性。

（5）以机构能力建设为重点，加强康复人才培养，提高康复业务水平。将医疗和康复作为同等重要的两个方面，统筹和加强康复专业人才培养和使用，在报酬待遇、职称晋升、事业发展等方面同步同等，淡化"康复经济创收"考核评价体系，赋予"康复社会效益"更多分值，让更多专业技术人才乐于、安于从事康复事业。

（6）在科研项目、学术研讨等方面给予康复事业。更多资源倾斜，支持大专院校根据康复市场需求开设专业、培育人才并向社会供应。加大财政对康复机构的投入力度，增强公共和公益属性，完善设施设备，为全民提供更加有效、便捷的康复服务。推动更多康复政策落地，推出更多福利型康复项目，让残疾人有钱康复，增强规模经济效应。通过转移支付、对口帮扶、纳入乡村振兴战略规划等措施，加强欠发达地区、农村地区残疾人康复工作发展，改变残疾人康复工作不平衡现象，让残疾人康复服务成为基本公共服务均等化的样板。

（7）康复大学（筹）获批，正在青岛建设。2019年6月11日，由中国残联、国家卫健委等共同推动建设的康复大学(筹)在山东青岛举行揭牌仪式,标志着这所致力于培养高水平康复专业人才的高等学府正式开建。

与此同时,博鳌亚洲论坛全球健康论坛大会在青岛召开,作为分论坛之一,还召开了"为了残疾生命的重建:康复大学建设研讨会",来自日本、新西兰、英国、加拿大、瑞典、芬兰、世界卫生组织、国内相关院校和研究机构的专家参加了研讨。中国残联主席张海迪出席会议并讲话,山东省副省长于杰、青岛市副市长朱培吉分别致辞,康复大学(筹)领导小组常务副组长、临时党委副书记李欣章介绍了康复大学的规划和建设情况。中国残联副主席、副理事长程凯主持会议。

目前,全国各地建立了一些康复中心和机构,但是,康复人才非常缺乏,尤其缺乏高水平、专业化人才,制约了康复事业的发展。因此,建设康复大学,培养高水平康复人才,迫在眉睫。

张海迪表示,我们必须以高尚的人文情怀建设好康复大学,要坚持高起点、高水平、国际化,组建优秀团队,在规划建设、学科设置和教学管理等方面,充分吸收和借鉴国际先进理念和经验,努力把康复大学建设成为一所以研究为基础、应用为导向的新型大学。

张海迪还建议把康复医学作为一级学科建设,同时完善康复医学的二级学科,促进中国医药与现代康复技术的融合,创建中西医并重的现代康复学科体系。

四、贯彻落实党的十九届五中全会精神,推动康复事业高质量发展

2020年11月10日,张海迪在全国政协十三届常委会第十四次会议上指出,《中共中央关于制定国民经济和社会发展第十四个五年规划和二〇三五年远景目标的建议》为全面建设社会主义现代化国家描绘了美好蓝图,特别是对残疾人工作提出了明确要求。她认为,残疾不是哪一个人的痛苦,而是人类的痛苦和困境;残疾人过上更好的生活,首先是身体得到康复。

2016年,习近平总书记在全国卫生与健康大会的讲话中指出:"要增强全社会残疾预防意识,重视残疾人健康,努力实现残疾人'人人享有康复服务'的目标"。[1] 康复是残疾人事业的重中之重。康复以现代化的手段修复和重建残疾的生命,使之获得新的机会。只有身体康复了,残疾人家庭才能摆脱痛苦,过上有质量的生活。康复是所有残疾人迫切的需求。河北农村的一户人家,家里有4个残疾人都没有得到康复;有一位农村贫困家庭的瘫痪老人,因没做过康复,

---

[1] 《习近平出席全国卫生与健康大会并发表重要讲话》,央广网 http://china.cnr.cn/news/20160821/t20160821_523044689.shtml.

手已经完全挛缩了;湖南湘雅医院康复大厅挤满了做康复的脑瘫孩子,医生说最多一天有600个孩子。我们的康复能力远远不能满足残疾人康复的需求。

除了疾病、遗传等造成的身体残疾外,各种事故也是造成残疾的主要原因之一,特别是颅脑和脊髓受损造成的瘫痪者,若不能及时康复,就会终身残疾。我们要高度重视残疾康复,加快培养专门人才,为千万个家庭带来希望。

目前,我国康复学科建设还处在起步阶段,虽然这些年各省区市都建设了康复中心或机构,但是康复专业人才严重短缺,康复服务总量不足、质量不高,与残疾人的康复需求还有很大差距。残疾人的幸福感首先是没有痛苦的生活,这是提高生活质量的基础。贯彻落实党的十九届五中全会精神,推动康复事业高质量发展,张海迪提了三点建议。

第一,建成高起点、高水平、国际化的康复大学。在教育部、国家卫生健康委和山东省、青岛市等有关方面共同努力下,康复大学建设已被纳入"十三五"规划,现已开工建设,期待"十四五"建成建好中国康复大学。康复大学是世界上第一所专门培养高层次康复人才的大学,承载国家和人民的历史使命与价值担当,也必须吸引更多的青年学子投身康复事业。康复大学一定会为生命的修复和重建、为健康中国提供有力支撑。

第二,推动康复医学成为一级学科。世界卫生组织将预防、临床、康复、保健四大医学称为一级学科,而我国康复医学还是作为临床医学的二级学科。随着我国卫生健康事业的发展,康复不再是医学的附属,也不仅限于康复治疗,而是涵盖社会康复、职业康复、教育康复、康复工程等内容。建议把康复医学作为国家一级学科建设,同时完善康复医学的二级学科,促进中医药与现代康复技术的融合,创建中西医并重的现代康复学科体系。康复要和预防、临床、保健一起构成保障人民健康的完整体系。

第三,研究制定康复人才培养配套政策。建议相关部门完善康复专业人才培养培训、执业认证、职称晋升和职业成长等配套政策,建立和健全培养人才、留住人才的良好机制和政策保障。康复一定会为健康中国发挥重要作用。

学习与思考

为了推动康复事业高质量发展,迫切需要千千万万个像徐仙琴那样具有"两个伟大"精神品质的残疾人工作者,在长期不同质的文化融合中必能产生出一种独特的创新文化,值得学习与思考。笔者在疫情防控期间经多次访谈调查撰写出这篇短文。

让聋儿回到有声世界
——记徐仙琴的聋儿语训工作

徐仙琴,女,1975年12月生,大学学历,中共党员,义乌市第十一届、十二届政协委员,义乌市佛堂心声聋儿培训部主任,朗达心声幼儿园园长,香港卓越父母亲子导师,义乌市特殊教育委员会特聘专家等。先后被评为全国"为国教子,以德育人"好家长、"中国十大杰出母亲"、全国扶残助残先进个人等。

一、办园的历程

如果不是那次偶遇,徐仙琴可能至今还过着相夫教子的日子。2003年11月,徐仙琴领着儿子去买助听器上的电池,碰到了一位同时来为儿子买电池的妈妈。两人同病相怜,当得知徐仙琴儿子从诊断为先天性耳聋到教会说话并能上学时,这位妈妈简直不敢相信。她希望徐仙琴能帮她教孩子。这个要求让徐仙琴很是为难。因为她那时除了白天在附近工厂打工外,回到家还要辅导儿子功课、做家务。当她抬头看到对方那求助的目光时,忽然浮现出从前无助的自己,天下父母心相通!徐仙琴答应了。12月,那位男孩来到徐仙琴家中,由于男孩的情况和儿子当时相似,徐仙琴将过去的教案一一搬出,效果很明显。两个月后男孩被父母接回去过年,家人惊喜地听到男孩喊"爸爸""妈妈""爷爷""奶奶"了,那个年,一家人欢声笑语不断。

好事不胫而走,令徐仙琴始料未及的是慕名拜访者越来越多。如果来者不拒,显然家庭没有这个条件,若拒绝,徐仙琴又实在于心不忍。"我多一些付出,或许能改变这些孩子的一生命运,改变更多家庭。"谈起办班的初衷,徐仙琴的缘由很朴素。她把办培训班的想法告诉丈夫时,丈夫非常支持。他们拿出家中的全部积蓄,还借了一点钱,租了几间民房,买了些教学器材,在当地教育部门和残联的支持下,2004年5月,义乌市残联聋儿语训工作室在佛堂镇稽亭村成立。因徐仙琴有过幼儿园工作的经历,而且还有幼儿教学大专学历,工作起来有条不紊。

徐仙琴办班教听障儿童说话的事像长了翅膀一样传开,原先只有金华地区的人登门拜访,很快就有江西、安徽、福建等10多个省的聋儿家长找上门来。

随着孩子越来越多,语训工作室经历了四次搬迁,徐仙琴几乎倾注了所有的心血。付出总有回报！这些年来，徐仙琴一共帮助1000多名聋儿学会了开口说话并融入社会，帮助上千个家庭走向幸福的生活。

二、母爱的力量

笔者读了邢少红的撰文：《给聋孩子一个有声的世界 一生的梦想》，颇受启发。

"不幸的人生通常是一把双刃剑，它会让懦弱者意志消沉，甚至输掉整个人生，但有时它也会让勇敢者变得无比强大，并且从此拥有绚丽的人生！徐仙琴的故事有三重升华：她先是让自己的残疾儿子拥有了正常人生，继而把这些经验用在拯救更多聋儿身上，并且同样获得了成功。更可贵的是，在这个过程中，她由一个家庭不幸的弱小女子，变成了受人尊敬的杰出职业女性。这种传奇经历，足以给千千万万处于迷茫中的母亲们无限的感召力量！"

这是第二届"中国十大杰出母亲"颁奖晚会上写给"中国十大杰出母亲"徐仙琴的颁奖词，这也是徐仙琴一生的真实写照。

母爱的力量，使徐仙琴在聋儿语训工作中自觉坚持和运用实证方法，取得了显著成效，为她的传奇经历增添了一份光彩。

1. 爱心

张海迪说得好："残疾人工作者首先要爱残疾人，爱这个事业！我在此工作常说，一定要对残疾人有感情，要和残疾人心贴心！"

徐仙琴一生坎坷。她出生在浙江省永康市花街镇双溪村，8岁父亲去世，她带着5岁的弟弟跟爷爷生活。高中毕业后来到义乌工作，与佛堂镇一小伙子相识相恋，1994年结为夫妻，次年有了自己的儿子，幸福地当上了妈妈。然而，在孩子4岁的时候却被诊断出患有先天性耳聋，当专家告诉她孩子还尚存一点残余听力、可以佩戴助听器试着发音训练时，她知道她没有时间再沉浸在悲痛中了。回到家后，她毅然决然地辞掉了工作，买来大量有关聋儿语训方面的教材自学，并试着训练儿子发音。因为儿子的听觉效果和平常小孩有很大差别，每次总是要发很大的声音，一个字要成百上千次重复，直到讲得口干舌燥。无论他吃饭、玩耍还是睡觉，无论他听懂听不懂，徐仙琴总是不厌其烦地和儿子交流、沟通。一个多月后的一天，儿子终于发出了一声"妈"。这一声对徐仙琴来说无异于天籁，她当时就泪流满面。因为这一声让她期待已久，这一声让她看到了希望。她坚信：只要坚持不懈，儿子一定能和正常孩子一样开口说话。

在以后的1400多个日子里，徐仙琴的大脑始终紧绷着一根弦，那就是不断摸索更好的训练方法，不知疲倦地教儿子说话。2002年9月1日，儿子终于和正常孩子一样走进了佛堂镇小学。

2. 耐心

张小宝(化名),女,出生日期 2016 年 3 月 14 日,双耳听力损失均在 90 分贝以上,2017 年 9 月 7 日双耳植入澳大利亚品牌的电子耳蜗,2017 年 9 月 27 日开机,2017 年 11 月(18 月龄)进入义乌佛堂心声聋儿培训部进行听觉言语康复训练,每周安排三节 AVT 亲子教学。入园时没有听觉语言能力,只能无意识发咿呀语,能够模仿发音 a,会用眼神对视,没有等待和轮替,看到喜欢的玩具会直接拿或哭闹。

入园康复 1 个月后,能察知乐器声,会模仿爸爸、妈妈、a、u。认识常见的水果(苹果、香蕉、西瓜、葡萄)动物(猫、狗、牛等)、交通工具(汽车、自行车等),会用肢体模仿动物的特征,开始学习等待、轮替。

入园康复 6 个月后,能够辨识林氏六音,能够分辨声音的长短和大小,分辨及说出 i、o 和双韵母,语言表达多为单字表达或叠词表达,例如:坐、好、车等。认识常见的蔬菜、水果、交通工具、人物名称等,学习串珠、颜色配对、命名等。能够安坐,能够使用礼貌用语"谢谢、拜拜"等,会用眼神注视,共同关注某一物品,很好地等待与轮替,理解问句"他在做什么""怎么了""什么颜色"等。

入园康复 10 个月后,进入康复机构开展集体课教学,并同步开展每周三节 AVT 亲子教学。幼儿听觉能力发展到分辨/识别阶段,能够完成两项听觉记忆,如:名词+动词(爸爸在吃饭);名词+方位词(在椅子后面);听觉描述第一阶段加入拟声词稳定。有 6 字左右的句子表达,能够模仿小短句并说出大部分复韵母。理解性词汇 1000 个左右。能唱数 1~10,开始模仿象征游戏。会主动与人打招呼问好,理解"什么不见了""在哪里"等问句。

入园康复 16 个月后,上午在康复中心进行康复训练,下午在幼儿园小班进行半融合教育,幼儿听觉能力发展到识别/理解阶段,能够完成三项听觉记忆,如:三个名词(我要吃香蕉、酸奶和草莓),名词+名词+动词(弟弟和妹妹在吃饭);听觉描述第三阶段相似特征较稳定。可辨识发音方式不同的基本声母,会表达简单的儿歌,会主动表达自己的需求,并会在生活中运用代词介词副词等。理解:"什么地方""什么时候"等问句。在班级中能够较好地适应大集体的生活,会在老师的引导下一起做游戏,也能够主动向老师表达自己的想法,性格逐渐活泼开朗。

入园康复 22 个月后,开始进行全融合教育,全天在幼儿园上小班,保持一周三节 AVT 亲子教学,幼儿能够较好地融入大集体当中,能够与同学友好相处,并且开展游戏,在班级中学习能力较突出,规则和约束能力比一般小朋友更加优秀。理解性词汇达到 1500 个左右,会主动演唱儿歌,作简单的自我介绍,语言清晰度较好,与正常儿童言语发展水平相同,理解"为什么"问句。张小宝现如今已

| 残疾人学研究

经完全适应幼儿园生活,能力水平与正常同年龄儿童相同。

3. 细心

一个听损儿童可以聆听到声音、开口说话,可不是一件简单容易的事,不仅仅是简单重复的坚持,更重要的是永远保持一颗"永不放弃的心"。因为他们学会一个发音一个词也许要花上一周、一个月甚至更长的时间,要让孩子能把每一个发音听得明白、说得清楚,更要用上,康复师那份兢兢业业的细心尤为重要。王老师拥有10多年康复经验,在给一名18个月的听损宝宝(陆小宝,化名)做发音练习时,她首先轻轻地拿起宝宝的小手放到自己的喉部,并连续地发出"a"音,让其感知喉部的震动,再让宝宝的眼睛看着她张大的嘴巴并模仿把自己的小嘴巴也张大,并用自己深爱的眼神与宝宝交流着内心的感觉。通过一次两次三次无数次训练,宝宝终于通过听、看、摸、触的综合感知,逐渐有了反应。一个月后,当王老师再一次牵着宝宝的手放到喉部张开嘴巴时,他也发出了一个清脆响亮的"a"音。王老师和妈妈开心地相互拥抱鼓掌,给宝宝竖起大拇指,为其点赞。就这样,在王老师的精心指导下,宝宝突破了一个又一个的单元音。在第二个月的一天,宝宝终于学会了第一个词"妈妈",宝宝的妈妈和王老师同时流下了激动而感动的泪水,这也让宝宝的爸爸妈妈看到了希望。每一个听障儿童的点滴进步都是来之不易的,每一位康复师也会在每一次成功之后下定更大的决心去帮助孩子,让他们都能早日回归多彩的有声世界。

三、深刻的启示

原中国残联发展部主任、中国残疾人社会工作著名专家丁启文说,从事这项事业有两个伟大。第一是为盲童、智残儿童启智,对聋儿进行语训,教给残疾人一种技术专长、技术知识等等,这些都是拯救人、改变人的命运的工作,是伟大的。我们知道,海伦·凯勒如果没有她的启智老师安妮·凯勒,也就没有海伦·凯勒。第二是心灵的伟大。为了教聋儿发出一个简单的音节,要几十次、上百次示范;为了指导残疾人恢复功能,要几十次、上百次示范。这不仅需要知识,需要科学,更需要爱心。这就是心灵的伟大。有了后一个伟大,才能显现前一个伟大。我们应当为这些在第一线工作的人们写点什么,出版点什么。不论哪个层次、哪个行业的残疾人社会工作者,都应当具备这样一副心肠、一种精神。[①]

徐仙琴走出国门,到奥地利、德国、韩国、日本等国家学习进修,把前沿康复课程带给孩子。她坚信,孩子是祖国的花朵,是祖国的未来,每一个孩子都是天使,即使是折翼的天使,每一个孩子都是一朵等待盛开的花蕾,让我们静听花开

---

① 转引自奚从清、林清和主编:《社区残疾人工作》,杭州大学出版社1996年版,第172页。

的声音！虽然在他们来到这个世界时就注定会有很多的困难和挫折，但相信，我们可以引领他们自信勇敢地朝前走，教他们学会生活、学会学习、学会做人，学会做一个有用的社会人！

在特教历程中，徐仙琴得到了各级领导和社会各界人士的支持和帮助。她将一如既往用毕生的精力来帮助更多的特殊孩子，让他们从这里走进五彩缤纷的有声世界。她也希望社会上有更多的爱心人士，来帮助这些特殊孩子，让他们早日回归有声世界，走进正常孩子的群体，在蓝天下健康快乐地成长，将来都能成为祖国的有用之才，为实现中华民族伟大复兴贡献自己的力量！

徐仙琴的付出得到了社会各界的高度关注，并获得了很多荣誉，如全国"为国教子，以德育人"好家长、"中国十大杰出母亲"、全国扶残助残先进个人等等。心声聋儿培训部也先后被授予"义乌市三八红旗集体""浙江省二类聋儿康复机构""义乌市巾帼文明岗""金华市巾帼文明岗""浙江省巾帼文明岗"等荣誉称号。

徐仙琴很重视学校师资水平的提高。心声聋儿培训部是一个富有朝气和凝聚力的团队，他们从心出发，用真心去滋养心灵，通过微党课、师德师风演讲、教学技能评比、团队凝聚力打造等方式去提升团队的凝聚力和战斗力。师德师风建设始终是心声团队建设的首要工作，他们着力打造心声爱的文化（拥有"五爱"精神：爱孩子、爱家长、爱同事、爱家人、爱自己），创"五心"团队（爱心、耐心、细心、恒心、责任心）。2016年，心声志愿者团队成立，一群乐于奉献的心声人团结一致，为重度残疾儿童送教下乡、到福利院支教等，处处留下了心声人感人的故事。"越志愿越青春，越志愿越快乐"，成为这群人的追求与信仰。他们始终坚持着一个信念：康复一个孩子、温暖一个家庭、和谐整个社会，这也是他们作为一名特教人的初心和使命。幼儿教育是一份功德无量的事业，在团队专业技能打造上，他们采用送出去与请进来相结合的方式，骨干康复师每学期1～2次送出去，到省残联、省康以及国内知名康复机构学习与交流，每学期也最少1～2次把北京、上海以及国内外的知名康复专家请进来，给全体康复师培训与实操督导，从而把心声聋儿培训部团队打造成专业、专一、专注的"五心"精英团队。

第三节　残疾预防和康复的对外交流与国际合作

一、积极开展残疾人事务国际交流与合作

"积极开展残疾人事务国际交流与合作，增进国际社会对中国残疾人事业的

理解与支持,促进国际残疾人事业的发展与进步。"①

认真履行条约义务。中国认真履行《残疾人权利公约》缔约国责任和义务。根据《残疾人权利公约》规定,2010年提交第一次履约报告,并接受联合国残疾人权利委员会审议,2018年提交第二、三次合并履约报告。中国是《经济、社会及文化权利国际公约》等核心人权公约的缔约国,公约所确定的残疾人权利得到普遍尊重和保障。中国还批准了国际劳工组织《(残疾人)职业康复和就业公约》,于2015年提交了最新一次履约报告。

主动承担国际责任。中国积极主动向联合国、有关国际残疾人组织和发展中国家提供力所能及的资金、技术和物资支持,向埃塞俄比亚、布隆迪、蒙古国等十多个国家捐赠残疾人辅助器具,向东南亚海啸受灾国捐赠救灾款物并向残疾人定向捐赠,向国际残奥委会发展基金捐款,为亚太经济合作组织成员经济体和非洲国家残疾人提供能力建设培训。2016年,中国残联主席张海迪就任康复国际主席,资助建立康复国际非洲基金和康复国际全球残疾人事务发展基金。

积极推动国际残疾人事务发展。中国是制定《残疾人权利公约》的积极倡导者和参与者,推动将残疾人事务纳入联合国2030年可持续发展议程,促成建立亚太经济合作组织、亚欧会议、中国—东盟博览会等框架下残疾人事务合作机制,积极开展"一带一路"残疾人领域合作。在联合国亚洲及太平洋经济社会委员会(简称"联合国亚太经社会")的支持下,首倡发起"亚太残疾人十年"活动。与联合国亚太经社会共同主办2013—2022亚洲及太平洋残疾人十年中期审查高级别政府间会议,通过《北京宣言和行动计划》。举办亚欧会议框架下残疾人合作暨全球辅助器具产业发展大会。积极参加并承办与残疾人相关的国际研讨会议、国际残疾人艺术节、国际残疾人职业技能竞赛,多次参加国际残奥会。

残疾人权益保障获得国际赞誉。中国残疾人权益保障的成就和经验得到国际社会积极评价。2003年,时任中国残联主席邓朴方获"联合国人权奖",成为历史上首获此奖的中国人和残疾人。2012年,中国残联主席张海迪获联合国亚太经社会"亚太残疾人权利领袖奖"。2016年,中国举办纪念《残疾人权利公约》通过十周年大会,时任联合国秘书长潘基文出席,对中国残疾人人权保障工作给予高度评价。

---

① 国务院新闻办公室:《平等、参与、共享:新中国残疾人权益保障70年》,人民出版社2019年版,第45-46页。

二、张海迪连任康复国际主席

1. 继续努力推动联合国《2030年可持续发展议程》残疾人相关目标的实现

2018年11月,中国残联主席张海迪赴德国出席并主持康复国际柏林系列会议。经提名委员会推荐、执委会和代表大会表决通过,张海迪连任2020年至2024年度康复国际主席。

张海迪表示,未来四年将遵循康复国际《宪章》的宗旨和原则,根据康复国际2017—2021年战略规划,将康复国际工作与《残疾人权利公约》紧密结合,努力推动联合国《2030年可持续发展议程》残疾人相关目标的实现。

康复国际成立于1922年,是一个跨领域、跨残疾类别的国际非政府组织,致力于促进全球残疾人的康复和福利,在100多个国家和地区拥有会员组织。2016年10月,张海迪在英国爱丁堡举行的康复国际世界大会上正式就任康复国际主席。

张海迪连任康复国际主席,是各国同行对其履职四年来工作的高度认可,更体现了国际社会对中国残疾人事业发展成就的充分肯定。

2018年10月,康复国际司库苏珊·帕克女士表示,张海迪担任主席两年来,以务实高效的作风率领康复国际制定新的战略规划,确定重点领域,大力推进一系列改革措施,各会员对康复国际未来发展前景充满信心。

康复国际作为一个有近百年历史的国际组织,为推动世界康复事业发展发挥了重要作用。它设计的无障碍标识"坐轮椅者"对世界认识和尊重残疾人产生了重要影响,使千千万万残疾人得到帮助。面对未来,康复国际各会员将团结一心,共同迎接新的挑战。康复国际将引领国际残疾人事务发展的最新理念,进一步推动世界康复技术发展和应用,推动落实联合国《2030年可持续发展议程》和《残疾人权利公约》,为实现世界残疾人的平等、共享、融合作出新的贡献。

2. 新任康复国际主席张海迪寄语全球残疾青少年:知识就是力量

全球残疾青少年信息技术挑战活动每年在亚太地区举办,迄今已成功举办了五届。2013年10月,受主办方邀请,中国残联曾带领江苏省残疾青年选手参加了于泰国曼谷举行的第三届全球挑战赛。

为进一步推动我国残疾青少年IT领域的教育和就业,分享中国残疾人事业发展经验,积极开展与国际残疾人组织的交流与合作,中国残联、康复国际和韩国康复协会主办、江苏省扬州市人民政府承办,联合国教科文组织和中国互联网发展基金会协办的第六届全球残疾青少年IT挑战赛于2016年11月21日至25日在扬州举行,16个国家的听力、视力、肢体和智力残疾的105名青少年选手,参加了包括电子工具、电子设计、电子生活地图及电子编程创新等四个竞赛项目的角逐,同期举行IT论坛及相关文化活动。28名选手组成的中国代表团参加了所有项目的竞技。①

3. 张海迪用亲身经历讲述一个普通残疾人如何实现梦想的故事

习近平总书记在国际交往的多种场合多次宣示:"中国梦是和平、发展、合作、共赢的梦,与世界各国人民的美好梦想息息相通,中国人民愿意同各国人民在实现各自梦想的过程中相互支持、相互帮助。中国将始终做全球发展的贡献者,坚持走共同发展道路,继续奉行互利共赢的开放战略,将自身发展经验和机遇同世界各国分享,欢迎各国搭乘中国发展'快车''便车''顺风车',实现共同发展,让大家一起过上好日子。"②

人类命运共同体,已成为国际社会的共识,只有保持国与国之间的友好合作,才能推动社会前进的步伐。

张海迪用自己的亲身经历,讲述了一个普通的中国残疾人追梦的故事。50多年前,由于残疾,小学拒绝接收她入学,她生活中没有朋友,孤独又痛苦。她从那时起开始自学,她必须和他们一样!这是她最初的平等理想。40年前,她甚至还没有见过真正的轮椅,随父母去农村,一位善良的农民木匠给她做了一辆木轮椅。那木轮椅虽然粗笨,操作不方便,但她坐着它第一次来到了绿色的田野,至今她还记得阳光是那么温暖、那么明亮,充满生机和希望。

张海迪说,在最近的10年,中国在立法保障残疾人权益方面,在无障碍建设以及在康复教育、就业、扶贫方面都取得了巨大的进步。现在符合条件的残疾人可以驾驶汽车,盲人可以携带导盲犬乘坐公共交通工具。她认为,保障残疾人的人权就要从满足残疾人的实际需求做起,当残疾人获得了康复和便利的生活条件,人权保障这句话才有真正的力量。

张海迪指出,多年来,为实现残疾人的融合发展,我们努力推进无障碍建设,为残疾人平等共享创造条件,帮助他们实现接受教育和就业的权利。我们协助教育部出台残疾人参加高考的便利措施,视障残疾人可以使用盲文或大字版试卷,无上臂的考生可以携带适合自己的桌椅,脑瘫考生可以申请延长考试时间。仅2015年就有8500名残疾人学生通过高考进入普通高校。没有双臂的孩子、失明的孩子也走进了大学的校门。

张海迪说,残疾人的痛苦和困境是很多人无法想象的,理解他们、帮助他们

---

① 2016-11-22 来源:中国网;中国扶贫在线|作者:崔佳明。
② 《中国梦与世界各国人民的美好梦想相通》,人民网 http://cpc.people.com.cn/n1/2018/0827/c223633-30253460.html。

的唯一办法是解决其实际困难,让残疾人也拥有更美好的生活。

张海迪得到康复国际执委的高度认可,也体现了国际社会对中国残疾人事业发展成就的充分肯定。

4. 张海迪出席康复国际执委会视频会议

2020年10月17日,康复国际召开执行委员会视频会议。中国残联主席、康复国际主席张海迪出席会议并发表讲话。

她首先通报了近期推动的主要工作,并致信联大主席、联合国秘书长、联合国亚太经社会执秘、世卫组织总干事等联合国机构和国际组织领导人,呼吁国际社会在抗击疫情中关注和保障残疾人权益,得到了各方的积极响应。

为纪念北京世界妇女大会25周年,中国残联和康复国际携手联合国妇女署及亚太经社会发布关于促进残疾妇女融合发展的行动呼吁,中国残联积极响应,召开了首届残疾妇女座谈会,希望社会关注残疾妇女,帮助她们生活得更美好。中国正在建设中的康复大学以及依托中国康复研究中心设立的康复国际学院和康复国际病区,将为康复国际会员和专家提供康复和培训等服务,成为国际交流与合作的新平台。

5. 张海迪出席康复国际第24届世界大会

2021年9月7日至9日,康复国际第24届世界大会在丹麦奥尔胡斯通过视频方式举行,中国残联主席、康复国际主席张海迪发表视频致辞。

她指出,康复国际将在2022年迎来100周年。100年来,康复国际始终为残疾人的权利发出呼吁、积极行动,取得了令人瞩目的成绩。2016年以来,在中国政府捐款的支持下设立了全球残疾人事务发展基金和非洲基金,在全球实施了30个康复、教育、就业等项目,并与联合国机构开展多项富有成效的合作;2019年设立并颁发康复国际杰出贡献奖。新冠疫情暴发后,康复国际为受疫影响较重的国家的残疾儿童捐赠防疫物资,作出积极贡献。张海迪呼吁国际社会继续遵循《残疾人权利公约》的原则,落实联合国2030年可持续发展议程;加强国际合作,协调一切力量帮助残疾人,特别是残疾老人、妇女和儿童;研究推动科技创新,利用信息技术、人工智能等助力残疾人融入社会。

第十一章 残疾人特殊教育和融合教育及其发展趋势

《平等、参与、共享：新中国残疾人权益保障70年》白皮书指出：中国保障残疾人享有平等的受教育权，颁布并修订《残疾人教育条例》，将残疾人教育纳入《国家中长期教育改革和发展规划纲要（2010—2020年）》《中国教育现代化2035》《"十三五"推进基本公共服务均等化规划》，制定实施两期"特殊教育提升计划"，着力办好特殊教育，努力发展融合教育，提高残疾人受教育水平。

第一节 着力办好特殊教育，提高残疾人受教育水平

一、残疾人教育体系日趋完备

中国残疾人教育以教育部门为办学主体，民政、残联和社会力量为辅助，涵盖学前教育、初等教育、中等教育和高等教育。以普通学校随班就读为主体，以特殊教育学校为骨干，以送教上门和远程教育为补充，统筹推进，普特结合，建立起从幼儿园到高等院校的残疾儿童和残疾学生资助体系，自2016年秋季学期起，免除普通高中家庭经济困难残疾学生学杂费，从而实现家庭经济困难残疾学生从小学到高中阶段的12年免费教育。[①]

二、残疾儿童少年义务教育普及水平显著提高

各地按照"全覆盖、零拒绝"的要求，通过提高特殊教育学校招生能力、扩大普通学校残疾学生随班就读规模及送教上门等多种方式，最大限度地保障适龄残疾儿童少年接受义务教育的权利，特殊教育在校生数量逐年大幅度上升，视力、听力、智力等各种类别的残疾儿童少年受教育机会明显增加。2018年，在校

---

① 国务院新闻办公室：《平等、参与、共享：新中国残疾人权益保障70年》，人民出版社2019年版，第18-19页。

生 66.6 万人,比 2013 年增加 29.8 万人,增长 81%。[①]

三、残疾人非义务教育稳步发展

不断扩充残疾儿童学前教育规模,除普通幼儿园积极招收残疾儿童外,还鼓励特殊教育学校增设学前班或附属幼儿园,将家庭经济困难的残疾儿童接受学前教育纳入幼儿资助范围。2016 年,3 万多名在园残疾幼儿获得专项资助。2012 年至 2018 年,残疾人事业彩票公益金助学项目共投入约 3.1 亿元,为 10.5 万人次家庭经济困难的残疾儿童提供学前教育资助。举办残疾人高中部(班),扩大残疾人接受高中教育的机会。制定《关于加快发展残疾人职业教育的若干意见》,加快发展残疾人职业教育。2018 年,全国共有残疾人中等职业学校(班) 133 个,在校生 19475 人。稳步发展残疾人高等教育,努力畅通残疾人接受高等教育的渠道,制定《残疾人参加普通高等学校招生全国统一考试管理规定》,为残疾人参加高考提供合理便利和必要支持。2012 年至 2018 年,全国共有 6.22 万残疾考生进入普通高等院校学习。在普通高校招生录取工作中,教育部明确要求,对肢体残疾、生活能够自理、能完成所报专业学习且高考成绩达到要求的考生,高校不能因其残疾而不予录取,切实维护残疾考生权利。为增加残障考生上大学的机会,教育部批准同意 22 所高校面向残障考生采取单独考试、单列计划、单独录取,鼓励高校开设特殊教育专业。截至 2018 年 6 月,全国已有 61 所普通本科高校开设特殊教育专业,在校生 1 万余人。2018 年全国高职院校开设特殊教育专业点 37 个。[②]

四、加强教师队伍建设,办好特殊教育

2019 年 8 月 27 日,张海迪在全国政协十三届八次常委会专题会议上发言,题为《加强教师队伍建设,办好特殊教育》。她在强调残疾人劳动就业的同时,从特殊教育的角度,提出了发展中国特色残疾人事业中一个具有战略意义的关键性问题,引起有关部门的重视。

她说,在我国 8500 万残疾人口中,有 108.7 万残疾儿童少年。由于行动、视觉、听力以及智力等障碍,一些孩子不能正常接受教育,或者不能进入普通学校就读。这就需要通过特殊教育的方式,帮助他们实现受教育的权利。

特殊教育是使用特别设计的课程、教材和教法,对有残疾的儿童进行一般和特殊培养,目的和任务是最大限度地满足残疾儿童的教育需要,挖掘他们的潜

[①②] 国务院新闻办公室:《平等、参与、共享:新中国残疾人权益保障 70 年》,人民出版社 2019 年版,第 18-19 页。

能,增长知识,维护他们和家庭的尊严,培养其社会适应能力,为更好地融入社会打下基础。

党的十九大提出"办好特殊教育"。办好特殊教育的关键是教师。近年来,在党中央、国务院高度重视下,在教育部等有关部门的共同努力下,特殊教育教师队伍建设取得了一定的进步和成绩,但也存在不足和亟须改进的一些问题,主要有以下四个方面。

一是特教教师数量不足。2018年全国有特教学校2152所,在校生25.54万人,专任教师5.87万人,师生比不匹配。特教教师不仅要完成繁重的教学任务,有的还要承担随班就读指导和为重度残疾学生"送教上门"等工作,编制少、人手紧的矛盾变得越来越突出,"送教上门"只能安排在双休日进行。

二是特教教师专业化水平不高。据统计,全国第一学历为特教专业的仅占30%,其他都是由普通学校转岗而来,还有不少是"冗员"转岗而来。中西部地区特别是农村地区问题更加突出。中国残联相关部门曾去佳木斯桦南县特教学校调研,那里33名教师中,13人是学特教的,占比39%;湖南省平江县特教学校50名专任教师中,11人是特教专业的,占比22%。一些特教专业毕业生宁愿留在大城市不稳定就业,也不愿去艰苦地区担任特教教师。比如,北京顺义区的学校反映招不到北京联合大学特教专业学生。由于没有要求师范院校普遍开设特殊教育必修课,普通学校以教师不懂特殊教育为由拒绝残疾学生随班就读的现象时有发生,成为制约融合教育发展的一个主要因素。

三是特教教师队伍的结构也需要调整和完善。从近几年统计数据看,特教对象中盲、聋残疾儿童不断减少,孤独症、脑瘫、中重度智力和多重残疾学生明显增加,有的培智学校75%的学生都是孤独症儿童。但是,国内目前只有南京特殊教育师范学院开设了孤独症专业。从需求看,康复治疗学、教育康复学、应用心理学中,拥有孤独症教育课程的毕业生供不应求。

四是特教教师难度高、压力大、待遇普遍偏低。1956年,国家出台了特教津贴制度,当时按全部工资的15%计算。1985年工资改革时改为"基本工资"的15%,只占全部工资的6%左右,起不到吸引人才的作用,而且中高等特殊教育的教师还不再享受津贴范围内。尽管陕西等省将特教津贴比例调到"基本工资"50%,但仍有大部分省份以"上面没有政策"为由维持原比例,因此,完善顶层设计势在必行。为落实我国教育现代化2035的要求,办好人民满意的特殊教育,提出以下建议:

(1)在修订《教师法》及《教师资格条例》等相关法律法规时,统筹考虑特殊教育的需求,为制定特教教师的相关标准奠定基础。中国残联积极配合做好有关工作。

（2）落实《残疾人教育条例》，督促各省为特殊教育学校、指定招收残疾学生的普通学校，以及残疾人中高等院校制定教职工编制标准。针对不同的残疾类别，特别是孤独症、脑瘫等中重度残疾儿童制定不同编制标准。

（3）实施中西部农村地区特教教师定向培养计划、东西部特殊教育协作等专项措施，改变目前中西部地区特教教师缺乏、总体专业水平不高的状况，提高教育质量。

（4）提高特教教师特教津贴比例，将特教津贴范围扩大到从事残疾人中高等教育的教师。建立特殊教育职称评聘体系，评优表彰向特教教师倾斜，使特殊教育成为有吸引力的职业。

（5）科学编制教材，解决"通识多、特教知识少""特教理论多、实际操作少"的问题，增强特教教师培训的针对性和系统性。同时，要加大对孤独症等康复教育专业的培养，大力培养既懂特教又懂康复的复合型人才。

（6）师范院校应当开设特教课程。在教师资格考试中增加特殊教育内容，使教师都能掌握特殊教育基本知识，为更多残疾孩子进入普通学校、进一步推进融合教育打好基础。

第二节 努力发展融合教育，创设残健融合的最佳环境

一、我国融合教育的发展历程

融合教育经历了40年的发展，借鉴了国外发展经验，初步形成了本土化实践特色，成为我国特殊教育发展的主要途径。中国残联副主席、残疾人事业发展研究会会长程凯在第三届全国融合教育会议上指出："十四五"时期是我国开启全面建设社会主义现代化国家新征程的第一个五年，也是我国实现高质量发展、建设教育强国的关键时期。要办好学前特教教育，一要坚持融合方向，基本实现以融合教育为主要形式的残疾儿童早期教育全覆盖；二要坚持医康教结合、家校园互动，加强卫健、教育、残联等部门的联合，充分发挥家庭的教育康复作用；三要强化资金投入和服务保障，对家庭经济困难的特殊儿童给予有效资助；四要加强能力建设，制定建设标准、设置标准和服务规划，加强特殊儿童早期康复教育专业队伍建设。[①]

---

① 转引自邓猛、彭兴蓬：《变革与支持：行动中的融合教育——第三届全国融合教育会议综述》，《残疾人研究》2021年第3期，第93页。

二、努力发展融合教育，必须牢固树立正确的融合观

融合观是指残疾人工作者促进残疾人与健全人共同发展和相互融合的根本观点和根本态度。世界上一切生物群无不由健全者和残疾者共同构成。自从有了人类社会，残疾人就一直伴随着健全人同时存在。邓朴方既分析了残疾人与健全人的共同性，又分析了残疾人与健全人的差异性，在促进残疾人与健全人良性互动、融合关系上，提出了颇有价值的观点。

1. 接受教育是残疾人实现"平等、参与、共享"的基本条件

邓朴方指出："目前，残疾人与健全人的差距，不仅是先天身体条件上的差距，而更多的是教育上的差距。大力发展残疾人教育是缩小残健差距的必要手段。"①他特别强调："人才的培养是不分残健的，采用特殊或者个性化的手段针对的不仅仅是残疾儿童，也适用于其他人群。我们中国的教育先哲孔子提倡的'有教无类'就是这个道理。"③应当看到，残疾人在学习上的障碍起点是残疾本身，但是这并不构成残疾人缺失教育的主要原因，这种缺失更多的是由于所提供的教育条件和环境的障碍造成的。这种障碍不仅是硬件设施的严重缺失，更严重的是对残疾人的歧视和对残疾人潜能的忽视，这一点智障儿童也不例外。30年来，国家召开了多次特教会议，推动了特教的发展，取得了显著成就。

2. 教育对残疾人实现价值和尊严起着更加关键的作用

邓朴方指出："残疾人的四自精神源于觉悟，它的基础是教育。每个人都有实现自身价值的愿望和权利。大多数人都不会愿意永远做被救助者，而是更愿意成为社会的贡献者。教育有助于残疾人摆脱自卑和消沉，感受生命的尊严、人生的价值、追求的力量；有助于残疾人树立远大的理想、坚定的信念和乐观向上的生活态度；有助于残疾人克服障碍，顽强拼搏，积极进取，实现自我价值。"④

3. 残疾人与健全人良性互动是建立融合关系的内在要求

残联的工作目标，是使残疾人在事实上享有与健全人一样全面参与生活的权利，履行社会义务，共享社会经济发展和劳动所带来的成果。现实生活中的许多残疾人经受并顶住了残疾的不幸打击，更加热爱生活、珍惜生命，身处劣境却奋然向上，勇于同命运搏斗，他们往往锻炼出更坚强的毅力和意志。这就要求残疾人工作者引导残疾人与健全人寻求更多的共同点，减少差异和矛盾，助力残疾人与健全人不断完善自我认同，创建"残健融合"的生动局面。

---

①③ 邓朴方：《人道主义的呼唤》（第四辑），华夏出版社2012年版，第355,356-357页。
④ 邓朴方：《人道主义的呼唤》（第一辑），华夏出版社2006年版，第244页。

4. 自尊让残疾人寻求教育,教育让残疾人更加自尊

邓朴方说:"受过教育的残疾人不会甘于无所事事。今天的时代是知识经济的时代,科技的发达使得教育的作用更加凸显。数字网络为残疾人突破身体障碍、启迪智能、突破局限,提供了更加有利的条件。时代变了,教育对残疾人实现价值和尊严具有更加关键的作用。"[①]例如,香港理工大学辅助器具中心曾经为一位生活自理能力几乎丧失殆尽的重度残疾学生研究配置了一套利用呼吸动作设置键盘的计算机输入系统,这位学生顽强地用"呼吸"键盘创作了一部15万字的文学作品。

《中共中央 国务院关于促进残疾人事业发展的意见》(〔2008〕7号文件)中提出,"逐步解决重度肢体残疾、重度智力残疾、失明、失聪、脑瘫、孤独症等残疾儿童少年的教育问题",从正面肯定了所有残疾人教育的意义和价值。

2021年7月8日,国务院印发的《中国残疾人事业发展"十四五"规划纲要》明确指出:健全残疾人教育体系。坚持立德树人,促进残疾儿童少年德智体美劳全面发展。制定实施《第三期特殊教育提升计划(2021—2025年)》。巩固提高残疾儿童少年义务教育水平,加快发展非义务教育阶段特殊教育。健全普通学校随班就读支持保障体系,发挥残疾人教育专家委员会作用,实现适龄残疾儿童少年"一人一案"科学教育安置。着力发展以职业教育为重点的残疾人高中阶段教育,使完成义务教育且有意愿的残疾青少年都能接受适宜的中等职业教育。稳步推进残疾人高等教育,支持有条件的高校面向残疾考生开展单考单招,为残疾人接受高等教育提供支持服务。开展残疾人融合教育示范区、示范校和优秀教育教学案例遴选。支持高校开展残疾人融合教育。落实从学前到研究生教育全覆盖的学生资助政策,对家庭经济困难的残疾学生(幼儿)予以资助。为残疾学生提供辅助器具、特殊学习用品、康复训练和无障碍等支持服务,为残疾学生参加国家教育考试和部分职业考试提供合理便利。

完善特殊教育保障机制。发挥高校等机构特殊教育专业优势,建设国家和省级特殊教育资源中心(基地)。各省(自治区、直辖市)根据残疾学生规模、类型、分布等情况,因地制宜合理配置特殊教育资源。支持符合条件的儿童福利机构单独设立特教班、特教幼儿园、特教学校开展特殊教育。继续改善特殊教育学校办学条件,加强特殊教育学校规范化建设,推行新课标新教材,改革教学教研,建立学校、家庭、社会协同育人机制。加强特殊教育师资队伍建设,创新培养方式,按国家有关规定开展表彰奖励,提升教书育人能力素质。加强特殊教育督导和质量监测评估。制定实施《第二期国家手语和盲文规范化行动计划(2021—

---

① 转引自厉才茂:《关于融合教育的阐释与思考》,《残疾人研究》2013年第1期,第54页。

2025年)》,加快推广国家通用手语和国家通用盲文。

三、努力发展融合教育,必须把握融合教育的含义及其重点

1. 融合教育的含义

吴文彦、厉才茂认为:"融合教育是指在平等和不受歧视的前提下,尽可能将残疾儿童安排在自己所在小区的普通学校就读,并提供最适合其需要的支持和说明,使不同学习风格、不同能力和背景的残疾儿童能够得到尽可能好的公共教育。广义的融合教育是指所有残疾人都能够完全融入普通的教育系统,包括接受高等教育、职业教育、成人教育乃至实现终身学习。"[1]由此,他们在文中作了进一步分析:融合教育倡导学校提供适合每个人需要的教育,使具有不同需要和学习能力的残疾人都能得到良好的教育,是教育公平的重要体现。融合教育的益处或价值具体表现在以下几个方面。

(1)融合教育让残疾人获得了平等受教育的机会。人们经常讲,教育的不公平,导致人生起点的不公平。对于残疾人而言,公平教育最大的意义是他们可以自主选择受教育的方式,完全融入社会的普通教育系统,而不是封闭起来孤立对待。残疾学生离开家庭后,到普通学校学习,在一个开放的环境里与健全学生的交往互动,和同伴一起学习掌握社会的规范、知识和技能,这种教育过程本身就是融入主流社会的实践过程,有利于促进残疾儿童提高社会适应能力,增强克服困难的勇气,为其日后完全融入社会、实现终身可持续发展奠定坚实的基础。

(2)融合教育让所有师生从融合教育计划中受益。与残疾学生一起学习的其他学生,可以从中学会如何尊重不同的人,并以残疾伙伴为榜样激励自己。学校的管理者和教师也可以从残疾学生身上得到启发,即所谓"教育者必先受教育",残疾学生进入普通学校学习,引发教育者对所有受教育者的差异和不同需要的尊重和关注,进而带来传统教学、管理方式的变革。这种教育理念的更新显然对整个教育事业的发展有益。例如蒙台梭利创立的智障儿童教学法运用于一般幼儿,就在世界范围内引发了一场幼儿教育的革命。

2. 融合教育让教育行政机构、社会服务组织从中受益

教育行政机构、社会服务组织介入残疾学生的社会支持,促使大家都来了解残疾人的需要,有利于涉及残疾人利益的公共政策的制定和实施。融合教育让学校师生对残疾人抱持更加正面的社会态度,有利于形成一种平等、包容、开放的学校环境和社会环境。

---

[1] 吴文彦、厉才茂:《社会融合:残疾人实现平等权利和共享发展的唯一途径》,《残疾人研究》2022年第3期。

3. 融合教育是促使残疾人发展的基本动力

厉才茂认为,融合教育是促使残疾人发展的基本动力。融合教育的意义在于它不仅仅让残疾人受益,推动残疾人教育改革,更推动整个教育和社会的改革。融合教育是直抵人心的教育,是触及"尊重人、发展人"的教育,是真正涉及教育本质的教育。不仅如此,融合教育可以为教育综合改革提供动力,让教育回归本义,更好地适应每个学生不同的学习需要。支持保障体系建设是整体推进融合教育的关键,提供全人的支持、全面的支持、全时的支持、全程的支持及全方位的支持。[1]

四、推进融合教育工作,要抓好三个重点

1. "进得去",解决好残疾学生进入普通学校的问题

第一,要消除认知偏见,即认为残疾人没有必要接受教育,残疾学生适合在特教学校就读,或者残疾学生在普通学校读书成本大、难以得到保护等成见。学校教育管理者必须为他们提供一个开放、多元的学习环境,帮助他们实现社会融合,获得可持续发展。所以,我们首先倡导所有的学校向残疾学生开放。

第二,无障碍环境配套建设。普通学校难以接纳残疾人的一个原因是缺乏无障碍设施,不能为残疾学生适应普通学校学习提供便利。

第三,破除入学环节的制度障碍。制订规范、可操作的入学鉴定评估标准和程序,清理入学体检和考试招录环节的不合理规定,最大限度地减少普通学校在招生入学上对残疾儿童的排斥。

第四,提供必要的社会支持。包括为视力残疾学生升学考试提供盲文卷、大字卷,听力残疾学生英语口语免试等,让残疾人顺利入学。

第五,探索残疾儿童融合教育的就学安置新模式。针对不同学习能力和发展需要的残疾儿童,采取随班就读、特教班、走班等多种形式提供教学安排。

总之,通过完善以上措施,解决"进得去"的问题,让残疾学生能自主选择教育安置的方式,不再望普通学校而兴叹。

2. "学得好",关键要解决好两方面的问题

第一,针对残疾学生要有一个好的教育评估标准。受传统教育模式影响,当前我国的基础教育以完成教育年限("九年义务教育")和培养精英人才("层层择优录取的升学考试")为目标,而不是培养学生获得学习、人际交往和社会适应的

---

[1] 转引自邓猛、彭兴蓬:《变革与支持:行动中的融合教育——第三届全国融合教育会议综述》,《残疾人研究》2021年第3期,第93页。

能力,满足每个人身心发展需要。在这一教育大环境下,融合教育必然就会面临许多问题,例如,应不应建立一个单独的残疾学生教育评估体系,要不要将进入普通学校的残疾学生计入学校升学率和学期测评分值,等等。这样的问题必须严肃面对,因为它既关乎学校招收残疾学生的积极性,也关乎已入学的残疾学生融合教育的质量问题。

第二,加大对融合教育的全方位支持力度。要关注残疾人的特殊教育需要,营造良好的教育氛围和环境,采取合适的融合教育方式,辅以良好的教育支持手段,如采用电子、信息、网络等现代科学技术,为残疾学生特别是听力、视力残疾学生提供便利服务,减少学习过程中的信息交流障碍;要增加投入,配备好资源教室和康复设备,做好相关教师和专业人员的选聘、培养和培训,完善融合教育环境支持体系。应当看到,具有中国特色的残疾学生"随班就读"工作,在过去的二十年里既有许多成功的经验,也有一些深刻的教训,特别是普通学校特教班不断萎缩,一些地方随班就读变成了"随班混读",表明残疾学生仅仅进入主流教育的环境还远远不够,还必须根据他们的需要和能力提供切实有效的社会支持。

3."出得来",主要是解决好走出校门、融入社会的问题

判断融合教育的成败,不仅要看残疾学生学到了什么,关键要看他们能否独立走向社会、融入社会大熔炉。现在,有一些残疾学生从学校毕业后一时难以走向社会、适应社会,这需要学校和就业单位针对不同的残疾学生心理需求,采取有效方法,加强就业指导。所以,融合教育必须以学生的职业生涯发展和充分参与社会各领域为最终目标,最大限度地利用融合教育,增进残疾学生与小区、社会生活的天然对接关系,强化残疾学生独立生活、劳动技能、社会规范等社会适应能力的培养,使融合教育真正成为残疾人可持续发展的基础。

第三节 我国残疾人教育工作的发展趋势

残疾人教育在我国有着悠久的历史,据考证,早在夏商周时期,就有盲人乐师的音乐教育,这是我国残疾人教育的早期萌芽。近代以后,我国引进了西方的残疾人教育制度,建立了现代特殊教育学校。新中国成立前,共有42所盲聋学校,2380名在校生,这是我国残疾人教育的早期阶段。新中国成立之后,逐步建立起现代特殊教育体系,改革开放以来,残疾人事业快速发展,特别是党的十八大以来,特教事业迅猛发展,形成了以大量特教班和随班就读为主体、以一定数量的特殊教育学校为骨干的残疾人特殊教育体系。

我国残疾人教育获得了长足发展,但是与国外残疾人教育发达的国家相比,

与我国其他各级各类教育事业相比,残疾人教育的发展仍明显滞后,总体水平不高。具体来看,一是残疾人受教育水平与社会之间的差距仍然很大,浙江省就业年龄段残疾人中,大专及以上学历的占比为2.5%,89%的残疾人学历为初中及以下;2017年,浙江省3~17岁残疾人在学率为76%。二是残疾人教育工作地区不平衡、城乡不平衡突出,中西部地区、农村地区残疾人教育处于低质量水平。三是由于保障支持体系不健全,随班就读往往成为随班就座,送校上门的频次、质量都不高。四是特殊教育发展存在布局不合理、功能不健全、保障不得力等现象,即使是特殊教育质量较高的一些东部地区,在盲教育、聋教育和培智教育三方面相对较强,但面对越来越多的孤独症、多动症等儿童,个性化、专业化以及家长培训、社会支持等方面仍存在诸多薄弱环节。五是特教学校软硬件设施设备配置和特殊教育师资力量、待遇保障、事业前景仍有提高空间。六是高校特教及相关专业建设、高等特教院校建设、特教教材编写以及相关科研存在不同程度的短板。七是残疾儿童康复教育布局不合理、功能有短缺及服务能力不足,康复机构教育功能不足或教育机构康复功能不足现象突出。

面对特殊教育不断发展的新形势,2010年颁布了《国家中长期教育改革和发展规划纲要(2010—2020年)》(以下简称《规划纲要》),将特殊教育纳入国家教育事业改革和发展大局之中,把特殊教育列为八大教育发展任务之一,提出了特殊教育工作的三大方向:一是关心和支持特殊教育,提高残疾学生的综合素质;二是完善特殊教育体系;三是健全特殊教育保障机制。这将对我国残疾人教育的改革和发展产生重大而深远的影响。为细化落实,国家有关部门先后实施《特殊教育提升计划(2014—2016年)》《第二期特殊教育提升计划(2017—2020年)》。主要目标是:到2020年,各级各类特殊教育普及水平全面提高,残疾儿童少年义务教育入学率达95%以上,非义务教育阶段特殊教育规模显著扩大。特殊教育学校、普通学校随班就读和送教上门的运行保障能力全面增强。教育质量全面提升,建立一支数量充足、结构合理、素质优良、富有爱心的特教教师队伍,特殊教育学校国家课程教材体系基本建成,普通学校随班就读质量整体提高。

随着残疾人教育进入新时代,残疾人教育发展呈现两大趋势。

一、残疾人教育理念更加优化

1. 全纳教育理念逐渐深入人心

我国残疾人教育采用特殊教育和普通教育两种形式。特殊教育主要安排的是盲、聋、智障三类残疾儿童,主要招收具有一定学习能力的残疾儿童;普通教育主要采取随班就读的形式,吸纳轻度的具有一定学习能力的残疾儿童入学。在较长的一段时期内,我国的特殊教育是以面向盲、聋、智障三类残疾儿童的特教学校为主,其特点就是将残疾儿童与正常儿童相隔离的专门教育,能够根据残疾人的残疾程度和身心特点进行特殊教育,具有针对性,效率较高。但是这种方式较为封闭,造成残疾学生适应社会的能力较低。20世纪90年代以后,特殊教育界开始了"回归主流"的思考,鼓励、支持、引导残疾学生回到普通教育当中,采用的形式就是以随班就读和附设特教班为主。然而,普通化教育未能解决好与残疾儿童特殊性的融合,忽视了部分残疾儿童的特殊需要,造成了他们的"边缘化",未能很好地融入普通教育体系和现实社会。同时,由于现有特殊教育的条件限制,除盲、聋、智障三类残疾儿童以外,相当多有特殊教育需求的残疾儿童还处于不能入学或者"委屈就学"的状态,没有得到很好的教育资源分配。

面对这些情况,残疾人教育提升的途径就在于引入"全纳教育"理念。全纳教育是1994年6月10日在西班牙萨拉曼卡召开的世界特殊需要教育大会上通过的一项宣言中提出的一种新的教育理念和教育过程。其特点是容纳所有学生,反对歧视排斥,促进积极参与,注重集体合作,满足不同需求,是一种没有排斥、没有歧视、没有分类的教育。其主要观点可以概括为"五观"。

(1)人权观。全纳教育强调受教育权是人的基本权利。全纳教育思想提倡普通学校要给有特殊教育需求的学生提供学习机会,容纳所有的学生。

(2)平等观。全纳教育主张人人都有平等的受教育权,即不仅不排斥任何学生,而且要做到平等地对待每一个学生,满足他们的不同需求。

(3)民主观。全纳教育主张"学会生存""积极参与"。"学会生存"要求残疾学生主动适应主流社会;"积极参与"要求残疾学生按照社会的主人翁来要求自己,积极融入社会。

(4)价值观。全纳教育主张集体主义,人们走向一个全纳的社会,在这种全纳的社会集体中,人人参与,大家合作,每一个人都是集体的一员,人人都受欢迎。

(5)教学观。全纳教育主张向所有学生提供相同的教育,接受普通课程,而不是不同的课程;如果学生有特殊的需求,就应该提供额外的帮助和支持。

2. 法治理念继续强化

法治是推进社会工作的有力手段,国家通过建立法律与制度,将国家意志固化起来,从而要求社会成员严格、平等地执行和遵守法律,依法办事。残疾人教育工作作为残疾人社会工作的一个重要组成部分,必须依靠法治化来推进。1982年重新修订的《中华人民共和国宪法》,对残疾人教育工作提出了明确要求,自此,我国的特殊教育开始走上了一条法治化的道路。82宪法提出"国家和政府帮助安排盲、聋、哑和其他有残疾的公民的劳动、生活和教育"。宪法作为根本大法，明确了我国残疾人教育的地位，明确了政府作为残疾人教育的责任主体。之后相继通过《中华人民共和国义务教育法》《中华人民共和国残疾人保障法》，对残疾人教育工作作了进一步规定，制定了《残疾人教育条例》(2017年进行了修订)。这部专项法规保障残疾人的受教育权利，指导残疾人教育工作的开展。这些残疾人教育法律法规政策，客观上推动了我国残疾人教育事业的发展。然而，与我国经济社会快速发展的大局相比，与社会整体平均受教育水平相比，与发达国家的残疾人教育相比，我国残疾人受教育水平依然偏低，残疾人的教育保障依然不充分，迫切需要加快立法进程，加大对残疾人教育的保障力度。

未来残疾人教育工作法治化要得到更大的发展，必须在以下两方面进一步着力完善。

首先，完成《特殊教育法》立法工作。现有的残疾人教育法规、政策权威性不够，缺乏核心大法。一些发达国家和地区均通过制定专门的特殊教育法来推动残疾人教育，如比利时的《特殊教育法》、美国的《所有残疾儿童教育法案》、韩国的《特殊教育促进法》，我国可参考这些国家的先进经验，出台《特殊教育法》，以解决目前残疾人教育发展的瓶颈。

其次，制定有关法律的实施细则。一是现有的残疾人教育法律条款原则性条款多，宣誓性的语言过多，部分条款过于宽泛，可操作性不强；二是现有的特殊教育法律法规没有明确的法律责任，对违法主体的制裁缺乏法律依据，对被侵权者缺乏相关的救济措施和手段。法律条文规定不具体，造成相关部门互相推诿责任，执行部门难以操作。依法行政的要求为"有法可依，有法必依，执法必严，违法必究"，必须制订《残疾人保障法》的司法解释细则，去掉宣誓性的用词，增加强迫性条款，以增强依法行政和严格执法的能力。

3. 责任理念必须明确

《中华人民共和国宪法》《中华人民共和国残疾人保障法》均明确了政府在残疾人教育工作中所处的责任地位。《规划纲要》将"特殊教育"单列一章，以及之后多次党政重大会议报告、发展规划中体现重视特殊教育的表述，体现了党和政府对8500多万残疾同胞的高度重视和关心，也将特殊教育纳入了政府中长期教育发展规划中，明确了各级政府的责任。

发展特殊教育，政府应担当起主要责任，逐步建立起政府负责、社会各界关心支持特殊教育发展的保障机制和支持体系。各地要把各级各类特殊教育纳入当地经济和社会发展整体规划，把特殊教育发展列入议事日程。各级人民政府要进一步明确和落实教育、发改委、公安、民政、财政、人力资源、社会保障、卫生、税务、残联等部门和社会团体发展特殊教育的职能和责任，在保障残疾孩子入学、孤残儿童抚育、新生儿疾病筛查与治疗、学校建设、经费投入、教师编制配备、工资待遇、校园周边环境治理、特教学校企业税收减免、残疾人口统计等方面,通力合作,各司其职,齐抓共管,加快特殊教育事业发展。要加大特殊教育宣传力度,在全社会形成关心支持特殊教育、尊重特殊教育教师和残疾人教育工作者的舆论氛围。

4. 由"求量向求质"理念转变

新中国成立以后,残疾人教育经历了一个快速发展的阶段。在发展理念上,先是"求量"的阶段:1949年仅有42所盲聋学校、2380名在校生,到1988年,各类特殊教育学校577所,特教班599个,在校学生数57617人;到2017年,各类特殊教育学校2107所。根据《规划纲要》的要求,未来十年,提高残疾人教育质量是我国残疾人教育发展的核心任务。

首先,要提高残疾学生的综合素质、促进他们的全面发展。要根据残疾学生的身心特点和特殊需求,加强教育的针对性。要注重学生潜能的开发和缺陷补偿,培养残疾学生乐观面对人生、全面融入社会的意识和自尊、自信、自立、自强的精神。

其次,推进特殊教育课程改革。要充分照顾残疾学生的身心特点和特殊需要,逐步形成符合素质教育要求、多样化发展的特殊教育课程体系,根据市场和社会需求,加强残疾人中等职业学校骨干专业课程的建设;在教学改革上,广泛开展个别化教学、合作教学等改革,建立和完善"筛查—检查—建档—转介—安置—综合干预"的运行机制,加强特殊教育的教育科学研究和教学研究。

再次,大力推进科技辅具与课程、教学的整合。要加强特殊教育学校康复、教育设施、设备等标准化建设和普通学校资源教室建设,加快特教学校教育信息化进程,努力为残疾学生的成长和康复提供更加先进、更加科学、更加有效的硬件条件和科学理论支撑。

二、残疾人教育体系更加完善

现有的残疾人教育体系是以大量的特教班和随班就读为主体、以一定数量的特殊教育学校为骨干而存在,以实现所有残疾学生充分就学的目标。在《规划纲要》提出的国家中长期残疾人教育发展目标中,提出"完善特殊教育体系",这个体系应当能够确保残疾学生享有公平的受教育权、享有优质的教育资源。各地区的特教资源应均衡分布,以逐步缩小城乡差距和区域差距。鉴于我国残疾人教育发展的现实情况,特殊教育的快速发展尚不能完全满足残疾学生日益增长的教育需要,结合《规划纲要》所提出的任务,我们可以将未来特教体系发展的指标规定为以下两个方面。

（一）更加完整的特殊教育体系

《规划纲要》提出："全面提高残疾儿童少年义务教育普及水平，加快发展残疾人高中阶段教育，大力推进残疾人职业教育，重视发展残疾人高等教育。因地制宜发展残疾儿童学前教育。"未来十年的特殊教育发展主要就包含这四个方面。

1.普及与提高残疾人九年义务教育。城市和经济发达地区，适龄视力、听力、智力残疾儿童少年（以下简称三类残疾儿童少年）入学率基本达到当地普通儿童少年水平；已经"普九"的中西部农村地区，其三类残疾儿童少年入学率逐年提高；未"普九"地区将残疾儿童少年义务教育作为普及九年义务教育的重要内容，三类残疾儿童少年入学率在70%左右。以多种形式对重度肢体残疾、重度智力残疾、孤独症、脑瘫和多重残疾儿童少年等实施义务教育，保障儿童福利机构适龄残疾儿童少年接受义务教育。与此相关的还有两个方面：一是鼓励各地为残疾学生开展送教上门；二是针对孤独症等特殊儿童提供精细化、专业化的特殊教育。

2.因地制宜发展残疾儿童学前教育。有条件的城市和农村地区要基本满足残疾儿童接受学前教育的需求。地方各级教育、民政、卫生部门和残联要相互协作，采取多种形式，在有条件地区积极举办0～3岁残疾儿童早期干预、早期教育和康复训练机构。鼓励社会力量举办学前特殊教育机构。目前的一个趋势是探索举办特教幼儿园，以及在残疾儿童康复机构中选择有资质的予以幼儿园化，或成为特教幼儿园，或成为普通幼儿园的一个特教点，具有幼教资格，让残疾儿童能够在康复的同时得到教育。

3.加快发展高中阶段教育和职业教育。具备条件的地市要举办残疾人高中阶段教育。特殊教育学校要根据需要举办残疾人高中教育部（班）；残疾人中等职业学校要积极拓宽专业设置，扩大招生规模；普通高中要招收具有接受普通教育能力的残疾学生；中等职业学校要积极开展残疾人职业教育，将残疾人职业教育纳入职普融通、产教融合、科教融汇的大局并强化特殊职业教育高质量发展，保障残疾人接受职业教育后能实现较高质量就业。

4.加快发展高等特殊教育。进一步完善国家招收残疾考生政策，普通高校应依据有关法律和政策招收符合录取标准的残疾考生，不得因其残疾而拒绝招收。继续加强残疾人参加高考等考试的合理便利供给，提高残疾人受教育的公平性。高等特殊教育学院（专业）要在保证质量的基础上，扩大招生规模，拓宽专业设置，提高办学层次。各地要为残疾人接受成人高等学历教育、自学考试、远程教育等提供更多方便，满足残疾人接受高等教育的需求。

(二)多样化的特殊教育安置模式

特殊教育安置模式是实现和保障残疾人受教育权益的教育组织方式和制度体系。就我国目前的情况来看,特殊教育发展水平相对滞后,地区差异、城乡差距比较明显。目前的残疾人特殊教育体系以大量的特教班和随班就读为主体,以一定数量的特殊教育学校为骨干。《规划纲要》中提出:"到2020年,基本实现市(地)和30万人口以上、残疾儿童少年较多的县(市)都有一所特殊教育学校。各级各类学校要积极创造条件接收残疾人入学,不断扩大随班就读和普通学校特教班规模。"随班就读迫切需要提高质量,避免"随班就座",这就需要不断提升特殊教育师资配备以及相应的资源支持。一方面,要借助互联网集成资源平台,提升优质的线上教育资源课程,另一方面,以辅助器具进校园为契机,加大高科技助残产品的应用,消弭残疾人在特殊教育领域的数字鸿沟。

残疾人教育的发展经历了从隔离的专门教育形式回归主流的一体化教育形式的过程,现在正朝向全纳、融合的教育形式转变。未来十年,经济、社会和教育发展将再上一个台阶,届时我国的特殊教育也将逐步接近先进国家,着眼于国际特殊教育发展的大背景,推进多样化的特殊教育安置模式——双流向多层次的安置形式。这一形式主要以残疾儿童的残疾程度和限制程度为维度,按照这两个程度由重及轻,分别安置在医院或其他隔离教养机构、家庭、特殊教育学校、普通学校附设特教班、普通学校资源教室、普通学校普通班级,使每一类和每一个残疾人都能借助这个体系得到各得其所的良好教育。

在中国式现代化进程中,还要特别关注人口变动态势对残疾人教育的影响。党的二十大对教育赋予了新的更高的战略定位,教育、科技、人才是全面建设社会主义现代化国家的基础性、战略性支撑。教育强国在中国式现代化中肩负着光荣而又艰巨的使命。一方面,无论是人群视角的残疾人教育,还是教育类型视角的特殊教育,都是教育体系的重要组成部分,是补短教育强国的重要方面。另一方面,人口态势变动对残疾人教育既是机遇也是挑战。2022年起,我国人口总量减少,人口老龄化程度加剧,少子化现象严峻,每年儿童出生数量甚至呈现"断崖式"下降,这带来四个方面的影响。首先,残疾儿童数量会减少,特别是听力、视力残疾儿童会快速减少,但智力残疾、精神残疾包括孤独症儿童数量结构性比例在提高,残疾人教育需要结构性转型和适应性调整。其次,农村特殊教育供给值得关注,由于城市化进程加快,农村中小学在不断撤并,随班就读、送教上门的残疾儿童其教育质量将会受到影响,部分地区特殊教育学校也有撤并风险。但有利的一面在于,由于基础教育阶段受教育人口减少,特殊教育学校将有更多师资保障,有利于开展小班化、个性化教学,提高特殊教育质量。再次,人口分化特别是人口向城市聚集,大城市里的特殊教育学位可能会更加紧张,需要加大特殊教育供给力度,给新市民的残疾儿童提供特殊教育服务。最后,健全特殊教育的全生命周期机制和转衔服务,残疾儿童康复教育和幼儿园阶段,要加大经费补助力度,强化标准和规范引领,规范良莠不齐的民办特殊教育机构;智力、精神、孤独症等残疾儿童在学校接受教育后,需要社区、企业、托养机构等转衔,持续构建完备的康复、教育、就业、庇护、生活照料等服务,避免居家、封闭、隔离引发残疾人教育成果的损害。

第十二章　残疾人体育

《中国残疾人体育事业发展和权利保障》白皮书，主要阐明体育对包括残疾人在内的每个人的生活都具有重要价值。残疾人体育是残疾人增强体质、康复身心、参与社会、实现全面发展的有效途径，是人们认识残疾人潜能与价值、促进社会和谐共进的独特渠道。发展残疾人体育，对于保障残疾人平等权利、促进残疾人融合发展、推动残疾人共享经济社会发展成果，具有重要意义。残疾人体育重在参与，这是残疾人的一项重要权利，是人权保障的重要内容。

以习近平同志为核心的党中央十分关心残疾人，高度重视残疾人事业发展。党的十八大以来，在习近平新时代中国特色社会主义思想指引下，中国将残疾人事业纳入"五位一体"总体布局和"四个全面"战略布局，采取切实有效措施，促进残疾人体育蓬勃发展。残疾人体育运动水平不断提高，残疾人运动员自强不息、顽强拼搏、为国争光、激励社会，残疾人体育事业取得历史性成就。

2022年2月4日，在北京第二十四届冬季奥林匹克运动会开幕式上，习近平总书记庄严宣布开幕，国家体育场内，璀璨的焰火腾空而起，五星红旗、五环会旗迎风飘扬。时隔14年，奥林匹克运动再度携手，奏响人类团结、和平、友谊的华美乐章，全世界的目光再次聚焦残疾人体育健儿，中国残疾人体育迎来新的发展机遇，必将推动国际残疾人体育运动"一起向未来"。

第一节　国家发展促进残疾人体育进步

2022年3月，国务院新闻办公室发表《中国残疾人体育事业发展和权利保障》白皮书，指出："新中国成立以来，在社会主义革命和建设、改革开放和社会主义现代化建设、新时代中国特色社会主义伟大进程中，伴随着残疾人事业的发展，残疾人体育不断发展壮大，走出一条具有中国特色、符合时代潮流的残疾人体育发展之路。"

一、我国残疾人体育取得的成就

1. 中华人民共和国成立后残疾人体育活动逐步开展

1949年,中华人民共和国成立,实现了人民当家作主,残疾人在政治上获得了和其他人平等的地位,享受应有的公民权利和义务。1954年制定的《中华人民共和国宪法》规定,残疾人"有获得物质帮助的权利"。福利工厂、福利机构、特殊教育学校、残疾人社会组织和友善的社会环境,保障了残疾人的基本权益,改善了残疾人的生活。新中国成立初期,党和政府就非常重视全民体育运动,学校、工厂、疗养院的残疾人体育逐步发展起来。广大残疾人积极参与体育活动,开展广播操、乒乓球、篮球、拔河等体育活动,为残疾人体育的发展奠定了基础。1957年,第一届全国青年盲人运动会在上海举办。全国各地建立了聋人体育组织,积极举办区域性聋人体育运动会。1959年,举办了全国首届聋人男子篮球赛。全国性残疾人体育比赛的开展,推动了更多残疾人参加体育活动,增强了残疾人体质,激发了残疾人参与社会生活的热情。

2. 残疾人体育在改革开放中快速发展

改革开放后,中国实现了人民生活从温饱不足到总体小康、奔向全面小康的历史性跨越,推进了中华民族从站起来到富起来的伟大飞跃。党和政府实施了一系列发展残疾人事业、改善残疾人状况的重大举措,制定了《中华人民共和国残疾人保障法》,加入了联合国《残疾人权利公约》。残疾人事业从改革开放初期以救济为主的社会福利工作,逐步发展成为综合性社会事业。残疾人参与社会生活的环境大为改善,残疾人各方面的权利得到尊重和保障,为发展残疾人体育奠定了基础。《中华人民共和国体育法》规定,全社会应当关心、支持残疾人参加体育活动,各级政府应当采取措施为残疾人参加体育活动提供方便,公共体育设施要对残疾人实行优惠办法,学校应当创造条件为病残学生组织适合其特点的体育活动。残疾人体育纳入国家发展战略和残疾人事业发展规划,残疾人体育工作机制逐步健全,公共服务全面开展,残疾人体育迎来了快速发展阶段。1983年,在天津举办全国伤残人体育邀请赛。1984年,在安徽合肥举办首届全国残疾人运动会。同年,中国残奥代表团首次赴美国纽约参加第七届残奥会,并实现中国残奥史上金牌"零的突破"。1994年,北京承办第六届远东及南太平洋地区残疾人运动会,这是中国首次承办综合性国际残疾人体育赛事。2004年,中国残奥代表团在雅典残奥会上首次获得金牌数和奖牌数双第一。2007年,举办上海世界夏季特殊奥林匹克运动会。2008年,举办北京残奥会。2010年,举办广州亚洲残疾人运动会。这一时期,先后成立了中国伤残人体育协会(后更名为中国残疾人体育协会、中国残奥委员会)、中国聋人体育协会、中国智残人体育协会（后更名为中国特奥委员会)等残疾人体育组织,并相继加入国际残奥委员会等多个国际残疾人体育组织,各地也先后成立了各类残疾人体育组织。

3. 新时代残疾人体育取得历史性发展

党的十八大以来,中国特色社会主义进入新时代,中国如期全面建成小康社会,中华民族迎来了从站起来、富起来到强起来的伟大飞跃。中共中央总书记、国家主席习近平对残疾人格外关心、格外关注,强调"残疾人是社会大家庭的平等成员,是人类文明发展的一支重要力量,是坚持和发展中国特色社会主义的一支重要力量""健全人可以活出精彩的人生,残疾人也可以活出精彩的人生""2020年全面建成小康社会,残疾人一个也不能少""中国将进一步发展残疾人事业,促进残疾人全面发展和共同富裕""努力实现残疾人'人人享有康复服务'的目标";强调"把北京冬奥会、冬残奥会办成一届精彩、非凡、卓越的奥运盛会"①"要想运动员之所想、办运动员之所需,为运动员提供方便、快捷、精准、细致的服务,特别是针对残疾人运动员的特殊需求,增设相关无障碍设施"。② 这些重要论述为中国残疾人事业发展指明了前进方向。在以习近平同志为核心的党中央坚强领导下,中国把残疾人事业持续纳入国家经济社会发展总体规划和国家人权行动计划,残疾人权益保障更加有力,残疾人"平等、参与、共享"的目标得到更好实现,残疾人的获得感、幸福感、安全感持续提升,残疾人体育迎来前所未有的历史性发展机遇。

残疾人体育纳入全民健身、健康中国、体育强国等国家战略。《中华人民共和国公共文化服务保障法》和《无障碍环境建设条例》规定,要优先推进体育等公共服务场所的无障碍设施改造,配置无障碍的设施设备。投资建设国家残疾人冰上运动比赛训练馆。残疾人康复健身体育广泛开展,残疾人体育活动进入社区和残疾人家庭,越来越多残疾人走出家门参与体育活动。实施全民健身助残工程,培养残疾人社会体育指导员,为重度残疾人提供居家康复健身服务。残疾人运动员在平昌冬季残奥会上勇夺轮椅冰壶金牌,实现冬季残奥会金牌和奖牌"零的突破";在东京残奥会上表现"神勇",实现金牌数和奖牌数五连冠;参加听障奥运会、世界特奥会等重大国际赛事,取得历史最好成绩。

中国残疾人体育发展水平快速提升,彰显了中国推动残疾人事业发展的制

---

① 《习近平:努力为世界奉献一届精彩、非凡、卓越的奥运盛会》,新华网 http://www.xinhuanet.com/politics/leaders/2021-01/21/c_1127006309.htm

② 《一起向未来 | 深深的情 满满的爱》,央广网 http://news.cnr.cn/native/gd/20220302/t20220302_525755136.shtml

度优势,展现了中国尊重和保障残疾人权益的显著成就,理解、尊重、关心、帮助残疾人的社会氛围更加浓厚,越来越多残疾人通过参与体育运动成就出彩人生,实现人生梦想。残疾人挑战极限、锐意进取、顽强拼搏的精神,激励了全国人民,促进了全社会的文明进步。

二、残疾人群众性体育活动广泛开展

中国将残疾人康复健身体育作为实施全民健身、健康中国、体育强国等国家战略的重要组成部分,开展全国性残疾人体育活动,改善体育服务,丰富活动内容,加强科研教育,残疾人群众性康复健身体育活动日益活跃。

1. 残疾人体育活动丰富多彩

城乡基层残疾人康复健身体育活动因地制宜,活跃开展。通过推广社区残疾人康复健身体育项目、政府购买体育健身服务等方式,推动残疾人在基层社区开展体育健身和竞赛活动。全国残疾人社区文体活动参与率由2015年的6.8%持续提升至2021年的23.9%。各级各类学校组织残疾学生开展适合其特点的日常体育活动,创编推广排舞、啦啦操、旱地冰壶等适合残疾学生集体参与的运动项目。鼓励大中小学生参与特奥大学计划和融合活动等项目,动员医务工作者参与体育康复、运动员分级、特奥运动员健康计划等活动,组织体育工作者参与残疾人体育健身、竞赛训练等专业工作,为残疾人体育提供志愿服务。全国残疾人运动会设有康复健身类体育比赛项目。举办残疾人民间足球赛,设盲人、聋人、智力残疾人等多个组别。全国残疾人排舞公开赛参与队伍扩展至近20个省(区、市),越来越多的特殊教育学校将排舞项目列为大课间体育活动。

2. 全国性残疾人体育活动风生水起

各类残疾人每年定期参加"全国特奥日""残疾人健身周"和"残疾人冰雪运动季"等全国性残疾人体育活动。自2007年起,每年7月20日开展"全国特奥日"活动,智力残疾人通过参加特奥运动,挖掘潜力、增强信心、融入社会。自2011年起,每年"全民健身日"所在周全国集中开展"残疾人健身周"活动,举办轮椅太极拳、柔力球、盲人足球等健身运动项目。残疾人通过参加康复健身体育赛事和活动,学习残疾人体育文化知识,开展体验运动项目,了解各种康复健身器材,展示和交流康复健身技能,增强了身体素质,陶冶了性情,激发了生活热情,培养了融入社会的自信。肢残人轮椅马拉松、盲人象棋交流挑战赛、全国聋人柔力球交流赛等赛事,已成为全国性品牌活动。

3. 残疾人大众冰雪运动蓬勃发展

自2016年起,连续6年举办"残疾人冰雪运动季",为残疾人参与冰雪运动搭建平台,带动残疾人融入"3亿人参与冰雪运动"。从首届开展的14个省级单位发展到现在的31个省(区、市)。各地因地制宜举办冬季残疾人体育活动,开展冬残奥项目体验、大众冰雪体育赛事、冬季康复健身训练营、冰雪嘉年华等形式多样、内容丰富的活动。创编和推广了迷你滑雪、旱地滑雪、旱地冰壶、冰蹴球、滑冰、冰橇、雪橇、冰上自行车、雪地足球、冰上龙舟、雪地拔河、冰河钓鱼等新颖有趣、深受残疾人喜爱的大众冰雪运动项目。通过编制发放《残疾人冬季体育健身项目和活动方法指导手册》等,为基层残疾人冬季体育健身提供服务和支持。

4. 残疾人康复健身体育服务不断改善

实施"自强健身工程"和"康复体育关爱工程",促进残疾人康复健身。加强残疾人康复健身体育服务队伍建设,创编推广残疾人康复体育、健身体育项目和方法,研发推广康复体育、健身体育器材,丰富残疾人体育服务产品,推进社区残疾人健身体育和居家重度残疾人康复体育服务。《全民健身基本公共服务标准(2021年版)》等国家政策法规明确要求改善残疾人健身环境,要求公共体育设施免费或低收费向残疾人开放。截至2020年,全国残疾人健身示范点累计建成10675个,共培养、发展残疾人社会体育指导员12.5万名,为43.4万户重度残疾人提供了康复体育进家庭等服务。同时,面向经济欠发达地区和乡镇、农村地区给予重点支持,积极引导建设残疾人冬季健身活动服务站点。

5. 残疾人体育教学科研取得进步

中国把残疾人体育纳入特殊教育和师范、体育教学计划,残疾人体育科研机构建设步伐加快,中国残疾人体育运动管理中心、中国残疾人事业发展研究会体育发展专业委员会以及多所高校成立的残疾人体育科研机构,成为残疾人体育科研的重要力量。残疾人体育人才培养初步形成体系,部分高校开设残疾人体育相关选修课程,培养了一批残疾人体育专业人才。残疾人体育科研成果不断丰富,截至2021年,关于残疾人体育研究的国家社科基金项目累计超过20项。

三、残疾人竞技体育水平不断提高

残疾人参与体育赛事日益增多,越来越多的残疾人运动员参加国内国际残疾人体育赛事,勇于挑战,超越自我,展现自强不息、顽强拼搏的精神,成就出彩人生。

1. 在重大国际残疾人体育赛事中表现优异

自1987年起至2022年,中国智力残疾人已参加了9届世界夏季特奥会和7届世界冬季特奥会,展示了"勇敢尝试、争取胜利"的特奥精神。1989年,中国聋人体育首次走出国门,参加了新西兰克赖斯特彻奇第16届世界聋人运动会。2007年,在美国盐湖城第16届冬季聋奥会上,中国代表团获得1枚铜牌,首次在冬季聋奥会上夺得奖牌。此后在多届夏季和冬季聋奥会上取得佳绩。积极参加亚洲残疾人体育赛事并屡获殊荣。1984年,中国残奥体育代表团24名残疾人运动员在纽约第7届残奥会上参加了田径、游泳、乒乓球三个大项的比赛,获得2枚金牌、24枚奖牌,在残疾人群体中掀起了参与体育运动的热潮。此后中国残奥体育代表团相继参加了历届残奥会,成绩稳步提升。2004年,在雅典第12届残奥会上,中国体育代表团获得63枚金牌、141枚奖牌,金牌数和奖牌数跃居第一。2021年,在东京第16届残奥会上,中国体育代表团获得96枚金牌、207枚奖牌,连续五届实现金牌、奖牌榜双第一。"十三五"时期,中国残疾人体育代表团共参加160项国际赛事,取得1114枚金牌。

2. 全国性残疾人体育赛事影响不断扩大

自1984年举办首届全国残运会以来,中国已先后举办11届全国残运会,比赛项目从田径、游泳、乒乓球发展到34个项目。自1992年第三届全国残疾人运动会起,全国残疾人运动会被正式列入国务院审批的大型运动会系列,形成每四年举办一次的机制,残疾人体育逐步进入制度化、规范化的发展轨道。2019年,在天津举办的第十届全国残运会暨第七届全国特奥会,首次实现全国残运会和全国运动会同城举办。2021年,在陕西举办的第十一届残运会暨第八届特奥会,首次实现全国残特奥会和全国运动会同城同年举办,促进了两个运动会的同步规划、同步实施、同样精彩。除了举办全国残运会,还在各地举办全国性肢残人、盲人、聋人等各类单项赛事,吸引各类残疾人广泛参与体育运动,培养了残疾人运动员队伍,提升了残疾人运动水平。

3. 冬残奥运动水平快速提升

北京冬残奥会的成功申办,为中国冬残奥运动发展带来重大机遇。中国高度重视冬残奥会备战工作,制定实施了系列行动方案,积极推动项目布局,统筹训练设施、器材保障、科研服务,组织训练营选拔优秀运动员,加强技术力量培养和国际合作,聘请国内外高水平教练员,组建国家集训队,高山滑雪、冬季两项、越野滑雪、单板滑雪、冰球、轮椅冰壶等6个冬残奥大项全部纳入全国残运会赛事,推动29个省(区、市)开展冬季项目。自2015年至2021年,全国开展的冬残奥会大项由2个拓展到6个,实现了比赛大项全覆盖;运动员由不足50人发展至近千人,技术官员从无到有发展到100多人。自2018年起,每年举办全国性冬残奥项目比赛,并纳入2019年和2021年全国残运会赛事。2016年以来,中国残疾人运动员参加冬残奥系列国际赛事,共获得47枚金牌、54枚银牌、52枚铜牌。有 96 名运动员参加北京冬残奥会全部 6 个大项 73 个小项的比赛,与 2014 年索契冬残奥会相比,参赛运动员增加了 80 余名,参赛大项增加了 4 个、小项增加了 67 个。

4. 残疾人运动员培养保障机制逐步完善

根据残疾人运动员的类别及适宜开展的体育项目,对残疾人运动员进行医学和功能分级,为残疾人运动员公平参与各类体育项目提供了前提和保障。建立完善县级发现选送、市级培养提高、省级集训参赛和国家重点培养四级联动的残疾人运动员业余训练体系,举办青少年选拔赛、训练营,加强后备人才培养。加强残疾人体育教练员、裁判员、分级员等专业人才队伍建设。加强残疾人体育训练基地建设,命名 45 个国家残疾人体育训练基地,为残疾人运动员竞赛、训练、培训、科研等提供保障和服务。各级政府采取措施,切实解决残疾人运动员就学、就业和社会保障问题,开展优秀运动员免试进入高校试点工作。制定《残疾人体育赛事活动管理办法》,促进残疾人体育赛事规范、有序发展。

加强残疾人体育道德作风建设,严禁使用违禁药物和各种违规行为,维护残疾人体育比赛的公平与公正。

四、为世界残疾人体育运动作出贡献

开放的中国积极承担国际义务,成功举办北京残奥会、上海特奥会、北京远南运动会、广州亚残运会,全力筹办北京冬残奥会、杭州亚残运会,有力促进了中国残疾人事业的发展,为国际残疾人体育运动发展作出了突出贡献。中国全面参与国际残疾人体育事务,不断加强与其他国家和国际残疾人组织的交流与合作,增进各国人民包括残疾人之间的友谊。

1. 成功举办亚洲综合性残疾人体育赛事

1994 年,北京举办第六届远南运动会,42 个国家和地区的残疾人代表团共 1927 人参加,规模超过历届。这是中国首次举办国际综合性残疾人运动会,展示了改革开放和现代化建设的丰硕成果,加深了社会对残疾人的了解,助推了中国残疾人事业的发展,对推进"亚太残疾人十年"行动产生了积极影响。2010 年,在广州举办首届亚残运会,41 个国家和地区的运动员参赛。这是亚洲残疾人体育组织重组后举办的首届运动会,也是亚运会与亚残运会历史上首次在同城同年举行,进一步推动了广州的无障碍环境建设。通过举办亚残运会,在全社会广泛传播了残疾人的体育精神,营造了扶残助残、残健融合的良好氛围,使更多残疾人共享社会发展成果,提高了亚洲残疾人体育运动水平。2022 年(受疫情影响,推迟至 2023 年举行),第四届亚残运会在杭州举办,40 多个国家和地区约 3800 名残疾人运动员参加了 22 个大项、604 个小项的竞赛,有力促进了亚洲人民的友谊与合作。

2. 圆满举办上海特奥会

2007 年,上海举办第 12 届上海特奥会,164 个国家和地区的 1 万多名特奥运动员、教练员参与了 25 个项目的比赛。这是第一次在发展中国家、在亚洲举办的特奥会,鼓励了智力残疾人参与社会的勇气,推动了中国特奥运动的发展。为迎接并纪念上海特奥会,中国将每年 7 月 20 日定为"全国特奥日",上海成立了"阳光之家",帮助智力残疾人进行康复训练、教育培训、日间照料、职业康复。在此基础上,全国推广"阳光家园"计划,支持各地智力、精神和重度残疾人托养服务机构和家庭开展托养服务工作。

3. 高水平举办北京残奥会

2008 年,北京举办第 13 届残奥会,147 个国家和地区的 4032 名运动员参加了比赛。赛会设 20 个大项、472 个小项,运动员人数、参赛国家和地区数、比赛项目数都创残奥会历史新高。北京残奥会开启了残奥会与奥运会"同时申办、同城举办"的新模式,兑现了"两个奥运,同样精彩"的承诺,为世界奉献了一届高水平、有特色的残奥会,"超越、融合、共享"理念,是中国对国际残奥运动的精神贡献。残奥会在体育设施、城市交通、无障碍环境建设、志愿服务等方面留下了丰富遗产,有力促进了中国残疾人事业的发展。北京市建设了一批规范化、标准化的"温馨家园",残疾人及其家庭可以就近、就便享受职业康复、教育培训、日间照料、文体活动等服务,为平等融入社会生活创造了条件。社会各界进一步增进了对残疾人事业和残疾人体育的认识,"平等、参与、共享"的理念更加深入人心,全社会尊重、理解、关心、帮助残疾人的氛围更加浓厚。中国履行了对国际社会的郑重承诺,广泛弘扬了"团结、友谊、和平"的奥林匹克精神,促进了世界各国人民的相互了解和友谊,让"同一个世界、同一个梦想"的口号响彻寰球,赢得了国际社会的高度评价。

4. 全力筹办北京 2022 年冬残奥会

2015 年,北京携手张家口赢得了 2022 年冬奥会和冬残奥会的举办权,北京成为第一个既举办过夏季残奥会又举办冬季残奥会的城市,冬残奥运动迎来重大发展机遇。中国全面落实"绿色、共享、开放、廉洁"的办奥理念,突出"简约、安全、精彩"的办赛要求,积极与国际残奥委员会等国际体育组织沟通合作,落实新冠疫情防控各项措施,精心做好赛会组织、赛会服务、科技应用、文化活动等各项筹办工作。北京自 2019 年起实施无障碍环境建设专项行动,确定城市道路整改、公共交通、公共服务场所、信息交流等重点领域 17 项重点任务,累计完成

33.6万个点位改造,基本实现首都功能核心区无障碍化,城市无障碍环境规范性、适用性、系统化水平显著提升。张家口积极推进公共设施无障碍建设,城市无障碍环境显著改善。建立完善以残疾人冰雪运动为支撑的残疾人冬季活动体系,加快推动残疾人冰雪运动普及。

5. 积极参与国际残疾人体育事务

随着中国残疾人体育走向世界,中国在国际残疾人体育事务中发挥着越来越重要的作用,话语权和影响力逐步扩大。自1984年起,中国相继加入国际残奥委员会、国际伤残人体育组织、国际盲人体育联合会、国际脑瘫人体育协会、世界聋人体育联合会、国际轮椅运动联合会、国际特殊奥林匹克委员会、远东及南太平洋地区残疾人运动联合会等世界残疾人体育组织,与一些国家和地区的残疾人体育组织建立了友好关系。中国残疾人体育协会、中国聋人体育协会、中国特奥委员会已经成为世界残疾人体育组织的重要成员。积极参加国际残奥委员会代表大会等国际残疾人体育有关重要会议,共商国际残疾人体育发展大计。中国残疾人体育官员、裁判员、专家等获任远南运动会联合会执委会、世界聋人体育联合会、国际盲人体育联合会执委和专项委员会负责人。为培养残疾人体育技术力量,先后推荐和委派专业人员担任有关国际残疾人体育组织的技术官员和国际裁判。

6. 深入开展残疾人体育国际交流

1982年,中国首次组派体育代表团参加第三届远南运动会,中国残疾人体育逐步融入世界残疾人体育国际交流。中国积极开展国际残疾人体育友好交流与合作,在共建"一带一路"、中非合作论坛等多边合作机制和双边交往中,把残疾人体育作为人文交流的重要内容。2017年,举办共建"一带一路"框架下残疾人事务主题活动,发布《关于促进"一带一路"残疾人事务合作交流的倡议》和相关文件,搭建体育设施资源共享机制,向共建"一带一路"国家残疾人运动员、教练员开放45个国家级残疾人夏季和冬季体育训练中心。2019年,举办共建"一带一路"框架下残疾人事务主题活动体育分论坛,促成各残疾人体育组织间互学互鉴,共同打造残疾人体育事业交流合作典范。同年,中国残奥委员会与芬兰、俄罗斯、希腊等国残奥委员会签订了残疾人体育发展战略合作协议。与此同时,中外地方和城市间的残疾人体育交流日趋活跃。

五、残疾人体育展现中国人权事业发展进步

中国残疾人体育事业蓬勃发展,不仅体现出残疾人的体育精神与实力,更体现出中国式的人权与国家发展的成绩。中国坚持以人民为中心,将人民幸福生

活作为最大的人权,促进人权事业全面发展,切实保障包括残疾人在内的特定群体的各项权益。参与体育活动的权利是残疾人全面实现生存权和发展权的重要内容。中国残疾人体育事业发展,符合中国国情,有效回应残疾人群体的需要,促进残疾人身心健康。残疾人体育是中国人权事业发展进步的生动写照,弘扬了全人类共同价值,促进了各国人民的交往、了解和友谊,为构建公平公正合理包容的全球人权治理秩序、维护世界和平发展贡献了中国智慧。

1. 坚持以人民为中心,促进残疾人身心健康

中国坚持以人民为中心的人权理念,以发展促进残疾人权益保障。国家在发展战略中纳入残疾人事业,实现了"全面建成小康社会,残疾人一个也不能少"的目标。体育是提高人民健康水平的重要途径,是满足人民群众对美好生活向往的重要手段。残疾人通过参与体育活动,有助于改善身体机能,减轻和消除功能障碍,增强独立生活能力,满足兴趣爱好,增加社会交往,提高生活品质,实现人生价值。中国高度重视残疾人健康权利保障,强调残疾人"人人享有康复服务"。中国把残疾人康复健身体育纳入残疾人康复服务。各级政府面向基层,创新服务方式,开展广泛的残疾人康复健身体育工作。在学校教育中保障残疾学生平等参与体育、增进身心健康和发育。残疾人的健康权利通过体育活动得到更好保障。

2. 坚持立足中国国情,促进残疾人平等融合

中国坚持把人权的普遍性原则同本国实际相结合,坚持生存权和发展权是首要的基本人权,把增进人民福祉、保障人民当家作主、促进人的全面发展作为发展的出发点和落脚点,努力维护社会公平正义。中国的法律制度规定残疾人享有与所有人平等参与文化体育生活的权利,在实施中加强对残疾人权利的平等保护和特殊扶助。国家建立和完善公共体育设施及服务,确保残疾人获得公共体育服务的均等化。国家采取有力措施,全面推进体育领域的无障碍环境建设,加强全民健身场地设施无障碍改造,完善各类体育场馆设施并向所有残疾人开放,落实合理便利支持,消除残疾人充分参与体育活动的外部障碍。北京冬残奥会等体育赛事为残疾人全面参与社会生活创造了体育、经济、社会、文化、环境、城市发展和区域发展方面的丰厚遗产。各地举办残疾人重大体育赛事的场馆,在赛后继续服务残疾人,并为城市无障碍环境建设提供了样板。各级政府完善社区残疾人体育设施,培育扶持残疾人体育组织和文艺团体,购买多样的社会服务,举办残健融合的体育活动,促进残疾人社区文体活动参与率不断提高。相关组织和机构研发推广适合国情和各类别残疾人锻炼的小型康复体育和健身体育器材,创编普及项目和方法。残疾人充分参与体育活动,追求卓越,突破自我,

团结拼搏、共享平等融合,实现人生出彩。残疾人体育弘扬中华优秀传统文化,关爱生命、弱有所扶、和合包容,鼓舞和激励更多残疾人热爱体育、参与运动。广大残疾人自尊、自信、自立、自强,发扬中华体育精神,在体育中展现生命力量和卓越品格。残疾人通过体育活动,平等参与社会生活的权利得到更好保障。

3. 坚持同等重视各类人权,实现残疾人全面发展

残疾人体育是一面镜子,折射出残疾人的生活水平和人权状况。中国确保残疾人享有各项经济、政治、社会、文化权利,为残疾人参与体育活动和社会生活、实现全面发展奠定了坚实基础。在发展全过程人民民主中充分吸收残疾人及其社会组织、群众代表的意见,使国家体育制度更加公平和包容。不断加强残疾人社会保障和福利服务,稳步提高残疾人受教育水平,更好保障残疾人就业权利。完善残疾人公共法律服务体系,加大对残疾人人身财产的保护力度,消除对于残疾的歧视。定期开展残疾人体育先进评选,表彰在残疾人体育发展中作出积极贡献的单位和个人。加强对残疾人体育活动的宣传报道,通过各种渠道和形式,传播残疾人体育新观念新风尚,营造良好社会环境。社会大众深入了解"勇气、决心、激励、平等"的残奥会价值,认同无障碍理念,增强平等融合意识,对残疾人事业各项工作更加关注和支持。社会各界通过"残疾人健身周""残疾人文化周""全国特奥日""残疾人冰雪运动季"等契机,以活动赞助、志愿服务、啦啦队等形式支持促进残疾人参与体育活动,共享社会文明成果。残疾人体育活动推动全社会增强尊重和保障残疾人固有尊严和平等权利的社会氛围,有力地促进了社会文明进步。

4. 坚持推进国际合作,加强残疾人体育交流

中国主张加强不同文明交流互鉴,将残疾人体育作为残疾人领域国际友好交流的重要部分。作为体育大国,中国在国际残疾人体育事务中发挥着越来越重要的作用,有力促进了区域和全球残疾人体育发展。中国残疾人体育蓬勃发展,是中国积极履行联合国《残疾人权利公约》、落实联合国2030年可持续发展议程取得的丰硕成果。中国尊重各国文化、体育和社会制度的多样性,强调国际体育活动和规则中的公平正义。中国不附加任何条件,积极向国际残奥委会发展基金捐款,搭建体育设施资源共享机制,向国外残疾人运动员、教练员开放国家级残疾人体育训练中心。中国促进残疾人广泛参与国际体育活动,增进民间交流了解和民心相通,推动构建更加公平公正合理包容的全球人权治理秩序,升华了世界各国人民之间的友谊,促进了世界和平与发展。中国强调残疾人是人类大家庭的平等成员,始终高扬人道主义和国际主义精神,推动残疾人体育国际交流合作,以残疾人体育交流合作描绘不同文明交流互鉴的宏伟画卷,积极构

建人类命运共同体。

六、党中央、国务院表扬中国体育代表团在东京残奥会上取得佳绩

1. 党中央、国务院向东京残奥会中国体育代表团表示热烈的祝贺和亲切的慰问

第 16 届残奥会中国体育代表团：

在第 16 届残奥会上，全团同志团结一心，残疾人运动员自强拼搏，取得 96 枚金牌、60 枚银牌、51 枚铜牌的优异成绩，实现了运动成绩和精神文明双丰收，为祖国和人民赢得了新的荣誉。党中央、国务院向你们表示热烈的祝贺和亲切的慰问！

……

中共中央
国务院
2021 年 9 月 5 日

2. 中国残联传达学习中共中央、国务院致第 16 届残奥会中国体育代表团贺电精神

9 月 7 日，中国残联召开专题视频会议，传达学习中共中央、国务院致第 16 届残奥会中国体育代表团贺电，研究贯彻落实工作。

中国残联主席张海迪表示，此次残奥会中国体育代表团取得运动成绩和精神文明双丰收，这是残疾人体育事业发展的结果，彰显了中国残疾人事业的巨大进步。全国残联系统要认真学习贯彻习近平总书记关于残疾人工作的重要指示批示精神和党中央、国务院贺电精神，推动残疾人事业高质量发展，使残疾人更好地融入社会、实现梦想。

中国残联党组书记、理事长周长奎强调，要充分认识到中国残奥代表团之所以能取得优异成绩，根本原因在于以习近平同志为核心的党中央的坚强领导，在于党中央、国务院对残疾人事业发展的高度重视和关心支持，金牌榜、奖牌榜的背后，折射的是中国特色社会主义制度的政治优势和在党的领导下我国残疾人体育事业、残疾人事业的巨大进步和成就。全国残联系统要进一步增强"四个意识"，坚定"四个自信"，做到"两个维护"，更好地担负起推进新时代残疾人事业加快发展的历史使命。要大力宣传和弘扬残疾人运动员自强不息、勇于超越的精神，激励广大残疾人自尊、自信、自强、自立，用勇敢的奋斗创造更加美好的生活。要加快推动残疾人竞技体育和群众体育协调发展，为残疾人事业发展提供坚强保障。

七、浙江省委省政府电贺第十一届残运会暨第八届特奥会浙江体育代表团

在2021年全国第十一届残运会上,浙江体育健儿顽强拼搏、奋勇争先,实现比赛成绩和精神文明双丰收。10月29日,省委省政府致贺电祝贺和慰问:庆贺我省残疾运动员顽强拼搏、奋勇争先,共夺得了142枚金牌、83枚银牌、57.5枚铜牌,金牌和奖牌数名列全国前茅,实现比赛成绩和精神文明双丰收,展现了浙江"重要窗口"的良好形象,为浙江赢得了荣誉、增添了光彩。

《中国残疾人体育事业发展和权利保障》白皮书在结束语中指出:关心残疾人,是社会文明的重要标志。发展残疾人体育,对于激励广大残疾人自尊、自信、自立、自强,弘扬自强不息的时代精神,营造全社会理解、尊重、关心、支持残疾人和残疾人事业,共同促进残疾人全面发展和共同富裕,有着十分重要的作用。新中国成立以来,特别是党的十八大以来,中国残疾人体育事业取得举世瞩目的成绩。同时也要看到,中国残疾人体育发展仍然不平衡、不充分,存在较大的地区和城乡差距,服务能力仍然不足,康复健身体育的参与率还需进一步提高,残疾人冰雪运动还需进一步普及,发展残疾人体育依然任重道远。

在以习近平同志为核心的党中央坚强领导下,在全面建设社会主义现代化国家新征程中,中国共产党和中国政府坚持以人民为中心的发展思想,坚持弱有所扶,保障残疾人平等权利,增进残疾人民生福祉,提高残疾人自我发展能力,切实尊重和保障包括残疾人参与体育运动权利在内的各项权益,推动残疾人事业向现代化迈进,不断满足广大残疾人对美好生活的向往。

第二节 中国为世界奉献一届精彩的冬残奥会

一、北京2022年冬残奥会盛况

习近平指出:建设体育强国,是全面建设社会主义现代化国家的一个重要目标。体育强国的基础在于群众运动。要通过举办北京冬奥会、冬残奥会,推动我国冰雪运动跨越式发展,补缺项,强弱项,逐步解决竞技体育、群众体育弱和"夏强冬弱"的问题,推动新时代体育事业高质量发展。[①]

[①] 习近平:《坚定信心奋发有为精益求精战胜困难,全力做好北京冬奥会冬残奥会筹办工作》,《中国残疾人》2021年第2期,第8页。

北京 2022 年冬残奥会于 3 月 4 日至 13 日举行。2 月 21 日,中国体育代表团在京成立,这是我国第五次组团参加冬残奥会。代表团由中国残联主席张海迪任团长,党组书记、理事长周长奎任副团长(常务),副理事长王梅梅、张伟任副团长。代表团总人数为 217 人,其中运动员 96 人(男运动员 68 人、女运动员 28 人),教练员、工作人员、竞赛辅助人员、医疗保障人员 121 人。这是我国参加冬残奥会以来代表团规模最大、运动员人数最多、参赛项目最全的一届。

残疾人在全球总人口中占比约 15%,是休戚与共的人类命运共同体的重要组成部分。在全球范围内推进可持续发展,应实现"一个都不能少"的目标,对残疾人要格外关心、格外关注。

两个奥运,同样精彩。在成功举办北京冬奥会之后,北京冬残奥会以出色的赛事组织、完善的无障碍设施、人性化的服务,赢得了运动员、教练员和国际社会的广泛赞誉。

北京 2022 年冬残奥会,共有 46 个代表团参赛,其中 15 个代表团收获了金牌,19 个代表团收获了奖牌。在本届冬残奥会上,中国体育代表团表现出色,夺得 18 金 20 银 23 铜共 61 枚奖牌,名列金牌榜和奖牌榜首位,创造了参加冬残奥会以来的最好成绩。

2022 年 3 月 13 日晚,北京 2022 年冬残奥会闭幕式在国家体育场隆重举行,习近平、李克强、栗战书、汪洋、王沪宁、赵乐际、王岐山等党和国家领导人,国际残奥委会主席帕森斯出席闭幕式。

从 3 月 5 日到 13 日,在短短的 9 天比赛当中,北京冬残奥会为我们奉献了 78 个小项的精彩比赛。9 天,来自 46 个国家(地区)的近 600 名残疾人运动员享受激情、奋勇拼搏,展现了自强不息、乐观进取的精神。

北京冬残奥会已经产生的遗产,一是促进了残疾人冰雪运动发展;二是带动了主办城市无障碍环境提升;三是推动了包容性社会建设。[①]

北京冬残奥会期间,共有 9000 余名志愿者在默默付出,其中包含 12 名残疾人志愿者,他们更了解冬残奥运动员的需求。残奥高山滑雪项目在延庆赛区进行。曾和志愿者一起分享无障碍卫生间使用事项的人叫李羿,她手里一直拿着登山杖以方便行走。李羿因一场车祸,造成了右小腿粉碎性骨折。李羿每天都会给各领域志愿者们分享自己发现的问题,同时结合自己的亲身经历进行一些指导。

爱心无价、奉献无价。正是有了这群可爱的人,才有了这次格外精彩的体育盛会。"志"之所向、"愿"之所在,文明向善、助人为乐。志愿者们以"奉献、友爱、

---

① 参见王东峰:《努力交出冬奥会筹办和本地发展两份优异答卷》,《求是》2022 年第 6 期,第 45-51 页。

互助、进步"为宗旨的志愿服务,是一种独特的"文明之美",赢得了各方的赞誉,展现了中国新时代青年的担当。

北京冬残奥会向世界传递了信心、友爱与希望,展现了构建人类命运共同体的美好愿望。

二、习近平总书记的重要指示批示为北京冬残奥会筹办和残疾人体育发展指明了方向

举办北京 2022 年冬奥会、冬残奥会,是党和国家的一件大事,是我国重要历史节点的重大标志性活动。习近平总书记对此高度重视,亲自指导,发表重要讲话并作出重要指示批示,为筹办北京冬残奥会、推动新时代残疾人体育和残疾人事业发展提供了根本遵循。

习近平总书记指出,举办北京冬奥会、冬残奥会来之不易、意义重大,同实现"两个一百年"奋斗目标高度契合。[①] 习近平总书记强调,中国将进一步发展残疾人事业,促进残疾人全面发展和共同富裕。举办北京冬残奥会,为残疾人事业昂首奋进现代化新征程增添了信心和动力,对于促进残疾人平等参与和全面发展是一个重大机遇。建设体育强国、健康中国,最根本的是增强人民体质、保障人民健康。[②] 习近平总书记的重要论述,把举办北京冬残奥会与增进残疾人健康福祉的长远利益联系在一起,坚持竞技体育和群众体育一体推进,推动我国冰雪运动持续发展;广泛开展全民健身运动,促进重点人群体育活动,重视残疾人健康,努力实现残疾人"人人享有康复服务"的目标。

习近平总书记指出,成功举办北京冬奥会、冬残奥会,不仅可以增强我们实现中华民族伟大复兴的信心,而且有利于展示我们国家和民族致力于推动构建人类命运共同体,阳光、富强、开放的良好形象,增进各国人民对中国的了解和认识。北京冬奥会、冬残奥会不仅是一场体育盛会,更折射出中国推动构建人类命运共同体的价值追求,具有深远世界意义。[③]

习近平总书记对残疾人运动员和残疾人参与体育活动给予亲切勉励,多次接见包括优秀残疾人运动员在内的自强模范代表,称赞他们身上的精神就是自强不息精神,就是我们的民族精神、时代精神。2021 年 9 月 5 日,东京残奥会闭

[①] 任鹏:《"两个奥运"的时代价值与世界意义》,人民网 http://theory.people.com.cn/n1/2022/0317/c40531-32376946.html。

[②] 转引自《精彩冬残奥 一起向未来——写在北京冬残奥会开幕之际》,央视网 http://www.news.cn/2022-03/04/c_1128435863.htm。

[③] 转引自徐和建《"双奥之城"讲述多彩中国故事(思想纵横)》,中国共产党新闻网 http://theory.people.com.cn/n1/2022/0225/c40531-32359378.html。

幕当晚,习近平总书记作出重要批示:"今天残奥会闭幕,中国军团'神勇',应好好宣传,不仅体现了体育精神与实力,更体现了中国式的人权与国家发展的成绩!"习近平总书记的重要批示,给残疾人运动员和残疾人体育工作者以极大鼓舞,也为残疾人体育融入国家发展大局、推动残疾人人权保障指明了方向。

三、新时代残疾人体育取得历史性成就

党的十八大以来,以习近平同志为核心的党中央坚持以人民为中心的发展思想,坚持把尊重和保障人权作为治国理政的一项重要工作,高度重视残疾人事业,如期实现了"全面建成小康社会,残疾人一个也不能少"的历史任务,残疾人体育事业快速发展。残疾人体育纳入体育强国、全民健身等国家战略和国家公共服务体系,越来越多的残疾人有条件参加体育锻炼、康复健身,越来越多的残疾人运动员有机会、有能力、有底气参加国际和国内残疾人体育赛事。残疾人体育的快速发展,是党和国家为残疾人谋福祉、让残疾人过上幸福美好生活的生动展现,映照出中国特色社会主义制度的显著优势,展示了我国社会文明进步的良好形象,展现了我国人权保障与国家发展的巨大成就。

残疾人康复健身体育广泛开展。习近平总书记强调:"体育是提高人民健康水平的重要途径,是满足人民群众对美好生活向往、促进人的全面发展的重要手段,是促进经济社会发展的重要动力,是展示国家软实力的重要平台。"[①]体育对于残疾人来说,是康复健身的一种方式,也是融入社会的一种媒介。各级残联组织积极为残疾人参加体育活动创造有利条件,推广残疾人体育健身项目,推动残疾人参与社区体育健身活动和竞赛,全国残疾人社区文化体育活动参与率由2015年的6.7%提升至2021年的23.9%。实施"自强健身工程"和"康复体育关爱工程",创编推广排舞、啦啦操、旱地冰壶等适合残疾人集体参与的运动项目,推动社区残疾人健身体育和居家重度残疾人康复体育。截至"十三五"末,全国残疾人健身示范点累计建设10600多个,培养残疾人社会体育指导员12.5万名,为43.4万户重度残疾人提供了康复体育进家庭等服务。各类别残疾人每年定期参加"全国特奥日""残疾人健身周"等全国性残疾人体育活动,参与轮椅太极拳、柔力球、盲人足球等健身项目,轮椅马拉松、盲人象棋交流挑战赛等赛事成为全国性品牌活动。残疾人通过参加康复健身体育活动,不仅增强了身体素质、激发了生活热情,也用正能量感染和激励了全社会。

---

① 转引自:本报评论员《加快建设体育强国——论学习贯彻习近平总书记在教育文化卫生体育领域专家代表座谈会上重要讲话》,人民网 http://sx.people.com.cn/n2/2020/0927/c352664-34319455.html。

残疾人竞技体育屡创佳绩。举办全国残疾人运动会,承办北京残奥会、上海世界夏季特奥会、北京远南运动会、广州亚残运会、北京冬残奥会、杭州亚残运会,有力促进了我国残疾人竞技体育的快速发展,为世界残疾人体育运动作出了重要贡献。2007年,第十二届上海世界夏季特奥会圆满举办,实现了世界夏季特奥会首次在发展中国家、在亚洲举办,让关爱的阳光照亮智障人士的心灵。2008年,北京奥运会、残奥会成功举办,"超越、融合、共享"的生命壮歌在残疾人中唱响。2010年,在广州举办首届亚残运会,也是亚残运会与亚运会同城同年举行。全国性残疾人体育赛事影响不断扩大。2021年,全国第十一届残运会暨第八届特奥会在陕西首次实现与全运会同城同期顺次举办,打破了36项世界纪录和179项全国纪录。残疾人运动员在重大国际残疾人体育赛事中表现亮眼。2021年,中国体育代表团在东京第十六届残奥会上获得96枚金牌、207枚奖牌,实现金牌、奖牌五连冠。残疾人运动员用奋勇拼搏、超越自我的神勇表现和自强不息、乐观向上的精神风貌,为祖国赢得了荣光,成就了出彩人生。

残疾人冰雪运动加快发展。我国冬残奥项目起步较晚,北京冬残奥会的成功申办,为我国残疾人冰雪运动发展带来重大机遇。多年来,各级残联组织通过实施系列行动方案,组织选拔优秀运动员,聘请国内外高水平教练员,培养冬残奥分级员和国际裁判员等技术人才,完善冬季体育设施,开展全年不间断训练,我国冬残奥运动水平不断提升,全国冬残奥运动员由原来不足50人发展到近千人,冬残奥项目由2个大项拓展到6个大项。与此同时,鼓励帮助残疾人广泛参与冰雪运动,连续组织举办6届"残疾人冰雪运动季"活动,为残疾人参与冰雪运动搭建平台,从首届参与的14个省(区、市)发展到现在的31个省(区、市)。

创编和推广迷你滑雪、旱地滑雪、旱地冰壶、冰蹴球、冰上自行车、雪地足球、冰上龙舟、雪地拔河等新颖有趣的大众冰雪运动项目,深受残疾人喜爱。广大残疾人参与冬季运动的热情不断高涨,为残疾人冰雪运动的普及发展打下了基础,也为实现"带动3亿人参与冰雪运动"作出了积极贡献。

残疾人权益更有保障。习近平总书记强调,要发挥群团组织优势,促进妇女儿童、老年人、残疾人等特定群体权益更有保障。[①] 各级残联组织积极协助党委、政府推动残疾人事业快速发展,残疾人生存权得到稳定保障、发展权正在更好实现。截至"十三五"末,710万建档立卡贫困残疾人全部如期脱贫,困难残疾人生活补贴和重度残疾人护理补贴制度分别惠及1212.6万、1473.8万残疾人,城乡残疾人基本养老保险、基本医疗保险参保率均超过90%。残疾儿童康复救

---

① 转引自《促进新时代妇女权益更有保障》,环球网 https://china.huanqiu.com/article/48SQoPvbbyo(来源:《求是》2022/12)。

助制度全面建立,残疾人基本康复服务覆盖率、辅助器具适配率超过80%。残疾人受教育水平显著提高,残疾儿童少年义务教育入学率达95%以上。残疾人就业状况持续提升,越来越多残疾人通过按比例就业、集中就业、灵活就业和自主创业等多种形式实现就业增收。残疾人精神文化生活更加丰富,中国残疾人艺术团出访过100多个国家和地区,还参加了北京冬残奥会的开闭幕式演出。扶残助残文明实践广泛开展,社会环境更加包容友好,理解、尊重、关心、帮助残疾人的社会氛围更加浓厚,越来越多的残疾人顽强奋斗,为全面建设社会主义现代化国家贡献出自己的力量。

四、努力在北京冬残奥会上争创佳绩

中国残联组建成立中国体育代表团,以"使命在肩、奋斗有我"的誓言,努力争取成绩之突破,展示良好之形象,为国争光。

赛出精神、赛出水平。中国体育代表团有96名运动员参加全部6个大项的比赛,其中85名运动员是首次参加冬残奥会,全部为业余选手,职业有工人、农民、学生、职员和自由职业者等。运动员们把崇高使命和国家荣誉放在心中,在训练中不怕苦不怕累不怕严寒,全年无休地训练,努力提高竞技水平,奋力在北京冬残奥会赛场上高扬精神力量,绽放生命之花,以乐观顽强的拼搏,激励更多人为创造美好生活而奋斗。

传递友谊、展示形象。北京冬残奥会吉祥物"雪容融"表达了美好的心愿:"容融",寓意世界文明交流互鉴、和谐发展的理念,体现了通过残奥运动创造一个更加包容的世界和构建人类命运共同体的美好愿景。我们将加强与各国残疾人运动员的友好交流,加强与国际体育组织的密切合作,讲好中国故事,讲好中国残疾人的故事,讲好中国筹办北京冬残奥会的故事,让各国参赛人员充分感受到中国的阳光、文明、富强、开放,留下美好而难忘的双奥之城记忆。

弘扬美德、传播文明。北京冬残奥会是体育盛会,也是弘扬扶残助残美德、推动社会文明友好的盛会,把爱递给更多群众,鼓励更多人加入扶残助残行列中来。

精心组织、安全参赛。坚持"人民至上、生命至上"理念,科学精准做好赛会期间的防疫工作,确保参赛人员的身体健康;强化运动保护和医疗康复保障,做好突发事件应急处置,实现安全、有序、顺畅参赛;以"零容忍"态度做好反兴奋剂工作,确保干干净净参赛,在竞技、道德、风格上都拿最好的奖牌。

第十三章 残疾人旅游业及其发展

残疾人旅游事业是共融和谐社会必不可少的重要组成部分。本章阐述了残疾游客与残疾人旅游业的内涵和特点,论述了中国残疾人旅游发展历程和相关法律法规,重点分析了针对残疾人旅游事业建设所需的旅行社、交通业、酒店业和景区应注重发展的目标及相关内容。[①]

第一节 残疾游客与残疾人旅游业

残疾人是一个数量众多、特性突出、特别需要帮助的社会群体。《联合国权利公约》认为,残疾人是社会各种态度和环境障碍相互作用所导致的、与其他人平等的基础上无法充分和切实地参与社会活动的人,包括肢体、精神、智力或者感官有长期损伤的人。残疾人概念不仅是一个医学概念,也是一个社会概念,是由科学定义的。

一、残疾游客的定义

残疾游客与残疾人并不是剥离开的两个定义、两种人群。由于旅游的多元性和边界性,不同的侧重点对残疾人的定义都不尽相同。《残疾人权利公约》规定:"残疾是一个演变中的概念,残疾是伤残者和阻碍他们在与其他人平等的基础上充分和切实地参与社会的各种态度和环境障碍相互作用所产生的结果。"随着年龄的增加,任何人都有可能需要残疾类型的辅助设施和服务,原本有残疾的人也有可能康复,脱离对残疾设施设备的依赖。人不是永远和残疾无关,也不是永远和残疾有关,因此残疾游客是一个演变性的概念。

残疾游客会面临不同的障碍类型,需求不同的帮助,参与旅游活动的行为模式也不尽相同,所实现的旅游自我价值也大相径庭。因此,残疾游客是一个复合性、综合性的概念,旅游业接待工作者应当自觉地学会掌握和运用残疾人社会工

---

① 本章节由浙江省教育厅项目支持,项目名称:"压力与责任:残疾儿童家庭旅游休闲抗逆力突破路径研究"(项目编号:Y202146445)。

作的具体规律,以不同方式加以解决,为残疾游客充分参与社会旅游活动、享有平等权利而付出不懈努力。

二、残疾人旅游业的发展历程

1. 我国残疾人旅游事业的发展历程

第二次世界大战以后,旅游业在世界各地取得了飞速发展,成为新兴的"朝阳产业"。21世纪初以来,我国出台了一系列与残障人士密切相关的相关政策和保护制度,我国残疾人的生活品质得到了大幅度提升和改善,越来越多的残疾人正试图通过旅游休闲活动重新建立起和社会之间的交流平台。2012年国务院颁发了《无障碍环境建设条例》,这是为创造无障碍环境、保障残疾人等社会成员平等参与社会生活制定的条例。2014年,国务院正式下发《关于促进旅游业改革发展的若干意见》,充分考虑了残疾人参与旅游休闲的特点和需求,明确提出"规划引导各类景区严格执行无障碍环境建设标准,适当配备残疾人出行辅助器具""推进旅游交通设施无障碍建设与改造""景区对残疾人……实行门票费用减免"等相关条例。2016年,无障碍环境建设被列入"十三五"规划,列入民航、铁路、交通、住建、文化和旅游等经济发展和民生领域的相关文件。2019年的《政府工作报告》中提出要支持无障碍环境建设,景区规划应充分考虑残疾人参与旅游休闲的特点和需求。我国国民经济和社会发展进入第十四个五年规划以来,残疾人保障和发展、老龄事业、信息化、旅游业、交通强国建设等专项规划均强调无障碍环境建设。中国残联、住房和城乡建设部等13部门联合印发了《无障碍环境建设"十四五"实施方案》,明确了"十四五"工作计划中的无障碍环境建设的主要目标和工作措施。以上这些指导意见和实施方案,确保了我国无障碍环境建设及残疾人旅游事业朝着高质量快速前进方向发展。

2. 残疾人旅游学科研究的发展历程

有关残疾人旅游的研究是在残疾人旅游业发展之后才逐渐发展起来的,通过对1999至2019年间科学网(WOS)核心数据库478篇关于残障旅游研究的文献进行分析,可将残疾人旅游研究进程分为三个阶段:起步阶段(1999—2003年)、快速发展阶段(2004—2010年)和多样化发展阶段(2011年至今)。

(1)起步阶段

根据聚类时间图谱分析1999年至2003年相关文献共计30篇,在此阶段中,研究成果主要围绕残疾人旅游及相关活动的出行障碍内容和形成原因进行案例和问卷调查研究。总结来看,这一阶段的研究可以看作是残疾人旅游研究的起步阶段,虽然文献数量不是很多,却取得了重要的研究意义,其主要意义就是明确了残疾游客市场对旅游市场所产生的影响力,发现了残疾人旅游产品的不充分性,并肯定了有关残疾游客的利益、服务和相关研究成果将提升旅游福祉的积极意义。该阶段的研究成果引发了更多学者开始关注该领域,并加快了残疾人旅游研究的进程。

(2)快速发展时期

残疾人旅游研究的快速发展阶段出现在2004年至2010年期间。在此阶段,国内外研究成果开始增多,共检索到文献107篇,美国、英国、加拿大、中国、奥地利、澳大利亚等国家的学者纷纷开展了相关研究。研究主要发现残疾人旅游产品及服务主要包括以下问题:①服务产品不足;②服务态度消极;③由于各国发展程度不同,各国无障碍旅游环境也存在差距,所发现的问题不尽相同。

(3)多元化发展时期

残疾人旅游的研究从2011年开始,全球进入了多样化发展阶段,参与国数量与发表文章数量都大幅增加,检索到的英文文献有341篇,参与国家超过30个。在前期研究的基础上,研究内容和热点朝着深入探讨残疾人旅游体验、开拓残疾人旅游市场、完善和创新残疾人旅游服务等方面,并且越来越开始关注到不同残障类型游客群体的具体旅游问题,研究方法多元化。在该阶段的许多研究表明,残疾游客面临的障碍都是不同类型残疾人特有的,不同的障碍所产生的问题和体验也是完全不同的,发现了旅游业与不同类型的障碍之间复杂而微妙的相互作用。相比于前期研究中主要集中在发现残疾人旅游过程中的障碍和问题,该阶段中许多研究集中在如何解决问题并进一步开拓与完善市场。

第二节 残疾人旅游文化业的发展

一、残疾人旅游文化

我国的《残疾人保障法》规定:国家保障残疾人享有平等参与文化生活的权利。各级人民政府和有关部门鼓励、帮助残疾人参加各种文化、体育、娱乐活动,积极创造条件,丰富残疾人的精神文化生活。残疾人文化、体育、娱乐活动应当面向基层,融于社会公共文化生活,适应各类残疾人的不同特点和需要,使残疾人广泛参与。[①] 广播、电影、电视、报刊、图书、网络等途径是展现残疾人丰富的精神文化面貌的平台。各级政府和有关部门应组织和扶持残疾人开展群众性文

---

① 《中华人民共和国残疾人保障法(盲文)》,中国盲文出版社2008年版。

化、体育、娱乐活动,举办特殊艺术演出和残疾人体育运动会,参加国际性比赛和交流。

二、残疾人旅游文化的特色

随时经济的快速发展,残疾人的文化特色日益凸显。残疾人旅游文化是一个广泛的概念,一般指所有以残疾人事业为主题或以残疾人为主体,或者由残疾人创作和参与的文化作品和文化活动的总称。残疾人杂技、残疾人美食、剪纸、陶艺等,都可为残疾人旅游文化发展带来特色资源。对这部分特殊资源的合理开发和应用,不但可为残疾人参与旅游项目提供机会,还能够促进传统文化的传播,以增强大众对残疾人这个群体的了解和对残疾人旅游的吸引力,实现旅游产业和残疾人事业发展的双赢。残疾人旅游文化特点主要有以下几个主要方面。

1. 关爱性

2014年3月20日,习近平在致中国残疾人福利基金会的贺信中指出:"残疾人是一个特殊困难的群体,需要格外关心、格外关注。让广大残疾人安居乐业、衣食无忧,过上幸福美好的生活,是我们党全心全意为人民服务宗旨的重要体现,是我国社会主义制度的必然要求。"[1]

《中共中央、国务院关于促进残疾人事业发展的意见》明确指出,关心残疾人是社会文明进步的重要标志。2015年1月20日印发的《国务院关于加快推进残疾人小康进程的意见》(国发〔2015〕7号)明确提出,"残疾人是一个特殊困难群体,需要格外关心、格外关注。""保障和改善残疾人民生,加快推进残疾人小康进程,是深入贯彻党的十八大和十八届二中、三中、四中全会精神,全面深化改革、全面推进依法治国的重要举措,是全面建成小康社会、实现共同富裕、促进社会公平正义的必然要求。"

"两个格外"的提出,给关爱残疾人旅游文化建设方面的启示是,要结合不同残障类进行具体实施。例如,与普通游客相比,影响肢体残疾游客满意度的因子包括无障碍舒适性、通达性、便捷性、坡道缓急、厕位设置等;影响听障残疾游客旅游感受的影响因子有手语指示、助听器租借服务等;影响视觉障碍残疾游客的影响因子包括盲道设计、导盲仪器配备等。

2. 融合性

目前,我国残疾人旅游市场占整个旅游市场份额虽小,但发展潜力巨大。残疾人对旅游环境的要求较高,残疾人旅游目的地的选择局限在安全系数高的景

---

[1] 《习近平致信祝贺中国残疾人福利基金会成立30周年》,人民网 http://cpc.people.com.cn/n/2014/0322/c64094-24706324.html

点和地区,而且残疾人群体由于自身的特殊性,在旅游过程中存在许多不可控的因素,使得旅游产品供给商承担安全风险过高。我国残疾人旅游市场的社会环境不完善,如无障碍餐饮系统、住宿、交通系统、景区设施以及无障碍旅游信息系统发展并不规范,增加了残疾人出游的困难,弱化了残疾人旅游的发展力度。

因此,建立健全我国残疾人旅游相关体制,已成为当前迫在眉睫的头等大事。残疾人旅游业涉及旅行社、旅游景区与酒店等方面。城市基建的布局应积极推行无障碍设施,为残疾人的生活和出行提供更多的方便,为残疾人的出行提供一个最基本的保障。目前我国有关残疾人旅游的基础建设还需要加大建设力度,并加强设施管理。现代化的残疾人旅游事业需要一个共融和谐的环境,更需要一个具有包容性的体制保障。

3. 点面结合性

我国残疾人旅游业虽已经取得了一定的成绩,但是由于我国仍然处于经济发展过程中,许多接待行业和管理方面依然存在着问题,残疾人旅游业还未形成完整的体系。譬如残疾人旅游的设施设计未能真正考虑使用者需求,残疾人旅游环境建设缺乏系统性和通用性等问题。多数残疾人依旧倾向于线下购买旅游产品,旅行社应保持线下门店的设施无障碍,并提供切实可行的残疾人旅游产品线路,在残疾人服务方面应该加快完善符合残疾人要求的服务体系。残疾人旅游线路涉及交通、景区、住宿以及游览线路的许多特殊安排,在旅行中,导游应具备足够的协调能力以及服务残疾游客的能力与意识。旅游无小事,整个旅游行业应切实从各个细微处满足残疾游客的实际需求。

总之,从旅行社、景区到酒店、交通等各个行业,应该如珍珠穿线一般,通过点线面结合把残疾人旅游对各个行业的需求结合串联起来,打造一个畅通无阻的旅游环境,让残疾人从踏出家门的那一刻起就能体会和享受到一切美好的事物。

4. 环境支持和经费资助性

残疾人旅游需要环境支持,同时也需要精神支持和经济支持。从旅游全过程来看,残疾人旅游在信息收集、交通、餐饮和住宿等环节上,都需要一定程度的外部环境和经济支持。根据我国《旅游法》第十一条规定,残疾人、老年人、未成年人等旅游者在旅游活动中依照法律、法规和有关规定享受便利和优惠。残疾人、老年人、未成年人等由于年龄和生理特点,在社会生活中属于应当受到照顾的群体。我国《残疾人保障法》规定,国家和社会鼓励、帮助残疾人参加各种文化、体育、娱乐活动,努力满足残疾人的精神文化生活需要。我国《老年人权益保障法》规定,博物馆、美术馆、科技馆、纪念馆、公共图书馆、文化馆、影剧院、体育场馆、公园、旅游景点等场所,应当对老年人免费或者优惠开放。《国民旅游休闲纲要(2013—2020)》提出,要改善国民旅游休闲环境,落实对未成年人、残疾人、老年人、高校学生、教师、现役军人等群体实行减免门票等优惠政策。

各级人民政府应当逐步增加对残疾人的照顾和扶助。随着法治建设的逐步完善,国家日益注重通过立法手段保护残疾人利益,给予残疾人尽可能多的照顾,防止残疾人遭社会淘汰,避免对残疾人的歧视,在社会保障体系中确立包括残疾人旅游权益在内的残疾人专项福利体系,将残疾人旅游权益福利化,改变残疾人旅游权益远远落后于社会平均水平的现状。

第三节　我国残疾人旅游业的法律法规和社会融合

我国是世界上最早进行残疾人专门立法的国家之一。加强残疾人事业法治建设,是保障残疾人权益的基础,是促进残疾人事业发展的动力,也是社会文明进步的重要标志。

一、保障残疾人的法律法规

为了维护残疾人的合法权益,发展残疾人事业,保障残疾人平等地充分参与社会生活,共享社会物质文化成果,2008年4月24日,第十一届全国人民代表大会常务委员会第二次会议审议通过了新修订的《残疾人保障法》。新修订的《残疾人保障法》要求落实以人为本的科学发展观,通过大力发展残疾人事业,切实保障残疾人的各项基本权利。《残疾人保障法》从残疾人康复、教育、劳动就业、文化生活、社会保障、无障碍环境以及法律责任等方面为残疾人提供保障。该法规定:残疾人在政治、经济、文化、社会和家庭生活等方面享有同其他公民平等的权利。残疾人的公民权利和人格尊严受法律保护[1]。《中华人民共和国旅游法》(以下简称《旅游法》)2013年10月1日起开始施行。《旅游法》第十一条规定:残疾人、老年人、未成年人等旅游者在旅游活动中依照法律、法规和有关规定享受便利和优惠。对于残疾人无障碍旅游,《旅游法》还规定了旅游从业者的安全培训以及对残疾人等特殊群体的安全保障服务。

---

[1] 毛传清:《中国残疾人事业五年工作纲要发展沿革分析与思考》,《残疾人研究》2015年第1期,第14-19页。

二、残疾人旅游事业的社会共融及共同富裕

社会融合的内在理论体现了一种追求公民人人平等的理想社会状态。社会融合至少包括以下几个关键维度或者基点：强化认同感、人类发展和参与、拉近距离、物质福利。残疾人旅游共融可以加强残疾人的旅游意识，营造每一位公民都能参与旅游活动的社会氛围。目前，社会上仍然存在一些对残疾人的歧视，使残疾人产生了自卑、抗拒和敏感的心态。社会各界应该通过共融来帮助残疾人通过旅游休闲活动，增强自我定位和自我认知。

第四节　残疾人旅游业的相关产业及其服务要求

一、残疾人旅游业的旅行社服务要求

由于残疾人群的特殊性，多数残疾人依旧倾向于线下购买旅游产品，因此旅行社在残疾人服务方面应该加强提供符合残疾人要求的服务体系。首先旅行社应保持线下门店的设施无障碍，其次需要提供残疾人旅游产品线路，服务线路涉及交通、景区、住宿以及游览线路的安排，在残障人士跟团游的产品搭配上也应有许多特殊性。在旅行中，导游尤为重要，他们不仅要承担普通导游的工作，有足够的协调能力，更应具备服务残疾游客的能力与意识。

二、残疾人旅游业的交通服务要求

目前我国在残疾人旅游交通建设方面存在的问题主要包括无障碍建设缓慢、无障碍交通管理效率低、设施设备不完善等问题。针对这些问题，交通运输部同住房城乡建设部、国家铁路局、中国民航局、国家邮政局、中国残联、全国老龄办联合印发了《关于进一步加强和改善老年人残疾人出行服务的实施意见》。该《意见》提出了总体目标：到2020年，交通运输无障碍出行服务体系基本形成，无障碍出行服务水平、出行服务适老化水平和服务均等化水平明显提升，无障碍交通设施设备不断满足出行需要，无障碍交通运输服务的"硬设施"和"软服务"持续优化，老年人、残疾人出行满意度和获得感不断增强。

三、残疾人旅游业的景区服务要求

目前，根据《旅游区(点)质量等级的划分与评定》(GB/T 17775-2003)国家标准有关要求，残疾人群服务项目包括残疾人轮椅、盲道、无障碍设施、残疾人厕

位等被作为重要评分指标。从目前看,经过多年不懈努力,总体上我国景区在针对残疾游客人群提供均等化服务方面已取得较大进步,但因我国旅游业总体上发展时间较短,一些古建筑因自然条件限制已经不能满足无障碍服务需求。2014年8月,国务院印发《关于促进旅游业改革发展的若干意见》,提出"规划引导各类景区加强老年旅游服务设施建设,严格执行无障碍环境建设标准,适当配备老年人、残疾人出行辅助器具"。因此,应该大力引导旅游景区在建设过程中为残疾游客提供更多的优惠政策和便利措施。

四、残疾人旅游业的酒店服务要求

残疾游客对酒店无障碍设施与服务的需求,包括酒店公共设施、无障碍客房、无障碍信息以及酒店无障碍服务等。客房设施无障碍需求包括客房内部设施的无障碍情况,客房床高、空间、门宽、开关、浴室门宽、洗漱台、浴室扶手、卫生间等。

1. 酒店入口

酒店主入口为无障碍入口时,平坡出入口的地面坡度不大于1∶20,当场地条件比较好时,不宜大于1∶30。如果主入口进入酒店大堂有台阶时,必须设立连接室外地坪的轮椅坡道,轮椅坡道的净宽度不小于1.0m,无障碍出入口的轮椅坡道净宽度不小于1.2m,轮椅坡道宜设计成直线型、直角形或折返形,轮椅坡道的坡面应平整、防滑、无反光,轮椅坡道不宜太长,轮椅坡道起点、终点和中间休息平台的水平长度不应小于1.5m,轮椅坡道应设置无障碍标志。

出入口的地面应平整、防滑;酒店主入口的门应采用自动门、推拉门、折叠门或平开门,不宜采用力度大的弹簧门,在门完全开启的状态下,建筑物无障碍出入口的平台净深度不小于1.5m,门把手不高于0.8m。

2. 公共区域

酒店大堂:总服务台、商店、商务中心、公用电话、大堂酒吧、咖啡厅等公共服务区域,应设置一个低位的服务台,以方便乘轮椅者、儿童等特需宾客使用;如有阶梯,应设轮椅坡道,坡道应满足坡度要求。

卫生间:首层和有公共活动的楼层应设一个无障碍卫生间,或在男、女卫生间中各设一个无障碍厕位;卫生间门宽不小于0.9m,进出方便;卫生间内空地尺寸应保证轮椅回转自如;专用卫生间尺寸不小于2m×2m,厕位尺寸不小于2m×1.5m;洗漱台为下空式,采用台下盆,安装高度为0.75m;恭桶前方应预留不小于0.8m×0.8m的空间;恭桶高度为0.45m;可折叠安全抓杆由墙面计算不短于0.75m,应采用双抓杆的配置形式,抓杆距地面高度为0.7m;小便槽下口的高度不高于0.5m,两侧和上方应安装安全抓杆。

电梯:当设有两台及以上客梯时,其中一台应为无障碍电梯。客梯的外召唤按钮不高于0.9m,电梯门开启净宽大于0.8m,深度大于1.4m,宽度大于1.1m,轿厢正面和侧面设0.8至0.85m高的扶手,方便轮椅在电梯内调整位置;轿厢正对开门方向0.9m高处设立镜面,方便残障宾客观察轮椅与电梯门位置;电梯内应有不高于0.9m的残障人士专用按钮,带盲文标识并添加到站报停装置,提醒特需宾客。

停车场:酒店应根据自身条件设置残疾人停车位,车位入口应安装无障碍标识牌,停车位的地面应涂有停车线、轮椅通道线和无障碍标志,地面平整;停车位与相邻车位间应留有不小于1.2m的轮椅通道,便于残疾人上下和通行。

无障碍标识:一般在无障碍通道、停车位、无障碍入口、无障碍服务台、无障碍电梯、无障碍公共卫生间或专用厕位、轮椅席、客房等无障碍设施的位置及走向处设置无障碍标志;酒店在设立无障碍标识时,要考虑特需宾客的视线角度及国际通行的做法,合理选择位置,采用醒目的颜色,并考虑夜晚光线不足等特殊情况,应做到容易发现、标识清楚并符合国际惯例。

3. 无障碍客房

无障碍客房位置:酒店无障碍客房宜设在酒店低楼层并靠近电梯,并有醒目的标识,方便宾客找到;从电梯到客房不应该有高差;无障碍客房空间设计应注意到房间内应有空间能保证轮椅回转,回转直径不小于1.5m;无障碍客房的门不应采用力度大的弹簧门并不宜采用玻璃门;门低位设猫眼、低位门锁;平开门、推拉门、折叠门开启后的通行宽度不应小于0.8m,有条件时,不宜小于0.9m;无障碍客房卫生间内应保证轮椅进行回转,回转直径不小于1.5m;卫生器具应设置安全抓杆,床间距离不小于1.2m;家具和电器控制开关的位置和高度应方便轮椅者靠近和使用;床的使用高度为0.45m;客房及卫生间应设高0.4~0.5m的救助呼叫按钮;客房应设置为听力障碍者服务的闪光提示门铃。

无障碍浴室应满足如下条件:无障碍淋浴间的短边宽度不小于1.50m;浴间坐台高度宜为0.45m,深度不宜小于0.45m;淋浴间应设距地面高0.7m的水平抓杆和高1.4~1.6m的垂直抓杆;淋浴间内的淋浴喷头控制开关的高度距地面不大于1.2m;毛巾架的高度不高于1.2m;浴室地面应防滑、不积水;浴室入口宜采用活动门帘,采用平开门时门扇应向外开启,设高0.9m的横扶把手,在关闭的门扇里侧设高0.9m的关门拉手,并应采用门外可紧急开启的插销;淋浴间面积不小于1.2m×1.2m。

4. 酒店无障碍餐饮

餐饮处无障碍出入口包括以下几种类型:平坡出入口;同时设置台阶和轮椅

坡道的出入口；同时设置台阶和升降平台的出入口；需以平坡衔接的无障碍出入口，地面坡度不宜大于1∶30；无障碍出入口的平台最小宽度为2.0m；除平坡出入口外，在门完全开启的状态下，无障碍出入口平台的净深度不小于1.50m；平坡出入口及轮椅坡道的坡面应坚实、平整、防滑、少反光或无反光；平坡出入口及轮椅坡道应保持整洁、畅通，其他设施均不得占用轮椅坡道及扶手。

餐饮服务台与低位台：接待和服务区域应设置低位服务设施，其范围包括服务台、收银台、问询台、电话台、饮水机等；低位服务设施表面距地面高度应为0.7～0.85m，其下部应至少留出宽0.75m、高0.65m、深0.45m供乘轮椅者膝部和足尖部移动的空间（最小膝位净空间）；低位服务设施前应有轮椅回转空间，回转直径不小于1.50m；收款通道净宽不小于0.9m；自助餐的餐盘滑轨从地面算起高度不大于0.85m，深度不小于0.25m，餐盘轨道下应保证0.65m高的净空，并且从餐盘拿取处一直延伸至收银员处；冰柜和柜门应采用推拉的方式开启，不应采用平开式。

调味品柜台：从柜台正面伸手可及的最大距离不超过0.6m；食品柜台工作面净空间不小于0.3m（宽）×0.2m（深）；宜采用大一点的调味盒，不宜食用单个的调味品包；宜提供堆放、散放的餐巾纸，同时提供合规的盒装餐巾纸。

餐位：无障碍的座位应分散设于餐厅的各个区域，椅子宜质轻易于移动摆放；宜采用四角桌子，使用的是中心柱子支撑的圆桌，从桌子边缘到桌子基座外缘的距离不少于0.5m；所有座椅应留有伸脚空间，其深度不小于座位深度的1/3；椅子的支撑物或十字支架不能占用伸脚空间；长条座椅应有结实的靠背；座面高应为0.45m，靠背高度应达到0.75m。

5. 酒店无障碍服务

预订服务：根据残障人士的不同需求特点，形成预案，采用不同的方式、不同的语言等实时、有效地沟通，顺畅地推介产品，形成消费冲动，完成预订。

迎接服务：行李、礼宾岗位应有不同季节、不同交通工具、不同机能残障人士的迎接预案设计，以确保安全、稳妥、友善地完成迎宾工作。

接待服务：应有完善的程序和方便实用的工作设备以及包括手语、盲文等工作语言准备，确保亲切、准确、快速地完成入住，残障人士的特殊需求应纳入服务程序之中。

进房服务：应建立针对不同类型残障人士的进房迎宾仪式、客房设施设备说明、智能化设备使用方法、安全措施、特殊服务需求征询、酒店专门型特殊产品信息介绍等服务程序，实用有效、亲切温暖是基本要求。

跟房服务：应制定专门的服务流程，强化残障人士客房的跟踪服务，包括紧急呼叫响应、客房服务请求、客房整理等重要环节设定、专门的客房无应答规程等。

特殊产品创新：凡涉及残障人士可能进入、使用的酒店各功能区域，均需要设计相应的服务流程和规范，宾客体验、员工辅助、宾客与员工互动，是无障碍服务型酒店特殊性创新服务的基点。

礼仪：应有完善的礼仪设计，在酒店任何区域，凡员工遇见残障宾客应有专门的礼仪设计，语言、手势、动作、仪态、神情均应有要求，通过近似于仪式化的服务规范，传递平等、亲切的服务文化。

离店服务：能够快速完成相关手续，并认真征询住店意见和感受，以友善、亲切的方式送别宾客。

后续服务：应建立程序，持续跟进，不断宣传推介酒店无障碍旅游新产品，形成情感链接。

发展篇

第十四章　残疾人心理健康服务

《"十四五"残疾人保障和发展规划》指出:"开展社会心理服务和社区心理干预,预防和减少精神残疾发生。"残疾人心理健康问题的产生,其原因是多方面的,社会转型、观念变更、生活节奏加快、家庭结构变化、竞争加剧等因素日益凸显,对于残疾人如何适应当前政治、经济、文化、思想等方面深刻而急剧的变化而带来很大的挑战。随着残疾人心理健康意识的进一步提升,心理健康服务的需求进一步增加。本章主要从残疾人社会工作角度,分析残疾人心理健康基本需求、理论、心理健康服务主要方法和技巧等。

第一节　科学认识残疾人心理健康问题

一、心理健康概念

心理健康概念最初由美国精神卫生专家克利福德·威廷汉姆·比尔斯 Clifford Whittingham Beer 提出。1908 年,他将自己在患精神病期间的所见所闻写成了一本自传小说《一颗找回自我的心》(*A Mind That Found Itself*),标志着近代心理健康运动的开始。

对于心理健康的认识和研究,随着时代的变迁而发展。1948 年联合国世界卫生组织(WHO)对健康的定义是:"不但没有身体的缺陷和疾病,还要有生理、心理和社会适应都完满的状态。"1989 年联合国世界卫生组织对健康作了新的定义,即"健康不仅是没有疾病,而且包括躯体健康、心理健康、社会适应良好和道德健康"。

关于心理健康的定义,国内外学者至今未有统一的界定。笔者认为,概括地说,心理健康即个体与环境互动时,认知、情绪、意识保持一种动态的平衡,人格发展稳定,个体与环境相互适应的一种状态。

随着心理学理论和流派的发展,残疾人心理健康逐渐成为西方学者的研究领域之一。近年来,我国对于残疾人心理健康研究也越来越关注,特别是随着社会工作的发展,心理健康作为残疾人康复工作的一部分,日益受到重视。李祚山等认为,残疾人心理健康是指残疾人在内外环境的允许下,能保持各类心理活动正常、关系协调、内容与现实一致和人格处在相对稳定的状态。[①] 王滔、李潇在研究残疾儿童心理健康内涵及结构时,认为心理健康与社会适应关系密切,可以从两个维度进行分析,"一是社会适应心理机能的特质内容维度,二是社会适应心理机能的活动领域维度"。[②]

二、残疾人心理健康状况

1. 残疾人心理健康需要

(1)获得足够心理健康支持的需要

早在20世纪80年代,我国学者已经开始关注残疾人心理健康研究,如吴厚德1987年撰写了《残疾人心理分析》。此后,陆续有针对不同残疾类别、不同规模残疾人的心理健康状况的调查研究,如吴清平等(1997)发表了《肢体残疾成年人人格特征的配对研究》,吴秀丽等(1999)发表了《残疾人士的健康、心理和生活状况调查分析》,李祚山等(2020)在《残疾人心理健康服务体系建设》中呈现的全国范围内大样本调查。这些研究结果,显示残疾人的心理问题检出率高于健全人,残疾人的心理健康水平低于健全人。引发残疾人心理问题的因素,除了残疾带来的压力及影响,还包括其在与环境互动过程中,是否享受到了平等的受教育、劳动就业、婚姻家庭等权利,以及是否拥有足够的支持网络。残疾人在应对心理问题时,除了个人和家庭的内在力量外,还需要政府、社区、社会组织等多元力量的专业支持。

(2)形成积极生活态度的需要

对于残疾人及其家庭来说,残疾的发生就是一场人生灾难。随之而来的不仅是生理上的缺陷,还有心理上的认知偏差、自我效能的减弱等。残疾人的生活态度普遍比较消极,难以正视自身的残疾,自我认同感较差,常常表现出自卑、焦虑等情绪,对生活满意度不高。家人及亲密者对残疾人的态度,则往往会出现溺爱或漠视两个极端。其他人则更多的是偏见或怜悯等心态。这些问题的解决都需要得到专业的引导,要帮助残疾人及他人特别是残疾人工作者形成一种积极的态度来应对残疾带来的压力和挑战。

2. 残疾人面临的主要心理问题

(1)自我认知偏差问题

残疾带来的生活和行为方式的改变,也会限制残疾人能力的发展和自我价

[①] 李祚山:《残疾人心理健康服务体系建设》,科学出版社2020年版,第34-43页。
[②] 王滔、李潇:《残疾儿童心理健康内涵及机构初探》,《残疾人研究》2021年第1期,第83页。

值的实现。长此以往,一些残疾人往往会产生焦虑、无助、自卑、怨天尤人的情绪,并对自身的能力和价值产生怀疑,自信心不足,从而出现认知偏差,进而导致行为模式等一系列变化,可能会有冷漠、归属感不强等表现。

(2)婚姻家庭问题

在我国,自古以来,婚姻家庭对于个人的意义都是极其重要的。对于残疾人来说,婚姻家庭的支持更是意义非凡。和谐的婚姻家庭关系,不仅能增加个人的幸福体验感,更是残疾人最重要的依靠和支持,是物质生存和情感支持的双重纽带。多数残疾人的原生家庭支持度都是正向且有力的,但是在婚恋和子女教育方面,往往会面临更多困难,给残疾人尤其是青年残疾人带来较大的心理压力。

(3)教育和就业压力问题

不同受教育程度和就业状况的人,主观幸福感受和心理健康程度是不同的。由于个体残疾、家庭经济状况、社会环境等种种因素影响,残疾人整体受教育程度和就业状况远低于健全人,在求学、就业方面会面临比健全人更多的挫折,需要付出更多的努力。残疾人就业渠道相对单一、就业层次不高等,这些压力一定程度上也影响了他们的生活质量,从而有可能引发一系列心理问题。

(4)社会交往困难问题

由于生理和心理缺陷以及家庭经济和环境无障碍等方面的因素,很多残疾人尤其是农村重度残疾人的生活相对比较封闭。在社会生活中,残疾人也往往容易处于被忽略甚至被歧视的处境,残疾人在自卑、孤独的同时,也会更加渴望有尊严地参与社会交往,更平等地沟通交流,更多地关注自我价值的实现。这样的处境和矛盾的心理,也会影响残疾人的心理健康状况。

3. 残疾人心理健康的特点

残疾人作为人数众多、特性突出的群体,其心理健康状况也有其复杂性、多样性的一面。从群体心理特征来说,残疾人的心理健康绝不仅仅只表现出前述的心理问题,他们在生活、工作中表现出的乐观、坚韧、富有同情心等积极的心理健康状况,也不应被忽视。

残疾人群体中也包含了视力、听力、言语、肢体、智力、精神等各种残疾类别和不同残疾等级,年龄、性别、文化、地域、宗教、社会角色、致残原因等都不尽相同,这些差异也必将导致残疾人的心理健康状况的差异。李祚山采用SCL-90量表在全国范围内所作的"残疾人心理症状的调查研究",结果也验证了这一点。其研究结果显示,残疾人心理症状在不同户籍、婚姻状况、年龄、受教育程度、收入水平、收入来源、残疾性质、残疾类型等方面都检验出了差异。城市残疾人的心理症状比农村残疾人的心理症状要轻,已婚有配偶者的心理症状少于未婚者、离婚者和丧偶者,随着年龄的增加(50岁以上)和减轻(20岁以下)心理症状呈现增加的趋势,受教育程度越高心理症状越轻,经济状况越好心理症状越轻,主要收入靠自己挣取的残疾人的心理症状轻于靠家庭给予和靠政府资助的残疾人,先天残疾者心理症状比后天残疾者重,残疾等级为二级的心理症状最重、四级的最轻,肢体残疾人心理症状检出率最低、精神残疾人心理症状检出率最高。

三、相关理论

作为一个正在研究、实践、发展中的领域,残疾人心理健康尚未形成广泛认可、独有的专业理论。残疾人心理健康服务是一项涉及社会工作、心理学、康复医学、教育学、哲学等多学科的专业社会服务工作。因此,指导残疾人心理健康服务的相关理论,需博采众家之长,其中又以心理学理论和社会工作理论最为常用。

1. 心理动力理论

心理动力理论主要来源于弗洛伊德的精神分析理论,其主要观点包括意识层次理论、人格结构理论、焦虑与防卫机制、性心理发展。弗洛伊德提出,人的精神活动会在不同的意识层次里进行,意识层次包括意识、前意识和潜意识。他将人格分为本我、自我和超我,三者如果能够保持和谐平衡的状态,人格就是完善的。当个人的本我欲望违反超我的原则时,自我就发出警告,产生冲突和焦虑,自我为了消除不愉快的情绪体验,就会出现自我调适的防卫机制。弗洛伊德还将人的性心理发展作为人的心理发展的基础,将性心理发展分为口腔期、肛门期、性器期、潜伏期、生殖器期五个阶段。这个理论认为,个人问题的根源在于内在的精神冲突,这些冲突与早期经验有关,并且潜藏于潜意识中,理性无法觉察潜意识的经验。因此,这一理论在服务过程中的应用就是通过治疗情境、治疗关系、治疗性对话等治疗过程,帮助服务对象实现痛苦经验的自我揭露。

2. 人本主义理论

人本主义理论相信人的理性,相信人类有能力运用自己的理性控制自己的命运。主要观点包括:强调人的内在价值和能力,每个人都要受到尊重;在社会生活中人们彼此负有责任;个人具有归属与被包容的权利;人们具有参与和被聆听的权利;人们具有自由表达的权利;群体成员之间存在差别,差别应该得到尊重;人们具有质疑和挑战专业人员的权利。人本主义理论在残疾人心理健康服务中的应用,即应该促使残疾人掌握我们都拥有的"个人权利"。

3. 认知行为理论

认知行为理论由行为主义和认知学派整合而来。该理论认为,在认知、情绪和行为三者之中,认知扮演着中介与协调作用。他们将认知用于行为修正上,强调认知在解决问题过程中的重要性,强调内在认知与外在环境之间的互动,认为外在的行为改变与内在的认知改变都会最终影响个人行为的改变。治疗过程主要包括问题解决、归因和认知疗法原则等三个方面。

4. 增强权能理论

增强权能理论的基本假设包括:个人的无力感是由于环境的排挤和压迫,社会弱势群体的弱势地位是由于缺乏参与机会导致;社会环境中存在直接或间接的障碍使人无法发挥能力,但障碍可以改变;每个服务对象都不缺少能力,个人的能力通过社会互动可以增加;服务对象有能力、有价值;社会工作者与服务对象之间是一种合作的伙伴关系。这一理论指导社会工作者应尽可能在各方允许范围内,为服务对象争取更多的帮助资源,尊重服务对象的自决和自我实现,推动社会正义。

5. 优势视角理论

优势视角理论不将目光聚焦于问题,而是看到服务对象的内在潜能。这一理论在实践应用中的原则是:每个个人、团体、家庭和社区都是有优势的;创伤、虐待、疾病和抗争具有伤害性,但它们也有可能是挑战和机遇;与服务对象合作,可以更好地服务于服务对象;所有的环境都充满资源;平等合作的伙伴关系。

第二节 残疾人心理健康应用探索

一、残疾人心理健康服务现状

所谓残疾人心理健康服务,是指在残疾人服务工作中,运用社会工作、心理学、教育学等理论和原则,来支持和促进残疾人心理健康的服务。我国残疾人心理健康服务起步较晚,长期以来,心理疏导作为康复服务体系建设的一部分,在实践中并未得到足够的重视,且在有限的资源中关注更多的是精神残疾人等有严重心理问题残疾人的健康服务,对于其他残疾人群体的心理健康服务关注度不高。同时,还存在残疾人对自身心理健康认识程度不够、残疾人工作者缺乏足够的专业知识技能、专门针对残疾人的心理健康服务机构和服务人员不多、服务形式多以心理健康知识普及宣教为主、残疾人心理健康研究和规划碎片化等现象。幸运的是,随着时代的发展及党和政府对残疾人事业的高度关注,残疾人心理健康服务也得到了前所未有的发展机遇。

1. 顶层设计

《中华人民共和国残疾人保障法》《残疾预防和残疾人康复条例》《中华人民共和国精神卫生法》等从法律层面对残疾人心理健康服务作出了规定。地方相关精神卫生立法中也作了相应规定,如2019年颁布的《浙江省精神卫生条例》,明确"本省行政区域内开展公民心理健康促进和精神障碍预防、诊断、治疗、康复等活动,适用本条例",并对心理健康咨询、教育、干预等作出规定。

心理康复作为残疾人教育、康复工作的一部分,在政策规划上也越来越受到重视。《"健康中国2030"规划纲要》提出要"突出解决好妇女儿童、老年人、残疾人、低收入人群等重点人群的健康问题""加大对重点人群心理问题早期发现和及时干预力度"。2018年,国家卫生健康委等10部委印发的《全国社会心理服务体系建设试点工作方案》提出,"利用老年活动中心、妇女之家、儿童之家、残疾人康复机构等公共服务设施,为空巢、丧偶、失独、留守老年人,孕产期、更年期和遭受意外伤害妇女,流动、留守和困境儿童、孤儿,残疾人及其家属等提供心理辅导、情绪疏解、家庭关系调适等心理健康服务""特殊教育机构要结合听力障碍、智力障碍等特殊学生身心特点开展心理健康教育,注重培养学生自尊、自信、自强、自立的心理品质"。

国务院关于印发"十四五"残疾人保障和发展规划提出,要开展社会心理服务和社区心理干预,预防和减少精神残疾发生。

2. 工作实践

随着经济社会与残疾人事业的发展,残疾人服务工作也逐渐从满足物质和生理需求转向身心同步发展需求的领域,并在残联工作、社会组织、学术研究等多个领域有了实践和发展。

在残疾人康复工作中,心理知识的普及一直是其中一项重要的内容,社区也相应地会通过举办专题讲座、组织团体辅导等方式,提高残疾人心理卫生知识的知晓率,并通过组织各类群众性文体活动,为残疾人搭建互助、交流的平台,促进其身心愉悦,从而保持良好的心理状态。同时,通过举办各类心理辅导培训班,着力培养残疾人协会、基层残联工作者中的心理康复人才。

近年来,各级残联组织还通过政府购买服务的方式,引进社会组织开展残疾人心理健康服务项目,开展残疾人心理健康服务专业研究的社会组织和学者也逐渐增多。如经国务院批准成立的第一个全国性残疾人事业发展研究社团——残疾人事业发展研究会,于2017年组建了心理健康专业委员会。该委员会由来自全国残疾人心理健康及康复服务机构、残联系统、社区、高校、科研院所的知名专家及具有残疾人心理健康和康复服务经验与科研能力的核心骨干组成。李祚山、叶发钦等一批专家学者对构建残疾人心理健康服务体系进行了专业研究,在重庆、广西等地进行了实践、探索,并形成了一批研究成果。

3. 突发事件心理危机干预

自然灾害、公共卫生事件等突发事件的发生,不仅给人们的生产、生活带来巨大的变化,也会引发民众的焦虑、恐慌等心理变化,需要及时进行危机干预。包括残疾人等弱势群体,在应对突发事件时,受到的冲击更大,也更需要专业支持。

自 2003 年开始,人们对突发事件应急管理机制进行了反思。2008 年汶川地震和 2020 年席卷全球的新冠疫情的发生,进一步引发了人们对突发事件中的心理危机干预的思考和重视。

2020 年 8 月 21 日在上海举行的 2020 北京健康大会·医生云论坛上,钟南山院士发表主旨演讲,指出要关注新冠患者的心理健康,不要单纯考虑躯体的健康而忽视了心理的健康,从而造成病情的恶化和诸多的社会问题,所以,要培训更多的心理和精神疏导及治疗的医护人员。

2020 年 3 月 18 日,在应对新冠疫情联防联控时,国务院特别强调"强化低保对象、特困人员、特殊困难老年人、困境儿童、流浪乞讨人员、残疾人等心理支持"。

中国残联在第一时间进行了防控部署。残疾人事业发展研究会心理健康专业委员会组织专家及时编写了《残疾人心理防疫手册(大众篇)》和《残疾人心理防疫手册(专业篇)》,将残疾人心理危机干预纳入疫情防控整体部署,分别从残疾人的角度和心理干预工作者的角度,对相关心理防疫知识、应对方法、工作伦理等进行了阐述。其中《残疾人心理防疫手册(专业篇)》明确界定了疫情防控期间针对残疾人群体的紧急心理危机干预的指导原则,指出"由全国精神卫生、心理健康相关协会、学会发动具有灾后心理危机干预经验的专家组建心理救援专家,提供技术指导,在各级卫生健康和残疾人相关行政部门的统一协调下,有序开展紧急心理危机干预和心理疏导工作"。

全国各级残联组织迅速采取行动,如浙江省畅通心理干预"暖心通道"与心理援助热线,组织专业人士和志愿者深入受疫情影响严重地区,重点为残疾人提供心理疏导。[①]

4. 残疾人心理健康服务的多元文化视角

我国从 20 世纪 80 年代起,开始重新引进和学习西方的心理健康服务理论,

---

① 厉才茂、张梦欣、李耘、杨亚亚:《疫情之下对残疾人保护的实践与思考》,《残疾人研究》2020 年第 1 期,第 14 页。

并逐渐发展本土化理论,残疾人心理健康服务同样如此。随着我国残疾人心理健康服务工作实践的推进,在学习西方理论、立足本国实际、推进本土化理论研究的基础上,越来越多的残疾人心理健康服务从业人员拓宽了视野,形成了多元文化视角。

2020年5月23日,由中国人权研究会指导、武汉大学人权研究院主办、《残疾人研究》协办,在线召开了"疫情防控中的特定群体权利保障"国际视频研讨会,来自武汉大学、中国社会科学院、复旦大学、中国政法大学、香港大学以及日本、英国、挪威、瑞典、美国等国家和地区的近50位学者参加,共同探讨全球残疾人、老年人等脆弱群体在疫情防控中面临的各种困境,分享和反思各自的应对经验,进一步丰富残疾人心理健康服务的工作内容和方法,推动残疾人心理健康服务走向更深的科学化和更广的国际化。

二、残疾人心理健康服务体系建设

党的二十大报告在"推进健康中国建设"中强调,要"重视心理健康和精神卫生"。党的十九大报告明确要求,"加强社会心理服务体系建设,培育自尊自信、理性平和、积极向上的社会心态"。国家卫生健康委等10部委2018年印发了《全国社会心理服务体系建设试点工作方案》,至2021年底,试点地区基层社会心理服务体系基本建成。残疾人作为重点服务人群之一,各试点城市也将残疾人心理康复服务同步部署、推进。如杭州市残联按照试点工作要求,协同多部门推进严重精神障碍患者综合管理网络的建设完善,在全市近200家"残疾人之家"协同做好日常发现、登记报告、随访管理、服务指导、心理支持等工作,下发《关于开展"五进残疾人之家"专项行动的实施方案》。在其中的"康复体育进残疾人之家"行动中,整合精神卫生、社会组织、专科高校等多类资源,为"残疾人之家"的心理康复服务探索路径、提供模式、探索可及的路径。当前,在全面推进社会心理服务体系建设进程中,残疾人心理健康服务体系建设也将紧抓机遇提上议事日程,这也是应对残疾人心理健康服务需求以及现代社会治理的需要。

残疾人心理健康服务体系建设目前尚处于初始阶段。李祚山将残疾人心理健康服务定位于公共服务的范畴,具体定位包括公共文化产品和公共卫生产品两个范畴。[①] 笔者认为应从以下几方面推进残疾人心理健康服务体系建设。

1. 健全残疾人心理健康服务网络

构建残疾人心理健康服务体系,应将残疾人心理健康服务明确纳入整体残疾人服务体系建设,制定和完善相关规划、制度和考核评价标准,整合各类资源,

---

① 李祚山:《残疾人心理健康服务体系建设》,科学出版社2020年版,第34-43页。

搭建残疾人心理健康服务平台。政府部门需加大投入,成立面向残疾人心理服务的培训、咨询与康复、心理教育等服务机构;支持、引导社会心理服务机构、社会工作站等机构力量,参与残疾人心理健康服务。以特教机构、残疾人之家和残疾人康复机构等为基础,培育专门针对残疾人的心理健康服务机构;积极利用互联网手段和大数据,应用于残疾人心理健康服务工作,广泛开展心理健康科普宣传和服务;建立心理援助服务平台,完善心理危机干预服务机制。

2. 加强残疾人心理健康服务人才队伍建设

残疾人心理健康服务是一门涉及多学科的综合科学,要求建立一支多学科合作、具有一定专业知识和能力的高素质工作者队伍。心理干预服务因其复杂性和长期性,不仅要求社会工作者自身要掌握一定的心理健康服务知识和技巧,更要寻找同行者,其中包括医疗机构的心理医生、社会心理服务机构的心理咨询人员、社区心理健康服务志愿者等。要通过制定激励政策、开发工作岗位、健全行业管理等手段,形成一支稳定、规范、专业的残疾人心理健康服务工作者队伍。这支队伍里既包括残疾人也包括健全人。邓朴方曾经在全国残疾人领导干部研讨班上说,"残疾人和健全人要更加融合、共同推进残疾人事业","要心胸开阔,团结同志,残疾人事业是大家的共同事业,需要千千万万人来做"。[①] 同时还需要通过资格认定、岗位培训、教育管理等多种方式,确保心理健康知识更新,提升工作者的心理健康服务能力。

3. 强化残疾人心理健康服务支持保障体系

残疾人心理健康服务体系建设是一项系统的工作。李祚山提出,残疾人心理健康服务的需求导向模式,即以残疾人的心理健康服务需求为出发点,以政府为主导,以街道办事处和社区居委会为载体,通过发动和组织社区成员,利用和开发社区资源,为满足残疾人的心理需要所开展的一系列服务的总称。[②] 残疾人生活在社区,与社区的关系最紧密,社区的心理健康服务工作做到位,可给残疾人的心理健康提供良好的保障。构建残疾人心理健康服务体系,还需得到党政组织领导、政策扶持、经费保障、评估督导等多种支持保障。只有凝聚各方力量和资源,才能保证残疾人心理健康服务体系顺利实施。

三、残疾人心理健康服务的方法

残疾人心理健康服务因其多学科综合性,其指导理论博采众家之长,其工作方法集合了社会工作、心理治疗等多学科的方法。下面简要介绍几种常用的工

[①] 邓朴方:《人道主义的呼唤》(第二辑),华夏出版社 2006 年版,第 378、379 页。
[②] 李祚山:《残疾人心理健康服务体系建设》,科学出版社 2020 年版,第 34-43 页。

作方法。

1. 社会工作方法

(1)个案工作方法

个案工作主要是帮助遇到困难的个人或者家庭调动自身及其周围的资源,改善个人与社会环境之间的适应状况,恢复和增强个人或家庭的社会功能。运用这一方法介入服务,可以帮助残疾人克服心理障碍,促进个人成长、适应社会环境。

(2)小组工作方法

小组工作以具有共同需求或相近问题的群体为服务对象,经由社会工作者的策划与指导,通过小组活动过程及组员之间的互动和经验分享,帮助小组组员改善其社会功能,促进其转变和成长,以达到预防和解决有关社会问题的目标。运用小组工作方法,有助于残疾人在群体互动中找到自我价值感,从而更好地适应社会环境。

(3)社区工作方法

社区工作是以社区居民为工作对象,通过社会工作者的介入,旨在确定社区的问题与需求,发掘社区资源,动员和组织社区居民实现自助、互助和社区自治,化解社区矛盾和社区冲突,预防和解决社会问题,从而促进社区服务质量、福利水平的提高和整个社会的进步。运用社区工作方法,有助于残疾人更好地融入社会,实现群体的社会倡导。

2. 理性情绪疗法

理性情绪疗法是由美国心理学家艾利斯(Albert Ellis)在20世纪50年代创立的,它是认知疗法的一种,因其采用了行为治疗的一些方法,故又被称为认知行为疗法。这一理论认为,人的情绪和行为障碍不是由于某一激发事件直接所引起,而是由于经受这一事件的个体对它不正确的认知和评价所引起的,最后导致在特定情景下的情绪和行为后果,也称之为ABC理论。非理性信念是指那些把特定场景中的经验绝对化、普遍化、抽象化之后与实际情况不符的想法和观点。这一方法应用到残疾人心理健康服务中,就是要通过专业的介入,通过对服务对象的非理性信念的检查、辩论等技巧,从而运用理性的信念替代原来的非理性信念,并且与具体合适的情绪和行为反应方式连接起来,建立理性的生活方式。

3. 精神分析治疗

精神分析治疗是奥地利心理学家西格蒙德·弗洛伊德所创建的一种心理治疗法。这一理论将意识层次分为意识、前意识和潜意识,认为人类精神活动的根源就是潜意识,它对人行为的影响是无所不在的,因此要解决服务对象的问题就必须探寻潜意识的意义。应用到残疾人心理健康服务中,就是要发掘服务对象潜意识内的矛盾冲突或致病的情结,把它们带到意识领域,使服务对象对其有所觉察和领悟,然后在现实原则的指导下得到纠正或消除,并建立正确与健康的心理结构,从而使病情得到痊愈。

第十五章 健全残疾人事业领导体制和工作机制

本章主要阐述健全残疾人事业领导体制和工作机制的基本内涵及其重要意义,阐明国务院残工委在健全残疾人事业的领导体制和工作机制中发挥着重要作用。

第一节 残疾人事业的领导体制和工作机制

一、健全残疾人事业领导体制和工作机制的政策依据

党的十九大站在全局和历史的高度,明确提出中国特色社会主义进入新时代,确立了习近平新时代中国特色社会主义思想,开启了全面建设社会主义现代化新征程,这就必然对中国特色残疾人事业发展的领导体制和工作机制提出新要求。

2018年9月14日,中共中央政治局常委、国务院副总理韩正受习近平总书记委托,在代表党中央、国务院向中国残疾人联合会第七次全国代表大会的致词中指出:"各级党委和政府要高度重视残疾人事业,健全党委领导、政府负责的残疾人工作领导体制,完善政府主导、社会广泛参与、残疾人组织充分发挥作用的工作机制。"

2018年9月16日,国务委员王勇在中国残疾人联合会第七次全国代表大会闭幕式上的讲话中指出:"要进一步健全党委领导、政府负责的残疾人工作领导体制,完善政府主导、社会参与、残疾人组织充分发挥作用的工作机制。"

张海迪在中国残疾人联合会第七次全国代表大会上所作的《以习近平新时代中国特色社会主义思想为指引,团结带领残疾人兄弟姐妹共奔美好小康生活》的报告中明确提出:"残疾人工作必须紧紧依靠党的领导,健全党委领导、政府负责的领导体制,坚持政府主导、社会参与、残疾人组织充分发挥作用的工作机制。残疾人事业要融入大局,为党和国家事业作贡献。"

以上论述,为健全中国特色残疾人事业的领导体制和工作机制,努力开创残疾人工作新局面,明确了前行的方向。

二、健全残疾人事业领导体制和工作机制的三个要义

1. 健全党委领导、政府负责的残疾人工作领导体制

2008年3月发布的《中共中央、国务院关于促进残疾人事业发展的意见》,明确了残疾人事业发展的总体要求。成立由34个部委和机构负责人组成的国务院残疾人工作委员会(简称"国务院残工委"),协调国务院有关残疾人事业方针、政策、法规、规划的制定与实施,解决残疾人工作中的重大问题。国务院残工委各成员单位按照部门分工履行残疾人事业有关职责,推动有关残疾人政策的制定与落实。全国县级以上人民政府均成立了残疾人工作委员会。中国残联及地方各级残联充分发挥代表、服务、管理职能,成为党和政府联系残疾人的桥梁和纽带。工会、共青团、妇联等人民团体和老龄协会等社会组织发挥各自优势,维护残疾职工、残疾青年、残疾妇女、残疾儿童和残疾老人的合法权益。红十字会、慈善会、残疾人福利基金会等慈善组织,为残疾人事业筹集善款,开展爱心捐助活动。企事业单位承担社会责任,为残疾人事业发展贡献力量。[①]

该《意见》指出:"各级党委和政府要高度重视残疾人事业,把残疾人事务列入重要议事日程,进一步完善党委领导、政府负责的残疾人工作的领导体制。党委和政府要分别明确一位领导同志联系和分管残疾人工作,定期听取汇报,认真研究部署。"同时强调各级政府残疾人工作委员会以及中央和国家机关各有关部门、单位要强化职责,密切配合协调,切实提高为残疾人提供社会保障和公共服务的水平。

张海迪在中国残联七代会上所作的报告中提出要重点做好五个方面工作。首要的是坚持党的领导。党的领导是残疾人事业发展和残联改革建设的根本保障。各级残联要不断增强"四个意识",坚定"四个自信",维护党中央的权威和集中统一领导,团结带领残疾人兄弟姐妹听党话、跟党走,为实现美好的理想而奋斗。

2. 坚持完善政府主导、社会参与、残疾人组织充分发挥作用的工作机制

(1)坚持完善政府主导,是为了更好地发挥政府主导的优势。邓朴方说:"政府是社会事务的管理者,负有保障社会公平、维护社会正常运转的责任。政府又掌握相应的资源和手段,比如财政政策、税收政策、社会保障、社会资源的二次分配等。残疾人事业是一项社会事业,残疾人是社会弱势群体,对残疾人和残疾人

[①] 国务院新闻办公室:《平等、参与、共享:新中国残疾人权益保障70年》,人民出版社2019年版,第27-31页。

事业,政府负有义不容辞的责任。"①他说,《关于残疾人的世界行动纲领》指出:"残疾人的处境必须根据不同的经济和社会发展水平和不同的文化来进行具体分析。但无论在什么地方,对产生缺陷的条件进行弥补以及致残后的种种后果进行处理的最终责任都由各国政府来承担。"他还说:"我国政府对残疾人事业一贯重视,特别是改革开放以来,随着国家经济形势的好转、发展,政府对残疾人事业的投入逐年加大。政府将残疾人事业纳入国民经济和社会发展计划,兼顾特性,统筹安排,同步实施,协调发展。"②

(2)坚持完善政府主导,是为了更好地发挥政府残疾人工作协调委员会的重要作用。邓朴方说:"国家还成立了政府残疾人工作协调委员会,由一位国务委员担任主任,几十个部门参加,有明确的职责分工和工作制度。地方政府也相应成立了协调机构。整体来看,运转越来越好,发挥了重要作用。许多国家羡慕我们,对我们国家残疾人工作协调机构的重要地位和它发挥的有效作用评价很高。"③

事实证明,只有成立"国务院残工委",坚持以政府为主导,才能促进社会广泛参与、残疾人组织充分发挥作用,真正形成齐抓共管、各负其责、密切配合的生动局面。

张海迪在国务院残工委第五次全体会议上说:"几年来,各成员单位各司其职,对中国残联提出的有关残疾人的请求和建议总是满腔热情,积极予以支持。中国残疾人事业取得的进步,凝聚着残工委同志的智慧和心血,一届又一届的同志们默默地奉献着,也许千千万万的残疾人不知道他们是谁,但却在他们的辛勤努力下改善了生活,看到了希望。想到这些,我不能不感动。"

(3)坚持完善政府主导,是为了帮助残疾人和全国人民共建共享全面建成小康社会的成果。正如《"十三五"加快残疾人小康进程规划纲要》所提出的,政府必须实行四个基本原则,即坚持普惠与特惠相结合,坚持政府主导与社会参与、市场推动相结合,坚持增进残疾人福祉和促进残疾人自强自立相结合,坚持统筹兼顾与分类指导相结合。这是为了进一步保障和改善残疾人民生、帮助残疾人和全国人民共建共享全面建成小康社会的成果。为此,残疾人事业财政支持大幅增长。"十一五"期间,全国残联系统用于残疾人事业发展的财政资金为573.59亿元,"十二五"期间,财政资金投入1451.24亿元,比"十一五"期间增长153%。2016年,全国残联系统用于"十三五"期间残疾人事业发展的财政资金共计416.69亿元,比"十二五"同期(2011年)增加241.54亿元,增长138%。2013年至2017年,各级财政专门用于残疾人事业的资金投入超过1800亿元,

---

①②③ 邓朴方:《人道主义的呼唤》(第二辑),华夏出版社2006年版,第241页。

比上一个五年增长123％。2018年已竣工的残疾人服务设施达到4069个。[1]

3. 残疾人工作领导体制和工作机制的关系

健全党委领导、政府负责的残疾人工作领导体制，必须有与此相适应的一套有机联系、协调运转的工作机制（后面有专题论述）。只有这样，才能确保贯彻落实中共中央、国务院关于残疾人事业发展的一系列重要部署，全面实施《国务院关于加快推进残疾人小康进程的意见》和《"十三五"加快残疾人小康进程规划纲要》。因此，残疾人工作领导体制与工作机制的关系，说到底是反映领导者正确处理领导者与被领导者之间的关系，以及领导者在运作过程中自觉协调诸多关系，运用行之有效的工作方式，充分发挥其积极作用。可以这么说，越是能够正确处理领导者与被领导者之间的关系，就越是能够增强残疾人工作的领导体制和工作机制的原则性、系统性、预见性和创造性。

有学者认为，领导的定义是，领导者为实现组织的目标而运用权力向其下属施加影响力的一种行为或行为过程。领导工作主要包括以下几个要素：领导者、被领导者、作用对象（包括客观环境）、职权、领导行为方式或行为过程及其工作效果。笔者认为，领导者正确处理领导者与被领导者之间的关系，是处理错综复杂的社会关系的一个极其重要的方面。具体地说，领导者面对什么样的具体事项、运用到什么样的职权限度、采取什么样的领导行为方式、达到什么样的工作效果、有可能出现什么偏差或问题等，必须做到心中有数，就是说，必须遵循规律，按照规律办事，切不可随心所欲。

在习近平新时代中国特色社会主义思想引领下，广大残疾人实际工作者和理论工作者全面总结中国残联30多年在领导体制和工作机制建设方面的主要经验，使之条理化、规范化和制度化，真正成为建设中国特色残疾人事业的领导体制和工作机制中一个有机的组成部分。

三、健全残疾人的工作机制

1. 何谓机制？何谓残疾人的工作机制？

郑杭生在其主编的《社会学概论新修》一书中认为，"机制"一词的基本含义有三个：一是指事物各组成要素的相互联系，即结构；二是指事物在有规律性的运动中发挥的作用、效应，即功能；三是指发挥功能的作用过程和作用原理。把这三者综合起来，更概括地说，机制就是"带规律性的模式"。[2]

---

[1] 国务院新闻办公室：《平等、参与、共享：新中国残疾人权益保障70年》，人民出版社2019年版，第11-12页。

[2] 郑杭生主编：《社会学概论新修》（第三版），中国人民大学出版社2004年版，第33页。

笔者认为,机制是指事物及其组成要素在其发展的过程中所要协调的诸多关系、工作方式及其发挥的作用,是合乎规律性的过程。①

残疾人事业的工作机制是指党委和政府紧紧围绕全面建成小康社会奋斗目标,着眼于解决残疾人最关心、最直接、最现实的利益问题,自觉协调各种关系、运用工作方式、充分发挥社会参与、残疾人组织和市场推动作用的过程。在这个良性互动的系统中,一方面各级党委、政府积极引导社会参与,依靠残疾人组织,实行市场推动,认真贯彻国务院印发的《"十三五"加快残疾人小康进程规划纲要》(以下简称《纲要》)精神,为协调各种关系而发挥着核心、主导作用;另一方面充分发挥社会参与、残疾人组织和市场推动作用。

郭春林在《帮助残疾人和全国人民共建共享小康社会的新蓝图》一文中说,当贫困发生率在3%以下时贫困县就摘帽了,但这3%中可能大部分是残疾人。所以,残疾人扶贫是一场持久战,要不断跟踪问效、巩固成果。这种分析是实事求是的。但是,我们还应当清醒地看到,脱贫攻坚到了一定时期,真正沉底的就是那些无劳动能力、无扶养人或者抚养人不具备扶养能力、无生活来源的残疾人。怎么办?这就要按照《残疾人保障法》第四十九条规定,地方各级人民政府"按照规定予以供养"。在这种情况下,政府购买服务,发挥市场机制作用就显得尤为迫切和重要。这些都为协助政府统筹规划、发展残疾人事业的各项工作、协调各种关系而发挥着重要作用。

2. 残疾人工作机制的内容

(1)权益保障机制

《平等、参与、共享:新中国残疾人权益保障70年》白皮书指出:中国坚持将残疾人事业纳入国家发展战略,加强残疾人权益法治保障,健全残疾人工作体制,残疾人权益保障机制不断完善。

残疾人事业纳入国家发展战略。自1991年开始,残疾人事业被纳入国民经济和社会发展总体规划,"十一五"至"十三五"国民经济和社会发展规划中分别设立"保障残疾人权益""加快残疾人事业发展""提升残疾人服务保障水平"专节。国务院先后颁布了7个残疾人事业五年发展规划,对残疾人权益保障工作作出总体部署;发布《国务院关于加快推进残疾人小康进程的意见》《"十三五"加快残疾人小康进程规划纲要》《"十三五"推进基本公共服务均等化规划》《国家残疾预防行动计划(2016—2020年)》和两期《特殊教育提升计划》等一批专项规划,进一步细化了残疾人事业发展的工作任务和责任列表;自2009年开始施行的三期国家人权行动计划均规定了残疾人权益保障的任务要求和完成指标。

---

① 奚从清:《人道主义与中国残疾人事业》,浙江大学出版社2018年版,第88页。

残疾人权益保障法治化。中国已形成以《中华人民共和国宪法》为核心、以《残疾人保障法》为主干、以《残疾预防和残疾人康复条例》《残疾人教育条例》《残疾人就业条例》《无障碍环境建设条例》等为重要支撑的残疾人权益保障法律法规体系。截至2018年4月,直接涉及残疾人权益保障的法律有80多部,行政法规有50多部。《中华人民共和国宪法》明确规定,包括残疾人在内的所有公民都依法享有选举权和被选举权,《残疾人保障法》规定残疾人在经济、政治、文化、社会和家庭生活等方面,享有同其他公民平等的权利,《中华人民共和国选举法》对残疾人行使选举权作出特殊规定,要求为残疾人参加选举提供便利。2018年,共有5000多名残疾人、残疾人亲友和残疾人工作者担任县级以上人大代表和政协委员。国家采取多种措施保障残疾人参与公共事务的平等权利,全国人大常委会多次开展《残疾人保障法》实施情况执法检查,持续推动残疾人合法权益保障工作不断改进,全国政协通过开展多种形式的协商议政活动,持续推进残疾人的权益保护;最高人民法院、最高人民检察院与中国残联建立协调工作机制;公安部依法严厉打击侵犯残疾人合法权益的违法犯罪行为。全国普遍开通12385残疾人服务热线,建成残疾人信访工作网上服务平台,拓宽残疾人利益诉求管道。

残疾人公共法律服务体系优先建设。最高人民法院等九部门联合印发《关于加强残疾人法律救助工作的意见》,成立了残疾人法律救助工作协调领导小组,指导地方设立残疾人法律救助工作站。最高人民法院要求各级人民法院为残疾人开辟绿色通道,提供优先服务;同时要求为残疾人提供司法便民服务,为残疾人参加庭审活动提供无障碍设施。司法部发布《关于"十三五"加强残疾人公共法律服务的意见》,拓展了残疾人公共法律服务领域,扩大了残疾人法律援助范围,加强了残疾人刑事法律援助。截至2018年,全国设立残疾人法律援助工作站2600余个,建成法律援助便民服务窗口2600余个,各级残疾人联合会建立残疾人法律救助工作站1814个。2014年至2018年,共为31.2万残疾人提供法律援助,法律援助机构组织为残疾人提供法律咨询共计124.2万人次。

残疾人数据收集和统计机制不断完善。加强残疾人事业统计调查,规范和完善残疾人权益保障的统计指标,实现残疾人权益保障精细化管理、精准化服务。逐步建立国家和省(区、市)残疾人状况监测体系,制定统计监测指标体系,建立各地区各部门综合统计报表和定期报送审评制度。1987年和2006年开展了两次全国残疾人抽样调查,掌握了残疾人及其人权保障的基本状况。自2015年开始,每年开展全国残疾人基本服务状况和需求调查,统计全国残疾人的基本服务状况、需求信息以及小区残疾人基本公共服务状况信息,建立残疾人基础数据库,实现与政府有关部门数据共享。2018年收集全国3308万持有中华人民共和国残疾人证的残疾人基本服务状况和需求的动态信息,以及近69万个村

(小区)的残疾人服务设施状况信息。

2016年8月31日,国务院残工委副主任、中国残联主席张海迪在国新办举行的新闻发布会上强调《纲要》的四项重点内容:第一,《纲要》体现了坚持以人民为中心的发展理念,积极促进残疾人平等、参与、共享;第二,《纲要》突出强调了实现贫困残疾人如期脱贫和促进残疾人就业增收,这是加快残疾人小康进程的重要大事;第三,《纲要》明确要求提升残疾人公共服务水平,这是加快残疾人小康进程的有力支撑;第四,《纲要》强调依法保障残疾人平等权利,这是管根本、管长远的大事,《纲要》要求以社会福利、教育、就业等为重点,继续完善残疾人事业政策法规,创新残疾人权益保障机制,推动残疾人在法治轨道上健康持续发展。

(2)残疾预防机制

长期以来,国家有关部门和各级残联为建立健全残疾预防机制作出了积极贡献,使残疾预防取得了很大成绩。《纲要》提出,要强化残疾预防。国家有关部门和各级残联制定实施国家残疾预防行动计划。加强残疾预防工作组织领导,加大残疾预防人才培养、设施设备和工作经费投入力度,广泛开展以小区和家庭为基础、以一级预防为重点的三级预防工作。

为贯彻落实《国务院关于加快推进残疾人小康进程的意见》(国发〔2015〕7号),加强三级预防工作,探索和创新残疾预防工作模式,减少残疾发生,减轻残疾程度,中国残联、国家卫计委、公安部、国家安全监管总局、全国妇联于2016年6月27日发文,决定联合开展创建全国残疾预防综合试验区试点工作,并公布《全国残疾预防综合试验区创建试点工作实施方案》。该方案确定,在全国选择100个县(市、区),试点建立残疾预防综合试验区,实现以下目标:建立健全残疾预防组织管理体系、工作机制;实施残疾预防综合干预,有效控制残疾发生发展;建立残疾报告制度,形成统一的残疾信息管理体系;健全残疾预防技术手段,完善技术规范、标准。这个实施方案如期实现,中国残疾预防取得很大成就。

(3)议事协调机制

议事协调是指通过联席会议、工作例会、现场办公等形式,为实施残疾人事业某项政策或工作方案而促使各有关部门沟通联系、协调关系、通力合作、解决问题。这体现在党委领导、政府主导的残疾人工作领导体制之中,体现在多个单位需要完善议事协调机制之中,体现在发挥残疾人联合会"代表、服务、管理"三项职能之中,体现在动员社会各界、凝聚加快残疾人小康进程的合力之中,体现在发挥市场机制作用的过程之中。

(4)廉洁自律机制

《纲要》提出,残疾人组织是推进残疾人小康进程不可或缺的重要力量。各级残联要按照《中共中央关于加强和改进党的群团工作的意见》的要求,进一步加强自身建设,切实增强政治性、先进性、群众性,自觉防止机关化、行政化、贵族化、娱乐化,依法依章程切实履行"代表、服务、管理"职能,提高残疾人工作者素质;要适应党和国家工作的新任务、新要求、新进展,努力增强各方面本领,建设恪守"人道、廉洁、服务、奉献"的职业道德,坚持以人为本、以民为本、信念坚定、为民服务的专兼职工作者队伍。

(5)监督管理机制

为了加强残疾人组织服务与管理工作,省、市、县残联及基层残疾人组织要建立健全监督管理机制,以保证其各项工作符合国家有关政策法规的规定,最大限度保障残疾人的合法权益。为此,要认真贯彻执行《残疾人保障法》和相关法律法规,加强执法监督检查。要充分保障残疾人的平等权益,尊重残疾人对相关立法和残疾人事务的知情权、参与权、表达权、监督权,拓宽残疾人组织民主参与管道。建立残疾人法律救助体系,做好残疾人法律服务、法律援助、司法救助工作。同时,进一步加大残疾人保障法等保障残疾人权益法律法规的实施力度,加大对侵害残疾人合法权益案件的查处力度。积极配合各级人大、政协开展执法检查、视察和调研,依法维护残疾人的合法权益。建立健全残联系统人大代表、政协委员服务工作机制,充分发挥残疾人组织和残疾人代表在国家政治、经济、社会、文化生活中的民主参与、民主管理和民主监督作用。

(6)激励先进机制

党和政府历来重视激励机制的建设,并使之制度化、规范化和机制化,充分褒扬残疾人身残志坚之精神和贡献。残疾人积极投身于国家建设,努力实现自身价值,并为社会作出贡献。他们中涌现出一大批自强不息、奋发有为的先进人物,获得"全国劳动模范""全国三八红旗手"等称号。国家和地方表彰了一大批残疾人自强模范,授予"自强模范""助残先进个人""助残先进集体"等称号。召开6次全国自强模范暨助残先进表彰大会,表彰了919个"全国自强模范"、1117个"全国助残先进集体"和"全国助残先进个人"。《纲要》提出,要确保农村贫困残疾人如期脱贫。省级以上人民政府残疾人工作委员会在"十三五"中期和期末对纲要实施情况进行考核、绩效考评,并将结果向社会公开,对先进典型予以表彰。中央3台《向幸福出发》节目,经常播出残疾人艰辛创业、创作、与健全人建立和谐婚姻家庭关系以及家庭、社会关爱残疾儿童的感人故事,这不仅大大激发了广大残疾人的自强精神,而且大大激励了亿万观众的奋发自立精神。

(7)长效发展机制

长效发展机制的关键,首先在于制度建设。鲁勇认为,推动以保障残疾人健康权、生存权、发展权为主要内容的制度创新,包括两个重要方面:一是完善和发展覆盖包括残疾人在内的全体人民的普惠制度;二是完善和发展针对残疾人特殊情况的特惠制度。通过制度完善和发展,可以为广大残疾人自尊、自立、自强、自信地融入社会、参与社会、贡献社会创造良好的条件和环境。[①] 其次是制度落实。制度一旦建立,就必须采取措施,加以落实。

(8)融合发展机制

康复国际主席张海迪2016年10月3日在联合国人权理事会社会论坛上发言说,自1988年中国残疾人联合会成立以来,中国残疾人的生活状况得到了很大的改善。多年来,为实现残疾人的融合发展,我们努力推进无障碍建设,为残疾人平等共享创造条件,帮助他们实现接受教育和就业的权利。我们协助教育部出台残疾人参加高考的便利措施,视障残疾人可以使用盲文或大字版试卷,无上臂的考生可以携带适合自己的桌椅,脑瘫考生可以申请延长考试时间。仅在2015年就有8500名残疾人学生通过高考进入普通高校。没有双臂的孩子、失明的孩子也走进了大学的校门。张海迪说:"保障残疾人人权就要从满足残疾人的实际需求做起,当残疾人获得了康复和便利的生活条件,人权保障这句话才有真正的力量。"

由上可知:第一,各级党委和政府高度重视残疾人事业,为健全党委领导、政府负责的残疾人工作领导体制,完善政府主导、社会广泛参与、残疾人组织充分发挥作用的工作机制作了不懈努力;第二,中国残疾人事业发展的诸多工作机制,既相互区别,又相互联系,是一个有机联系、协调运转的整体,其中权益保障机制是首要机制,起着引领作用;第三,中国残疾人事业的领导体制和工作机制与中国政治制度相适应,与中国改革开放进程相适应,与中国优秀文化传统相适应,与中国全面建成小康社会相适应。因此,这是适合中国国情和中国特色的新的表述,是深化中国残疾人事业体制机制的理论与实践研究的必然结果。

第二节 健全残疾人事业领导体制和工作机制的重要意义

一、坚持把残疾人群体最广泛最紧密地团结在党的周围,是走中国特色残疾人事业发展道路的必然要求

2015年7月6日,习近平总书记在中央党的群团工作会议上发表重要讲话,从巩固党执政的阶级基础、群众基础的战略高度,从党和国家事业长远发展

---

① 鲁勇:《以改革创新精神推进中国特色残疾人事业发展》,《人民日报》2014年02月10日。

的全局高度,深刻阐明了党的群团工作的一系列重大理论和实践问题。他指出,"群团组织要始终把自己置于党的领导之下,在思想上政治上行动上始终同党中央保持高度一致,自觉维护党中央权威,坚决贯彻党的意志和主张,严守政治纪律和政治规矩,经得住各种风浪考验,承担起引导群众听党话、跟党走的政治任务,把自己联系的群众最广泛最紧密地团结在党的周围。""要下决心纠正机关化、行政化、贵族化、娱乐化,切实保持和增强党的群团工作的政治性、先进性、群众性。"[1]因此,我们要学会深入把握党的群团工作规律,自觉坚持残疾人事业的领导体制和工作机制,更好发挥残联群团组织的重要作用,使广大残疾人与全国人民一道更加紧密地团结在党的周围,汇聚起实现"两个一百年"奋斗目标、实现中华民族伟大复兴中国梦的强大正能量。

二、提高残联组织的治理和自治能力,是发挥党和政府联系残疾人的桥梁和纽带作用的内在要求

鲁勇从国家治理体系的高度,深刻阐明推进国家治理体系、治理能力建设与坚持中国残疾人事业的领导体制和工作机制的内在联系。他说:"国家治理体系是在党领导下管理国家的制度体系,国家治理能力是运用国家制度管理社会各方面事务的能力。推进国家治理体系和治理能力现代化,要求残联组织切实提高组织治理和自治能力,充分发挥党和政府联系残疾人的桥梁和纽带作用。"同时,他还提出,根据残疾人事业领导体制和工作机制的要求,"自觉把残疾人事业有效融入国家发展大局之中,有效承担代表、服务、管理残疾人职能,有效承接政府购买残疾人服务责任"[2]。

在他看来,只有通过有效增强履行管理职能的体系建设、机制建设和能力建设,才能自觉地把残疾人事业有效融入国家发展大局之中,为广大残疾人自尊、自立、自强、自信地融入社会、参与社会、贡献社会创造良好的条件和环境,从而使残疾人事业领导体制和工作机制愈加焕发出蓬勃的生机和活力。[3]

三、让残疾人安居乐业,是实现残疾人与全国人民共同迈入全面小康社会的迫切要求

习近平总书记指出:"2020 年全面建成小康社会,残疾人一个也不能少。"[4]

---

[1] 中共中央党史和文献研究院:《改革开放四十年大事记》,人民出版社 2018 年版,第 107 页。
[2] 鲁勇:《以改革创新精神推进中国特色残疾人事业发展》,《人民日报》2014 年 02 月 10 日。
[3] 鲁勇:《以改革创新精神推进中国特色残疾人事业发展》,《人民日报》2014 年 02 月 10 日。
[4] 《习近平:全面建成小康社会,残疾人一个也不能》,中国日报网 http://www.chinadaily.com.cn/dfpd/hb/2016-07/29/content_26269734.htm。

李克强总理强调:"全面建成小康社会,不能让残疾人掉队。要让残疾人的生活更加殷实,更有尊严。"①

全面建成小康社会,是包括8500多万残疾人的小康社会。实现残疾人与全国人民同步小康,是党中央国务院提出的明确要求,是广大残疾人和全国人民的迫切要求,也是广大残疾人亲属的热切期盼。因此,实现全面建成小康社会的宏伟目标,与我们党的宗旨、社会主义的本质是完全一致的。习近平说得好:"让广大残疾人安居乐业、衣食无忧,过上幸福美好的生活,是我们党全心全意为人民服务宗旨的重要体现,是我国社会主义制度的必然要求。"②

四、完善支持保障条件,促进残疾人事业高质量发展

《国务院关于印发"十四五"残疾人保障和发展规划的通知》(国发〔2021〕10号)文件明确提出了四个方面的支持保障条件。

(1)强化党委领导、政府负责的领导体制。加强党对残疾人工作的领导,确保习近平总书记关于残疾人事业的重要指示批示精神和党中央、国务院决策部署有效落实,为残疾人事业发展提供坚强政治保障。完善党委领导、政府负责、部门协同、社会参与、市场推动、残疾人组织充分发挥作用的领导体制和工作机制,各级政府残疾人工作委员会统筹协调,有关部门分工协作、履职尽责,形成协同高效的工作合力。

(2)健全多元化投入格局。各级政府按规定做好残疾人事业经费保障。加快构建预算绩效管理体系,资金原则上优先保障实施效果好、残疾人满意度高的项目。落实残疾人事业金融、税收等支持政策,吸引社会资本、慈善捐赠等资金,形成多渠道、多元化投入格局。

(3)加强基础设施和信息化建设。实现有条件的县(市、区、旗)残疾人服务设施全覆盖,促进服务设施规范运营和发挥效益。地方可对新建民办残疾人康复和托养机构给予支持。鼓励地方将政府投资建设的残疾人服务设施无偿或低价提供给公益性、普惠性残疾人服务机构使用。乡镇(街道)、村(社区)为残疾人服务提供场地保障。加强特殊教育学校、残疾人服务设施和基层残疾人组织的信息基础设施建设。推动残疾人基本公共服务项目纳入各地政务服务"一网通办"平台、社会保障卡等加载残疾人服务功能。坚持传统服务方式与智能化服务

---

① 《李克强:让残疾人生活更加殷实更有尊严》,中国政府网 https://www.gov.cn/xinwen/2014-12/24/content_2796065.htm.

② 《中国残联:始终坚持残疾人事业只能加强不能削弱》,中国新闻网 https://www.chinanews.com/sh/2014/12-02/6835918.shtml.

创新并行,建立线上线下相结合的残疾人服务体系,推动数字化服务在助残中的普惠应用。完善残疾人口基础数据,改进残疾人服务需求和服务供给调查统计,加强残疾人服务大数据建设。

(4)加快科技创新和人才培养。将科技助残纳入科技强国行动纲要,促进生命健康、人工智能等领域科学技术在残疾人服务中的示范应用,开展残疾预防、主动健康、康复等基础研究,扶持智能化康复辅助器具、康复设备、盲文数字出版、无障碍等领域关键技术研究和产品推广应用。利用现有资源研究设立康复国家重点实验室,鼓励企业、高校、科研院所等参与残疾人服务科技创新和应用。推动建立从中职、高职到本科、硕士、博士等较为完整的残疾人服务相关专业人才培养体系,鼓励有条件的职业院校和普通本科院校增设康复治疗、康复工程技术、特殊教育、手语、盲文等相关专业,加强残疾人服务从业人员职业能力建设和职称评定,加快建设残疾人康复、教育、就业、托养照护、文化、体育、社会工作等专业人才队伍。

邵磊、丁晨在2021年第2期《残疾人研究》发表的《无障碍与未来人居》一文中说:"无障碍高质量发展需要法治保障""无障碍高质量发展是社会治理现代化的重要内容""无障碍高质量发展体现了人居环境的品质""无障碍高质量发展离不开科学技术现代化""无障碍高质量发展与促进人的全面发展"。总而言之,只有完善支持保障条件,健全残疾人事业的领导体制和工作机制,才能真正促进残疾人事业的高质量发展。

第三节 国务院残工委在健全残疾人事业的领导体制和工作机制中发挥着重要作用

一、加强党对残疾人事业的全面领导,推动残疾人事业高质量发展

2021年7月22日,第六次全国残疾人事业工作会议在京召开。国务委员、国务院残工委主任王勇在会上强调,要深入学习贯彻习近平总书记"七一"重要讲话精神和关于残疾人事业的一系列重要指示,认真落实党中央、国务院决策部署,紧紧围绕促进残疾人全面发展和共同富裕,进一步加强组织领导,形成工作合力,不断增进残疾人民生福祉和获得感、幸福感、安全感。

王勇指出,"十三五"时期,在以习近平同志为核心的党中央坚强领导下,我国残疾人事业发展取得新的历史性成就,残疾人脱贫攻坚和同步迈入全面小康社会的目标如期实现。要认真实施好"十四五"残疾人保障和发展规划,着力巩

固拓展残疾人脱贫攻坚成果,切实保障残疾人合法权益,努力提升残疾人生活品质。

二、推动残疾人事业不断发展,展示中国残疾人事业不断进步

国务院残工委副主任、中国残联主席张海迪在第六次全国残疾人事业工作会议上作总结,指出残疾人事业发展是社会主义现代化的必然要求。在社会各界的支持帮助下,推动残疾人事业不断发展,残疾人脱贫奔小康,完成了既定目标。"十四五"时期,要把巩固拓展残疾人脱贫攻坚成果、提高残疾人社会保障水平放在重要位置。要千方百计促进残疾人就业创业,让有能力的残疾人通过劳动实现理想,体现生命价值。要提高对残疾人康复服务紧迫性的认识,早日建成高起点、高水平、国际化的康复大学,为残疾人提供更好的康复服务。要推动无障碍建设和辅助器具生产应用,依靠科技的力量为残疾人提供更先进的服务。要继续加强残疾人领域的国际交流合作,展示中国残疾人事业的进步。

张海迪强调,残联是党和政府联系残疾人的桥梁纽带,要把党和政府的关心送到残疾人身边,让残疾人及其家庭感到温暖,看到生活的希望。要继续加强基层残疾人组织建设,增强服务能力,让各级残联成为残疾人温暖的家。残疾人工作者要响应党中央号召,永远保持同残疾人群众的血肉联系,始终同残疾人想在一起,风雨同舟,更好地为残疾人解难,为党和政府分忧,全心全意为残疾人服务,团结带领残疾人走向美好生活。

三、认真评估总结和交流经验,表彰先进单位和先进个人

在第六次全国残疾人事业工作会议上,国务院残工委副主任、中国残联党组书记、理事长周长奎就"十三五"加快残疾人小康进程规划执行情况及"十四五"残疾人保障和发展规划主要安排作了报告。会议还表彰了200个全国残疾人工作先进单位和399名先进个人。

国务院残疾人工作委员会坚持从中国国情和实际出发,协调国务院有关残疾人事业方针、政策、法规、规划的制定与实施工作;协调引导有关部门对规划实施情况进行年度监测、中期评估和总结评估,解决残疾人工作中的重大问题,组织交流经验,表彰先进典型;组织协调联合国有关残疾人事务在中国的重要活动,继续加强残疾人领域的国际交流合作,展示中国残疾人事业发展取得的伟大成就。

第十六章　残疾人的社会化

本章就残疾人社会化的涵义、特点、意义、条件、过程、内容、类型等进行论述。[①] 残疾人的社会化是残疾人现代化的基础,也是残疾人走向社会的起点,是残疾人和社会相互作用的过程:一方面,社会通过各种教育方式和手段,使残疾人逐渐学习有关参与社会生活的基本知识、技能和行为规范,取得社会人的资格;另一方面,根据人和社会的需要,残疾人积极作用于社会,创造出一种适应新时代需要的新文化,即从人和社会相互作用方面研究残疾人的社会化,为残疾人的现代化创造良好的社会文化环境。

第一节　什么是残疾人社会化

一、残疾人社会化的含义及其特点

19世纪90年代,欧美社会学著作中已有社会化的提法,后来引起人类学和心理学的关注。1895年,德国社会学家齐美尔在《社会学的问题》一书中已用"社会化"这一概念来表示群体的形成过程。后来许多社会学家对社会化下过不同的定义,但其内容大致相同,即社会化是指一个人习得团体所赞成的社会行为以适应团体生活的过程。当代美国社会学家波普诺(D. Popenoe)给"社会化"下的定义是:"一个人获得个性和学习社会或群体的各种习惯的过程"[②]。我国台湾地区学者龙冠海对"社会化"的描述更具有代表性:"人天生只是一个人类有机体,并非一个社会人。生下后得到社会的教养,与别人接触,习得所属团体的价值,所赞成的态度、观念及行为模式,遵守社会的规范,并有了地位和职务,才成为一个有人性、有人格的社会人,也就是社会化的人。故社会化可以说是社会对个人传授其文化或生活模式与团体价值的过程,也可以说是将新生的婴儿模塑

[①] 本章编写者依据奚从清、林清和、沈赓方主编的《残疾人社会学》第三章 残疾人社会化,华夏出版社1993年版进行修改与充实。

[②] 波普诺:《社会学》(上),辽宁人民出版社1987年版,第226页。

成一个社会分子的过程。"①我国自1979年重新恢复社会学研究以来,陆续出版了多部社会学专著,对社会化所下的定义也是大同小异。有的认为,社会化是"指个人学习知识、技能和规范,取得社会生活的资格,发展自己的社会性的过程"②。有的认为:"社会化就是社会将一个自然人转化成为一个能够适应社会环境、参与社会生活、履行一定社会角色的社会人的过程。"③有的认为:"一个人从小到大,学习社会或群体的行为模式或行为规范,并在某种程度上被诱导着去适应他所在的社会或群体规范的过程,就是社会化的过程。"④有的认为:"所谓社会化,是指个体在与社会的互动过程中,逐渐养成独特的个性和人格,从生物人转变成社会人,并通过社会文化的内化和角色知识的学习,逐渐适应社会生活的过程。"⑤

上述关于社会化的定义,只将人的社会化看成是个体被动地适应社会的过程,忽视个体在社会化中的地位和作用,即将个体的社会化仅仅看作纯粹是社会塑造个体,个体消极地、被动地接受社会教化和适应社会的过程,忽视了个体的因素对自身社会化及对他人社会化的影响。同时,在个体社会化的方向上,只提出个体与既有的社会规范、行为准则相一致的一面,忽视个体选择、发展、创造社会化文化的一面。

其实,人的社会化不仅仅是社会以社会文化塑造个体、个体适应社会生活的过程,而且也是个体积极作用于社会、创造新的社会文化的过程。对此,T.M.苏联学者安德烈耶娃已经注意到了这一问题,她说:"社会化是一个双方面的过程。它一方面包括个体通过进入社会环境、社会体系,掌握社会经验;另一方面(在研究中对这一方面常常强调不够)包括个体的积极活动,积极介入社会环境,而对社会关系体系积极再现的过程。"⑥

因此,我们认为,人的社会化是指个体在与社会的互动过程中学习知识、技能和规范等社会文化,适应社会生活、积极作用于社会、创造新的社会文化的过程。人的社会化这一定义,既强调了社会因素对个体社会化的影响、控制、塑造的作用,又重视了社会化的主体对社会的积极影响。残疾人的社会化同样与这两个基本方面密切相关,只不过是他们的社会化带有自身的特点。

---

① 龙冠海:《社会学》,台湾三民书局股份有限公司1966年版,第115页。
② 费孝通:《社会学概论》,天津人民出版社1984年版,第54页。
③ 杨心恒、宗力:《社会学概论》,群众出版社1986年版,第101页。
④ 黄育馥:《人与社会——社会化问题在美国》,辽宁人民出版社1986年版,第5页。
⑤ 郑杭生主编:《社会学概论新修》(第三版),中国人民大学出版社2004年版,第83页。
⑥ T.M.安德列耶娃:《社会心理学》,上海翻译出版公司1984年版,第311页。

二、残疾人社会化的特点

1. 艰难性

残疾人中无论是先天致残的,还是后天致残的,他们为了自身的社会化,必须以极其顽强的精神和不懈的努力,去战胜残疾所带来的重重困难。他们每向社会化前进一步,比健全人付出的代价往往要多几倍、十几倍甚至几十倍。许多"自强模范"的事迹表明,他们一旦战胜了残疾心理,完成了心灵自救,便在社会化的大道上实现了一次次艰难的飞跃。

2. 复杂性

由于残疾人是一个特殊困难的群体,所以他们的社会化是极其复杂的。

(1)从构成上来说,残疾人包括不同的类别,即视力残疾、听力语言残疾、肢体残疾、智力残疾、精神残疾,他们的生理和生理潜在能力所存在的障碍会使其社会化具有复杂多样的内容、形式、途径、方法、速度和深度。

(2)从心理上来说,残疾人的心理状态差异很大。多数残疾人顶住了残疾及由此带来的其他方面的打击,热爱生活,具有乐观进取的人生态度。其中一些人勇于同命运搏斗,以坚强的意志和毅力,为社会作出了贡献,赢得了社会和大众的尊重。但也有一些残疾人意志消沉,甚至在一定时期对社会环境产生逆反心理,这需要我们残疾人社会工作者做好疏导工作,帮助他们实现自身的社会化。

(3)从条件上来说,大多数残疾人具有劳动和参与社会生活的能力,但有赖于社会为他们提供各方面的帮助。所有这些因素都以复杂的方式相互作用,使残疾人在社会化的过程中呈现复杂性特点。

3. 选择性

残疾人能够根据自己的具体情况和社会的客观需要,选择自身社会化的内容,以便发挥自己的作用。这种选择性体现在:选择有价值的社会文化,使之内化,形成一定的价值观,并通过自己的行为积极作用于社会;选择从事力所能及的社会劳动或者选择适合自己的服务位置,选择那些适合自己的角色和角色扮演的方式、技能,扮演好自己担当的角色,以便更好地为社会服务,等等。诚然,健全人的社会化也具有选择性,但是与之相比,残疾人在社会化过程中的选择性则表现得尤为突出。如果残疾人的社会化是有效的,那么他们就会感到自己做的正是他们根据自己的实际情况和社会的客观需要所应该做的。事实上,残疾人是最讲实际的群体。

4. 自觉能动性

残疾人充分发挥人的意识所具有的自觉能动性,以促进其机能的补偿,提高自己的社会化水平。例如,上海一个失去双手的男孩通过刻苦磨炼,学会了用嘴叼着笔代手写字、作画。南京有一个失去双臂的女孩,经过刻苦训练,学会用脚写字、洗衣、梳头。蔡天石生下来没有双腿、没有右手,但他以超人的意志力,用左手练篆书、学刻印,如今已镌刻了5000多方印章,成为中外驰名的刻印专家。后天致残的特级伤残军人、"自强模范"刘琦,10多年前,因抢救一名婴儿被严重烧伤,双目失明,双手截肢,左腿丧失功能。面对无情的打击,他忍受了常人难以忍受的痛苦,接受了22次手术治疗,后创作文学作品近百篇、计200万字。他的自传体长篇小说《去意徊徨》在全国引起了巨大反响。残疾人中这些强者的社会化水平和突出业绩,常常令健全人赞叹不已。总之,残疾人的自觉能动性为他们的社会化提供了无限的可能,从这个意义上说,没有残疾人的自觉能动性,便没有他们自身的社会化。

第二节 残疾人社会化的条件

残疾人社会化应具备哪些条件?概括地说,包括主观条件和客观条件。

一、残疾人社会化的主观条件

1. 有特殊的需要

一般来说,人主要有两种需要:一种是人类在种族发展过程中,因维持生命和延续种族,形成对事物的基本需要,如营养、自卫、繁殖后代的需要;另一种是在社会生活中,为了提高物质和精神生活,形成高一级的需要,如社会交往、劳动、文化、科学、艺术、政治生活等需要。残疾人也不外乎有这两种需要。只是由于他们某些功能缺陷,对这些方面有着特殊的需要。为此,他们必须主动学会适应环境,学习满足需要的各种知识、技能和规范,发展自己的社会性。残疾人自身特殊的需要,是其社会化的内在动力。

2. 有较高的学习能力

残疾人也有较高的学习能力,这是不容置疑的客观事实。虽然残疾影响他们的学习,但是只要提供相应的条件,大部分残疾人都可以通过各种方式,不同程度地克服残疾所造成的障碍。如通过康复医疗,可以恢复全部或部分功能;借助辅助器具,可以取得部分能力补偿,从而为学习各种本领创造有利条件。随着现代科学技术的进步,特别是电子、声学的进步,出现了许多仪器和人造器官,使人体受损害的机能有可能得到技术上的补偿。大功率的助听器使听力损失严重的残疾人能听到声音;激光手杖和超声导向器可以帮助盲人放心走路;假肢可以使残疾人最大限度地恢复活动。这些都在一定程度上补偿了残疾人的生理障碍,使他们有可能和正常人一样,经过学习本领,成为社会上平等的劳动者,全面参与社会生活。

3. 大多数有语言能力

残疾人的学习能力是与他们的语言能力密切相关的。语言是人类特有的现象,它是客观事物在人脑中形成的表象、概念和思想的外部表现。大多数残疾人可以通过口头的、文字的或其他符号的语言(如哑语等)来传达信息,沟通思想。因此,他们能借助语言学习社会文化,了解他人的经验,积累生活知识,参与社会生活,处理社会关系,创造社会财富。听障儿童虽然因听力语言之残疾给他们的社会化造成一定的障碍,但是只要我们认真做好听障儿童的听力语言训练工作,他们中的绝大多数都能够说话。

美国口语教学派代表泰勒认为,一个听障儿童获得语言的过程必须有三个主要因素:第一助听设备;第二,早期发现,早期训练;第三,语言环境。这三个因素的前提就是必须抓紧培训聋童的家长,否则,听障儿童的语言获得将是比较困难的。

1981年,欧洲4个国家对1968年出生的聋人进行调查,发现这些经过话训的人有30%可在助听器帮助下像健全人一样听、说;有50%可以听,但讲话不特别清楚;完全不能听、说的只有8%。听障儿童语训是一项极其重要且极富耐心的工作,需要我们对此项工作重视、认真、坚持。我国对1万名7岁以下听障儿童进行语言训练,显效率达80%,一部分听障儿童康复后进入普通学校读书,还曾有听障儿童在全国少年儿童诗歌朗诵比赛中获一等奖。

现代科学十分强调早期训练的价值,无论是听力正常儿童或听障儿童,从出生到5岁这段时间,无论是身体发育还是学习,都是特别重要的关键时期。如果家长能做到对听障儿童早期发现、早期诊断、早期治疗、早期教育,且方法得当,听障儿童的语言就能得到最大限度的发展,成为聋而不哑的人。

4. 有较长的依赖生活期

残疾儿童和健全儿童一样,出生以后会经历一段依赖生活期,只是这个依赖生活期会更长一些。由于残疾儿童几乎不能独立生活,不得不依赖父母或他人的关怀和照顾。同时由于残疾儿童的心理相对脆弱,特别需要依赖父母或他人的情感支持和关爱。这个较长的依赖期,其实也是学习期,学习知识、技能和规范等社会文化,以便更好地参与社会生活、融入社会。因此,这个依赖生活期是残疾人能够接受广泛而深刻的社会化的重要时期。

5.有较强的代偿补偿能力

残疾人的健康器官常常能够更充分地发挥作用,代偿部分功能。例如,盲人往往有异常敏锐的听觉和触觉,聋哑人有非常灵巧的双手和丰富的表情,左臂残疾者的右臂常常特别灵活而有力。只要提供相应的条件,他们就可以取得部分功能的补偿,这种较强的代偿补偿能力,是他们加速自身社会化的有利条件。

二、残疾人社会化的客观条件

1.家庭的社会化功能

社会化功能是家庭中一种重要的社会功能。习近平说:"从家庭做起,从娃娃抓起。"[①]道出了家庭社会化功能的价值和意义。

(1)家庭是残疾儿童进行社会化的最初场所。在有残疾儿童的家庭中,父母担负着对残疾儿童社会化的重任——教导基本生活技能,教导社会规范,指点生活目标,培养社会角色,提高道德品质,帮助营生独立等。父母对残疾儿童的教育,对他们成长为一个社会成员,起着根深蒂固的先导作用。

(2)家庭是残疾儿童个性形成和发展的主要条件。人的个性是个人社会化的产物,是随着个人社会化的进程而逐步形成和发展的。残疾儿童的个性形成和发展,既受自身生理的和心理的制约,更受社会关系的制约。尤其是残疾儿童,他们在家庭中的地位、父母教养的态度和方式以及家庭的环境和气氛等,无不对其个性的形成和发展产生最初以及最基本的教化作用,进而对他们的行为起到最深远的影响。

(3)家庭成员,尤其是父母的行为方式,是残疾儿童社会化的直接模式。残疾儿童对客观世界和现实生活的认识,往往是从观察家庭生活、家长的言行举止开始的,并且常以自己的父母作为效仿的榜样。父母在家庭中的相互关系和相互作用如何,在情绪表达方式上如何,对周围的人和事评价的态度和标准如何,等等,都对残疾儿童产生重大影响。生活事实证明,父母对子女亲密的爱,子女对父母由衷的情感,使得父母的教育成为最直接、最有力、最有权威的教育。

2.家庭教育的几种类型

家庭是残疾儿童进行社会化的最初场所,但是具体实施情况不一而足。对此,中国残疾人著名专家丁启文在他的《残疾儿童的心理补偿》一书中,首次把父母对残疾儿童的教育方式概括为几种类型,即溺爱型、放任型、理智—教育型、混

---

① 习近平:《决胜全面建成小康社会 夺取新时代中国特色社会主义伟大胜利——在中国共产党第十九次全国代表大会上的报告》,人民出版社2017年版,第42页。

合型①,不仅对家长的教育方式作了很好的总结与分析,给人以启迪与教育,而且还提出了一些颇有价值的建议。

(1)溺爱型——父母对残疾儿童,一面承受着懊恼和烦扰,一面觉得有负于孩子。后一种感情愈重,内疚愈深,由此产生一种责任感,只是这种责任感没有和恰当的培养目标联系起来,而是转为对残疾儿童"要什么,给什么""让他优优裕裕、快快乐乐地过一辈子",于是放任、姑息、迁就、随心所欲,恨不得把自己所有的一切献给孩子。这种爱使父母变得盲目而不清醒,一切只为求得"孩子的安全与欢心"。溺爱的结果,孩子不但失去了康复训练和学习的机会,孩子的个性、修为也随之变坏。

(2)放任型——家长没有意识到或是没有顾及孩子的教育,不管不问,不传不教,只给孩子一口饭吃。始而奔走求医,继而慨叹命运不济,终于感到茫然无措而"随他去"。若家长先失掉信心,孩子的信心就更难建立起来了。天真的童年和寡欢的少年时代总会过去,那时就会发现,这个残疾青年的身心离社会化越来越远了。

(3)理智—教育型——父母一般能够控制自己的爱,把"爱"同理智结合起来,主动配合各方,有计划地向孩子"投资"。开始的时候,心情同样是沮丧、烦恼的,但这种心绪没有影响父母建立一种把爱与理智结合起来的态度,没有忘记为孩子的长远着想,承担起教育和训练的责任。并且想到了、计划好了就毅然做起来,从琐碎小事做起,从今天做起,绝不延误时日,也不因为事情琐碎而"不屑为",既能把爱寓于教育、要求之中,也能寓教育于适当的娱乐之中。这样日积月累,孩子终于被训练出来,不但残余功能、潜能得到发掘、强化,而且学识、道德也会有大的长进。

《浙江残联》2017年1—6期刊登了毕业于浙江大学心理系的赵姝姝撰写的《浅谈残疾人家庭子女教育问题》一文。她说:"我们夫妻都是残疾人,我是脑瘫致双下肢不良,坐轮椅;老公是儿麻,单拐。我们育有一女,今年十岁,在孩子成长过程中,我们发现了很多问题,有些问题,普通家庭也会面对,有些问题,是我们残疾人家庭所独有的,今天写出来供大家一起思考和探讨。"例如,她女儿八岁左右时,会因一点小事失控,且轻言生死,"给我一根绳子""掐死我吧"……对此类问题,做父母的真不能轻视,若失控,其后果难以想象。她说,当孩子情绪失控时,大人首先要弄清事情的起因,然后是适当的安抚,晓之以理,动之以情,培养孩子的沟通能力,使之学会诉求,千万不要将大人的观念强加于孩子。这样以后再遇到问题时,就能多一些解决管道,不至于以"自杀"等极端言行来寻求关注。

---

① 丁启文:《残疾儿童的心理补偿》,明天出版社1988年版,第12-15页。

同时,她还建议,在孩子平静的时候,适时对其加强生命观教育。生命只有一次,珍惜当下,过好每一天才是最重要的。如果连这辈子的生活都过不好,又怎么指望"下辈子"活得好?不要觉得孩子听不懂,很多观念是潜移默化的。在日常生活中,要引导孩子向往未来的美好生活,对未知世界充满期待、梦想和希望。事实证明,理智的教育才是可行的,也是必需的。

(4)混合型——溺爱偶或加些教育,由放任不管转而"要什么,给什么",间或也有一些教育。这常常是"突然冒出来又忽然失去的"理智和责任感,表现为对孩子进行教育的时候,常常不讲究科学态度和方法,事与愿违的时候,就会更加狂躁,因为急于求成,成效也就有限,有时甚至会引起孩子的逆反心理。

3. 学校

残疾儿童进入学龄期以后,学校的影响和教师的作用逐渐上升,成为社会化最重要的社会环境。我国的盲人、聋人和智障者等各种特殊学校,贯彻执行德、智、体、美、劳全面发展的方针,是对残疾儿童少年进行知识、技能、规范、理想、情操、品德教育的社会化之专门机构。其特点主要有以下三个方面。

(1)从残疾儿童少年社会化方式来说,由组织性、强制性较少的家庭教育或幼儿园教育为主导的社会化,向组织性、强制性较大的学校教育为主导的社会化转变,使残疾儿童少年社会化程度得到迅速提高。

(2)从残疾儿童少年社会化内容来说,由对残疾儿童少年进行思想品德教育、文化知识教育和身心缺陷补偿,向加强劳动技能和职业技术教育转变,为残疾儿童少年将来参与社会生活、适应社会需要创造条件。

(3)从残疾儿童少年社会化范围来说,由范围较小的家庭或幼儿园生活,向范围较大的学校集体生活转变,使残疾儿童少年身心发展得到集体锻炼。

残疾儿童少年都有享受社会化的权利,各种特殊教育学校应当帮助他们健康地度过这个社会化的过程。我国政府为保障残疾人享有平等的受教育权利,加大投入,大力发展残疾人教育事业,为残疾儿童青少年的社会化创造了极为有利的条件。国家建立了以在普通学校附设特殊教育班和随班就读为主体、以特殊教育学校为骨干、以送教上门和远程教育为补充,统筹推进,普特结合的残疾人义务教育新格局。

三、劳动组织的社会化功能

残疾学生从学校毕业之后,便面临一个新的转折时期,即进入一个新的社会群体——劳动组织,从事为社会创造财富的工作,开始自己的职业生涯。根据残疾人的残疾程度和劳动能力不同,我国长期以来采取与之相适应的两种劳动组织方式,即分散劳动组织方式和集中劳动组织方式。分散劳动组织方式就是把残疾人分散安排到普通企业里和健全人一起工作；集中劳动组织方式就是把残疾人集中安排到专门为他们举办的福利性企业或车间里工作。这两种劳动组织方式，对残疾职工的社会化都具有重要作用。

1. 劳动组织指导残疾职工的职业社会化

劳动组织除了按照每个残疾职工的特点安排他们宜于发挥自己能力的劳动岗位外，更为重要的是指导他们进行职业社会化，即学习职业知识技能和规范，并将内化了的知识、技能外化出来，创造社会财富，提高劳动生产率。

2. 劳动组织教导残疾职工的规范社会化

劳动组织通过各种教育形式和活动方式，教导残疾职工进行规范社会化。这主要包括一般日常规范的社会化、政治规范的社会化、法律规范的社会化、道德规范的社会化、角色规范的社会化等。他们接受各种规范化的教育后，成为合格的社会成员，并能在社会生活中发挥积极作用。

3. 劳动组织对残疾职工的行为方式产生重要影响

劳动组织既是残疾职工创造社会物质财富和精神财富的主要场所，也是分享经济发展成果、获得劳动报酬、取得物质生活资料的基本群体。各种劳动组织的分配方式、管理方式以及成员之间的结合方式，会使残疾职工形成不同的行为方式。在劳动组织中，都有一些不适合于残疾职工的劳动岗位，这是在安排他们工作时需要特别注意的。

四、同辈群体的社会化功能

同辈群体是指由家庭背景、年龄性格、志趣爱好、价值观念、行为方式等方面比较接近而形成的关系比较密切的群体。残疾人进入特教学校或劳动组织之后，同辈群体逐步形成，并对残疾人的社会化发挥重要的作用。

1. 同辈群体有自己的特殊需要

在残疾人的同辈群体中，由于他们的生理、心理发展情况比较相近，经历和想法也比较一致，他们时常聚在一起交流，彼此之间容易产生认同感。

2. 同辈群体有自己的价值观

在残疾人的同辈群体中，由于他们特殊的境遇和心态，往往会更多地考虑自己的价值和生活的意义，强烈地要求与健全人一样在社会上发挥作用，履行义务，享受权利，贡献力量。但是，也有一些不良的同辈群体，其价值观和价值标准与社会主义核心价值观和价值标准相违背。一些残疾青少年受其不良影响，产生越轨行为，甚至走上犯罪的道路。

3. 同辈群体有自己的生活方式和行为方式

在残疾人的同辈群体中,往往有其共同的生活追求、乐趣以及交往方式,若能加以正确引导,将会对残疾人的社会化起到积极的作用,反之,则会起到消极的作用。

除了上述几个主要社会化客观条件之外,残疾人的社会化还会受到其他一些客观因素的影响,比如,在现代社会中,大众传播媒介对残疾人的社会化将发挥着越来越大的作用。

第三节　残疾人社会化的内容

国务院批准于 2006 年至 2007 年开展第二次全国残疾人抽样调查,这是继 1987 年第一次全国残疾人抽样调查之后又一次重要的国情调查,是党和政府发展残疾人事业的重大举措。根据《残疾人保障法》规定,残疾人包括视力残疾、听力残疾、言语残疾、肢体残疾、智力残疾、精神残疾、多重残疾和其他残疾的人。[①] 残疾人生理和生理潜在能力所存在的障碍,使他们的社会化既有共性、又有个性,即具有特殊的形态、速度和深度。

一、视力、听力、语言、肢体残疾者的社会化

1. 训练生活技能

先天或幼年残疾的儿童,适应环境的能力相对较差。他们有衣食的需要,而无获取衣食的能力,需要给他们多方面的关怀和照顾。残疾儿童慢慢长大,需要教他吃饭、穿衣、走路等生活技能。然后教他自谋生活的能力,即职业技能。后天的伤残者也需同样经历一个生活技能训练的过程。

2018 年 10 月 11 日,云南扫雷大队杜富国在麻栗坡县某雷场扫雷时突遇爆炸,自己失去双手和双眼……11 月 24 日,南部战区给他颁授一等功奖章和证书。2019 年 7 月 31 日,习近平亲自为他佩挂英模奖章、颁发证书。

记者采访英模杜富国:当你很多很熟悉的动作找不回来的时候,那种挫折感会强吗?杜富国:那时候我一直在问自己,要不要活下去?或者要不要重新站起来?在床上躺了半个多月后,他开始尝试下床走路。刚开始的那两分钟依然会感到晕,但他觉得坚持过去了后面就好了,一样可以正常地走,只是需要扶墙,步

[①] 中国残联残疾人事业发展研究中心编:《中国残疾人发展与社会进步年度纵览(2020)》,求真出版社 2020 年版,第 4 页。

子挪得慢些。从那个时候开始,杜富国就鼓励自己要振作起来。为了恢复走路这一最基本的能力,同时增强自己的体能,杜富国在反重力跑台上开始了长跑训练,一公里、三公里、五公里……一直跑到了十公里。一段时间之后,杜富国已经可以在战友的带领下在操场上自由地奔跑。杜富国说:"我只是换了一种生活方式的正常人。"走路跑步,穿衣吃饭,刮脸洗漱,从这些最基本的生活技能开始,杜富国逐步找到了自己新的生活价值和生活方向。杜富国妈妈说:他有点排斥我们的照顾。看到他的努力,大家既心酸、又欣慰。他能坦然面对这一切,这是我们最大的安慰。杜富国在一张 A4 纸上写了"永远前进"四个字,说:"因为我要向前看,我不向后看"。在生活的战场上,杜富国依然是强者!

2. 引导心理适应

一个先天残疾的儿童,在其成长过程中,一方面会逐渐感到生理障碍给他的活动和交往带来的不便,另一方面感到自己残损器官与他人正常器官不同而带来心理压力。特别是当残疾儿童意识到自己的残疾对于未来生活的实在意义时,往往会经历一次心理危机,变得特别敏感于他人对自己的态度。怎样度过这个危机,是一个残疾儿童必须面对的问题,这不但决定着他今后能否适应社会,而且决定着他怎样和在多大程度上能够在社会环境中得以生存和发展。因此,无论是家庭中的父母,还是残疾人教育工作者和社会工作者,如何引导他们的心理适应和心理调整,显得十分重要。

有研究者将这些心理学机制调整视为一系列必将发生的步骤。如纽约大学医院的社会工作者韦勒和米勒的研究报告,观察分析了新截瘫患者适应残疾、艰难地经历着四个阶段。

第一阶段:震惊。脊髓损伤患者的身体和精神在突然袭击下的实时反应,通常是以哭泣、歇斯底里和有时精神极度不安而产生的幻觉等等为特征。

第二阶段:否定且拒绝接受以后不会完全康复的现实。

第三阶段:愤怒。经常向周围的活动目标投掷,以示愤怒。因为这些目标经常引起他们回想起已经失去的东西。

第四阶段:抑郁。残疾极易导致精神抑郁,康复需要得到一个使身心精神相互配合的调整阶段。社会工作者的任务是帮助残疾人顺利通过这个调整阶段,引导残疾人进行心理适应和心理调整,这是他们社会化不可或缺的重要内容。

3. 指点生活目标

人为什么活着,为什么要工作,这是人生观问题,也是生活目标问题。这个对于残疾人的社会化来说,是一个非常现实的问题。有研究者认为,一般来说,伤残以后重新恢复正常生活要依次经历这么几个阶段:

(1)恢复原来的生活习惯和心理状态;
(2)由于失去原有的能力和人们对他的评价的改变而产生的挫折感;
(3)自我怜悯和迅速提高心理敏感性;
(4)持续的愤怒和由此产生的危机和转机;
(5)已发生的悲剧事件,通过一系列的心理过程内化为新的人生态度;
(6)努力重新自立。

显而易见,第四阶段是一个关键性阶段。伤残者自身与环境关系所发生的巨大变化,引起他对命运的持续愤怒,最终可能持悲观、迷茫的人生态度,也可能持乐观、进取的人生态度。我们高兴地看到,大多数残疾人在自身的社会化过程中,顶住了残疾及由残疾带来的其他方面的打击,表现出乐观、进取的人生态度,热爱生活,坚毅顽强,身处逆境,奋然向上,勇于同厄运抗争。

4. 教导社会规范

社会规范是维持社会秩序,调整个人与社会、个人与个人、团体与团体之间的社会关系的行为准则,如法律规范、道德规范和各种各样的生活规则。教导和学习社会规范,是残疾人社会化的一个重要内容。它通过社会各种形式的教育与社会舆论的力量,使残疾人逐渐形成一种信念、习惯、传统,用来约束自己的行为,调整个人与他人、个人与群体、个人与社会之间的社会关系,做到遵纪守法,防范越轨行为。

5. 培养社会角色

残疾人社会化的最后成果,是为社会培养一个符合于社会要求的社会成员,使其在社会生活中担当一定的角色。这个角色在参与社会生活中自觉按照规范行事。残疾人在社会化过程中有一个共同的特点,就是有明确的主动意识。他们不论是先天的还是后天的,一旦心理适应,便主动地进行自身的社会化。为了掌握一门专业技能,总是奋发研究、锲而不舍,直到获得成就。例如,肢体残疾者申沛农是一个拼搏成才的剪纸艺术家,他的生动事迹充分证明了这一点。残疾人社会工作者应当充分发挥残疾人社会化内在的积极因素,进一步促进他们的社会化。

二、智力残疾者的社会化

1. 智慧发展的可能

一般来说,智力残疾者完成社会化的生物潜在能力存在着很大障碍,但并非存在全部障碍,而往往只存在部分功能障碍。智力残疾者中绝大多数或多或少地有着一定的智慧。现代科学表明,智力是可以锻炼和提高的。因此,智力残疾者进行社会化,完成或部分完成社会化的过程是有可能的。

2. 主动意识的缺乏

智力残疾者和肢体残疾者都是由于机能的不健全而在正常、全面地完成社会化过程中存在着种种困难,但是这两类对象的困难在性质上和程度上是不同的。肢体残疾者进行个体社会化时,大都有着明确的主动意识,所以他们能克服机能不健全所带来的困难,较好地完成社会化过程;智力残疾者则不同,他们一般缺乏社会化的主动意识,相对来说,他们要完成社会化过程,就有较大的难度。

3. 年龄增长的距离

有研究者认为,智力残疾者的智力落后,一般开始于童年时期的后几年,但这种落后大都是局部的,与正常儿童的差距并不大。随着年龄的增长,智力残疾者与正常人的距离会越来越大。究其原因,除了智力残疾者本身的个性等因素之外,很大程度上是不良的社会环境因素造成的,如家庭中得不到温暖和照顾、社会上得不到关心和理解等。在这样一个环境中,他们在社会化过程中与正常人的距离就会变得越来越大。

4. 行为方式的变异

智力残疾者大都也会有正常的生理需要和情感需要。由于他们缺乏对行为规范的认识,缺乏自我控制的意识和能力,往往采取简单的方式来求得对某种需要的满足。当他们成年之后,由于生理上自然成熟和由此产生的需要和欲望,特别当他们发病时,由于不能控制自己的行为,就会做出一些为正常人所难以接受的"悖理"行为。了解智力残疾者社会化的状况,有助于残疾家庭的父母、残疾人教育工作者和社会工作者有针对性地做好他们的工作,从而有效地帮助他们完成自身的社会化,使他们成为在社会上有所作为的人。

三、智力残疾儿童的社会化

所谓智力残疾儿童,是指其大脑受损伤而导致智力活动能力低于一般儿童的水平,并显示出适应行为的障碍。事实证明,只要重视他们的社会化,并发挥特殊教育和训练的补偿与矫治的作用,他们的社会化就会收到良好的效果。

1. 训练生活自理能力

智障儿童的生活自理能力极差,自己不会吃饭、不会洗手洗脸,甚至连大小便也不能自理。因此,首要任务是训练他们的生活自理能力。生活自理的训练内容,包括大小便、饮食、衣着、卫生、睡眠和安全六个方面。一个智障儿童经过训练和教育,基本上能做到生活自理,在一定程度上便可以脱离他人的监护。训练生活自理能力,便于他们适应学校生活,培养他们良好的思想品德和生活习惯,以至将来适应社会、最终过独立或半独立的生活,都具有十分重要的意义。

2. 训练语言与交往能力

智障儿童由于大脑受到不同程度的损伤,语言与交往能力的发展往往比一般儿童迟缓,且水平比较低,显示出某些障碍。他们掌握词汇量少,讲话时常用词不当、语句不连贯,有的甚至连一句话也讲不清楚。他们对语言的理解能力也很差,常常听不懂他人讲话的意思。对书面语言的学习与掌握,显得更为吃力。他们中的大多数虽然不怕陌生,乐于与人交往,但在交往中常常词不达意,使别人不能理解他们讲话的意思,使交往不能正常进行。

有学者认为,在智障儿童社会化过程中,语言和交往能力的训练是密不可分的。语言能力的训练包括两个方面:一是对语言的接受与理解能力;二是运用语言进行表达的能力。有了这两方面的能力,才能真正实现人与人之间的社会交往。轻度智障儿童社会交往能力的训练,包括如下内容:对自己的认识和态度;对家庭的认识和态度;对学校的认识和态度;对同伴的认识和态度;对生理常识的学习;对普通常识的学习;对安全常识的学习;对非语言形式的交往手段的学习等等。通过这些方面的学习和应用,他们一方面能将自己的某些认识、思想、需要与意愿表达出来,另一方面也能理解他人所表达的某些认识、思想需要与意愿,这样彼此之间就能达到真正的社会交往。总之,通过有计划有步骤地教育和训练,智障儿童的语言和交往能力就会有较大的进步,并能较好地处理交往中的一些问题。同时应当看到,训练智障儿童的语言和交往能力,是一项极其艰苦、复杂、长期的工作。对此,无论是智障儿童的家长,还是残疾人教育工作者和社会工作者,都应有充分的思想准备,要耐心细致地加以指导。

3. 训练劳动技能

为了使智障儿童进一步社会化,更好地适应社会生活,切实加强对他们劳动技能的训练,是十分必要的。智障儿童从特殊学校接受教育训练后,除个别智障儿童可能继续升学外,绝大多数都将走向社会,参加适当的工作,过独立或半独立的生活。因此,对智障儿童发展的潜能不可低估,他们对某些劳动技能的学习和掌握具有相当大的可能性,问题的关键在于正确地组织教育和训练。

有学者总结我国智障教育中劳动技能训练的内容,大致分为三个阶段,每个阶段的训练内容有所侧重。第一阶段:进校一二年,以生活自理能力的训练为主,适当结合最轻便简单的公益劳动,如给学校花木浇水、打扫教室和包干区等。第二阶段:进校第三至五年,继续训练和培养生活自理能力,训练的内容不仅要求学会处理个人的生活事务,而且要求承担一定的家务劳动,同时还要适当地加强他们的校内外公益劳动。第三阶段:进校第六至八或九年,以学会几项简单的工业劳动技能为主,有校办工厂的学校可组织他们定期参加工厂劳动,为将来正式从事生产劳动作思想准备和劳动技能准备。在智障儿童的社会化过程中,除了加强他们的劳动技能训练,还应当注意对他们良好的劳动态度和劳动品德的培养。只有这样,才能达到劳动技能训练的目的,为智障儿童将来参与社会生活、适应社会需要打好基础。

四、精神残疾者的康复与社会化

精神残疾者的康复与社会化问题,是一个既艰巨又复杂的问题。《"十四五"残疾人保障和发展规划》提出:健全残疾人关爱服务体系,提升残疾人康复、教育、文化、体育等公共服务质量。

1. 加强残疾人健康服务

全面推进残疾人家庭医生签约服务,支持保障签约医生为残疾人提供基本医疗、公共卫生和健康管理等个性化服务。加强和改善残疾人医疗服务,为残疾人提供就医便利,维护残疾人平等就医权利。加强残疾人心理健康服务。关注残疾妇女健康,开展生殖健康服务。将残疾人健康状况、卫生服务需求与利用等纳入国家卫生服务调查,加强残疾人健康状况评估。

2. 提升残疾人康复服务质量

完善残疾人基本康复服务目录,继续实施精准康复服务行动,提升康复服务质量,满足残疾人基本康复服务需求。落实残疾儿童康复救助制度,合理确定康复救助标准,增加康复服务供给,确保残疾儿童得到及时有效的康复服务。加强精神卫生综合管理服务,广泛开展精神障碍社区康复。健全综合医院康复医学科、康复医院(康复医疗中心)、基层医疗卫生机构三级康复医疗服务体系。加强残疾人康复机构建设,完善全面康复业务布局,充实职业康复、社会康复、心理康复等功能。支持儿童福利机构增加和完善康复功能,配备相应的康复设备和专业技术人员,与医疗机构加强合作,提高康复医疗服务能力。加强社区康复,推广残疾人自助、互助康复,促进康复服务市场化发展。建成高起点、高水平、国际化的康复大学,加快培养高素质、专业化康复人才。完善康复人才职称评定办法。加强康复学科建设和科学技术研究,发挥中医中药在康复中的独特优势,推动康复服务高质量发展。

3. 加快发展康复辅助器具服务

开展康复辅助器具产业国家综合创新试点。推广安全适用的基本型康复辅助器具,加快康复辅助器具创新产品研发生产,增强优质康复辅助器具供给能力,推动康复辅助器具服务提质升级。鼓励实施公益性康复辅助器具适配项目。

完善康复辅助器具适配服务网络,加强各级康复辅助器具适配服务机构建设,支持社会力量及医疗、康复、养老机构和残疾人教育、就业、托养机构开展康复辅助器具适配服务。推广社区康复辅助器具租赁、回收、维修等服务。完善康复辅助器具标准体系,充分发挥标准对康复辅助器具产业的支持和引领作用。加强康复辅助器具产品质量检验认证。搭建产业促进和信息交流平台,继续办好中国国际福祉博览会等展示交流活动。

4. 强化残疾预防

制定实施残疾预防行动计划,结合残疾预防日、预防出生缺陷日、爱眼日、爱耳日、全国防灾减灾日等节点,广泛开展残疾预防宣传教育,形成全人群、全生命周期的残疾预防意识。加强出生缺陷综合防治,构建覆盖城乡居民,涵盖婚前、孕前、孕期、新生儿期和儿童期各阶段的出生缺陷防治体系,继续针对先天性结构畸形等疾病实施干预救助项目,预防和减少出生缺陷、发育障碍致残。大力推进0～6岁儿童残疾筛查,建立筛查、诊断、康复救助衔接机制。加强省、市、县三级妇幼保健机构能力建设,夯实县、乡、村儿童保健服务网络,不断提升儿童致残性疾病早发现、早诊断、早干预、早康复能力和效果。实施慢性病预防干预措施,开展重大慢性病早诊早治,减少慢性病致残。开展社会心理服务和社区心理干预,预防和减少精神残疾发生。开展防盲治盲、防聋治聋工作,加强对麻风病等传染病和碘缺乏病、大骨节病等地方病的防控。加强安全生产、消防安全和交通安全管理,加强道路交通安全执法和安全防护设施建设,加快公共场所急救设备配备,提高自然灾害和火灾现场应急处置能力、突发事件紧急医学救援能力和院前急救能力,防止老年人跌倒、儿童意外伤害致残,减少因灾害、事故、职业伤害等致残。

附:浙江省温州市龙湾区残联"十三五"工作总结和"十四五"工作思路

一、"十三五"工作总结

"十三五"期间,龙湾区残联紧紧围绕"全面建成小康社会,残疾人一个也不能少"的目标,聚焦打赢打好残疾人脱贫攻坚战,大力推动龙湾区残疾人事业高质量新发展。

一是残疾人权益保障机制不断完善。将残疾人工作纳入区委、区政府工作全局，四套班子领导多次专题调研残疾人工作。"十三五"期间，印发《关于加快推进残疾人全面小康进程的实施意见》，先后出台免费参保城乡居民养老保险、免费参保人身意外保险、贫困精神残疾人免费服药等8项残疾人基本保障政策，构建立体式残疾人民生保障，残疾人事业可持续发展的能力进一步提高。

二是残疾人健康权利得到保障。扎实推进残疾儿童抢救性康复项目，建立残疾儿童筛查和随报早报制度，共计187人次残疾儿童享受康复训练补贴和辅助器具适配救助，补助金额达377余万元。深化与温州市中医院康复合作，为有康复治疗需求的残疾人提供针对性的康复训练，为出行难的贫困残疾人提供上门康复训练服务，残疾人基本康复服务率达99.97%。

三是残疾人平等教育得到不断强化。积极探索"三类教育"模式，全区开展随班就读学校16所，实现残疾儿童义务教育入学率100%。建立健全残疾学生及贫困残疾人家庭子女的助学机制，共有1221人次残疾学生和残疾人家庭子女享受助学补助，累计补助金额达320万元。

四是残疾人就业创业权利依法保障。整合部门资源，举办推拿、电商、实用技术等培训达1239人次，进一步提高残疾人劳动就业能力。通过贷款贴息、养老保险补贴等措施，扶持253名残疾人自主创业。通过"互联网＋大数据＋智能匹配"，助力残疾人精准匹配按比例就业，全区按比例吸纳残疾人就业304人，推出国有企业残疾人专设单招单考岗位1个。

五是残疾人社会保障体系不断完善。"普惠＋特惠"再提升，困难残疾人生活补贴已惠及1977人，重度残疾人护理补贴惠及3072人，两项补贴累计发放金额达4766万元。每年投入20余万元实现所有持证残疾人参保人身意外保险、残疾人服务公众责任险全覆盖；对持证残疾人参加城乡居民基本医疗保险给予全额补贴，参加城乡居民基本养老保险按温州市最低缴费标准给予补贴，全区残疾人免费社会保险实现全覆盖。

六是无障碍环境建设与辅助适配服务全面推进。实施残疾人免费乘坐公共交通工具政策，在全市率先出台聋人无障碍短信通信费补贴政策，促进信息无障碍和出行无障碍；开展无障碍社区创建活动，创建省级无障碍社区4个；开展无障碍设施进家庭工程，为1008户残疾人家庭提供无障碍设施改造，改造满意率达100%。

七是关心支持残疾人事业社会氛围日益浓厚。以各种残疾人节日为活动载体，通过广播、报刊、电视网站和微信公众号等主要渠道宣传残疾人事业发展。积极发挥志愿者队伍建设，开展日间照料、电商就业、辅助性就业、技能培训、帮扶助学、购买服务、爱心捐赠等形式多样的精准帮扶服务。结合"最多跑一次"改革，联合各大医院开展"关爱残疾人、服务送上门"活动，目前已对300多人开展鉴定服务。

二、"十四五"工作思路

残疾人仍然是一个人数众多、特性突出、特别需要关心帮助的困难群体,就业层次比较低,教育、康复、庇护照料、社会参与等方面还存在不少困难和问题。残疾人事业总体仍然滞后于经济社会发展,不平衡不充分问题较为突出,地区、城乡之间助残服务水平差距明显,基本公共服务、无障碍环境建设等还不能满足残疾人过上美好生活的需要。

一是打造"残疾人之家"的龙湾特色。坚持网络化布局、专业化服务、社会化运营、品牌化发展的建设方向,持续推进龙湾"残疾人之家"建设和浙星评定工作,全面提升"残疾人之家"建设运营和管理服务水平。

二是打造残疾人福利保障的龙湾水平。不断健全完善本区困难残疾人生活补贴、重度残疾人护理补贴、残疾人康复补贴和残疾人社会保险补贴等补贴制度;推动建立残疾人就业岗位补贴制度,根据本区经济社会发展水平,探索建立更加完善的残疾人专项福利补贴制度。

三是打造残疾人全生命周期康复服务的龙湾方案。统筹推进早期干预、教育康复、医疗康复、工程康复、社区康复与家庭康复服务互相衔接,覆盖残疾人全生命周期的康复服务体系建设,推动龙湾残疾人精准康复服务水平迈上新台阶。

四是打造助残服务"最多跑一次"的龙湾维度。全面推进助残服务"一件事"迭代升级、延伸扩面,逐步建立无感化联办机制,全面塑造残疾人帮办、代办服务的"金名片",推动助残服务"最多跑一次"改革成为新时代龙湾残疾人工作的最鲜明特质。

第十七章　残疾人的现代化

本章根据习近平总书记"牢牢把握以中国式现代化推进中华民族伟大复兴的使命任务"的要求，阐述现代化与人的现代化的含义，结合《中共中央 国务院关于支持浙江高质量发展建设共同富裕示范区的意见》，密切联系浙江实际，深入研究浙江省残疾人现代化发展状况，得出科学结论，指导实际工作。

第一节　牢牢把握以中国式现代化推进中华民族伟大复兴的使命任务

习近平总书记在参加党的二十大广西代表团讨论时，要求"牢牢把握以中国式现代化推进中华民族伟大复兴的使命任务"，为全面建设社会主义现代化国家、全面推进中华民族伟大复兴注入强大的思想和行动力量。

建成社会主义现代化强国，实现中华民族伟大复兴，是中国共产党和中国人民孜孜以求的伟大梦想，一代代人为之奋斗不息。在新中国成立特别是改革开放以来长期探索和实践的基础上，经过党的十八大以来在理论和实践上的创新突破，我们党成功推进和拓展了中国式现代化。

中国式现代化，是中国共产党领导的社会主义现代化，既有各国现代化的共同特征，更有基于自己国情的中国特色。中国式现代化是人口规模巨大的现代化，是全体人民共同富裕的现代化，是物质文明和精神文明相协调的现代化，是人与自然和谐共生的现代化，是走和平发展道路的现代化。中国式现代化的本质要求是：坚持中国共产党领导，坚持中国特色社会主义，实现高质量发展，发展全过程人民民主，丰富人民精神世界，实现全体人民共同富裕，促进人与自然和谐共生，推动构建人类命运共同体，创造人类文明新形态。实践充分证明，中国式现代化既切合中国实际，体现了社会主义建设规律，也体现了人类社会发展规律。中国式现代化这条道路不仅走得对、走得通，而且也一定能走得稳、走得好。

肩负起以中国式现代化推进中华民族伟大复兴的使命任务，必须坚持和加强党的全面领导，坚决维护党中央权威和集中统一领导，把党的领导落实到党和国家事业各领域各方面各环节，使党始终成为风雨来袭时全体人民最可靠的主心骨；坚持中国特色社会主义道路，既不走封闭僵化的老路，也不走改旗易帜的邪路，坚持把国家和民族发展放在自己力量的基点上，坚持把中国发展进步的命运牢牢掌握在自己手中；坚持以人民为中心的发展思想，不断实现发展为了人民、发展依靠人民、发展成果由人民共享，让现代化建设成果更多更公平惠及全体人民；坚持深化改革开放，不断彰显中国特色社会主义制度优势，不断增强社会主义现代化建设的动力和活力，把我国制度优势更好转化为国家治理效能；坚持发扬斗争精神，增强全党全国各族人民的志气、骨气、底气，不信邪、不怕鬼、不怕压，知难而进、迎难而上，统筹发展和安全利益，全力战胜前进道路上各种困难和挑战，依靠顽强斗争打开中国式现代化事业发展的新天地。

今天，我们比历史上任何时期都更接近、更有信心和能力实现中华民族伟大复兴的目标，同时必须准备付出更为艰巨、更为艰苦的努力。在前进道路上，只要我们坚定信心、锐意进取，主动识变应变求变，主动防范化解风险，就一定能不断夺取全面建设社会主义现代化国家的新胜利。

现代化指的是经济社会发展达到一定水平，一个国家实现从农业社会向工业社会、知识和信息社会转型，未来还可能转向更加先进的社会形态。现代化的核心在于人的现代化，而人的现代化不仅在于人个体的全面、协调发展，也在于整个族群的现代化。第二次世界大战以后，现代化不仅成为不发达的新兴国家的发展口号，而且成为各国普遍的发展目标。

人的现代化是马克思主义学说中非常重要的一个观点，推进现代化也是社会主义制度从初级阶段迈向更高水平的发展过程。人的现代化离不开残疾人的现代化。现代化对于残疾人而言，既是归宿和目标，同时也是实现手段，即残疾人通过共建和共享现代化，实现残疾人的现代化。

马克思主义中国化的过程中，中国共产党通过理论创新和执政实践，对现代化的认识不断深化和跃升，形成了中国式现代化理论体系。党的十八大以来，以习近平同志为核心的党中央对中国式现代化提出一系列新思想、新观点、新论断。党的二十大报告提出，从现在起，中国共产党的中心任务就是团结带领全国各族人民全面建成社会主义现代化强国、实现第二个百年奋斗目标，以中国式现代化全面推进中华民族伟大复兴。中国式现代化，是习近平新时代中国特色社会主义思想的一个原创性科学概念，是贯穿党的二十大报告全篇的一个关键词。中国式现代化是中国共产党领导的社会主义现代化，既有各国现代化的共同特征，更有基于自己国情的中国特色。中国残疾人和残疾人事业的现代化要在中国式现代化中加以推进。习近平总书记关于"促进残疾人全面发展和共同富裕"的重要指示和二十大报告中"完善残疾人社会保障制度和关爱服务体系，促进残疾人事业全面发展"，为残疾人现代化提供了根本遵循。

浙江是中国革命红船启航地、改革开放先行地、习近平新时代中国特色社会主义思想重要萌发地,肩负着新时代全面展示中国特色社会主义制度优越性重要窗口和高质量发展建设共同富裕示范区的重任,浙江率先提出"争创社会主义现代化先行省"的目标,这对于浙江省残疾人现代化来说,既是时代背景,也是目标任务,既有良好基础,也有压力与动力。

第二节　残疾人共享现代化的重要意义、地位作用和现实基础

一、共享现代化是残疾人美好生活新期盼和残疾人事业发展新使命

党对我国社会主义现代化建设作出"三步走"的战略目标安排。到 2020 年,是全面建成小康社会决胜期;从 2020 年到 2035 年,在全面建成小康社会的基础上,再奋斗 15 年,基本实现社会主义现代化;从 2035 年到本世纪中叶,在基本实现现代化的基础上,再奋斗 15 年,把我国建成富强民主文明和谐美丽的社会主义现代化强国。在社会主义现代化强国建设征程中,残疾人同样一个也不能少,因此必须提前统筹规划残疾人共享现代化的目标任务、体制机制、保障措施,必须把残疾人事业纳入经济社会同步发展、同步推进,有力保障残疾人共享现代化,实现新时代残疾人对美好生活的新期盼。

二、残疾人共享现代化是补齐现代化发展短板所需

残疾是自古以来就有的客观现象,人口老龄化、社会节奏加快以及交通、安全等事故的频繁发生,使残疾人在人口中的占比呈上升趋势。残疾本身以及残疾带来的不健康、贫困、失业、辍学等一系列问题,严重制约了人的全面发展和社会进步,直接成为影响现代化大局的短板,必须引起高度重视,并采取强有力措施予以解决。现代化是人的全面发展的现代化,是包括残疾人在内的所有人的现代化。"全面建成小康社会,残疾人一个也不能少"。现代化,残疾人同样也一个不能少。实现包括残疾人在内的所有人的全面发展,体现了社会主义制度的优越性和社会主义的本质特征。

三、现代化是包括助残在内的文明程度提高应有之义

关心残疾人,是社会文明进步的重要标志。残疾人事业是中国特色社会主义事业的重要组成部分。发展残疾人事业,始终坚持以人民为中心的发展思想,

始终坚守弱有所扶的原则立场。新时代残疾人事业发展的重要任务之一，就是促进残疾人的现代化。

现代化发展的目标之一是社会文明程度达到新的高度，与之相应，全社会对残疾的认识达到新高度，对残疾人的包容达到新高度。如此，残疾人平等参与共享的目标必定会进一步实现。平等包括机会均等和为促进结果平等采取的以法治精神、公开透明为前提的特惠扶持和关心关爱，平等为有效参与、积极参与提供规则和保障，平等为共享提供机会、平台和机制。共享既是结果，也是手段，共享需要平等为前提条件，需要参与为实现路径。

四、残疾人将继续在现代化建设中发挥积极作用

回顾残疾人事业发展史，残疾人自我意识的觉醒、残疾人运动的兴起，本身就是现代化进程中最生动的景象。残疾人是社会大家庭的平等成员，是人类文明发展的一支重要力量，是坚持和发展中国特色社会主义的一支重要力量，残疾人自强模范、先进人物和普通残疾人，在革命、建设和改革进程中发挥了积极作用，今后同样也是现代化建设的一支重要力量。

在现代化进程中，要为残疾人参与共建现代化创造良好条件。残疾人是现代化的共建者、共享者，需要正确认识共建和共享的关系，其中共享是核心、关键和归宿，共享包括机会平等共享、服务均等共享、环境无障碍共享等，只要共享到位，残疾人共建现代化就具备均等机会、合理便利、有力支持和良好环境。

五、残疾人共享现代化已有坚实基础

在习近平新时代中国特色社会主义思想指引下，中国将残疾人事业发展作为全面建成小康社会的重要目标，坚持政府主导与社会参与、市场推动相结合，坚持增进残疾人福祉和促进残疾人自强自立相结合，将残疾人事业纳入国家经济社会发展总体规划和国家人权行动计划，残疾人权益保障的体制机制不断完善，残疾人社会保障制度和服务体系不断健全，残疾人的获得感、幸福感、安全感持续提升，残疾人事业取得举世瞩目的历史性成就。

各级政府先后颁布了残疾人事业五年发展规划，残疾人全面小康实现程度逐年提高，社会保障覆盖面不断扩大，保障力度不断加大，在家庭收入、受教育水平、社会参与和享有公共服务等方面，残疾人与社会平均水平的差距逐步缩小，为残疾人共享现代化奠定了坚实基础。

残疾人全面小康的实现，为残疾人现代化打下了坚实的基础。以浙江省为例，2020年度浙江省残疾人全面小康实现程度主要数据公报显示，2020年度浙江省残疾人全面小康实现程度为100％。2020年，浙江全省城镇残疾人家庭人均可支配收入为40681元,全省农村残疾人家庭人均可支配收入为26906元,"十三五"时期,全省残疾人家庭人均可支配收入年均增速为9.5%;全省困难残疾人生活补贴目标人群覆盖率为99.3%,其他各项指标也均超额完成"十三五"目标。浙江省残疾人工作在许多方面走在全国前列,残疾人具有实实在在的获得感、幸福感、安全感。

六、一体推进浙江省残疾人现代化和共同富裕

1. 促进残疾人共同富裕与残疾人现代化的关系

党的十九届五中全会首次提出了"全体人民共同富裕取得更为明显的实质性进展"。共同富裕是全体人民通过辛勤劳动和相互帮助最终达到丰衣足食的生活水平,也就是消除两极分化和贫穷基础上的普遍富裕。共同富裕是社会主义的一条根本原则,是社会主义的本质特征。在我国现代化征程中,只有实现共同富裕,现代化才能真正实现。

残疾人是社会大家庭中的成员,残疾人共同富裕,是广大残疾人及其亲友的殷切期盼,也是各级残联组织的初心使命和奋斗方向。由于残疾,残疾人总体状况普遍落后于社会平均水平,要实现共同富裕,只有在社会全面发展的基础上才能实现残疾人的现代化。

我党历来高度重视残疾人事业,社会主义制度的优越性,可以促进残疾人全面发展、增加收入并缩小和社会之间的差距。习近平总书记多次就发展残疾人事业、改善残疾人状况作出一系列指示。2020年11月27日至12月1日,2013—2022年亚太残疾人十年中期审查高级别政府间会议在北京举行。国家主席习近平发来贺信,指出,残疾人是人类大家庭的平等成员。在全球范围内推进可持续发展,实现"一个都不能少"的目标,对残疾人要格外关心、格外关注。他强调,中国坚持以人民为中心,坚持在发展中保障和改善民生。中国将进一步发展残疾人事业,促进残疾人全面发展和共同富裕。这是当前及今后一个时期促进残疾人共同富裕的根本遵循和行动指南。

2. 浙江省要同时在残疾人共同富裕和残疾人现代化方面作表率

中共中央、国务院印发《关于支持浙江高质量发展建设共同富裕示范区的意见》,赋予浙江实现共同富裕的重要示范改革任务。浙江省相应发布了《浙江高质量发展建设共同富裕示范区实施方案(2021—2025年)》。

国务院印发的《"十四五"残疾人保障和发展规划》把残疾人全面发展和共同富裕作为核心任务。中国残联对残疾人共同富裕高度重视,做好全国层面的统筹、协调、指导,还特别就支持浙江省残疾人共同富裕提出若干意见。浙江省政

府残工委编制残疾人共同富裕行动方案,谋划推出一批提升残疾人家庭收入、缩小残疾人与社会平均水平差距、促进残疾人全面发展的政策、项目。

浙江省委提出要争创社会主义现代化先行省,一体化推进浙江省残疾人共同富裕和残疾人的现代化,相应地为全国作出先导和表率。

3. 浙江省残疾人共同富裕和现代化还存在一些短板弱项

浙江省残疾人事业成就显著,但也存在短板弱项。

一是残疾人数量多且呈现增长趋势。2020年浙江省持证残疾人达134万,比2016年的109万增长25万。浙江全省户籍人口2016年4897万,2020年为5069万,持证残疾人增幅高于户籍人口。预计未来一个时期,全省持证残疾人数量仍将增长。

二是持证残疾人"老龄化"严重。2016年,60岁以上持证残疾人占比只有41.78%,2020年,该占比达51.91%。根据浙江省公安厅年鉴数据,浙江省60岁以上的老年人占比总人数22.87%。

三是残疾人经济状况较差,发展潜力不足。全省城镇残疾人家庭人均可支配收入为40681元,农村残疾人家庭人均可支配收入为26906元。全年全省居民人均可支配收入为52397元,城镇和农村居民人均可支配收入分别为62699和31930元。衢州市困难残疾人占持证残疾人数的比重为38.2%,嘉兴市困难残疾人数占比为11.32%。听力困难残疾人占持证听力残疾人的比例为14.14%,而智力困难残疾人占持证智力残疾人的比重为52.45%。从未上过学的残疾人中困难残疾人占比为37.84%,具有研究生学历的残疾人中困难残疾人占比为10.23%。

四是残疾人受教育程度较低,人力资本质量不高,就业竞争力不足。全省15岁及以上残疾人中文盲占比为13.24%,城乡的比例分别为14.54%、8.85%。根据第七次人口普查数据,浙江省15岁及以上常住人口中文盲率为2.72%。浙江拥有大学(指大专及以上)文化程度的人口占全部常住人口的16.99%。持证残疾人大学文化程度的占比仅为2.85%。浙江省在业残疾人占16~59周岁残疾人总数的比例为61.95%,与社会平均水平相比有近10个百分点的差距。

五是存在对残疾人的认知不到位、包容性不够、环境不友好等问题,残疾人平等参与社会存在诸多障碍;包括残疾人法规政策在内的各项法规政策落实不到位,各项支持体系和保障措施不到位,残疾人共同富裕和共享现代化存在制度失灵、机制缺失和薄弱环节。残疾人公共服务供给不平衡问题日益突出,助残服务数字化水平不高,残疾人事业发展距离整体智治还有不小差距。

总而言之,残疾人自身因素、社会因素交互叠加作用,环境障碍、部分人对残疾人的偏见与歧视等,都会导致残疾人心理方面的自卑自闭,制约残疾人共同富裕和共享现代化。

第三节　残疾人共享现代化遵循的基本原则、长短期目标和措施

一、基本原则

1. 人人共享

人人共享,从传统文化中的大同思想、美美与共,到马克思主义人的全面发展和社会现代化理念,都包含人人共享理念。现代化成果人人共享,现代化建设人人有责。一方面现代化发展必然惠及所有人,残疾人共享现代化是现代化发展的必然结果;另一方面,需要落实人人共享的理念、目标,破除现代化成果共享不可及、共享不易的体制机制,落实政府责任和社会责任。

2. 平等共享

平等共享,就是要让残疾人都能相对平等地共享现代化,对于困难多的残疾人要多扶持,坚持因人而异、分类施策、因地制宜。平等共享要坚持规则公平、程序公正,同时有利于发挥每一个人的积极性、主动性和创造性,激发每一个人的创造性和资源禀赋,通过平等共享让先富带动后富,实现共同发展。

3. 协调共享

协调共享即是差序共享。共享现代化不是抹平所有人的客观差异,而是正视残疾人群体的客观差距,在现代化指标体系的建立、采集与评估中,着眼于残疾人群体与全社会平均水平差距的不断缩小,不强调残疾人个体与所有其他个体绝对平等,在现代化体系中应当体现协调共享理念。一方面,在共享的数量、质量方面,差距没有全面缩小即是不协调;另一方面,协调共享是平等共享但不等同于同等共享,是同步共享但不等同于同时共享,是一起共享但不等同于一致共享。

4. 渐进共享

现代化发展本身是一个渐进的过程,残疾人共享现代化也不是一蹴而就的,必须在渐进发展中推进残疾人的现代化,做到在发展中共享现代化,在发展中缩小共享现代化差距,在发展中解决制约共享现代化的困难和问题,分步实现残疾人共享现代化的目标。

二、残疾人现代化的长短期目标：以浙江为例

立足于浙江实际，提出浙江省残疾人现代化的目标，为全国提供借鉴。

1. 短期目标

到 2025 年，以"普惠＋特惠"为特点的残疾人基本保障再提升，以专业化、精准化为目标的残疾人公共服务再完善，以消除歧视、促进平等为诉求的残疾人合法权益保障再强化，以深度融合、全面共享为特征的友好环境建设再深化，以"整体智治、唯实唯先"为理念的残疾人事业现代化再提速，全省残疾人事业继续走在全国前列。在这个阶段，残疾人家庭人均可支配收入达到社会平均水平的 82.5％，困难残疾人生活补贴覆盖率超过 99％，重度残疾人护理补贴覆盖率超过 99％，残疾人之家覆盖率超过 90％，残疾人专业托养机构覆盖率超过 90％，规范化残疾儿童康复服务机构覆盖率超过 90％，残疾人城乡居民基本养老保险参保率超过 99％，残疾人城乡居民基本医疗保险参保率超过 99％，残疾人就业率超过 60％，残疾学生接受高中阶段教育比例超过 85％，残疾人基本康复服务覆盖率超过 99％，符合条件的残疾人家庭无障碍改造率超过 95％，残疾人文体服务覆盖率超过 95％。

2. 长期目标

到 2035 年，残疾人公共服务体系得到全面优化，残疾人合法权益得到充分保障，残疾人融合发展深度推进，残疾人共同富裕率先在全国取得实质性重大进展，基本实现残疾人共建共享高水平现代化，基本实现残疾人事业现代化，成为"重要窗口"的特殊风景线。残疾人现代化时代，残疾预防和健康生活理念深入人心并成为自觉行动，残疾人社会保障制度达到福利社会水平，残疾人衣食住行学医等方面无忧、身心愉悦，残疾人家庭收入达到全社会平均水平 90％，残疾人积极出行融入社会并自发组织各类活动，无障碍设施随处可见，就业成为残疾人自我完善、实现社会价值的平台，残疾人平等参与、平等发展权利得到充分保障，全社会扶残助残成为社会公约内容之一和公民日常行为习惯，全省残疾人事业发展达到甚至超过发达国家水平。

三、促进浙江省残疾人现代化的措施

把残疾人共享现代化融入富民强省、创业创新、乡村振兴、一带一路、长三角一体化、健康浙江、教育现代化、就业优先、文化浙江、体育强省和体育现代化、数字浙江、法治浙江、平安浙江等大局，充分考虑残疾人需求、特点，承传统、固基础、扬优势、创特色、补短板、强弱项、延时间、拓空间、畅通道、优环境、增便利、献

爱心,多维度、多角度健全残疾人共享现代化机制。具体包括十个方面。

1. 健全复原共享机制

个体的生命延续和身心健康是共享的前提和基础,也是共享本身,要健全复原共享机制,通过复原手段让残疾人重建生命、复原功能、促进健康、延长寿命。

一是加强已就业残疾人城镇职工基本医疗保险参保落实,全面落实残疾人参加城乡居民基本医疗保险个人缴费部分给予部分或全部补贴政策,确保残疾人医疗保险全覆盖并不断提高参保标准,城乡残疾人参加基本养老保险、基本医疗保险比例持续巩固在 99% 以上。

二是将残疾人需求较多的重疾病、罕见病、慢性病治疗和残疾儿童抢救性康复等项目纳入基本医疗保险支付范围,对已纳入基本医疗保险支付的医疗康复项目减少限制条件、提高报销比例、优化报销流程。

三是持续提升残疾人康复精准有效性,把康复工作整体融入"健康浙江"战略,建立更加健全的残疾人康复服务体系,形成以精准康复服务为核心理念、机构康复为骨干、社区康复为基础、儿童康复和辅具适配服务为特色、康复人才为支撑、残疾预防为先导的残疾人康复服务工作格局,残疾儿童康复服务更加精准、优质,社区康复服务更加深入、有效,残疾人康复服务机构布局更加科学、合理,康复人才队伍更加完备、稳定。办好浙江康复医疗中心并发挥全省康复科学研究、康复技术攻坚、康复资源辐射、康复人才培养等作用。

四是事业促进和产业扶持同步发力,做优辅助器具产业,落实辅具配发补贴政策,以"质量调高、结构调优、服务调精"为目标,推进实物配发、货币补贴双轨补贴,为符合条件有适应指征的残疾人提供高科技、智能化、舒适型的辅助器具服务,用多元产品、质优价廉满足不同层次的需求者。

2. 健全补能共享机制

教育是最大的补能手段,培训是补能的有效手段。通过教育挖掘潜能、增长才干、培育情商、养成习惯,提升残疾人的知识素养、自理能力、交往能力,通过培训提高残疾人的职业技能水平、法律素养和应急能力。

按照学历教育、继续教育、职业教育和能力教育并重的方式,提升残疾人的受教育水平,加大融合教育力度,强化特殊教育保障力度,提高随班就读和送教上门的有效性。适龄残疾儿童少年接受"十五年"教育比例达到 95% 以上,残疾学生和残疾人家庭子女普遍得到资助。

始终将特殊教育发展关键指标纳入教育现代化监测,在特殊教育从学前向高等教育覆盖的基础上,按照高质量对全省特殊学校进行优化布局、改造提升,办好浙江特殊教育职业学院。推进规范送教服务和目标人群全覆盖,推进普特融通、医(康)教结合,不断提高残疾儿童义务教育入学率和教学质量。加大教育融合力度,让更多有能力接受普通教育的残疾儿童在普通学校接受优质教育。

终身教育成为残疾人的共同理念。在保基本的基础上,实施更多个性化教育,鼓励有特长的残疾人通过教育培训拥有一技之长乃至成为工匠、专家和艺术家,选树更多残疾人人才典型并在政治荣誉、表彰先进、职称评审等方面予以优先。高度重视残疾人的信息补能、智慧添翼,让残疾人家庭实现数字化电视、手机(盲人收音设备)全覆盖,不让残疾人在信息化社会和互联网空间中掉队。

3. 健全赋权共享机制

权利共享是最高层次的共享,也是其他共享的保障。从权利天赋理念和人民当家作主的高度,充分保障残疾人权利,让残疾人和残疾人家属等更多参政议政,把残疾人作为一个普通公民的权利落到实处,充分参与政治生活和社会事务管理。

修订各类法律法规,消除残疾人权利实现的制度性障碍,填补铺实残疾人赋权的路径和细则。支持人大、政协每年开展残疾人权益检查、视察,协同党委、政法委、法院、检察院并落实公安、司法、残联组织等部门职责,发挥爱心律师、助残社会组织等作用,合力构建普法宣教培训、公益诉讼救济、信访权益帮扶等机制,为残疾人提供有力的权益保护。

加大法治宣传力度和侵权违法行为曝光力度,严厉打击侵害残疾人权益的行为和黑恶势力。择优配备、调整残疾人监护人并予以监督,形成社区和家庭共同负责、相互制衡,有关基层政府部门、残联组织和亲友参与监督的残疾人基层权益保障机制。定期表彰残疾人权益保护领域有突出贡献的个人和单位。

4. 健全增收共享机制

收入是最体现平等共享和发展能力的指标,家庭收入最终体现在购买力、生活质量上,就必须在增收和减支两个方面同步发力。

一是要修订法规,完善残疾人就业政策,综合运用经济杠杆、行政指令、表彰惩戒等手段,提高包括财政供养单位在内的所有用人单位安置意愿,同时加强残疾人职业培训和优化就业服务,不断提高残疾人的就业率和就业层次。

二是要通过纳入三产同步发展、鼓励在社区服务业和农村农家乐及村级电商服务站就业创业、合作社加公司加个人以及致富带头人帮带等措施,精准扶助低收入残疾人家庭增收。

三是加大残疾人救助保障力度,在应保尽保、应助尽助、单独施保等温饱型救助基础上,按需落实教育、医疗、康复、临时等各种救助,为残疾人兜起安全网,同时落实社保参保、水电气网通信等各类补贴,为残疾人提供基本但具有一定品质的生活。各项残疾人社会救助的标准,要参考物价、人工工资等标准,在健全动态调整机制的基础上,给予残疾人更多特惠帮扶。

5. 健全照护共享机制

安全舒适的居住是照护的前提,通过危旧房改造、落实经济适用房和廉租房以及亮居工程、无障碍进家庭、配送家具家电等,满足残疾人的居住需要。

通过婚姻介绍、困难帮扶、社区调解、危机干预等各种方式,让更多残疾人家庭感到温暖,鼓励有条件有能力成家的残疾人走出家门、参与交往、建立家庭,助推家庭发挥持续照护残疾人的基本功能,提高残疾人的照护质量。

落实护理补贴制度,完成县级层面集中托养和日间庇护照料机构的布局,分类满足残疾人居家安养、日间照料和机构托养的需求,发挥托养机构在护理服务培训指导等方面的辐射作用,制定实施残疾人照护的标准,采取政府购买服务等措施,鼓励更多专业机构和社会组织提高照护服务水平并加强评估和监督,提高辖区内残疾人护理质量。始终将重度残疾人托养照护情况列入文明单位、文明家庭或爱心家庭的创建内容。

6. 健全福利共享机制

积极鼓励各地将残疾人救助政策转化为福利政策,理直气壮地推行残疾津贴制度,为残疾人提供更多更高水平的人身和意外保险,让残疾人享有包括交通、旅游等在内的更全面的福利,持续提高生活质量。

残疾人福利项目要和老年人福利、儿童福利、具有一定教龄师资福利、献血功勋人员福利、军人福利等有序推出、有所衔接、基本一致,如旅游门票、公共交通费用都给予减免、不可偏废,同时体现残疾人福利项目的特色,满足残疾人康复、护理、照料、无障碍等特定需求。

要注重残疾人救助项目福利化过程中残疾人待遇的实际降低,通过增加资金补助等方式予以补偿。有条件的地区要将残疾人福利项目扩展到非本地户籍残疾人,把面向流动残疾人口的福利及其服务作为城市开放包容的重要标志。

7. 健全消障共享机制

加强社会文明建设,建设无障碍环境,消除各类障碍,让残疾人自由移动、无碍出行、全面及时便利地获取信息和社会交往。将无障碍环境建设纳入文明城市创建指标。

推进城市无障碍环境建设、改造和管理,推进信息无障碍服务。持续开展无障碍社区建设工作,通过加强领导、扩大宣传、加大投入、落实规范、优化服务,提升社区无障碍环境建设水平。全面落实补贴政策,加大残疾人家庭无障碍改造力度,做到项目常态化、可持续运行,全面满足残疾人的无障碍需求。

县级以上公共图书馆全部建立盲人阅览室,配备盲文图书及有关阅读设备,积极支持有条件的地方建立残疾人"流动阅览室"或"残疾人阅读点",推动各县建立(市、区)无障碍电影放映点。在政府公共服务机构、医院、银行、公共交通等服务行业广泛推广国家通用手语和通用盲文,充分发挥浙江省国家通用手语培训基地和浙江省国家通用盲文推广中心的作用,加大手语和盲文培训力度,加强手语和盲文中高级人才的培养。建立手语翻译的培训、认证、派遣服务和专项补贴制度。县级以上电视手语新闻节目实现全覆盖,推进浙江卫视等更多节目实现手语直播。

全面促进和改善网络信息无障碍服务环境,影视作品加配手语解说或字幕,公共服务机构、公共场所和公共交通设施要提供语音、文字提示、盲文、手语等信息交流无障碍服务。推动政府和公共服务机构网站无障碍建设,各级政府网站开展无障碍服务能力建设,各级各类公共企事业单位、新闻媒体、金融服务、电子商务等网站的无障碍服务能力达到基本水平。鼓励支持手机、电脑和互联网等通信设备的信息无障碍技术、产品的研发和推广,逐步推出适合残疾人使用的信息产品和符合残疾人需要的无障碍业务服务。

8. 健全参与共享机制

在社区、街道、区县和市一级层面搭建更多适合残疾人参与的平台,鼓励残疾人参加各类社会组织,激发兴趣爱好,加强社会指导,让他们广泛参与文体活动,并在活动中相识相知、增进友谊。

将残疾人文化体育纳入"文化浙江"和体育强省建设,深度融入公共文化体育惠民工程、重大项目建设和各类文化体育服务内容,加大政策优惠力度,加大基本公共服务供给,不断丰富残疾人的精神文化生活。广泛开展残疾人声乐、舞蹈、书画、摄影、文学创作、工艺美术、文化创意等培训,让文艺丰富残疾人的美好生活,做大做强省残疾人艺术团,推进市级县级残疾人艺术团建设全覆盖,鼓励扶持残疾人发挥特殊艺术才能,积极参与文化创业。

持续推动全省困难和重度残疾人每年读 1 本书、看 1 份报刊、游 1 次公园、参观 1 次展览、参加 1 次文化活动。鼓励残疾人通过互联网积极参与社会。持续开展"康复体育三进家庭",为有需要的重度残疾人家庭开展康复体育器材、方法、指导员"三进"服务。

9. 健全融合共享机制

倡导包容发展理念,全面推进社会融合,从娃娃抓起,从日常抓起,建立审查机制并受理各类歧视、排斥的投诉举报,消除各类歧视、排斥残疾人的行为。抓住"全国助残日""残疾预防日""国际残疾人日"等重要节点和有关重大活动契机,精心谋划主题宣传,大力宣传报道党和政府对残疾人事业的重视关怀、各级残联组织和社会各界对残疾人关心关爱、广大残疾人自强奋斗的生动事例,营造残疾人事业发展的良好环境。通过宣传教育,让人道主义精神和"平等、参与、共享"的文明理念得到广泛弘扬,全社会理解、尊重、关心、帮助残疾人的良好风尚深入形成,全省扶残助残形成强大爱心洪流。

加大省市县三级媒体联动,制作一批助残公益广告精品,在城市电子大屏、主要过街通道和公交车等公共场所和新闻媒体投放。深入开展"最美浙江人"之"最美助残人""最美残疾人""最美残疾人家庭"评选宣传活动,深化"最美"内涵,讲好"最美"故事,打造"最美"品牌。在未来社区建设中注重对残疾人的包容与服务,在城市文明中加强各群体的求同存异、吸纳互尊、守望相助、友爱互帮,最终建设一个高度融合的社会。

10. 健全支持共享机制

弘扬扶残助残的传统美德,搭建更多助残平台,凝聚更多爱心,贯彻落实《浙江省志愿服务条例》《浙江省助残志愿者注册管理实施办法(试行)》等政策,让更多爱心人士通过志愿服务和资金帮扶等方式,让残疾人得到社会支持。加强对爱心助残、自强不息等的表彰和宣传。

探索建立社会力量慈善助残机制,加强对浙江省残疾人福利基金会、中国狮子联会浙江代表处等社会公益组织的管理和指导,实现残疾人慈善项目的规范管理和信息公开,确保依法依规运行,充分发挥公益助残社会组织的作用,为存在特殊困难的残疾人提供帮助。健全助残志愿者招募注册、服务登记、权益维护、评估监督、表彰激励等制度。推动助残服务项目化运行,完善助残志愿服务平台信息化建设。推动县(市、区)和有条件的乡镇(街道)建立助残志愿者联络站(点)。持续开展"志愿助残阳光行动""邻里相望"等助残志愿服务活动,培育扶持一批在全国、全省有影响的志愿服务品牌,推进项目化管理。

第四节　浙江省残疾人现代化的保障措施

一、强化法治保障,纳入发展大局

在全省现代化法治保障中确保残疾人共享,在教育、就业、社会保障、民政等各类发展目标中明确残疾人共享现代化的同步目标,做到定性和定量相结合。特别是要修订《浙江省残疾人保障条例》《浙江省残疾人就业办法》,制定《浙江省残疾人社会保障办法》等政府规章。

二、强化统筹规划，明确部门职责

在政府发展规划、年度计划中明确残疾人共享现代化的目标任务，并纳入督查内容。将更多残疾人共享现代化工作纳入为民办实事项目。落实政府各职能部门对于残疾人共享现代化的职责任务，并分解落实到政府残工委成员单位，同时省政府加强对各市政府和省政府残工委成员单位的考核评估。重点要求残联组织和残疾人工作者，把广大残疾人对美好生活的向往作为奋斗目标，奋力助推残疾人共享现代化。

三、强化经费保障，分级多渠投入

强化残疾人共享现代化的资金保障，健全财政投入机制，从财政一般预算、残疾人就业保障金、福彩公益金等多渠道筹措资金，保障残疾人事业发展需要，明确各级政府分级负担的原则，加强对加快发展地区的转移支付力度，促进各地残疾人均衡共享现代化。

四、强化社会宣传，健全支持体系

残疾人共享现代化需要全社会的支持和参与，既要宣传残疾人共享现代化的成就以及涌现出来的先进事迹、典型人物，也要宣传存在的问题和困难，让党政领导干部、社区群众、广大企事业单位、爱心单位和人士、高校师生等支持残疾人共享现代化。

五、强化评估督导，分步实现目标

全省现代化评估指标体系中应当有涉残指标，省残联按照协调共享原则，根据省政府现代化指标体系和中国残联残疾人共享现代化指标体系，设立残疾人共享现代化指标体系，经省统计局同意和省政府批准后予以实施。每年采集、公布残疾人共享现代化进程，并加强对策研究，依此完善政策措施，有效弥补短板，分步实现目标，确保残疾人如期实现共享现代化目标。

科学拟定浙江省残疾人现代化指标体系，充分结合浙江省残疾人事业发展"十四五"规划和浙江省高质量发展建设共同富裕示范区（2021—2025）已经拟定的有关指标，对照残疾人现代化，适当调整不够匹配、不够科学之处。在整合基础上，可提出10个浙江省残疾人现代化的指标，这些指标不仅可与社会平均水平比较，而且涉及残疾人的生命健康权、生存期、发展权等方面，相互构成为一个综合性的指标体系。具体有以下10个方面。

(1)残疾人预期寿命。这是生命健康方面的综合性指标。

(2)残疾人家庭人均可支配收入与社会平均水平的比例。这是生存和发展能力方面的综合性指标。

(3)全省残疾人城镇化率。这是发展能力和社会参与方面的综合性指标。

(4)残疾人高等教育毛入学率。这是判定残疾人受教育情况的结果性、导向性指标。

(5)残疾人技能人才占残疾人从业人员的比例。这是残疾人人力资源质量和结构优化的测评指标。

(6)残疾人社会保险参保率(含养老、医疗、工伤、生育等保险)。这是残疾人平等参与方面的综合性指标。

(7)残疾人救助与福利覆盖率(包括生活补贴、护理补贴、残疾津贴等)。这是体现对残疾人的特惠保障、救助的指标。

(8)残疾人服务设施覆盖率(包括市县托养机构和康复机构、乡镇残疾人之家)。这是残疾人公共服务供给能力的基础性指标。

(9)残疾人基本需求服务满足率(包括辅助器具适配、文化体育、家庭无障碍改造)。这是残疾人公共服务得到响应的综合性指标。

(10)政府和社会对残疾人事业资金投入的人均值(包括财政资金、残疾人就业保障金、福彩公益金、慈善资金等,平均到每个持证残疾人)。这是政府和社会关于助残资源投入和倾斜情况的评判指标。

在此基础上,通过购买服务方式确定第三方组织,制定方案,通过调查问卷、数据比对等方式采集数据,并测算与确定现在的基数值和未来的预期值,明确年度实现程度的目标。另外还可以按地区对各地残疾人现代化实现程度进行测评。

第十八章　推进残疾人事业治理体系和治理能力现代化及其重要意义

2013年11月12日,党的第十八届三中全会首次提出"推进国家治理体系和治理能力现代化"这个重大命题,并把"完善和发展中国特色社会主义制度,推进国家治理体系和治理能力现代化"确定为全面深化改革的总目标。党的十八届五中全会作了进一步强调。党的十九大作出到21世纪中叶把我国建设成富强民主文明和谐美丽的社会主义现代化强国的战略安排,提出了"两个一百年"的奋斗目标,进而实现中华民族的伟大复兴。

国家治理体系和治理能力现代化,是高举中国特色社会主义伟大旗帜,以习近平新时代中国特色社会主义思想为指导,是中国共产党致力于全面深化改革而提出的总目标之一,是立足于中国实践与国情而提出的自身话语体系的重要组成部分。国家治理体系是在中国共产党领导下管理国家的制度体系,包括经济、政治、文化、社会、生态文明和党的建设等各领域体制机制、法律法规安排,也就是一整套紧密相连、相互协调的国家制度。国家治理能力则是运用国家制度管理社会各方面事务的能力,包括改革发展稳定、内政外交国防、治党治国治军等各个方面。笔者从宏观、中观和微观层面,阐述推进国家治理体系和治理能力现代化的重要性和必要性。

第一节　中国共产党是推进国家治理体系和治理能力现代化的领导者

从宏观层面看,中国共产党是中国特色社会主义事业的领导核心,是最高政治领导力量,是推进国家治理体系和治理能力现代化的领导者。

20世纪20年代初,中国共产党成立前后,中国政党林立,多时先后有过二三百个政党,其中有多个政党和政治力量在中国政治舞台轮番角逐。为何成立于1921年的中国共产党能够脱颖而出并最终成为最高政治领导力量呢?何毅亭教授说,这是由中国共产党的先进性决定的,是由中国共产党的历史作用赢得的。中国共产党是中国政治方向的掌舵者,是国家政治体系的统领者,是社会治理的主导者,是重大决策的决断者①,并且日益显现出其强大的内生动力。

党的十九届四中全会公报指出:"实践证明,中国特色社会主义制度和国家治理体系是以马克思主义为指导、植根中国大地、具有深厚中华文化根基、深得人民拥护的制度和治理体系,是具有强大生命力和巨大优越性的制度和治理体系,是能够持续推动拥有近 14 多亿人口大国进步和发展、确保拥有五千多年文明史的中华民族实现'两个一百年'奋斗目标进而实现伟大复兴的制度和治理体系。"全会公报提出了 10 多个"显著优势","这些显著优势,是我们坚定中国特色社会主义道路自信、理论自信、制度自信、文化自信的基本依据"。强调:"必须坚持党政军民学、东西南北中,党是领导一切的,坚决维护党中央权威,健全总揽全局、协调各方的党的领导制度体系,把党的领导落实到国家治理各个领域各方面各环节。"

全会提出:"坚持和完善统筹城乡的民生保障制度,满足人民日益增长的美好生活需要。增进人民福祉、促进人的全面发展是我们党立党为公、执政为民的本质要求。必须健全幼有所育、学有所教、劳有所得、病有所医、老有所养、住有所居、弱有所扶等方面国家基本公共服务制度体系,注重加强普惠性、基础性、兜底性民生建设,保障群众基本生活。满足人民多层次多样化需求,使改革发展成果更多更公平惠及全体人民。要健全有利于更充分更高质量就业的促进机制,构建服务全民终身学习的教育体系,完善覆盖全民的社会保障体系,强化提高人民健康水平的制度保障。坚决打赢脱贫攻坚战,建立解决相对贫困的长效机制。"

党的十九届五中全会对加强和创新社会治理提出了新要求,这是党中央从推进国家治理体系和治理能力现代化的战略高度提出的一项重大任务。

面对社会治理现代化过程中的诸多风险挑战,中国人民大学社会与人口学院院长冯仕政教授在分析"中等收入陷阱"内涵和标准基础上,认为中产阶级是社会治理的中坚力量,要对这部分人群进行充分赋权,使之在政治上具有适当的地位,逐步把有实力、有能量、有期望的中等收入群体,变成有地位、有权利、有体面的中产阶级,使之成为有担当、有能力、有作为的社会治理力量。党的十九届五中全会对加强和创新社会治理提出了新要求,这是党中央从推进国家治理体系和治理能力现代化的战略高度提出的一项重大任务。

何亭毅认为,加强和创新社会治理,应着重做好四个方面工作。一是进一步完善社会治理体系,实现政府治理同社会调节、居民自治良性互动,建设人人有责、人人享有的社会治理共同体。二是进一步提高基层社会治理现代化水平,通

---

① 何毅亭:《中国共产党是最高政治领导力量》,《学习时报》2019 年 5 月 17 日,第 1 版。

过创新体制机制、畅通群众参与渠道、推动治理重心下移和资源下沉等方式,加快实现从传统社会管理到现代社会治理的转变。更加注重用法治思维、科技手段解决社会矛盾纠纷,提高社会治理社会化、法治化、智能化、专业化水平。三是进一步创新社会治理方式,更加注重用法治思维、科技手段解决社会矛盾纠纷,提高社会治理社会化、法治化、智能化、专业化水平。四是加快形成有机衔接、协调联动、高效便捷的矛盾纠纷多元化解格局,培育自尊自信、理性和平、积极向上的社会心态,多措并举从源头上预防和化解社会矛盾。①

党的十九届四中、五中全会公报,为我们研究残疾人学指明了前进方向,提供了根本遵循。中国残联在推进国家治理体系和治理能力现代化的进程中,更加展现残疾人自强不息的精神风采,团结广大残疾人群众听党话、跟党走。

第二节　省残联在推进残疾人治理体系和治理能力现代化进程中的重要作用

从中观层面看,中国残联党组先后印发了《关于学习宣传贯彻党的十九届四中全会精神的通知》《关于学习宣传贯彻党的十九届五中全会精神的通知》,作出了系统部署,狠抓全会精神落实,提高残联系统治理体系和治理能力现代化。

根据浙江省委、省政府的要求,根据中国残联党组的要求,浙江残联党组在推进治理体系和治理能力现代化进程中,做了大量富有成效的工作。他们撰写的《残疾人共享现代化的思路与对策》一文,对于推进治理体系和治理能力现代化颇有启发。

残疾人是一个数量庞大、困难突出的社会弱势群体。习近平总书记强调指出,全面建成小康社会,残疾人一个也不能少。在中央及省委、省政府的高度重视和各方面的支持参与下,浙江省残疾人事业发展一直走在全国前列。在"两个高水平"建设新的历史进程中,浙江要继续走在前列,同步推进残疾人事业高质量发展,更加充分地发挥在推进治理体系和治理能力现代化进程中的作用。

一、浙江省残疾人的基本状况

根据全国残疾人抽样调查,浙江省残疾人总数为312万人,其中持证残疾人132万人。2018年,浙江省残疾人全面小康实现程度为94.7%。对标对表全国

---

① 转引自田玉珏:《智库专家视野中的社会治理现代化——第十届中国社会治理论坛观点综述》,《学习时报》2020年12月4日,第04版。

残疾人事业平均发展水平,浙江省相关主要指标均走在全国前列。

1. 残疾人得到更多基本康复服务

经过多年努力,浙江省以康复机构为骨干、以社区康复为基础、以残疾人家庭为依托、以实用易行受益广的康复内容为重点的残疾人基本康复服务体系已经形成。全省残疾人基本康复服务率99.2%,残疾人家庭医生签约率71.8%,辅助器具适配率88%。全省有残疾人康复机构206个,康复机构在岗人员6434人。

2. 残疾人社会保障兜底作用明显

经过多年努力,浙江省以各项基本社会保障为基础,以困难残疾人生活补贴、重度残疾人护理补贴、残疾人社会保险补贴等专项补贴制度为重点的残疾人基本社会保障体系已经形成。全省发放困难残疾人生活补贴39.6万人,发放重度残疾人护理补贴47.1万人。

3. 残疾人受教育水平逐年提高

经过多年努力,浙江省一般残疾学生接受普通教育、智力听力等特殊残疾学生接受特殊教育双管齐下的教育格局已经形成。全省残疾儿童接受义务教育在学率90.4%;残疾儿童接受学前教育在园率76.6%;残疾少年接受高中教育在学率61.3%。

4. 残疾人就业与收入稳步提升

经过多年努力,浙江省残疾人按比例就业、集中就业、个体就业、辅助性就业和农村生产劳动等多渠道、多层次的残疾人就业格局已经形成。全省劳动年龄段有劳动能力、就业意愿残疾人就业率91.6%;全省城镇残疾人家庭人均可支配收入较上年增长6.0%,农村残疾人家庭人均可支配收入较上年增长4.3%。

5. 残疾人庇护照料取得长足发展

经过多年努力,浙江省针对智力、精神和其他重度残疾人需求,以县乡为主体,民办公办多措并举的残疾人庇护照料事业呈现良好发展态势。全省共有残疾人托养服务机构1197个(其中寄宿制444个,日间照料537个,综合性托养服务216个)。全省有需求残疾人托养、庇护服务率83.5%。

6. 残疾人文体活动参与更趋活跃

经过多年努力,浙江省残疾人参与文体活动的基础条件有效改善,参与程度有效提高。省市两级残疾人专题广播节目、电视手语栏目已实现全覆盖;特殊艺术进农村文化礼堂、文化助残"五个一"工程等深入推进。浙江省残疾人运动员在里约残奥会、雅加达亚残运会、天津全国残运会等赛事中领先优势明显。浙江省残疾人艺术团多次到欧美及我国台湾地区演出,被中国残联授予"中国残疾人艺术培训基地"。

7. 残疾人权益得到更好保障

经过多年努力,浙江省以残疾人保障条例为核心,相关助残政策相配套,多主体多层次共同发力的残疾人基本权利保障体系已经形成。各级人大、政协广泛开展残疾人事业发展执法检查和专题调研视察;各级残疾人和残疾人工作者、人大代表、政协委员积极参政议政,促成免费乘坐公交等一批残疾人切身利益问题的解决。全省开通12385残疾人服务热线,建立残疾人法律救助工作站102个,残疾人信访办结率95%以上。

8. 扶残助残社会环境更加优化

经过多年努力,浙江省以平等参与、融合共享为特征的全社会助残氛围持续提升。省政府首次出台《浙江省实施〈无障碍环境建设条例〉办法》。全省困难残疾人家庭无障碍改造率94.3%。全省注册助残志愿者近4万人,累计服务残疾人500万人次。省残疾人福利基金会被评为5A级社会组织,中国狮子联会浙江代表处荣获中宣部"最佳志愿服务组织"称号。

二、残疾人共享现代化的思路与对策

1. 总体目标

目前,浙江省实现以普惠加特惠为特点的残疾人基本保障再提升,以专业化、精准化为目标的残疾人基本公共服务再完善,以反歧视、促平等为诉求的残疾人合法权益保障再强化,以深度融合、全面共享为特征的友好环境建设再深化,确保全省残疾人生活、康复、教育、就业、托养庇护、无障碍建设和文化体育等重要指标继续保持全国领先,实现全省广大残疾人从共享小康到共享全面小康、再到共享高水平全面小康的跨越。

未来残疾预防和健康生活理念将更加深入人心,残疾人权益保障法规政策更加健全有力,残疾人衣食住行学医得到更好保障,残疾人服务精准化水平显著提升,残疾人平等参与、平等发展权利得到更充分体现。

2. 主要举措

从根本上讲,残疾人共享现代化需要"两手"抓、"两手"都要硬。一是将残疾人事业深度融入全省经济社会发展大局,特别是融入富民强省、乡村振兴、健康浙江、教育现代化、就业优先、文化浙江、体育现代化等工作大局,实现同部署、同推进、同考核。二是充分考虑残疾人群体及个体的特殊需求,给予特殊扶持和特殊保障,抓好靶向治疗,实现补短板、强弱项、促发展。

(1)健全基本保障机制,为残疾人共享现代化托好"底"

实现困难残疾人生活补贴和重度残疾人护理补贴全覆盖,城乡残疾人基本养老保险、基本医疗保险全覆盖,残疾人社会保险补贴全覆盖。将残疾人关注的重疾病、罕见病治疗和残疾儿童康复等项目纳入基本医疗保险支付范围,对已纳入的医疗康复项目减少限制条件、提高报销比例。残疾人重点人群家庭医生规范化个性化服务率达到90%。建立以精准康复服务为核心理念、机构康复为骨干、社区康复为基础、儿童康复和辅具适配服务为特色、康复人才为支撑、残疾预防为先导的残疾人康复服务工作格局。残疾人精准康复服务率达到85%。残疾儿童基本康复服务实现全覆盖。为残疾人提供精准辅助器具服务,辅具适配率达到88%。

(2)健全素质提升机制,为残疾人共享现代化赋好"能"

坚持学历教育、继续教育、职业教育和能力教育并重,提升残疾人的受教育水平。加大融合教育工作力度,让更多有能力接受普通教育的残疾儿童在普通学校接受优质教育。适龄残疾人接受十五年教育比例达到83.1%以上,残疾学生和残疾人家庭子女助学率达到100%。深化特殊教育发展。将特殊教育发展关键指标纳入教育现代化监测。按照高质量发展要求,优化全省特殊教育学校布局,办好浙江特殊教育职业学院,建设国内领先特教学校。推进送教服务规范化和目标人群全覆盖,推进普特融通、医(康)教结合。

(3)健全就业增收机制,为残疾人共享现代化固好"本"

深入落实残疾人就业扶持政策,党政机关和国有企业带头示范,全面实现省级党政机关、市级残工委成员单位至少安置1名残疾人就业,县级残工委成员单位每年至少新增1名残疾人就业。联合相关职业院校及培训机构,建设一批国家级残疾人职业技能培训基地、残疾人就业创业基地。推动县(市、区)残疾人创业孵化(职业培训)基地全覆盖。劳动年龄段有就业能力和就业意愿的残疾人就业率稳定在92%左右。深化扶持残疾人在社区服务、农村农家乐及乡村电商服务等领域就业创业,研究平湖、海宁等地乡村振兴"飞地抱团"低收入家庭持股增收等经验做法,拓展低收入残疾人家庭增收渠道。

(4)健全基本照护托养机制,为残疾人共享现代化强好"基"

全面形成康复以省市为主、托养以县乡为主、庇护以乡镇(街道)和社区(村)为主的残疾人专业康复、托养服务机构布局。持续深化残疾人康复托养服务设施建设,合理设置服务设施功能。持续推进康养联合体建设,提高精准康复服务资源集约化水平。鼓励公办民营、合作运营和委托管理等多种方式,创新服务机制,提高使用效益。加大资源整合力度,推进乡镇(街道)和社区卫生、养老服务资源共享。人口相对集聚、常住户籍人口1万人以上的乡镇(街道)规范化"残疾人之家"全覆盖。符合条件残疾人托养照护率达到85%以上。制定实施残疾人照护标准,加强机构、居家服务质量评估,有力推进标准化、规范化。

(5)健全文体活动参与机制,为残疾人共享现代化搭好"台"

将残疾人文化体育纳入"文化浙江"和体育强省建设,深度融入公共文化体育惠民工程、重大项目建设和各类文化体育服务内容,加大政策优惠力度,加大基本公共服务供给。推进市级县级残疾人艺术团建设全覆盖,鼓励扶持残疾人发挥特殊艺术才能,积极参与文化创业。持续推动文化助残"五个一"工程、"康复体育三进家庭"等项目。残疾人社区活动参与率稳定在83.5%左右。高水平建设"中国残疾人艺术培训基地",参与国家"一带一路"特殊艺术交流活动,增强特殊艺术传播力。推进建设"中国残疾人水上运动项目训练基地",努力使残疾人水上运动项目竞技水平跻身世界一流行列。

(6)健全友好环境建设机制,为残疾人共享现代化筑好"巢"

推进杭州2023年亚残运会无障碍环境建设,推动全省建设一批示范性无障碍市县、村镇。实现残疾人家庭无障碍改造常态化制度化,有需求残疾人家庭无障碍改造率达到95%以上。县级以上公共图书馆盲人阅览室、县级以上电视手语新闻节目实现全覆盖。

在公共服务行业推广国家通用手语和通用盲文;建立手语翻译培训、认证、派遣服务制度。改善网络信息无障碍,影视作品加配手语解说或字幕,公共场所和公共交通设施提供语音、文字、盲文、手语等信息无障碍服务。推动社会力量加强信息无障碍技术、人工智能无障碍产品研发。探索推进长三角残疾人公共服务一体化,构建一市三省助残服务新模式。

(7)健全合法权益保障机制,为残疾人共享现代化撑好"伞"

推动修订相关法规,消除残疾人合法权利实现的制度性障碍;完善残疾人公益诉讼、权益保护、参政议政等机制。全面推进残疾人法律救助工作站规范化建设,县级残疾人法律救助工作站全面达标,残疾人基本法律服务需求得到满足。形成家庭、社区和社会组织共同参与,残联组织、残疾人及其亲友共同监督的基层残疾人合法权益保障机制。加大法治宣传力度和侵权违法行为曝光力度,打击侵害残疾人合法权益行为。

(8)健全社会公益助残机制,为残疾人共享现代化助好"力"

深化社会志愿助残服务,各县(市、区)和有条件的乡镇(街道)建立助残志愿者联络站(点),健全助残志愿者招募注册、服务登记、评估激励制度,让更多爱心人士参与志愿助残服务。完善志愿助残服务平台信息化建设,加强助残服务项目化运行。推动建立社会力量慈善助残服务机制。通过政府购买服务等方式,培育扶持一批有影响力的公益助残服务品牌。

第三节　县残联在推进残疾人治理体系和治理能力现代化进程中的重要作用

一、学习和领会《中共中央、国务院关于加强基层治理体系和治理能力现代化建设的意见》的精神实质

2021年4月28日,《中共中央 国务院关于加强基层治理体系和治理能力现代化建设的意见》提出,基层治理是国家治理的基石,统筹推进乡镇(街道)和城乡社区治理,是实现国家治理体系和治理能力现代化的基础工程。该《意见》提出的总体要求,对于我们充分发挥基层残联在推进残联治理体系和治理能力现代化进程中具有指导意义。

1. 指导思想

以习近平新时代中国特色社会主义思想为指导,坚持和加强党的全面领导,坚持以人民为中心,以增进人民福祉为出发点和落脚点,以加强基层党组织建设、增强基层党组织政治功能和组织力为关键,以加强基层政权建设和健全基层群众自治制度为重点,以改革创新和制度建设、能力建设为抓手,建立健全基层治理体制机制,推动政府治理同社会调节、居民自治良性互动,提高基层治理社会化、法治化、智能化、专业化水平。

2. 工作原则

坚持党对基层治理的全面领导,把党的领导贯穿基层治理全过程、各方面。坚持全周期管理理念,强化系统治理、依法治理、综合治理、源头治理。坚持因地制宜,分类指导、分层推进、分步实施,向基层放权赋能,减轻基层负担。坚持共建共治共享,建设人人有责、人人尽责、人人享有的基层治理共同体。

3. 主要目标

力争用5年左右时间,建立起党组织统一领导、政府依法履责、各类组织积极协同、群众广泛参与,自治、法治、德治相结合的基层治理体系,健全常态化管理和应急管理动态衔接的基层治理机制,构建网格化管理、精细化服务、信息化支撑、开放共享的基层管理服务平台;党建引领基层治理机制全面完善,基层政权坚强有力,基层群众自治充满活力,基层公共服务精准高效,党的执政基础更加坚实,基层治理体系和治理能力现代化水平明显提高。在此基础上力争再用10年时间,基本实现基层治理体系和治理能力现代化,中国特色基层治理制度

优势充分展现。

二、从微观层面看,县域社会治理是国家治理体系的基础环节

县(市)区是国家结构的基本单元,县域社会治理是国家治理体系的基础环节。县域社会治理的最大特点是"接天线"又"接地气",体现了国家和社会的互动。随着治理重心的下移和社会发展理念的转变,县(市)区治理水平和治理能力,直接关系到国家的治理水平的高低和治理能力的强弱。高度重视和充分发挥县(市)委领导的残联在推进治理体系和治理能力现代化建设的重要作用,是合乎马克思列宁主义辩证法和认识论要求的。

列宁在《哲学笔记》中指出:"一切都是互为中介,连成一体,通过转化而联系的。"[①]既然是"一切都是互为中介",那么"中介"就成为一个普遍的哲学范畴,具有广泛的适用性、价值性和指导性。所谓价值中介,是指人们在一定的历史条件下所产生的价值主体与价值客体之间的价值关系中起着承上启下、联系内外、密切协作的枢纽和桥梁作用。

2015年8月,《做焦裕禄式的县委书记》一书被收入习近平在中央党校县委书记研修班学员座谈会上的讲话、在会见全国优秀县委书记时的讲话等六篇文稿。

习近平指出,县委是党执政兴国的"一线指挥部",县委书记就是"一线总指挥"。县一级处在承上启下的关键环节,县委书记是引领县域经济社会发展的"开路人"和"领头雁",官虽不大,但百姓期盼甚多,责任重大。要把"为官一任,造福一方"根植于心,始终做到"心中有党、心中有民、心中有责、心中有戒"。而习近平把县域治理最大的特点形象地概括为既"接天线"又"接地气"。即:对上,要贯彻党中央和省市的工作部署;对下,要领导乡镇、小区,促进发展、服务民生。只要自觉地运用这种科学的方法论和认识论,就一定能推进县域治理体系和治理能力现代化。

党的基层组织是党在社会基层组织中的战斗堡垒,是确保党的路线方针政策和决策部署贯彻落实的基础。从巩固党执政的阶级基础、群众基础的战略高度,从党和国家事业发展的全局高度,只有把坚持和完善中国特色社会主义制度、推进国家治理体系和治理能力现代化的任务真正落实每个城市和农村社区,并且健全充满活力的基层群众自治制度,才能谈得上党的基层组织是党的全部工作和战斗力的基础,是党的领导和执政的基础。

2013年2月4日,习近平来到兰州市七里河区西湖街道考察,了解到该街

---

① 列宁:《哲学笔记》,人民出版社1957年版,第79页。

道首创了"民情流水线"的新做法。他说:"上面千条线,下面一根针,很多工作需要大家来落实,你们很辛苦。基层工作很重要,基础不牢,地动山摇。"[①]习近平明确指出,要把加强基层党的建设、巩固党的执政基础作为贯穿社会治理和基层建设的一条红线,增强基层组织在群众中的影响力和号召力。可见,基层干部只有充分发扬基层首创精神,深入调查研究,才能够做好小区治理工作,这是提高国家治理水平和县域治理能力现代化最基础性的一个环节。

张文献在《"三治融合"从原发创新到持续创新》一文中指出:党的十九大以来,浙江省嘉兴市、桐乡市及有关区县持续推进"三治融合"建设、创新基层社会治理,科学有效地推进市域县域社会治理现代化、促进经济社会全面进步、人民个人全面发展,创造了基层社会治理的新奇迹。"三治融合"的桐乡经验,不仅缘于其天时地利人和的得天独厚的优势,更缘于"三治融合"内在的规律和机理。"三治融合"之理是普遍性的哲理、正当性的道理和科学性的学理的交融统一,它回答了社会治理的基本问题,阐明了"三治融合"的科学内涵,指明了基层社会治理的方向和趋势。[②]

党的十九大报告提出了"健全自治、法治、德治"相结合的乡村治理体系,开启了"三治融合"建设。2019年10月,党的十九届四中全会提出:"健全党组织领导的自治、法治、德治相结合的城乡基层治理体系。"

桐乡市"三治融合"助推残疾人事业发展,就是一个最有说服力的事例。2013年,桐乡市委、市政府印发《关于推行社会管理"德治、法治、自治"建设的实施意见》,这份文件将"三治融合"建设目标设定为"构建既充满活力、又和谐有序的社会发展环境"。

桐乡市总面积727平方公里,辖8镇3街道,户籍人口70余万,新居民57.1万,全市持证残疾人1.98万余人。2021年,全市实现地区生产总值1142亿元,财政总收入178亿元,其中一般公共预算收入109亿元。其建设成就曾得到习近平总书记"耳目一新、刮目相看"的高度肯定和"建设好乌镇,发展好桐乡"的殷切希望。

党的十九大以来,作为"三治融合"理论的根源地、先行地、示范地,桐乡市委、市政府始终聚焦残疾人高水平全面小康的目标任务,着力构建具有桐乡特色的自治、法治、德治残疾人社会保障、公共服务体系,不断提升全市残疾人的获得感、幸福感和安全感。

---

① 《习近平兰州虚拟养老院为7旬老人端饭》,中国广播网 http://gs.cnr.cn/gsxw/tpxw/201302/t20130204_511921321.shtml

② 张文显:《"三治融合"从原发创新到持续创新》,《治理研究》2020年第6期。

1. 坚持党建引领,强化自治能力,夯实残疾人事业的组织基础

一是打造党建品牌。始终坚持党的领导,党建引领促进残疾人事业全面发展,先后推出"创新举措强服务,智慧助残见成效""党建引领、阳光助残""发挥党建作用,构建'X+困难家庭'全网格精准保障体系"党建创新品牌,创建"连心桥"助残服务、残疾人证"阳光评定团"等党建服务品牌,开展"残疾人之家"建设、无障碍改造等省民生实事工程项目。

通过打造党建品牌,为残疾群众提供助学求职、共享参与、自我展示、权益维护等服务,搭建残疾人康复、就业、发展、幸福之桥,提高残疾人平等参与社会建设的能力,分享社会发展成果,共建美好家园。2021年,桐乡市实施困难家庭无障碍改造共240户,新建"残疾人之家"2家,累计建成星级"残疾人之家"15家,解决了全域内许多实际问题,送去党和政府的温暖。

二是强化组织领导。全面推进残联机构改革和服务创新,出台《桐乡市残疾人联合会群团改革方案》和《桐乡市残联所属事业单位机构改革方案》,进一步优化机制,明确职责,更好地服务于残疾人事业;不断健全自治、法治、德治相结合的残疾人治理体系,推进残联体制机制、管理模式、服务方式创新,落实好"两挂一兼"等制度。

三是优化专业队伍。夯实组织基础,贯彻落实《关于加强乡镇(街道)、村(社区)残疾人工作者队伍建设的意见》,出台具体规范管理实施方案,优化队伍建设,提升残疾人工作专职委员队伍整体素质。从2017年开始,推出残疾人专职委员制度,充分发挥社会助残机构的专业化服务能力,政府按年人均50元支付服务费用给机构,每个残疾人专职委员经专业培训后持证上岗,享受机构正常员工工资待遇,为残疾人提供优质服务。同时利用网格化精细管理,将残疾人细化到网格,建立"以点连线再到面"的全覆盖服务网络。目前,全市217个村(社区)均已配备残疾人工作者,残疾人工作专职委员217人,从组织层面做到残疾人工作全覆盖,夯实残疾人自治能力建设基础。

2. 突出深度融合,搭建法治架构,点亮残疾人事业的护航明灯

一是以法领航,完善保障体系。以《残疾人保障实施办法》为基础,先后出台了《桐乡市残疾人创业就业扶持办法》《关于贫困精神病患者服用基本抗精神病药物费用全额保障的实施办法》《桐乡市困难残疾人生活补贴实施细则和桐乡市重度残疾人护理补贴实施细则》《桐乡市残疾人基本康复服务与补贴制度实施办法》《桐乡市加快推进残疾人辅助性就业实施办法》等文件,率先推出"肢体功能障碍患者康复补助政策前移""电商助残工作实施办法"等政策措施。逐步健全政策保障体系。2021年,"两项补贴"获益者10372人次,发放2468余万元,目

标人群覆盖率达100%；审核用人单位残疾人就业保障金866家，安置残疾人3673人次；实施残疾人意外伤害险制度，全年参保人数约9000人次；社区康复33525人次，服务率达96.35%，残疾儿童、精神残疾人和"三瘫一截"等成年重度残疾人3000多人签约高达百分百。

二是用法护航，解决矛盾短板。坚持问题导向，深化"走转改、三服务"，广泛开展"两问两送""四访四助"等活动，深入查找问题短板，围绕残疾人最关心、最直接、最现实的问题，注入法治思维，依法保障残疾人相关权益，完善保障措施。如疫情防控期间，依托"网格化管理""红色助力团"等服务，解决残疾人家庭实际问题103个。围绕教育入学难，实施"全纳教育"和"融合教育"相结合的就学方式，完善随班就读、送教服务等政策，探索个性化和医教结合的教学模式，全市残疾儿童入学率保持在95%以上；围绕就业创业难，建立用人单位按比例安置残疾人就业公示制度，加大企业奖励激励制度，实施就业保障金征收比例与残疾人安置挂钩制度，并推动党政机关带头安置、优先招录残疾人就业。

三是援法助航，拓宽维权渠道。加强对残疾人就业、康复服务等保障监察，督促用人单位、康复机构、社会组织、法人主体等认真遵守残疾人就业的法律法规，禁止针对残疾人的歧视行为，维护残疾人合法权益。开设残疾人咨询服务热线、公示残疾评定热线，使残疾人及时有效咨询相关保障措施；创设残疾人权益维护新载体，与司法局、民政局、残联签订"法治惠民·你我同行"公益法律服务合作协议，设立"毅路同行公益法律服务站"和公共法律服务自助超市，每月10日邀请专业律师为残疾人群众提供专业法律服务，"线上和线下"双管齐下，使残疾人合法维权提前管、就近管、有人办。

3. 围绕全面共享，构建德治体系，打造残疾人事业的特殊风景线

一是树德立样，典型激励促活力。浓厚扶残助残氛围，下大力组织好各类残疾人节日活动，倡导扶残助残社会新风尚，表彰倾心倾力为残疾人排忧解难的先进集体、先进个人，开展桐乡市自强模范事迹宣传和评选活动。全国助残日期间，市四套班子领导带头开展走访慰问活动，各级政府、组织、机构广泛参与。同时利用微信公众号、桐乡发布、电视媒体等平台广泛宣传助残日活动和残疾人政策，深入挖掘助残典型，弘扬主旋律，传播正能量，全社会助残扶残氛围进一步浓厚。各镇（街道）紧紧围绕主题，结合各地实际，开展文艺汇演、举办残疾人政策培训、技能培训班等有特色的系列助残活动，营造关心、帮助残疾人的良好社会风尚。

二是立德赋能，广扩舞台展能力。充分发挥残疾人的创造力，增强残疾人的竞争力，广泛开展残疾人文体活动。推进残疾人康复体育进家庭工作，完成康复体育进家庭任务数65户，增强科学体育康复和健身意识，提升残疾人的生活幸

福指数；举办游泳、乒乓球、羽毛球、绘画、非遗物品制作等专项培训活动，举办残疾人棋类比赛；抓好基层文体活动和"五个一"文化助残工程，继续开展好特殊艺术进农村文化礼堂工作，推进文化下乡，并在多方有力支持和配合下，开展多场特殊艺术活动。

三是崇德从善，志愿服务增动力。深化志愿助残服务，联合市萤火虫爱心公益协会、展轶航空等公益组织开展志愿服务活动，组织基层协会志愿者帮助残疾人采茧子、摘菊花等，进一步浓厚助残氛围。打造助残服务品牌，5年来，先后涌现了"我是你的眼"黑爱跑团、"椿熙堂"等社会志愿服务团体；开展"桐盟玫瑰"助残行动，举办"桐盟玫瑰"助残义拍行动。广大社会组织、助残机构和慈善人士广泛开展志愿助残服务，如浙江中听残疾人之家给全市残疾人群众送上口罩、生活物品等物资，有力支援了全市残疾人抗疫工作；高桥街道残联依托百姓议事会、道德评判团，对残疾人实施微网格管理，及时为残疾群众办理辅具申请、残疾评定等事项，做实做细残疾群众的贴心事、烦心事，提升群众的幸福指数。

（桐乡市残联办公室副主任王治强撰稿）

第四节　充分发挥各级残联在残疾人事业中先进典型的引领作用

一、当好"三个第一者"，奋力推进残疾人共同富裕

习近平总书记在担任浙江省委书记时曾要求各级残联组织要努力成为残疾人的"第一知情者、第一代言者、第一维护者"。目前，嘉兴秀洲区有10%以上的家庭是残疾人家庭，全区低收入家庭中有80%以上也是残疾人家庭。对此，秀洲区以残疾人的"共同富裕、精神富有、独立出行"为目标，突出残疾预防康复、救助保障、教育就业、无障碍出行和特殊文艺文化等重点，以"三个第一者"的担当，用"暖心服务、助残圆梦"的实际行动，推进残疾人的共同富裕和全面发展。

1. 聚焦共同富裕，携手共创精彩人生

一是广泛拓展就业增收。通过加强残疾人职业技能培训，全面提升残疾人职业技能和就业创业能力，帮助残疾人增加就业增收机会。开展职业技能培训182人次，举办残疾人就业专场招聘会3场，组织41家企业推出残疾人岗位266个，288家用人单位核定安置残疾人607人。高质量建设"残疾人之家"7家，实现镇、街道工疗型"残疾人之家"全覆盖，庇护照料残疾人137人。

二是持续推进精准帮扶。近年来，为1746名困难残疾人发放生活补贴

373.31万元,为5182名重度残疾人发放护理补贴895.15万元,为580名参加职工基本养老(医疗)保险的灵活就业残疾人发放补贴162.17万元,推动10995名残疾人参加"嘉兴大病无忧"商业补充医疗保险。开展特困难残疾人家庭及其他突发性、临时性特殊困难残疾人家庭排查访视与慰问工作,残工委成员单位与32家困难残疾户开展"一对一"结对帮扶工作,全区13个残疾人志愿社会组织开展助残志愿服务2368人次。全面实施残疾人意外伤害保险、残疾人服务机构综合保险等。

三是深入残疾预防康复。围绕降低残疾发生率和全国残疾预防综合试验区创建等重点,开展主题宣传活动5次,完成孕产妇筛查2716人、儿童初筛34245人,残疾评定813人,为127名残疾人配发辅助器具。对区残疾人康复指导中心进行规范化提升,对机构工作人员开展培训261人次。收治儿童康复132人、成人康复12人。顺利通过省残联专家组检查验收,成为嘉兴市级医疗单位的儿童定点康复机构。同时,进一步深化"互联网+"残疾预防体系,做实三级预防。《依托残疾报告制度,构建互联网+残疾预防体系》入选中国残联残疾预防综合试验区创建试点工作优秀案例。进一步深化"1+5+X"康复服务网络体系建设,以5个镇康复中心为依托,带动村(社区)康复站建设,全面提升社区康复服务质量,形成社区康复新模式,已有4867名残疾人享受居家安养服务,15名残疾人享受机构托养服务。

2. 聚焦独立出行,有爱无碍增进福祉

一是明确职责,全域化推进。嘉兴秀洲区委区政府成立由区委副书记任组长的创建全国无障碍环境区领导小组,并明确各成员单位工作职责,努力打造浙江省全域旅游无障碍先行区和全国首个全域旅游无障碍环境区。建立由区残联理事长任主任的创建办公室,实行专班化运作。创建办全方位开展对创建工作专班、残联系统工作者、创建主体负责人、党校中青班干部等人员的业务培训。为形成梯度培育机制,制定出台区级无障碍镇、社区、景区的创建标准及考核办法,推动无障碍环境镇、社区、景区的创建,形成全域无障碍创建热潮。同时以各镇、街道为主体,将建设任务进一步细化分解,形成一级抓一级,压力层层传导,确保无障碍改造完成不打折扣。

二是突出实效,规范化建设。积极开展无障碍环境负面清单采集,完成城市道路、城市交通、公共建筑、绿地公园等11个类别近200个调查对象2800多处设施点位无障碍状况采集、拍照、整理,共查出问题49类,问题点数2300多处,并提出整改方案和初步资金测算提交相关部门,共涉及14个金融机构、5个市场、8个医疗机构、23个政务机构、21个教育机构、3个文化场馆、2个公园、2个广场、3家酒店等,整改资金估算533万元,12条城区道路改造资金估算1624万元。启动区残疾人综合服务中心、秀湖公园、区政府广场等场所和秀园路等道路的无障碍环境改造。在建设与改造中,坚持以残疾人需求为根本出发点,人性化、规范化开展无障碍设施的建设、管理和使用。如在公园增设无障碍坡道、安全扶手,在"驿站"设置无障碍卫生间,结合城市道路改造提升高标准配备盲道等,为残疾人、老年人等特殊群体的安全出行提供便利条件,打通无障碍通行的"最后一米"。

三是深入家庭,人性化改造。深入开展家庭无障碍改造示范工程,每年确定改造家庭和改造项目清单,在精准评估基础上制定"一户一策"改造方案,并由专业辅具适配师进行筛查,强化技术监督和把关,确保作用发挥。如在残疾人家中安装楼梯扶手、在住宅外围修建无障碍坡道等。

四是聚焦精神富有,艺术筑梦焕发光彩。一是以文体团队聚力。着力推动残疾人文体团队建设,筹建秀洲区残疾人特殊艺术团(嘉兴向阳花开艺术团),在各镇、街道建立残疾人摄影队,王店镇设立残疾人文艺骨干"高峰工作室",新塍、王江泾、油车港镇成立残疾人农民画创作、文艺和戏剧表演队,洪合镇创立残疾人书社。目前有省级残疾人文化艺术基地2个,残疾人文体团队30多个,成员150余人。二是以丰富活动聚魂。紧紧围绕建党百年,组织开展第31次全国助残日系列活动,举办全区"颂伟业·唱心声"残疾人文艺汇演以及文化助残"五个一"工程特殊艺术巡回演出。承办全市残疾人轮椅舞蹈比赛和全市残疾人初级摄影培训班。组织残疾人农民画、摄影培训,举办残疾人农民画、摄影主题创作比赛,编印《同行——秀洲区残疾人优秀摄影作品集》,在区行政中心等地举办"助残圆梦 礼赞百年"优秀摄影、农民画作品展。三是以示范带动聚情。参加全国、省、市各类农民画、摄影比赛,获得市级以上奖项20个,其中省级奖项6个。努力打造"一镇一品",形成王店镇"半月"文化艺术基地的器乐、朗诵,油车港镇"之韵"文化艺术基地的农民画、摄影,新塍镇的舞蹈等一批残疾人文化品牌。广泛开展"最美残疾人"宣传选树活动,进一步营造扶残助残的浓厚氛围。举办全区残疾人乒乓球、羽毛球比赛。

(秀洲区残联 钱正良)

二、嘉兴市稳步推动残疾人事业蝶变跃升

过去五年,是全市各级残联深化改革、创新发展的五年,是全市残疾人事业服务大局、蝶变跃升的五年,是全市广大残疾人获得感、幸福感、安全感全面提升的五年。残疾人事业开拓创新,残疾人基本保障不断改善,助残服务水平精准提升,残疾人生活环境和谐友好,广大残疾人和全市人民同步实现全面小康,并向着共同富裕的目标砥砺前行。市残疾人工作成绩突出,连续多年获市级部门考核一等奖。

一是锐意改革、开拓创新,残疾人事业发展增添新引擎。进一步推进全面深化改革、数字化改革和共同富裕改革"三改融合",打开残疾人事业新局面。数字化改革成效显著。紧跟数字化改革潮流,打造"助残嘉"应用平台,重塑残疾人全生命周期闭环管理服务总体框架和办事流程,围绕共同富裕八个跑道,重点推进保障就业、健康康复、文化体育等"三个一件事",实现建档评估全覆盖、周期管理全生命、精准服务全流程、助残帮扶全方位,让红船旁最困难群体率先共享数字化改革红利。"助残嘉"应用荣获第八批省数字社会最佳案例。残联改革走深走实。深化群团改革,强"三性"去"四化",努力打造"五个群团"。不断加强基层组织建设,落实"两挂一兼",配齐配强镇(街道)、村(社区)残疾人工作专职委员。进一步深化"网格连心、组团服务"机制,围绕现代社区建设,承接省"1+4"社区助残暖心行动试点,建立"1名党员＋1名专职委员＋1名责任医生＋1名网格员＋1名志愿者"的"1+X"入户访视制度,常态化开展"三服务"等组团式分层分类服务。共同富裕改革扎实推进。全面推进浙江省"城乡融合发展助残先行市""'全链条'无障碍环境先行区""低收入残疾人增收先行区"等促进残疾人共同富裕先行先试项目,形成残疾人融合发展、就业增收等一批以点带面的改革经验,在全国率先出台《关于加快推进新时代残疾人事业高质量发展的意见》。加强理论研究,联合嘉兴学院在全省率先编制促进残疾人共同富裕指数,每年定期评估并出台残疾人共同富裕进程分析报告。

二是兜住底线、精准施策,残疾人民生保障交出新报表。聚焦"扩中""提低",推动"普惠＋特惠"的残疾人基本保障再提升。加强社会救助。全面落实"单人户"施保政策,将低保边缘家庭的重残对象以单人户方式纳入最低生活保障范围,全市有45309人次残疾人纳入低保,19079人次残疾人享受"单人户"施保政策。加强残疾人住房保障,1455户残疾人家庭享受廉租房和危旧房改造政策。完善社会保险。加大残疾人社会保险补助力度,有33646人次享受城乡居民社会养老保险个人保费补助,223801人次享受城乡居民医疗保险个人保费补助,46841人次享受灵活就业人员参加职工基本养老(医疗)保险个人保费补助。扩大社会福利。落实残疾人"两项补贴"政策,全市有87831人次享受困难残疾人生活补贴,181829人次享受重度残疾人护理补贴。全省率先实施残疾人免费乘坐公交车政策,共办理爱心公交卡88621张。发展残疾人托养和照护,为符合条件的残疾人提供集中照护、日间照料、居家服务、邻里互助等多种形式的服务。

三是拓展渠道、提档升级,残疾人就业增收走出新路径。健全以党政机关、事业单位和国有企业带头安置为示范引领,以按比例就业、集中就业、辅助性就业为重点,个体就业、农村种养殖业和灵活就业多管齐下的残疾人就业"嘉兴模式"。推进就业创业。建立"就业一件事"数字化应用场景,以智能服务提升残疾人就业水平和质量,实现残疾人残疾等级、就业需求、岗位推介三维智能匹配,"残疾人之家"在线即时管控。全市现有就业残疾人26729人,辅助性就业3033人。鼓励残疾人自主创业、灵活就业,拓展电子商务、网络直播等新业态就业渠道。强化技能培训。以线上线下相结合、情景模拟实训相衔接的方式,为10052人次残疾人提供个性化的职业技能培训。积极开展职业技能竞赛,"以赛促训"提升残疾人的就业能力。先后承办全国残疾人职业技能大赛等3次国家级赛事,打造全国残疾人职业技能竞赛"金名片"。创新增收模式。开辟残疾人增收新渠道,创新实施"飞地抱团""增收贷""共富工坊""共富车间""共富菜园"等一批低收入残疾人家庭增收共富项目。

四是提质扩面、高效协同,残疾人公共服务迈上新台阶。加强残疾人服务设施和综合服务能力建设,着力提升基本公共服务均等化水平。服务设施迭代升级。投资1.43亿元建造的市残疾人康复中心投入使用,市阳光康复医院、市阳光康教园全面运行,被授予"全国康复研究基地华东中心康复示范基地""上海华东师范大学实践教学研究基地"等称号。市残奥中心充分发挥作用,新引入第三方公司合作运营,设施设备提档升级,积极承接全国、省级大型赛事。特殊教育稳步发展。深化国家特殊教育实验区试点成效,形成"学校+医院""教育+康复""教师+医生"的链条式"医康教"协同模式。全市学前入园率达96%以上,义务教育入学率达99%以上,高中入学率达88%以上。加大助学力度,有10651人次残疾学生、困难残疾人家庭子女享受助学补助资金。康复水平全面提升。提升建设残疾儿童康复机构12家,全省率先实现县(市、区)全覆盖。提高残疾儿童康复补助标准,落实贫困精神残疾人服药全额保障、肢体功能障碍患者康复补助前移、辅助器具适配货币化补贴等措施。文体事业蓬勃发展。组织开展"助残贴心·文化助残"行动,培养建立文化人才队伍,定期开展残疾人文艺汇演、运动会、摄影竞赛等活动,实现残疾人群众活动水平和竞技成绩"双提升"。近五年中获得全国残疾人艺术会演金奖7个、银奖3个;获得国际、全国体育赛事奖牌29枚。张天鑫在东京残奥会上获得嘉兴首枚残奥会金牌。

五是坚持融合、共促发展,残疾人友好环境展现新风貌。大力弘扬社会主义核心价值观,积极倡导残健融合理念,推动助残风尚融入新时代嘉兴人文精神。助残氛围日趋浓厚。市残疾人工作得到中央电视台6次报道、《中国残疾人》杂志社2次专访。市、县电视台设立手语新闻栏目、广播电台设立残疾人专题节目,残疾人"最美"系列评选活动纳入全市"最美评选"大局,生动讲述残疾人"最美故事"。社会参与日益壮大。借助全国助残日、国际残疾人日等专题活动,开展结对慰问、慈善捐赠、志愿服务等助残行动。联合市民政局,建立"慈善·残疾人福利基金",引导更多社会力量参与公益助残活动。应用"助残嘉"—"微心愿"

子场景,汇聚统战、慈善等社会力量,为残疾人解决生产生活需要。三无障碍环境不断优化。以民生实事为抓手,不断推进残疾人友好出行环境,成功创建全国无障碍环境示范镇1个、省级无障碍社区45个,重要公共服务场所无障碍改造88个,残疾人家庭无障碍改造3569户。同时,依法维护残疾人权益,成立爱心助残律师团,打造残疾人法律援助"半小时"服务圈。

同时,广大残疾人弘扬"四自"精神,涌现了一批先进典型,如朱丽华荣获"2019年度感动中国人物""全国优秀共产党员",乐文获评"中国残疾人事业新闻人物",李雪良的作品入选中国农民书画研究会优秀农民画,周友法入选"中国好人榜",陈良杰被评为"全国技术能手",朱徐娜荣获全国残疾人艺术会演戏曲类一等奖,徐利锋荣获"全国无偿献血奉献奖金奖",陈建松成功创业并挤入规上企业行列……他们用自己的努力书写了无愧于时代的精彩人生,为奋进"两个率先"注入残疾人力量。

与此同时,我们清醒认识到,前进道路上仍有许多困难和挑战,工作中还存在一些短板:一是残疾人的生活水平与社会平均水平之间依然存在较大差距,残疾人就业还不充分、层次相对较低,家庭增收面临一定困难,是"扩中""提低"的重点对象;二是残疾人事业发展现状与广大残疾人对创业就业、就学就医、康复照护、生活无障碍等日益增长的美好生活需求相比还有差距,残疾人平等参与社会的机会相对偏少;三是残疾人主动融入社会发展的意识还不强,自信心还不足,参与能力还有待加强。面对这些问题和挑战,我们一定要争取更有力有效的措施持之以恒加以解决。

今后五年全市残疾人事业发展的主要目标是:以数字化改革为引擎,围绕关口前移残疾预防和助残惠残共同富裕两条主线,从年龄、能力、经济状况三个维度出发,加强机构建设、资金帮扶、专业服务,确保每一个残疾人"出得去(有服务机构承接)、去得起(有经济能力承担)、去得好(有专业团队服务)",让每一个残疾人找到自己的人生坐标,获得更多出彩的机会,谱写出更精彩的人生。具体目标是:一是让每一个困难残疾人都能得到更高水平的兜底保障,打造以低保为基础、各类保障为补充、社会力量参与的残疾人兜底保障体系,做到"兜得准、兜得牢、兜得好";二是让每一个有条件的残疾人都能更充分地就业创业,构建以按比例就业、集中就业为主,辅助性就业、灵活就业等多种形式为补充的残疾人就业体系,让残疾人"业有能、业有岗、业有获";三是让每一个残疾人都能享受更高质量的教育,构建随班就读、集中就读、送教上门等为一体的特殊教育体系,让残疾儿童"读得到、读得起、读得好";四是让每一个残疾人都能享受更精准的康复服务,探索建立"康共体"服务模式,打造市县康复医院为龙头,镇(街道)康复中心、村(社区)康复联络站等为一体的残疾人康复体系,实现"防得住、康得起、辅得舒";五是让每一个残疾人都能生活在更友好的环境中,构建残疾人从家庭居住到公共出行、到社会参与的全链条无障碍环境体系,确保残疾人"走得出、办得便、办得了";六是让每一个残疾人都能活出更精彩的人生,发挥金牌效应,大力发展残疾人特殊文化体育,确保"除障碍、共参与、享文明"。

三、打造"共富车间",探索残疾人共同富裕"安吉样本"

安吉县残联按照"立足县域抓提升、着眼全省建标杆、面向全国作示范"的基本定位,抓住残疾人"就业增收"牛鼻子,结合当地"绿水青山就是金山银山"成果转化、美丽乡村村庄经营、产业项目升级,探索打造"共富车间",推动残疾人就业创业在安吉乡村全方位渗透、多领域覆盖,加速与乡村振兴的融合融通,建成"企业带动"集聚型、"村庄经营"分红型、"残疾人之家"兜底型、"互联网＋"撬动型、"公益性岗位"融合型等"五种类型"的"共富车间",让残疾人在实现共同富裕的道路上同频共振、同向而行。

一是"企业带动"集聚型。积极落实各项扶持残疾人自主创业政策,促进残疾人创业,涌现出浙江峰晖竹木制品有限公司、湖州凯达印刷股份有限公司等众多残疾人创办的企业。通过残疾人创业带动残疾人就业,全县共有残疾人创办企业180家,解决残疾人就业250人。同时,大力推进按比例就业单位安置残疾人就业,2018年上半年,按比例就业单位超比例安置的有33家,集中就业单位超比例的20家,全县劳动年龄段有就业能力残疾人就业率达98%。

二是"村庄经营"分红型。安吉是"绿水青山就是金山银山"理念诞生地,美丽乡村的建设与经营如火如荼。县残联积极引导残疾人群体以民宿经营、电商等新型业态项目为抓手,参与村庄经营。建立"片区联系制",落实责任人,排摸城乡残疾人创业情况,梳理残疾人自主创业需求25条。借助"数字残联"平台,让残疾人不出村、社区即可办理各类创业补贴,享受各类助残惠残政策。成立全省首个县级慈善总会残创分会,为15名自主创业的残疾人提供100万元免息创业扶持资金。目前,200余名残疾人从事民宿、农村种养业。

三是"残疾人之家"兜底型。率先在湖州市创办浙北残疾人辅助性就业产品配送中心,从源头解决残疾人之家辅助性产品配送机制,为全县残疾人之家提供326批次产品配送,支付加工费23.6万元。出台《安吉县"残疾人之家"规范化建设实施办法》,鼓励民办公助、公建民营、公办公营等多种模式创办残疾人之家22家,合计安置精神、智力残疾人庇护性就业425人。创新建设"梦想＋"融合超市,为育星培智学校20名16~18周岁特殊学生提供支持性融合就业实践平台。

四是"互联网＋"撬动型。成立集培训、孵化、技术指导、政策扶持、生活帮扶为一体的安吉县残疾人电商创业服务中心,累计培训残疾人电商上岗人员355名,孵化电商从业人员67名,并给予为期2个月的最低工资补助。鼓励电商经营企业(岗位)安置残疾人就业,每年按安置残疾人就业人数给予2个月最低工资标准奖励。截至目前,全县电商就业残疾人92名,其中重度残疾人40名。

五是"公益性岗位"融合型。运用公益性岗位政策帮扶安置就业,依托"数字残联＋网格",精准摸底残疾人从事公益性岗位需求,有效进行残疾人和公益性岗位匹配,采取广泛宣传、摸排需求、上门动员、有序上岗等措施,促进残疾人公益性岗位政策落到实处。在残疾人数80人以上的村(社区),设置残疾人专职委员公益性岗位。首批10个村(社区)已经完成残疾人专职委员配备。在安吉县同行残疾人艺术团,设置20个演员公益性岗位,重点解决长期无固定工作岗位演员的就业问题。截至目前,全县落实82个公益性岗位。

学习与思考(一)

牢记初心与使命 当好"三个第一者"
浙江省残联举办全省市县残联理事长培训班

省残联组人部

为深入学习贯彻习近平总书记"七一"重要讲话和关于残疾人工作的重要指示批示精神,聚焦"推进残疾人事业高质量发展,促进残疾人共同富裕,为高质量发展建设共同富裕示范区作出残联贡献"主题主线,更好推动残联干部担当作为、残联组织奋发有为,2021年11月1日至5日,全省市县残联理事长培训班在省社会主义学院举办。省残联党组书记、理事长蔡国春出席培训班开班仪式并作动员讲话。

蔡国春在动员讲话中指出,习近平同志主持浙江省工作期间,提出"希望全体残疾人工作者要努力成为残疾人的第一知情者、第一代言人、第一维护者,把党和政府以及全社会对残疾人的关心、重视、支持及时传达给广大残疾人"等要求,为我省残疾人事业发展提供了重要遵循,指明了前进方向,是激励全省残疾人工作者全心全意为残疾人服务的强大动力。

蔡国春强调,全省残疾人工作者要牢记习近平总书记的殷殷嘱托,通过实际行动当好"三个第一者",在牢记初心使命、坚定理想信念方面有新感悟新提升,在增进与残疾人的感情、践行党的宗旨方面有新认识新举措,在保持同残疾人群众的血肉联系、主动回应残疾人群众关切方面有新作为新成效,努力推动残疾人工作的全方位、系统性重塑,使我省残联组织真正成为广大残疾人信得过、靠得住、离不开的娘家人和贴心人。

蔡国春还就开展全省残联系统"牢记初心与使命,当好'三个第一者'"主题活动作了动员和部署。

培训班邀请有关专家学者,就学习习近平总书记"七一"重要讲话、高质量发展建设共同富裕示范区、数字化改革等内容进行专题辅导。省残联部室负责人就残疾人工作相关政策业务进行了全面解读。

学习与思考(二)

蔡国春赴新疆学习考察残疾人对口支援工作

浙江省残联办公室、宣文部

2021年10月25日至27日,省残联党组书记、理事长蔡国春赴新疆阿克苏地区、兵团第一师阿拉尔市,学习考察残疾人对口支援工作,对接落实"启明行动"下一阶段任务。阿克苏地委副书记、教育工委书记,浙江省援疆指挥部党委书记、指挥长朱林森,阿克苏地区政协工委副主任、行署党组成员李旺军,兵团第一师阿拉尔市党委常委、副政委、宣传部部长李文彬等参加有关考察活动。

在阿克苏地区,蔡国春实地考察了阿克苏地区聋儿语训中心(阿克苏人工耳蜗康复训练基地)、地区启明学校,看望慰问"启明行动"(一期)正在康复训练的残疾儿童和浙江康复医疗中心选派的康复专业技术人员,调研"启明行动"项目开展情况和后续推进工作,以及残疾儿童特殊教育情况。在新疆哈尼阿艺有限公司,蔡国春调研残疾人就业基地建设情况,勉励残疾人企业家做好民族工艺传承创新,不断扩大生产经营规模,帮助更多残疾人实现共同富裕。

在兵团第一师,蔡国春走访慰问了八团全国自强模范、听力残疾人韩志伟,了解其先进事迹,关心其生活、身体状况。在兵团一师阿拉尔市职业技术学校,蔡国春深入考察了杭州市善道科技集团的残疾人"数字经济远程融合就业"等助残援助项目,希望企业发挥数字经济新优势。

期间，还举行了浙江援疆残疾儿童康复救助"启明行动"座谈会。"启明行动"是新疆维吾尔自治区党委书记陈全国和浙江省委书记袁家军共同作出的重要决定。"启明行动"（一期）项目实施以来，为11名儿童实施了人工耳蜗手术和8名儿童验配助听器，浙江康复医疗中心派出专业人才赴阿克苏地区进行术后系统的听觉言语康复训练指导，得到阿克苏地区残疾儿童家长的一致好评。

蔡国春在会上表示，浙江省残联将不遗余力提供资金和技术支持，将残疾人对口帮扶工作办好办实。以浙江援疆"启明行动"为契机，在专业技术人才培养、残疾学生培训、技术传输、设备援助等方面加大帮扶力度，实现新一轮残疾人对口帮扶良好开局，打造展现"重要窗口"形象的金名片。聚焦共同富裕，推动浙新两地残联进一步发挥好各自优势，在就业创业、康复服务、文化体育、社会助残等方面谋划推进一批合适项目，携手阿克苏地区和阿拉尔市做好残疾人对口支援工作。

会上，浙江省残联向阿克苏地区和兵团一师阿拉尔市捐赠价值260万元的听力语言残疾儿童康复设备，其中人工耳蜗16台，助听器30台，听力检测设备1套，中国狮子联会浙江代表处向地区启明学校捐赠资金65万元。

贡 献 篇

第十九章　残疾人学的新贡献之一：中国残疾人脱贫攻坚的新鲜经验

本章主要阐述自党的十八大以来，以习近平同志为核心的党中央团结带领全党全军全国各族人民，坚持以人民为中心的发展思想，把脱贫攻坚摆在治国理政突出位置，充分发挥党的领导和社会主义制度的政治优势，采取了许多具有原创性、独特性的重大举措，组织了人类历史上规模最大、力度最强的脱贫攻坚战，到2020年，实现了我国现行标准下农村贫困人口脱贫、贫困县全部摘帽、解决区域性整体贫困的目标任务。

2021年2月25日，在全国脱贫攻坚总结表彰大会上，习近平总书记向全国庄严宣告："经过全党全国各族人民共同努力，在迎来中国共产党成立一百周年的重要时刻，我国脱贫攻坚战取得了全面胜利，中国完成了消除绝对贫困的艰巨任务。"[①]创造了一个彪炳史册的人间奇迹！联合国秘书长古特雷斯赞道，"中国的脱贫工作让数亿人摆脱了贫困，实现了历史上最伟大的减贫成就。""中国的经验可以为其他发展中国家提供有益借鉴。"

第一节　党中央全面、科学地规划和打赢脱贫攻坚战

2020年，是中国脱贫攻坚的决战决胜之年，也是全面建成小康社会的收官之年。党中央、国务院高度重视残疾人事业发展，对残疾人格外关心、格外关注。"十三五"时期，残疾人事业取得重大成就，"全面建成小康社会，残疾人一个也不能少"的目标如期实现。710万农村建档立卡贫困残疾人脱贫，城乡新增180.8万残疾人就业，1076.8万困难残疾人被纳入最低生活保障范围，1212.6万困难残疾人得到生活补贴，1473.8万重度残疾人得到护理补贴。残疾人基本康复服务覆盖率达80%，辅助器具适配率达80%，残疾儿童少年接受义务教育比例达95%，5万多残疾学生进入高等院校学习。城乡无障碍环境明显改善，关爱帮助残疾人的社会氛围日益浓厚。越来越多的残疾人更加勇敢地面对生活的挑战，

---

① 国务院新闻办公室：《人类减贫的中国实践》，人民出版社2021年版，第1-2页。

更加坚强地为梦想而奋斗,为经济社会发展作出了重要贡献。我国在国际残疾人事务中的影响力显著提升。这些重大成就,有效改善了残疾人民生,有力推动了社会文明进步,成为全面建成小康社会的重要方面,彰显了中国共产党领导和中国特色社会主义制度的显著优势。

党的十八大以来,以习近平同志为核心的党中央把残疾人事业、残疾人脱贫攻坚工作纳入五位一体总体布局和四个全面战略布局,对打赢脱贫攻坚战作出一系列重大部署,采取了一系列超常规举措,构筑了全党全社会扶贫的强大合力。

从宏观层面上来说,党中央和国务院高度重视脱贫攻坚工作。习近平在党的十九大报告中指出:"从全面建成小康社会到基本实现代化,再到全面建成社会主义现代化强国,是新时代中国特色社会主义发展的战略安排。"[①]所以,继《中共中央、国务院关于促进残疾人事业发展的意见》后,国务院于2015年1月20日又印发了《国务院关于加快推进残疾人小康进程的意见》(国发〔2015〕7号)首次写进"残疾人是一个特殊困难群体,需要格外关心、格外关注。""没有残疾人的小康,就不是真正意义上的全面小康。""保障和改善残疾人民生,加快推进残疾人小康进程,是深入贯彻党的十八大和十八届二中、三中、四中全会精神,全面深化改革、全面推进依法治国的重要举措,是全面建成小康社会、实现共同富裕、促进社会公平正义的必然要求。""从现在到二〇二〇年,是全面建成小康社会决胜期。要按照十六大、十七大、十八大提出的全面建成小康社会各项要求,紧扣我国社会主要矛盾变化,统筹推进经济建设、政治建设、文化建设、社会建设、生态文明建设,坚定实施科教兴国战略、人才强国战略、创新驱动发展战略、乡村振兴战略、区域协调发展战略、可持续发展战略、军民融合发展战略,突出抓重点、补短板、强弱项,特别是要坚决打好防范化解重大风险、精准脱贫、污染防治的攻坚战,使全面建成小康社会得到人民认可、经得起历史检验。"[②]"坚决打赢脱贫攻坚战。让贫困人口和贫困地区同全国一道进入全面小康社会是我们党的庄严承诺。要动员全党全国全社会力量,坚持精准扶贫、精准脱贫,坚持中央统筹省负总责市县抓落实的工作机制,强化党政一把手负总责的责任制,坚持大扶贫格局,注重扶贫同扶志、扶智相结合,深入实施东西部扶贫协作,重点攻克深度贫困地区脱贫任务,确保到二〇二〇年我国现行标准下农村贫困人口实现脱贫,贫困县全部摘帽,解决区域性整体贫困,做到脱真贫、真脱贫。"[③]

习近平指出,打赢脱贫攻坚战,对全面建成小康社会、实现"两个一百年"奋

[①][②][③] 习近平:《决胜全面建成小康社会 夺取新时代中国特色社会主义伟大胜利——在中国共产党第十九次全国代表大会上的报告》,人民出版社2017年版,第29、27-28、47-48页。

斗目标具有十分重要的意义。行百里者半九十。各级党委和政府要把打赢脱贫攻坚战作为重大政治任务,强化中央统筹、省负总责、市县抓落实的管理体制,强化党政一把手负总责的领导责任制,明确责任、尽锐出战、狠抓实效。要坚持党中央确定的脱贫攻坚目标和扶贫标准,贯彻精准扶贫精准脱贫基本方略,既不急躁蛮干,也不消极拖延,既不降低标准,也不吊高胃口,确保焦点不散、靶心不变。要聚焦深度贫困地区和特殊贫困群体,确保不漏一村不落一人。要深化东西部扶贫协作和党政机关定点扶贫,调动社会各界参与脱贫攻坚积极性,实现政府、市场、社会互动和行业扶贫、专项扶贫、社会扶贫联动。

国务院总理李克强作出批示指出,实现精准脱贫是全面建成小康社会必须打赢的攻坚战,是促进区域协调发展的重要抓手。各地区各部门要全面贯彻党的十九大精神,以习近平新时代中国特色社会主义思想为指导,认真落实党中央、国务院关于打赢脱贫攻坚战三年行动的决策部署,进一步增强责任感紧迫感,坚持精准扶贫精准脱贫基本方略,聚焦深度贫困地区和特殊贫困群体,细化实化政策措施,落实到村到户到人,加强项目资金管理,压实责任,严格考核,凝聚起更大力量,真抓实干,确保一年一个新进展。要注重精准扶贫与经济社会发展相互促进,注重脱贫攻坚与实施乡村振兴战略相互衔接,注重外部帮扶与激发内生动力有机结合,推动实现贫困群众稳定脱贫、逐步致富,保证三年如期完成脱贫攻坚目标任务。

《中共中央、国务院关于打赢脱贫攻坚战三年行动的指导意见》(中发〔2018〕16号,下文简称《指导意见》)指出:"党的十九大明确把精准脱贫作为决胜全面建成小康社会必须打好的三大攻坚战之一,作出了新的部署。从脱贫攻坚任务看,未来3年,还有3000万左右农村贫困人口需要脱贫,其中因病、因残致贫比例居高不下,在剩余3年时间内完成脱贫目标,任务十分艰巨。"

2019年3月7日,习近平参加十三届全国人大二次会议在甘肃代表团参加审议。习近平指出:现在距离2020年完成脱贫攻坚目标任务只有两年时间,正是最吃劲的时候,必须坚持不懈做好工作,不获全胜,决不收兵。要坚定信心不动摇。党的十八大以来,党中央从全面建成小康社会全局出发,把扶贫开发工作摆在治国理政的突出位置,全面打响脱贫攻坚战。党的十九大之后,党中央又把打好脱贫攻坚战作为全面建成小康社会的三大攻坚战之一。这些年来,脱贫攻坚力度之大、规模之广、影响之深前所未有,取得了决定性进展。取得这样的成绩实属不易,谱写了人类反贫困历史新篇章。今后两年脱贫攻坚任务仍然艰巨繁重,剩下的都是贫中之贫、困中之困,都是难啃的硬骨头。脱贫攻坚越到紧要关头,越要坚定必胜的信心,越要有一鼓作气的决心,尽锐出战、迎难而上,真抓实干、精准施策,确保脱贫攻坚任务如期完成。要咬定目标不放松。脱贫攻坚的标准,就是稳定实现贫困人口"两不愁三保障",不愁吃不愁穿,义务教育、基本医疗、住房安全有保障。

在脱贫标准上,既不能脱离实际、拔高标准、吊高胃口,也不能虚假脱贫、降低标准、影响成色。要把握脱贫攻坚正确方向,确保目标不变、靶心不散,聚力解决绝对贫困问题,加大对非贫困县、贫困村内贫困人口的支持,严格执行贫困县退出标准和程序,确保脱贫成果经得起历史检验。要整治问题不手软。脱贫攻坚工作中存在的形式主义、官僚主义现象,影响脱贫攻坚有效推进。对群众反映的"虚假式"脱贫、"算账式"脱贫、"指标式"脱贫、"游走式"脱贫等问题,要高度重视并坚决克服,提高脱贫质量,做到脱真贫、真脱贫。行百里路半九十,不要搞那些急功近利、虚假政绩的东西。现在就要敲打,防患于未然,防微杜渐。

要落实责任不松劲。脱贫攻坚是一场必须打赢打好的硬仗。各级党委和政府要坚决把责任扛在肩上,着力抓重点、补短板、强弱项。要强化领导体制和工作机制,坚持大扶贫格局,贯彻精准脱贫方略,加强扶贫同扶志扶智相结合,对返贫人口和新发生贫困人口要及时予以帮扶。贫困县摘帽后,也不能马上撤摊子、甩包袱、歇歇脚,要继续完成剩余贫困人口的脱贫问题,做到摘帽不摘责任、摘帽不摘政策、摘帽不摘帮扶、摘帽不摘监管。

要转变作风不懈怠。脱贫攻坚任务能否完成,关键在人,关键在干部队伍作风。要把全面从严治党要求贯穿脱贫攻坚全过程,强化作风建设,确保扶贫工作务实、脱贫过程扎实、脱贫结果真实。要及时纠正脱贫攻坚中反映的干部作风问题,深化扶贫领域腐败和作风问题专项治理,完善和落实抓党建促脱贫制度机制,加强贫困地区农村基层党组织建设,加强对一线扶贫干部的关爱和保障。习近平要求大家以昂扬的斗志、饱满的热情、旺盛的干劲,为如期全面打赢脱贫攻坚战、如期全面建成小康社会作出新的更大贡献。

第二节 充分发挥东西部扶贫协作和对口支援的重要作用

一、从宏观层面来说,充分发挥东西部扶贫协作和对口支援的重要作用

2016年7月20日,习近平总书记在宁夏银川主持召开东西部扶贫协作座谈会并发表重要讲话。参加座谈会的包括有帮扶任务的东部9个省市和9个城市的党委书记、接受帮扶的西部12个省区市的党委书记、京津冀协同发展对口

帮扶的河北省委书记、中央和国家机关有关部门负责同志。

从目前全国脱贫攻坚情况看,东部京津沪江浙五个省市已经完成脱贫任务,东部其他省份和中部地区尽管存在一些难点,但总体上如期脱贫不成问题。西部地区特别是民族地区、边疆地区、革命老区、连片特困地区贫困程度深、扶贫成本高、脱贫难度大,是脱贫攻坚的短板。

习近平强调,东西部扶贫协作和对口支援,是推动区域协调发展、协同发展、共同发展的大战略,是加强区域合作、优化产业布局、拓展对内对外开放新空间的大布局,是实现先富帮后富、最终实现共同富裕目标的大举措,必须认清形势、聚焦精准、深化帮扶、确保实效,切实提高工作水平,全面打赢脱贫攻坚战。西部地区城乡居民收入大幅提高、基础设施显著改善、综合实力明显增强的同时,国家区域发展总体战略得到有效实施,区域发展协调性增强。这在世界上只有我们党和国家能够做到,充分彰显了我们的政治优势和制度优势。东西部扶贫协作和对口支援必须长期坚持下去。他说,扶贫开发到了攻克最后堡垒的阶段,所面对的多数是贫中之贫、困中之困,需要以更大的决心、更明确的思路、更精准的举措抓工作。要坚持时间服从质量,科学确定脱贫时间,不搞层层加码。要真扶贫、扶真贫、真脱贫。

2018年10月12日,中国残联党委书记周长奎在全国残联系统推进贫困残疾人脱贫攻坚工作会议上发表讲话,讲话分为四部分:一、贫困残疾人脱贫攻坚工作取得的成效和面临的形势;二、提高站位、统一思想,增强打赢贫困残疾人脱贫攻坚战的责任感、紧迫感;三、找准切入点,着力抓好残疾人脱贫攻坚的重点工作;四、以扎实的作风助推残疾人脱贫攻坚。讲话立足现实,情理兼备,具有说服力、感染力与指导力。特别是最后一部分,强调各级残联在推进残疾人脱贫攻坚工作中既要扛起政治责任,又不可能大包大揽,要找准切入点,找准残联的定位,做到尽职到位,以《关于打赢脱贫攻坚战三年行动的指导意见》及重要政策措施分工方案和《关于支持深度贫困地区脱贫攻坚的实施意见》中确定的任务目标、政策措施为依据,重点把握好以下几方面工作。

一是深入学习,吃透政策。中国残联和各地残联刚刚完成换届,许多新同志刚到残联岗位,可能以前没有直接负责过残疾人脱贫攻坚工作,不是很熟悉了解这项工作,为此,要好好补补课,提高政治站位,深入学习领会习近平总书记关于脱贫攻坚重要论述和残疾人脱贫攻坚的重要指示精神,学习中央关于脱贫攻坚的各项政策文件。要吃透精神,学以致用,以习近平总书记关于脱贫攻坚的重要论述为重要遵循,与实际工作相结合,指导做好残疾人脱贫攻坚工作。还要认真学习中央文件中对残疾人脱贫攻坚的部署和要求,学习中国残联会同中央部门制定的贫困残疾人脱贫攻坚的文件、政策、行动方案,对贫困残疾人的特殊困难和脱贫攻坚政策措施要了然于胸。不仅要本级学,还要组织市、县级残联理事长一起学,统一思想认识,提高做好残疾人脱贫攻坚工作的能力和水平。中国残联也将举办县级残联理事长残疾人脱贫攻坚工作培训班。

二是亲力亲为,抓紧抓实。有扶贫任务的省(区、市)残联都签订了残疾人脱贫攻坚的责任书,第一项责任就是要求残联的主要负责同志亲自抓残疾人脱贫攻坚,这也完全符合中央的要求。中国残联刚刚调整了贫困残疾人脱贫攻坚工作领导小组成员,张海迪主席任组长,亲自挂帅抓残疾人脱贫攻坚工作,周长奎为执行组长。各级残联的主要领导要把残疾人脱贫攻坚工作摆在重要议事日程,亲自研究部署,亲自调研督办,要拿出足够的精力和时间用到残疾人脱贫攻坚工作上。

三是加强调研,摸清需求。习近平总书记多次强调调查研究的重要性。做好残疾人脱贫攻坚关系到百万贫困残疾人家庭的幸福,应深入开展调研,走进基层,走入贫困残疾人家庭,扑下身子,耐心问询家庭状况,既了解贫困残疾人家庭与一般贫困家庭共性的地方,又弄清楚不同于一般贫困家庭的特殊困难和需求,帮助解决一些实际困难,同时带回第一手调研资料,对于带有残疾人脱贫共性的问题和困难,应及时向党委、政府反映情况,提出对策建议。

四是积极对接,掌握底数。目前中国残联利用残疾人人口基础数据、残疾人基本服务状况和需求动态更新数据等信息平台,与国务院扶贫办、住建部、国家卫健委、民政部、教育部等部门建立了信息共享对接机制,能够及时掌握贫困残疾人建档立卡、低保、基本医疗、危房改造、残疾儿童少年义务教育等方面的数据情况,中国残联也多次将与部委比对的数据下达地方,要求和相关部门共同进行比对核实。但一些地方在这方面做得还不够好,有些基层残联都搞不清楚当地有多少建档立卡的贫困残疾人。摸清底数是残联最基本的工作职责,各地应该主动与相关部门沟通协调,及时掌握相关工作领域的数据情况,为谋划制定扶持政策措施提供有力支撑。

五是压实责任,狠抓落实。做好残疾人脱贫攻坚工作,最终需要县、乡、村把党的好政策落实到贫困残疾人头上。中国残联把2018年贫困残疾人脱贫攻坚任务分解到各地,各省(区、市)也要将任务层层分解到县市,特别要对本省(区、市)贫困残疾人脱贫存在的突出问题和短板进行梳理,量化任务指标,层层下达,让县乡村都知道自己的工作任务和职责要求。要加强对基层落实情况的督导,及时了解各个行动方案落实效果和存在问题,掌握脱贫任务进度。

六是着力宣传,激发动力。在残疾人脱贫攻坚的宣传上还要进一步加强,着力通过各种传媒加大残疾人脱贫攻坚扶持政策和残疾人脱贫典型事迹的宣传,让全社会更多了解党和政府的扶贫政策、脱贫成效、残疾人可扶持可脱贫的真实效果,特别是要针对部分贫困残疾人容易滋生"等靠要"思想,注重在贫困残疾人中进行政策宣传、典型示范,引导激励激发贫困残疾人脱贫的内生动力。

2015年是扶贫领域作风治理年,中国残联按照国务院扶贫开发领导小组的统一部署,对残联系统残疾人扶贫领域作风治理进行了部署。各级残联应当把残疾人脱贫攻坚作为转变作风的主战场,让广大残疾人工作者在服务贫困残疾人的过程中转变工作作风,提高服务水平和服务质量,特别是坚决防范和及时纠正形式主义、官僚主义等问题。要加强对残疾人脱贫攻坚工作的资金管理,防止出现挪用、贪污、滞留等问题,确保使用和管理规范,真正让广大贫困残疾人受益。

二、从中观层面来说,充分认识第六次全国残疾人事业工作会议的重要意义

2021年7月22日,第六次全国残疾人事业工作会议在京召开。国务委员、国务院残工委主任王勇强调,要深入学习贯彻习近平总书记"七一"重要讲话和关于残疾人事业的一系列重要指示精神,认真落实党中央、国务院决策部署,紧紧围绕促进残疾人全面发展和共同富裕,进一步加强组织领导,形成工作合力,不断增进残疾人民生福祉和获得感、幸福感、安全感。

王勇指出,"十三五"时期,在以习近平同志为核心的党中央坚强领导下,我国残疾人事业发展取得新的历史性成就,残疾人脱贫攻坚和同步迈入全面小康社会的目标如期实现。他强调,要认真实施好"十四五"残疾人保障和发展规划,着力巩固拓展残疾人脱贫攻坚成果,开展促进残疾人就业三年行动,加强残疾预防、康复和无障碍建设,切实保障残疾人合法权益,努力提升残疾人生活品质。全力做好北京冬残奥会筹办等工作。要加强党对残疾人事业的全面领导,强化各级残联系统自身建设,加大政策支持力度,营造良好氛围,推动残疾人事业高质量发展迈出坚实步伐。

国务院残工委副主任、中国残联主席张海迪作会议总结。她指出,残疾人事业发展是社会主义现代化的必然要求。五年来,各级残联按照习近平总书记重要指示批示精神和党中央、国务院决策部署,在社会各界支持帮助下,推动残疾人事业不断发展,推动残疾人脱贫奔小康,完成了既定目标。"十四五"时期,要把巩固拓展残疾人脱贫攻坚成果、提高残疾人社会保障水平放在重要位置。要千方百计促进残疾人就业创业,让有能力的残疾人通过劳动实现理想,体现生命价值。要提高对残疾人康复服务紧迫性的认识,早日建成高起点、高水平、国际化的康复大学,为残疾人提供更好的康复服务。要推动无障碍建设和辅助器具生产应用,依靠科技的力量为残疾人提供更先进的服务。要继续加强残疾人领

域国际交流合作,展示中国残疾人事业的进步。

张海迪强调,残联是党和政府联系残疾人的桥梁纽带,要把党和政府的关心送到残疾人身边,让残疾人及其家庭感到温暖,看到生活的希望。要继续加强基层残疾人组织建设,增强服务能力,让各级残联成为残疾人温暖的家。残疾人工作者要响应党中央号召,永远保持同残疾人群众的血肉联系,始终同残疾人想在一起,风雨同舟,更好地为残疾人解难,为党和政府分忧,全心全意为残疾人服务,团结带领残疾人走向美好生活。

国务院残工委副主任、中国残联党组书记、理事长周长奎就"十三五"加快残疾人小康进程规划执行情况及"十四五"残疾人保障和发展规划主要安排向大会作了报告。会议表彰了200个全国残疾人工作先进单位和399名先进个人。

第三节 认真做好精准扶贫和精准脱贫的各项工作

从微观层面来说,尤为重要的是切实加强县域治理。

2015年8月,由中共中央文献研究室编辑的习近平《做焦裕禄式的县委书记》一书,由中央文献出版社出版,在全国发行。书中收入习近平在中央党校县委书记研修班学员座谈会上的讲话、在会见全国优秀县委书记时的讲话等六篇文稿。

2015年年初,习近平总书记与中央党校第一期县委书记研修班学员座谈,这是他一直将县级政治置于国家治理重要位置的体现。习近平指出:"县委是党执政兴国的'一线指挥部',县委书记就是'一线总指挥'。县一级处在承上启下的关键环节,县委书记是引领县域经济社会发展的'开路人'和'领头雁',官虽不大,但百姓期盼甚多,责任重大。要把'为官一任,造福一方'根植于心,始终做到'心中有党、心中有民、心中有责、心中有戒'。"[①]他把县域治理最大的特点形象地概括为既"接天线"又"接地气"。即:对上,要贯彻党中央和省市的工作部署;对下,要领导乡镇、社区,促进发展、服务民生。只要自觉地运用这种科学的方法论和认识论,就一定能推进县域治理体系和治理能力现代化。切实加强县域治理,就是要加强领导乡镇、社区认真仔细地做好精准扶贫、精准脱贫各项工作。

2019年,习近平在河南考察时强调,脱贫攻坚既要扶智也要扶志,既要输血更要造血,建立造血机制,增强致富内生动力,防止返贫。要发扬自力更生、自强不息的精神,不仅要脱贫,而且要致富,继续在致富路上奔跑,走向更加富裕的美

[①] 转引自李彦文:《矢志当好"一线总指挥"》,《学习时报》2022年10月21日。

好生活。脱贫攻坚是一项深得人民拥护的民心工程。党的政策再好,也要靠大家去落实。要把基层党组织建设成为坚强的战斗堡垒,把党中央提出的重大任务转化为基层的具体工作,抓牢、抓实、抓出成效。

《指导意见》指出:强化到村到人精准帮扶举措。列举十个方面:①加大产业扶贫力度;②全力推进就业扶贫;③深入推动易地扶贫搬迁;④加强生态扶贫;⑤着力实施教育脱贫攻坚行动;⑥深入实施健康扶贫工程;⑦加快推进农村危房改造;⑧强化综合保障性扶贫;⑨开展贫困残疾人脱贫行动;⑩开展扶贫扶志行动。这些强化到村到人的精准帮扶举措,是前无前例的。

邓朴方说:"咱们残联能否把这个'底'兜下来? 我一直在想,残联如果能协助政府把最穷的这部分人兜起来,就解决中国的大问题了。"[1]

程凯在《破解"因残致贫"的中国实践》一文中提出,习近平总书记精准扶贫精准脱贫基本方略是解决"因残致贫"问题的根本遵循,具有重要的理论意义和实践意义。[2] 无数事实证明,只要把广大基层群众组织起来、动员起来、凝聚起来,充分发挥人民群众的积极性、主动性、创造性,就一定能够在"十四五"期间解决城乡差距、地区差距、残疾人群与健全人群的差距,为残疾人创造幸福生活和美好未来。

2020年12月11日,国务院新闻办公室在北京举行中外记者见面会,四位代表围绕"残疾人脱贫攻坚中的奋进力量"与中外记者见面交流。中国残联扶贫办主任解宏德在会上表示:"在残疾人脱贫攻坚这条战线上,经过八年的持续奋斗,我们如期完成了'到2020年全面建成小康社会,残疾人一个也不能少'的重要任务,现行标准下农村贫困残疾人全部脱贫,消除了残疾人的绝对贫困。"

截至2020年底,中国稳定实现了贫困残疾人及其家庭"不愁吃、不愁穿、义务教育、基本医疗、住房安全有保障"的目标。五年来,按照国家现行贫困标准,700多万建档立卡贫困残疾人如期脱贫,平均每年减少100万人,创造了人类减贫史上残疾人特殊困难群体消除贫困的奇迹。

五年来,中国贫困残疾人家庭人均纯收入由2015年的2776.2元增长至2019年的8726.2元,年均增幅为33.2%。963.4万残疾人纳入最低生活保障,其中单独施保的贫困重度残疾人近300万人。累计投入约1.9亿元,资助了6.57万名家庭经济困难的残疾儿童接受普惠性学前教育。贫困残疾人全部纳入基本医疗保险、大病保险,54.7万贫困残疾人得到医疗救助。逾178万户贫困

---

[1] 邓朴方:《做残疾人工作要了解并联系国家大局》,《人道主义的呼唤》(第四辑),华夏出版社2012年版,第419页。

[2] 程凯:《破解"因残致贫"的中国实践》,《残疾人研究》2020年第4期,第3-8页。

残疾人家庭解决了住房安全问题,在易地扶贫搬迁工程实施过程中,57.8万贫困残疾人家庭完成了易地搬迁。

解宏德表示,残疾人脱贫攻坚的"中国方案",来自"多项政策保脱贫""集中托养助解困""精准施策促就业"等多方面的实践。但他表示,虽然目前建档立卡农村贫困残疾人已实现脱贫,但其在生产生活中仍然面临一些具体困难,贫困残疾人也是最容易返贫的特殊群体。

因此,中国残联将在下一步重点抓好四个方面的工作:一是把容易返贫的贫困残疾人纳入各级政府防止返贫的监测和帮扶机制中,落实好贫困残疾人的各项帮扶政策;二是保持现有的残疾人帮扶政策和工作力量总体稳定;三是对有就业能力的残疾人和丧失劳动能力的贫困残疾人监测对象,分别做好产业带动、就业帮扶和社会保障兜底工作;四是持续开展残疾人作为精准康复服务、重度残疾人家庭无障碍改造、重度残疾人集中托养照护服务等工作,帮助残疾人解决实际困难。"几年来,国家对残疾人脱贫的投入力度之大前所未有,全社会对残疾人脱贫的鼎力支持前所未有,我国残疾人脱贫攻坚所取得的历史性成就前所未有。面向'十四五',我们将推进残疾人事业高质量发展,巩固并拓展残疾人脱贫攻坚成果。"

第四节 中国脱贫攻坚取得伟大成就的主要原因

2000年12月3日,中共中央政治局常委会召开会议,听取脱贫攻坚总结评估汇报。习近平总书记主持会议并发表重要讲话。习近平指出,党的十八大以来,党中央团结带领全党全国各族人民,把脱贫攻坚摆在治国理政突出位置,充分发挥党的领导和我国社会主义制度的政治优势,采取了许多具有原创性、独特性的重大举措,组织实施了人类历史上规模最大、力度最强的脱贫攻坚战。我国取得脱贫攻坚伟大成就的主要原因有六个方面。

一、坚持政治优势

习近平说:"我们在脱贫攻坚领域取得了前所未有的成就,彰显了中国共产党领导和我国社会主义制度的政治优势。"[1]党的领导和政治制度的优势是形成共克时艰磅礴力量的根本保障,我国社会主义制度具有非凡的组织动员能力、统筹协调能力、贯彻执行能力,能够充分发挥集中力量办大事、办难事、办急事的独

---

[1] 习近平:《在决战决胜脱贫攻坚座谈会上的讲话》,人民出版社2020年版,第6页。

特优势。只要坚持和完善中国特色社会主义制度、推进国家治理体系和治理能力现代化,善于运用制度力量应对风险挑战冲击,就一定能够发挥出攻坚克难、推动事业发展的强大能量。

二、坚持根本立场

人民利益至上,是马克思主义政治经济学的根本立场。马克思、恩格斯指出:"无产阶级的运动是绝大多数人的、为绝大多数人谋利益的独立运动,在未来社会生产将以所有的人富裕为目的。"[1]邓小平多次指出,社会主义的目的就是要全国人民共同富裕。党的十八届五中全会鲜明提出,要坚持以人民为中心的发展思想,把增进人民福祉、促进人的全面发展、朝着共同富裕方向稳步前进作为经济发展的出发点和落脚点。这一点,我们任何时候都不能忘记,部署经济工作、制定经济政策、推动经济发展都要牢牢坚持这个根本立场。[2]

三、坚持脱贫标准

习近平指出:"从现在到二〇二〇年,是全面建成小康社会决胜期。要按照十六大、十七大、十八大提出的全面建成小康社会各项要求,紧扣我国社会主要矛盾变化,统筹推进经济建设、政治建设、文化建设、社会建设、生态文明建设,坚定实施科教兴国战略、人才强国战略、创新驱动发展战略、乡村振兴战略、区域协调发展战略、可持续发展战略、军民融合发展战略,突出抓重点、补短板、强弱项,特别是要坚决打好防范化解重大风险、精准脱贫、污染防治的攻坚战,使全面建成小康社会得到人民认可、经得起历史检验。"[3]"坚决打赢脱贫攻坚战……要动员全党全国全社会力量,坚持精准扶贫、精准脱贫,坚持中央统筹省负总责市县抓落实的工作机制,强化党政一把手负总责的责任制,坚持大扶贫格局,注重扶贫同扶志、扶智相结合,深入实施东西部扶贫协作,重点攻克深度贫困地区脱贫任务,确保到二〇二〇年我国现行标准下农村贫困人口实现脱贫,贫困县全部摘帽,解决区域性整体贫困,做到脱真贫、真脱贫。"[4]

---

[1] 转引自习近平:《论中国共产党历史》,中央文献出版社 2021 年版,第 206 页。
[2] 习近平:《不断开拓当代中国马克思主义政治经济学新境界》,《十八大以来重要文献选编》(下),中央文献出版社 2018 年版,第 4 页。
[3] 习近平:《决胜全面小康社会,夺取新时代中国特色社会主义伟大胜利——在中国共产党第十九次全国代表大会上的报告》,人民出版社 2017 年版,第 27-28 页。
[4] 习近平:《决胜全面小康社会,夺取新时代中国特色社会主义伟大胜利——在中国共产党第十九次全国代表大会上的报告》,人民出版社 2017 年版,第 47-48 页。

四、坚持内生动力

2018年2月12日,习近平在打好精准脱贫攻坚战座谈会上说:"注重激发内生动力。贫困群众既是脱贫攻坚的对象,更是脱贫致富的主体。要加强扶贫同扶志、扶智相结合。激发贫困群众积极性和主动性,激励和引导他们靠自己的努力改变命运,使脱贫具有可持续的内生动力。"[1]从哲理上来说,这完全符合毛泽东在《矛盾论》中提出的"唯物辩证法认为外因是变化的条件,内因是变化的根据,外因通过内因而起作用"的观点。

五、坚持辩证方法

毛泽东在《中国革命战争的战略问题》中指出:"我们的眼力不够,应该借助于望远镜和显微镜。马克思主义的方法就是政治上、军事上的望远镜和显微镜。"[2]习近平在领导全党和全国人民打脱贫攻坚战中,就借助于望远镜和显微镜这个马克思主义的方法分析问题、解决问题。诸如,对贫困问题及其产生的原因具体问题具体分析;对解决贫困问题,坚持矛盾转化的观点,运用由量变到部分质变再到根本质变的观点进行剖析;对脱贫攻坚中遇到的难题,坚持群众观点和群众路线,提出对策建议;对脱贫攻坚中遇到的问题及其评价,强调要调查研究,坚持实践是检验真理的标准,等等。

习近平说:"世界上没有哪一个国家能在这么短的时间内帮助这么多人脱贫,这对中国和世界都具有重大意义。"[3]习近平新时代中国特色社会主义思想蕴含着辩证唯物主义和历史唯物主义哲学精华,蕴含着马克思主义思想方法和工作方法思想精髓,为我们树立了灵活运用马克思主义思想方法和工作方法的光辉典范。

习近平在浙江工作期间,心系贫困群众,走遍了浙江最贫困的地区,并把淳安县下姜村作为联系点。担任总书记后又走遍了我国最贫困的地区,亲自谋划和指挥脱贫攻坚战,全面论述脱贫攻坚的奋斗目标、战略任务、工作格局、政治保障、科学方法等战略问题,系统回答了"扶持谁""谁来扶""怎么扶"等重大原则问题,深入阐述了"两个确保""两不愁三保障""六个精准""五个一批""六个坚持"等实践问题。在决胜脱贫攻坚、抗击新冠疫情的关键时刻,多次发表重要讲话,重申中央的坚定决心,及时作出部署,极大地激励着广大干部和群众如期完成脱

---

[1] 习近平在打好精准脱贫攻坚战座谈会上的讲话,2020年04月30日15:32来源:《求是》
[2] 《毛泽东选集》第一卷,人民出版社1966年版,第206页。
[3] 习近平:《在决战决胜脱贫攻坚座谈会上的讲话》,人民出版社2020年版,第6页。

贫任务、决胜全面建成小康社会的信心和力量。从这个意义上说,习近平总书记是在继承与运用毛泽东的《实践论》《矛盾论》基本原理的基础上,为中国人民与世界人民奉献了一部具有中国特色的"脱贫论"。

新华社2008年曾刊发一篇报道《淳安下姜村:从"穷山沟"到"绿富美"》。"土墙房,半年粮,烧木炭,有女莫嫁下姜郎。"20世纪八九十年代还是个穷山沟的杭州市淳安县下姜村,10多年来坚持绿色发展,成了远近闻名的"绿富美"。2020年,下姜村实现农村经济总收入21647.6万元,农村常住居民可支配收入42433元。笔者向下姜村党总支委员郑同志调查了解,下姜村有4个残疾人,其中有2个是盲人,从事按摩职业,村里每月贴补他俩各600元;还有一个肢残、一个聋人,都享受国家的补贴与村委的补贴,他们的生活越来越好。该村成为乡村振兴发展的"下姜模式",这是全国农民脱贫中一个活生生的典型。2021年2月25日,全国脱贫攻坚总结表彰大会上,淳安县枫树岭镇下姜村总支委员会被评为先进集体。

六、坚持下联系点

毛泽东说:"不要全面动手,而应选择强的干部在若干地点先做,取得经验,逐步推广,波浪式地向前发展。"[1]自2001年起,下姜村先后成为习近平、张德江、赵洪祝、夏宝龙、车俊、袁家军、易炼红等七任省委书记的基层工作联系点。其中习近平4次莅临下姜村调研,4次书信往来。2006年5月25日,习近平在下姜村调研时要求党员:做发展带头人,做新风示范人,做和谐引领人,做群众贴心人。

2017年11月9日,习近平总书记还专门给下姜村寄来亲笔签名的十九大首日封,全村干部群众倍感总书记的关怀。《中共中央 国务院关于支持浙江高质量发展建设共同富裕示范区的意见》,让群众真切感受到共同富裕看得见、摸得着、真实可感的成绩。

2021年2月19日,省委书记袁家军来到下姜村调研。他走村巷、访农户、看变化,与当地党员干部群众一起,共谋乡村振兴之策,共商推进共同富裕大计。为带动周边乡村发展,下姜村与周边25个村建立了乡村振兴联合体,抱团发展。袁家军十分关心大下姜发展,他来到大下姜乡村大脑运营指挥中心,了解数字赋能乡村治理、大下姜联合体建设及下一步发展规划、"两山银行"生态资源资产收储、管理、运营等情况,充分肯定了大下姜建设取得的进展和成效,并要求强化数字赋能,持续推进乡村产业发展动力、乡村公共服务模式、乡村治理方式的数字

---

[1] 《新解放区土地改革要点》,《毛泽东选集》第四卷,人民出版社1991年版,第1284页。

化变革,用好基层治理四平台,守护好绿水青山,进一步整合资源,统筹推进平台共建、资源共享、产业共兴、品牌共塑,不断拓展"绿水青山就是金山银山"的转化通道。袁家军还充分肯定了大下姜跨区域协同发展的探索实践,要求坚持示范带动、区域联动、协同发展,形成规模集聚效应,提升乡村发展能级,加快构建推动共同富裕的体制机制,走出"先富帮后富、区域共同富"的乡村振兴新路子。

易炼红到下姜村调研

易炼红赴淳安下姜村开展"牢记嘱托、感恩奋进"现场学习并调研共同富裕示范区建设

时间:2023-05-09 10:01 来源:杭州日报

在全省上下深入开展学习贯彻习近平新时代中国特色社会主义思想主题教育之际,5月8日,省委书记易炼红来到他的基层工作联系点淳安县枫树岭镇下姜村开展"牢记嘱托、感恩奋进"现场学习,并走田头、访农户、问民情,在村里召开座谈会,深入调研高质量发展建设共同富裕示范区推进情况,与当地干部群众一起"循迹溯源学思想促践行",更好感悟新思想的"源头活水",重温习近平总书记的殷殷嘱托,不断增添建新功的信心和力量。

中央主题教育第五指导组组长李锦斌、副组长任正晓和指导组成员,省领导刘捷、陈奕君参加现场学习和调研。

下姜村是习近平总书记在浙江工作期间的联系点。20年来,下姜村实现了从"穷山沟"到"绿富美"的华丽转身。如今的村委旧址内部,仍原汁原貌保留着当年的印迹,习近平同志赴下姜村调研时曾三次在此召开座谈会。易炼红先后走访村委旧址、村民家庭、经营主体和电力驿站等,现场学习习近平总书记对下姜村的帮扶纪实和殷切嘱托。聆听一段段让村民印象深刻的往事,细看一件件见证村庄发展的实物,易炼红勉励下姜村,要切实把习近平总书记的重要指示学习好、领会好、贯彻好,在推动共同富裕中鼓励更多人创业创新、勤劳致富,建设更好更美更幸福的下姜村。

在下姜村杭州书房,易炼红主持召开基层代表座谈会,围绕共同富裕主题来了一次"解剖麻雀"。会上,下姜村原党支部书记姜银祥,下姜村党总支书记、村委会主任姜丽娟,枫树岭镇党委书记余慧梅,大下姜联合党委常务副书记张宏

斌、万蜂堂莫岛蜂业"莫岛品牌"创始人陈星遥就推动乡村振兴、促进群众增收谈体会、说打算。

易炼红说,在习近平总书记亲切关怀、坚强指引下,下姜村发生了精彩蝶变,村民观念发生了大更新,乡村产业实现了大发展,生态环境发生了大改善,村民生活实现了大提升,基层组织得到了大锤炼。这根本在于习近平总书记当年明确的好方向、指引的好路子、擘画的好蓝图。下姜村是"八八战略"实施20年浙江精彩蝶变、新时代10年伟大变革的一个缩影,充分证明有习近平总书记的掌舵领航和习近平新时代中国特色社会主义思想的科学指引,我们就有了正确的方向、光明的未来。要饮水思源、感恩奋进,在循迹溯源之中更加坚定捍卫"两个确立"、坚决做到"两个维护",更加坚定不移沿着习近平总书记指引的道路奋勇前进。

易炼红强调,开展主题教育关键是要牢牢把握总要求,做到学得深、悟得透、做得实、干得好。"学思想"就是要学懂悟透、真信真用,"强党性"就是要坚定理想信念、不忘初心使命,"重实践"就是要扛起责任、真抓实干,"建新功"就是要创优争先、勇立潮头,永远瞄准一流、对标最好,真正把"学思想、强党性、重实践、建新功"的总要求贯通起来、落实到位,推动主题教育取得让党中央和人民群众满意的实实在在成效。

易炼红强调,要牢记嘱托、务实奋进,在推进乡村全面振兴中加快找出共同富裕新路子,以坚韧不拔的精神、严格的监管制度守护好绿水青山;推动好乡村振兴,选准产业,走绿色转型发展之路,进一步拓展"两山"双向转化通道,把良好的生态优势转化为发展胜势,借助数字经济发展,建设数字乡村,发展新产业新业态新模式;改善好村民生活,为群众办实事做好事解难事,全面提升乡村基础设施,让村民真正享受高质量发展和乡村振兴成果,让乡村不仅有宁静的空间、清新的空气,还有便利的交通、齐全的设施,成为人人羡慕的地方;建设好班子队伍,进一步建强基层组织,提升基层治理水平,让以下姜村为代表的浙江农村金名片更加绽放光彩、大放异彩,展现浙江在推进共同富裕示范区建设上"勇立潮头"的胆识气魄、"勇立潮头"的境界追求。

随后,易炼红来到大墅镇孙家畈村,考察"冬闲田联农共富"项目,听取"百村万亩亿元"产销共同体建设情况汇报,了解大下姜联合体推进共同富裕等情况。他充分肯定跨区域协同发展的探索实践,希望当地坚持示范带动、区域联动、协同发展,形成规模集聚效应,推动共同富裕走深走实。

2021年7月2日,淳安县下姜村党总支书记姜丽娟捧着"全国先进基层党组织"的奖牌和证书回到村里,向70多名来自大下姜的党员分享了北京之行的感想。"这些年来,总书记一直牵挂着我们下姜村,这次我在天安门广场聆听总书记的重要讲话,真的是特别心潮澎湃,热血沸腾……"

在场的党员中,69岁的姜银祥是最激动的。这位当过28年下姜村党支部书记的老党员,见证了下姜村从"脏乱差"到"绿富美"的蝶变。"心中有信仰,脚下才有力量。我们取得的成绩代表了过去,面向第二个百年,我们要更加撸起袖子,一任接着一任干下去,走出一条'先富帮后富、区域共同富'的乡村振兴新路子。"站在熠熠闪光的奖牌前,姜银祥话语铿锵。

从"温饱梦"到"小康梦",再到"共富梦",如今,以下姜村为龙头、由枫树岭镇18个行政村和大墅镇7个行政村组成的"大下姜"联合体,正努力在乡村振兴和共同富裕的新征程中展现新作为、取得新进步。

据调查了解,按照"大下姜"乡村振兴和共同富裕五年行动计划,目前"大下姜"联合体已明确了2021年19个政府投资实施项目、15个社会投资项目以及96项工作任务清单。2021年初,"大下姜"联合体模式成功入选2020年度浙江省改革创新最佳实践案例。

对未来的发展,淳安县委书记黄海峰信心满满:"下一步,我们将紧扣'生态美、水质好、百姓富''全域提升、全面惠民'目标,聚焦聚力高标准保护、高质量发展、高品位建设、高品质民生、高水平创新、高效能治理六大领域,奋力推动特别生态功能区建设的纵深推进、全面突破,以争先姿态开启共同富裕新征程。"

学习与思考(一)

"重要窗口"建设中的残疾人事业发展总体思路调研与思考

浙江省残联

为全面贯彻习近平总书记赋予浙江"重要窗口"建设新目标新定位,落实中央、省委有关工作要求,2020年5月起,省残联党组部署开展了"重要窗口"建设中的残疾人事业发展系列专题调研。综合调研组在党组书记、理事长蔡国春同志带领下,先后赴武义、永康、仙居、余姚、云和、景宁、平阳、文成等8个县(市、区)开展调研,实地考察各类残疾人服务机构,探访困难残疾人及其亲友,召开由基层残疾人工作者代表、残疾人及亲友代表等参加的各类座谈会,听取有关情况汇报及意见建议。在此基础上,综合调研组结合"十四五"规划编制工作,全面对标对表,深入查找短板,梳理优势强项,初步形成"重要窗口"建设中的我省残疾人事业发展总体思路。

一、全省残疾人事业发展基本状况

在省委省政府坚强领导下,经过各方面共同努力,我省率先建立了"覆盖广泛、标准适度、动态调整、衔接有序"的残疾人补贴制度,率先形成了家庭照护、社会化服务、残联机构托养等多元化的残疾人托养庇护体系,率先建立了全覆盖、高标准的残疾儿童康复服务制度和广目录、双轨制的辅助器具补贴制度,残疾人教育、康复、就业、权益保障等残疾人事业发展主要指标居全国前列。截至2019年,16项评价指标中9项约束性指标有5项提前完成"十三五"规划目标、7项预期性指标有5项提前完成规划目标;残疾人事业经费投入58.36亿元,累计增长15.6%。

(一)残疾人基本保障兜底作用明显

我省相继实施困难残疾人生活补贴和重度残疾人护理补贴、依靠家庭供养残疾人按单人户纳入低保、残疾人参加基本养老保险和基本医疗保险缴费补贴等政策,形成较为完善的残疾人基本社会保障体系。实施慈善助残危房改造项目,累计改造721户,投入资金3389.8万元。2019年,全省困难残疾人生活补贴目标人群覆盖率达93.3%,重度残疾人护理补贴目标人群覆盖率达96.4%,全省困难残疾人低保目标人群覆盖率达92.8%,残疾人社会保险补贴覆盖率达97.9%,全省残疾人接受住房救助比率达85.8%。

(二)残疾人基本康复服务持续深化

省政府出台《关于完善残疾儿童康复服务制度的实施意见》,省残联联合省民政厅、省卫生健康委等部门出台残疾人基本康复服务目录、残疾人基本型辅助器具服务实施办法、残疾儿童定点康复服务机构政府购买服务准入标准等,以康复机构为骨干、社区康复为基础、残疾人家庭为依托,以实用易行受益广的康复内容为重点的残疾人基本康复服务体系已经形成。2019年,全省残疾人基本康复服务率、残疾人辅助器具适配率分别达到99.8%、99.5%。全省有101.2万残疾人签订了家庭医生服务协议,占残疾人总数的77.71%。

(三)残疾人就业创业体系更加完善

省残联联合省人力社保厅等部门出台实施电商助残计划支持残疾人创业促进就业、做好省属企业带头按比例安置残疾人就业、开展省级残疾人创业孵化示范基地创建、残保金新政等政策,出色承办第六届全国残疾人职业技能大赛,开展"创业就业提升年"、就业援助月、"残疾人之家"规范化建设等活动,推动形成残疾人按比例就业、集中就业、个体就业、辅助性就业和农村生产劳动等多渠道、多层次的残疾人就业格局。2019年,全省劳动年龄段有就业能力和就业意愿的残疾人就业率达93.71%,残疾人家庭人均可支配收入年均增速10.15%。

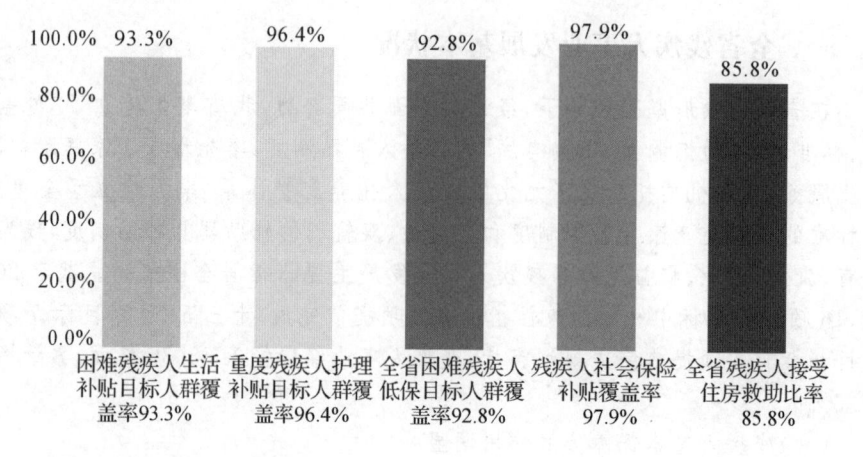

困难残疾人生活补贴目标人群覆盖率93.3%	重度残疾人护理补贴目标人群覆盖率96.4%	全省困难残疾人低保目标人群覆盖率92.8%	残疾人社会保险补贴覆盖率97.9%	全省残疾人接受住房救助比率85.8%
93.3%	96.4%	92.8%	97.9%	85.8%

（四）残疾人受教育程度不断提升

全省贯彻落实特殊教育"十三五"发展规划、第二期特殊教育提升计划,推动特殊教育向学前和高中阶段两头延伸,初步形成一般残疾学生接受普通教育、智力听力等特殊残疾学生接受特殊教育双管齐下的教育格局。2019年,适龄残疾人接受"十五年"教育比例(学前、义务教育和高中)为84.7%,文盲率从2016年24.23%下降到2019年14.44%;学前、义务教育、高中阶段在学率分别从2016年60.76%、82.32%、57.86%提高到2019年79.48%、91.96%、69.53%;残疾人受教育程度高中及以上学历从2016年8.96%提高到2019年10.89%,残疾人受教育水平和质量逐年提高。

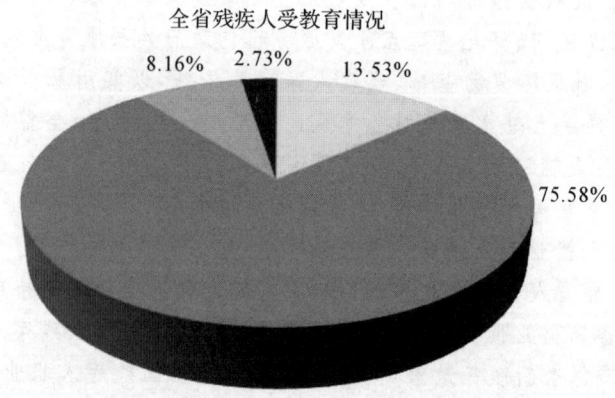

全省残疾人受教育情况

- 从未上过学：75.58%
- 小学和初中：13.53%
- 高中：2.73%
- 大学（含专科）及以上：8.16%

（五）残疾人文化体育活动日益丰富

全省利用全国助残日、残疾预防日、国际残疾人日等时间节点，组织开展残疾人冰雪运动季、残疾人健身周、文化艺术周等主题活动，丰富残疾人业余生活，提高残疾人社会参与度。省市两级残疾人专题广播节目、电视手语栏目已实现全覆盖；特殊艺术进农村文化礼堂、文化助残"五个一"工程、康复体育进家庭等深入推进。我省残疾人运动员在里约残奥会、雅加达亚残运会、天津全国残运会等赛事中领先优势明显。中国残联授牌在我省设立"中国残疾人特殊艺术培训基地（中国残疾人艺术团南方基地）"，我省残疾人艺术团多次到欧美及台湾地区演出。2019年，残疾人社区活动参与率达82.32%。

（六）残疾人权益保障有力加强

各级人大、政协广泛开展残疾人事业发展执法检查和专题视察，有效推进残疾人权益保障。通过省市县三级残疾人及亲友和残疾人工作者人大代表、政协委员积极参政议政、建言献策，促进了残疾人机动轮椅车置换、免费乘坐公共交通等一批关系残疾人切身利益的热点难点问题解决。建立全省首家"残疾人之家"政协委员会客厅并开展相关活动，省"两会"建议提案办理满意率达100%。会同省司法厅打造"法援惠民生·关爱残疾人"服务品牌，全省建成残疾人法律救助站102个。省本级信访接待办结率达99.5%，在中国残联无信访积案记录。

（七）社会无障碍环境大幅改善

推动出台《浙江省无障碍环境建设实施办法》，开展无障碍环境市县村镇建设和无障碍社区创建，推进宁波镇海区、安吉县郸吴镇等12个单位创建全国无障碍市县村镇，全省成功创建332家省级无障碍社区。出台困难残疾人家庭无障碍改造项目实施方案，累计完成困难残疾人家庭无障碍改造4.4万余户，2019年困难残疾人家庭无障碍改造率达93.62%。办好省政协重点提案，推进杭州火车东站、萧山机场等重要交通枢纽和工程项目无障碍建设。

（八）助残服务能力稳步提高

在残疾人康复托养和庇护机构建设方面，总投入20亿元，建成康复机构6个，托养机构46个，"残疾人之家"1090家。其中"残疾人之家"（庇护机构）规范化建设连续两年纳入省政府十方面民生实事。以杭州举办2022年亚残运会为契机，启动"省残疾人之家"建设，力争打造展示我省"重要窗口"建设成果的特殊风景线。贯彻落实中国康复协会孤独症儿童康复服务、脑瘫儿童康复服务规范、辅助器具适配服务标准，制定重度残疾人托养照护服务质量评估指导意见、"残疾人之家"星级评定办法等标准，提高残疾人服务规范化、标准化水平。加强专业人才队伍建设，落实高校和中等职业学校学生到残疾人康复和托养机构就业入职奖补资金296万元。

(九)残联组织建设有效提升

按照群团改革部署要求,全面推进残联改革。恢复开化、吴兴、南浔三个县(区)残联组织单设。圆满完成全省残联换届工作,在全国率先实行市县两级残联配备挂职兼职副理事长。出台加强乡镇(街道)、村(社区)残疾人工作者队伍建设意见,打通助残服务"最后一公里"。梳理助残服务"最多跑一次"事项,建立"1+X"集成联办机制和助残服务"一件事"机制。出台数字残联建设三年行动方案,完成"一中心两平台"建设,实现与中国残联和省级有关部门数据共享。

(十)社会助残氛围更加浓厚

省政府与中国残联首次签署合作协议,共同推进残疾人事业高质量发展。江苏、浙江、安徽、上海三省一市残联签订长三角残疾人事业发展战略合作框架协议,推动残疾人事业高质量一体化发展。打造"最美残疾人""最美助残人""最美残疾人家庭""最美残疾人工作者"等最美系列品牌,办好各级广播电视残疾人专题节目,以平等参与、融合共享为特征的全社会助残氛围持续提升。联合团省委等部门举办"阳光行动"助残系列活动,在全省青年志愿服务项目大赛中屡获佳绩。全省注册助残志愿者近4万人,累计服务残疾人500万人次。省残疾人福利基金会被评为5A级社会组织,中国狮子联会浙江代表处荣获中宣部"最佳志愿服务组织"称号。

二、当前全省残疾人事业发展的短板和不足

浙江省残疾人事业虽然取得了长足发展,但发展不平衡不充分问题在残疾人群体中依然较为突出,残疾人仍然是最困难的社会弱势群体,残疾人事业仍然是社会事业发展中的短板,残疾人事业发展水平与经济社会发展平均水平相比仍然比较滞后。

(一)残疾人仍是特殊困难弱势群体

由于自身条件限制和参与社会环境有待进一步改善,残疾人群体呈现出"城镇化率低、受教育程度低、就业层次低、收入低、抗风险能力较弱"等特点。城镇化率方面,2019年末,非农户籍残疾人占比仅为22.79%,而全省常住人口城镇化率为70%;受教育程度方面,2019年高中及以上残疾人占比10.89%,而2010年第六次人口普查数据显示,全省高中及以上占比为22.9%,仅为全社会水平一半。就业层次方面,大部分残疾人就业行业以低级的劳动技能制造和缺乏技术含量的低端服务为主,岗位稳定性差,精神残疾、智力残疾、多重残疾的就业率不高。收入方面,2019年全省残疾人家庭人均可支配收入为33925元,为全社会平均水平的67.99%,且收入来源中转移性收入占比较高,财产性收入占比较

低,持续增收后劲不足。抗风险能力方面,受新冠疫情影响,企业客源和订单缩减,导致收入缩减、用工缩减,残疾人由于处在就业链低端,首当其冲。

(二)残疾人社会保障力度仍待加强

残疾人事业发展主要指标中,涉及残疾人社会保障的困难残疾人低保目标人群覆盖率、困难残疾人生活补贴目标人群覆盖率、城乡残疾人参加基本养老保险比例、困难残疾人生活补贴覆盖率、重度残疾人护理补贴目标人群覆盖率等均低于目标值。特别是残疾人住房救助比例现值为85.77%,离"十三五"98%的目标值还有较大差距。社会保障方面,尽管有一定的缴费补贴,由于未就业不强制参保和缴费水平低、领取待遇水平低等原因,劳动年龄段残疾人参保率只有92.01%。社会救助方面,部分地区成年智力、精神残疾人没有落实单独列户并获取低保金。部分罕见病未纳入医保、康复定点和医疗救助、康复救助。社会福利方面,残疾人福利项目总体较少,且多数地区残疾人交通福利局限于本地户籍。

(三)基本公共服务仍不能满足残疾人需求

康复服务方面,残疾人医疗康复的及时性、有效性、报销力度、救助力度均存在不足,残疾人康复机构专业人才短缺、队伍不稳定问题比较明显。特殊教育方面,融合教育支持体系不够完备,特教学校课程设置科学性及师资配备、资金投入等保障力度还不够,随班就读存在"随班就座"现象,送教上门存在服务频次和教学质量不高等问题,孤独症、多动症等儿童需要的个性化教学相对缺失,特教幼儿园建设不能满足残疾儿童需求。托养庇护服务方面,无论是居家安养、日间照料还是机构托养,庇护照料服务质量均有待提升。公办庇护照料机构运维成本较高,民办庇护照料机构收费较高、硬件设施欠缺、服务质量打折扣,各类庇护照料机构布局及监管有待完善。残疾人护理人员综合素质偏低,无证上岗、无培训经历的较多,残疾人庇护照料标准化建设滞后。从动态更新调查情况看,有护理需求的残疾人占有康复需求残疾人总数的87.3%,随着越来越多失能老年人申领残疾人证,快速增长的护理需求难以得到满足。

(四)社会友好环境有待进一步改善

残疾人平等参与社会还存在诸多困难,歧视、侵害残疾人权益的现象时有发生,法律援助、权利救济常常不够及时有效。在保障残疾人权利平等和禁止歧视方面,一些法律仅有原则性规定,缺乏具体规则和相应法律责任设定。残疾人婚恋和婚姻家庭问题较多,特别是残疾儿童家庭、单亲残疾家庭、一户多残家庭、老残一体家庭需要更多关爱和帮扶。无障碍环境建设历史欠账较多,许多城市社区、道路和公共场所无障碍的建设、管理和维护不到位。除少数政府网站和部分残联组织门户网站,绝大多数网站无法做到无障碍浏览。配备盲文阅读资料的图书馆很少。聋人手语翻译配备不足。各类升学、能力、职称、就业等考试多数未给予残疾人合理便利。公共场所残疾人专用停车泊位设置不到位或被占用现象时有发生。

（五）残疾人工作基层基础有待进一步夯实

残联组织现代治理能力还不够强，遇到突发事件时反应不够快速灵敏，应对办法举措不够多，运用信息化手段不够，残联基层建设亟须加强。特别是疫情防控期间，暴露出基层残联对残疾人确诊新冠肺炎人数、服务机构封闭运行数等数据掌握不及时、不精准等问题。一些基层残联组织没有密切联系和整合各类社会助残组织，不能有效动员社会力量投入基层残疾人事业，难以有效建立与各类社会助残组织的互助合作关系以扩大公共服务覆盖范围。一些基层残疾人工作者干事创业精气神不足，主动深入残疾人家庭察实情、访民意、解难题不多，导致一些残疾人家庭需求没有及时掌握和解决，残疾人对残疾人专职委员的整体评价不够理想。有些地方残联还存在党风廉政问题。

三、"重要窗口"建设中的残疾人事业发展总体思路

通过学习、调研、思考、讨论，调研组认为：当前和今后一个时期，全省残疾人事业发展要按照省委关于"重要窗口"建设"各项工作都必须全面过硬、各个条线都必须统筹推进、各个地方都必须均衡发展"的要求，忠实践行"八八战略"残联新实践，奋力打造"重要窗口"特殊风景线。

（一）在总体要求上，体现"重要窗口"站位

残联组织作为党委和政府联系残疾人的桥梁纽带，要始终坚持以人民为中心的发展思想，全面深化新发展理念，忠实践行"八八战略"，奋力扛起"三地一窗口"的使命担当，把残疾人事业纳入经济社会发展大局，同步开启残疾人事业现代化新征程。具体说，就是要做到"五个着力、两个确保"，即着力夯实残疾人民生底线，着力提升残疾人公共服务，着力推进残疾人赋权增能，着力深化残疾人平等参与，着力推动残疾人全面发展，确保我省广大残疾人在现代化道路上"一个不少"，确保我省残疾人事业主要指标继续走在全国前列。

（二）在基本原则上，体现"高效协同"思维

一是坚持党的领导，抓好"顶层设计"。坚持和加强党对残疾人事业的全面领导，进一步落实党委领导、政府负责的残疾人事业领导体制，把党的主张变成残疾人和残疾人工作者的自觉行动，把党的领导贯穿残疾人工作的各个方面。二是坚持"八八战略"，实现"综合集成"。将残疾人事业更加充分地纳入"五位一体"总体布局和"四个全面"战略布局，深度融入长三角一体化发展国家战略，统筹破解发展不平衡不充分问题。三是坚持人的现代化，落实"利民为本"。始终坚持把促进残疾人发展作为共建共享现代化根本使命，围绕满足残疾人的美好

生活需要,以残疾人全生命周期需求为导向,大力提升社会保障、公共服务供给;以提升残疾人人力资本为导向,有力增强残疾人综合素质。四是坚持改革创新,强化"整体智治"。以"最多跑一次"改革为总牵引,推进残疾人基本保障与服务体系数字化、标准化、智能化转型;纵深推进残联改革,更加注重发挥市场机制、社会力量作用,把制度优势更好地转化为治理效能。

(三)在主要目标上,体现"迭代升级"理念

调研组建议,到2025年我省残疾人事业发展的主要目标是:实现以普惠加特惠为特点的残疾人基本保障再提升,以专业化、精准化为目标的残疾人基本公共服务再完善,以消除歧视、促进平等为诉求的残疾人合法权益保障再强化,以深度融合、全面共享为特征的友好环境建设再深化,以"整体智治、唯实唯先"为理念的残疾人事业现代化治理体系建设再提速,保持浙江省残疾人事业走在全国前列态势。

调研组建议,到2035年我省残疾人事业发展的主要目标是:基本构建起与社会主义现代化国家相适应、与我省"重要窗口"建设相匹配的比较成熟的现代化残疾人事业发展体系。残疾预防和健康生活理念深入人心,残疾人权益保障法规政策健全有力,残疾人衣食住行学医充分保障,残疾人基本公共服务精准有效,残疾人平等参与、融合发展权利充分体现。

(四)在重点任务上,体现"走在前列"意识

以10个方面重点任务为牵引,统筹推进残疾人事业发展。打造一个阵地:学习宣传实践中国特色残疾人事业的重要阵地。深入挖掘、深度宣介传播习近平总书记关于残疾人事业重要论述在浙江的探索与实践,用残疾人事业蓬勃发展的现实成就和残疾人踊跃投身经济社会发展生动事例展示"重要窗口"建设成果。打造四个品牌:一是浙版"残疾人之家"品牌。将浙版"残疾人之家"打造成智力、精神和其他重度残疾人的温馨家园,基层助残服务的重要平台。二是"浙江特殊高等职业教育"品牌。推进全国残疾人职业教育师资继续教育基地、全国残疾人职业培训基地等一批国家级基地建设。三是"浙江残疾人文化体育"品牌。高水平建设中国残疾人体育基地、中国盲人门球训练基地、中国残疾人水上运动项目训练基地,高水平建设中国残疾人特殊艺术培训基地。四是"浙江无障碍环境建设"品牌。提升全国无障碍市县村镇创建、省级无障碍社区创建、困难残疾人家庭无障碍改造成效,推进公共服务场所无障碍环境改造和信息交流无障碍体系建设,形成具有浙江特色的全链条无障碍环境。打造两个体系:一是高水平残疾人福利保障体系。建立与我省经济社会发展水平相适应的更切合残疾人需求的残疾人专项福利补贴制度。二是高质量残疾人康复服务体系。推进覆盖残疾人全生命周期的康复服务体系建设,推动浙江残疾人精准康复服务水平

继续走在全国前列。打造两个高地：一是残疾人就业创业高地。形成更加多元、稳定、高质量的浙江特色残疾人就业创业格局。二是助残服务"最多跑一次"高地。建立助残服务"一件事"无感化联办机制，推动助残服务"最多跑一次"改革成为浙江残疾人工作最鲜明特质。打造一流残疾人组织与工作队伍：高标准推进残联改革、清廉残联建设，锻造"政治过硬、忠诚担当，本领高强、服务奉献，作风优良、清正廉洁"的残疾人工作者队伍，打造富有浙江味、红船味的残疾人组织党建品牌。

（五）在工作举措上，体现"唯实唯先"要求

要当好"重要窗口"的建设者、维护者、展示者，围绕事关残疾人事业发展的10个重点领域，完善机制，落实举措，努力实现发展目标。

1. 残疾人基本保障方面，要在"普惠特惠、应助尽助"上聚焦发力。从完善残疾人基本生活保障制度、健全多元化残疾人社会保险制度、提升残疾人专项福利补贴制度和建立残疾人突发公共事件处置机制四方面入手，建立健全残疾人"普惠加特惠"保障政策，兜牢残疾人应对各类突发事件底线，确保"应补尽补、应保尽保、应助尽助"。

2. 残疾人就业创业方面，要在"量质并重、多元并举"上聚焦发力。以修订《浙江省残疾人就业办法》、完善促进残疾人创业就业相关政策为引领，健全残疾人就业保护、就业支持和就业服务制度。加大残疾人按比例就业、集中就业、辅助性就业、个体灵活就业、电商文创就业等各种就业形式帮扶力度。建立残疾人就业表彰制度，加强全链条、专业化就业服务，推动残疾人更加充分、更高质量就业。

3. 残疾人托养庇护方面，要在"有效供给、有力保障"上聚焦发力。进一步健全"以居家照护为基础、乡镇（街道）和村（社区）机构托养庇护为主体、市县寄宿制专业托养机构为依托"的残疾人托养庇护服务体系，鼓励公办民营、合作运营和委托管理等多种方式增加残疾人托养庇护供给，建立健全残疾人托养庇护服务质量检查评估制度，更好为有照护需求的不同类别残疾人提供基本照护。

4. 残疾人康复服务方面，要在"精准服务、规范管理"上聚焦发力。坚持重点防控与普遍预防相结合，建立残疾预防一体化工作机制，构建政府主导、部门联动、社会参与的工作格局。完善残疾儿童康复服务与补贴制度，培育一批区域范围内示范性强、专业性强、服务水平高的骨干残疾儿童康复机构。加强残疾人康复机构和康复专业人才队伍建设，优化残疾人辅助器具适配服务，推进社区"医康养护"一体综合服务网络建设。

5. 残疾人教育文体方面，要在"均等优质、融合发展"上聚焦发力。全面提升特殊教育质量，推进特殊教育融合常态化、特殊教育学校建设标准化、特殊教

育服务优质化、特殊教育管理智能化。将残疾人文化体育纳入"文化浙江"和体育强省建设,深度融入公共文化体育惠民工程、重大项目建设和各类文化体育服务内容,发展和扶持残疾人特殊文化艺术和康复健身体育。健全基本公共文体服务设施。精心组织残疾人文体赛事。

6. 残疾人维权保障方面,要在"法治为基、权利为本"上聚焦发力。以健全残疾人权益保障法规政策为引领,建立残疾人权益保障协商工作机制,健全残疾人享受法律援助机制,加快残疾人法律救助工作机构建设,推动形成家庭、社区和社会组织共同参与,残联组织、残疾人及其亲友共同监督的残疾人合法权益保障机制。

7. 智能化助残服务方面,要在"数字赋能、系统集成"上聚焦发力。推进智能化助残服务迭代升级,以残疾人电子证照应用场景创设为基础,全面形成以残疾人证为起点的"1+X"残疾人全周期服务"一件事"机制。推进"一中心两平台"提升建设,进一步完善涵盖各类助残服务、服务全省残疾人的"数字残联"体系,提升残疾人事业决策、管理、服务能力。

8. 无障碍环境建设方面,要在"链式推进、品牌打造"上聚焦发力。推进家庭无障碍改造、全国无障碍市县村镇创建、省市无障碍社区创建、公共场所无障碍服务提升、传统无障碍环境设施设备数字化和智能化升级等全链条无障碍环境建设,完善无障碍环境建设体系。探索建设更多富有浙江特色的无障碍环境建设示范窗口、示范点。

9. 残疾人事业宣传方面,要在"残健共融、和谐共进"上聚焦发力。通过开展"全国助残日""残疾预防日""国际残疾人日"等主题宣传活动、打造"最美残疾人"等最美系列和"自强模范""助残先进"等评选宣传,营造扶残助残浓厚社会氛围。完善社会助残动员机制,大力发展残疾人慈善事业和助残志愿服务。鼓励通过政府购买服务、政府和社会资本合作等方式,吸引更多社会力量和民间资本参与残疾人服务产业。学习借鉴国际残疾人事业先进理念与经验,积极传播中国特色残疾人事业发展成就。

10. 残疾人工作基础建设方面,要在"改革创新、强基固本"上聚焦发力。持续深化全省残联改革,优化残疾人康复、教育就业、文化体育、权益维护等助残职能,提升残联系统治理能力现代化。加强基层残疾人组织建设,推进村(社区)残疾人协会全覆盖。完善残疾人专门协会建设,逐步实行协会法人登记制度,依法依章程设置专业委员会。强化残疾人工作者队伍建设,完善残疾人康复、教育、就业、托养照护、文化体育、社会工作等专业人才培养、评价、激励机制。持续推进助残服务设施建设,深入形成"康复以省市为主、托养以县乡为主、庇护以乡镇(街道)和社区(村)为主"的残疾人康复托养服务格局。坚持以"资源共享、优势互补、携手发展、合作共赢"为原则,加快长三角残疾人事业一体化发展。

学习与思考(二)

中国残联派员看望安徽重度残疾人

中国残联看望慰问张顺东、李国秀夫妇

  2021年3月25日,受中国残联主席张海迪委托,康复部有关同志与中国残疾人康复协会理事长、宣武医院神经外科首席专家凌锋教授赴安徽省合肥市看望重度残疾青年彭亚楼及亲友,向他们转达张海迪的问候和关心。

  2017年7月,彭亚楼在家因煤气中毒导致严重颅脑损伤,意识丧失,全身瘫痪。三年多来,他相识只有几个月的女友刘宁一直不离不弃,和家人一起精心照护他,积极做康复训练,使彭亚楼的病情逐步稳定好转。张海迪指出,彭亚楼一家的困难是很多残疾人面对的问题,各级残联要全心全意为残疾人着想,多做实事。要特别重视重度残疾人的康复和托养照护,要从长远考虑问题、解决困难。一个人和家庭的幸福感首先建立在健康之上,康复是残疾人的希望,做好托养和照护就是解除后顾之忧。

  据了解,在当地政府关心下,彭亚楼已享受低保、残疾人"两项补贴"和残疾人居家照护补贴等政策。张海迪要求安徽省、合肥市和蜀山区残联对彭亚楼的康复治疗和生活给予更多关心和帮助。

  凌锋教授详细询问了彭亚楼的病情,检查了身体,对后续治疗、护理和康复训练等给予了具体指导。中国残联也将对彭亚楼的康复治疗给予技术支持。张海迪赞扬刘宁无私奉献的精神,在彭亚楼最需要的时候,她热心相助,敢于担当,几年如一日照顾不是亲人的残疾兄弟,令人感动。这是新一代青年的好品格,是我们社会的好风尚,希望全社会的青年都来关心残疾姐妹兄弟,做最美志愿者。

第二十章 残疾人学的新贡献之二：中国残联坚持融合发展理念的先进经验

本章主要阐述中国残联在吸取人类优秀文化的基础上，坚持发展习近平关于融合发展的思想。列宁说："在马克思主义里绝对没有与'宗派主义'相似的东西，它绝不是离开世界文明发展大道而产生的固步自封、僵化不变的学说。恰巧相反，马克思的全部天才正在于他回答了人类先进思想已经提出的种种问题。"[①]

2017年11月27日至12月1日，2013—2022年"亚太残疾人十年"中期审查高级别政府间会议在北京举行。国务委员王勇出席开幕式，宣读中国国家主席习近平致会议的贺信并致辞。

习近平在贺信中指出，残疾人是人类大家庭的平等成员，并明确提出了一个时代命题：保障残疾人平等权益，促进残疾人融合发展。只要适应时代发展的需要，紧紧抓住世界残疾人问题研究中体现的中国特色、时代精神及其辩证关系，就一定具有鲜明的时代价值。

第一节 融合发展及其主要特征

现在，越来越多的论者在一些领域中广泛使用融合发展概念。从学术研究的角度来看，应当给它下一个明确的定义。

一、融合发展的概念诠释

2012年6月6日，邓朴方在"消除障碍，促进融合"国际论坛上指出："联合国倡导普遍人权和惠及所有人的发展……我们对此表示赞赏。我们注意到，在人类社会进入新千年、新世纪的时候，联合国提出了解决世界最贫穷人口民生问题的'千年发展'……然而，无论是千年发展目标本身，还是其指导方针、社会政策和评价体系等都没有提及最困难和最容易受到排斥的残疾人，这不能不说是

[①] 《列宁选集》第二卷，人民出版社1960年版，第441页。

一个缺陷和遗憾。"①

现在,不少论者在一些领域中广泛使用融合发展概念。融合发展是指在一个共生系统中基于社会互动关系的若干人群或事物,通过文化整合、协调和合作方式,使彼此朝着既定目标,发挥更大价值,从而产生一个新的体系的过程。由此可知,社会互动为正确理解融合发展的内涵提供了一个社会学的新视野。

德国社会学家格奥尔格·齐美尔(G. Simmel)在1908年所著的《社会学:关于社会交往形式的研究》一书中最早使用社会互动(social interaction)一词。稍后,在美国形成了相关的学派和系统理论。例如,米德的符号互动论、布卢默的象征相互作用论、戈夫曼的拟剧论(即把研究人类相互作用的理论叫作"拟剧理论")、霍曼斯的社会交换论、加芬克尔的本土方法论等。

社会互动是个人和社会相互作用的起点,它提供了对个人和社会动态分析的基础。社会互动是社会学上最常用、最重要的一个专门名词,也是社会学的一个中心概念。在社会互动中,显示了个人与社会、个人与群体、群体与社会、群体与群体以及个人与个人、个人与环境之间相互影响、相互作用的关系,体现了个人行为与社会运行之间相互依存、相互制约的统一过程。② 同时,还显示人与经济、政治、思想、文化、教育、军事、环境之间相互依存、相互制约的统一过程。

社会互动是社会学基本的分析单位,它不仅是微观社会学研究的主要课题,而且也是宏观社会学研究的主要课题。因此,从残疾人社会互动的微观层面与宏观层面的结合上,着重探讨残疾人融合发展面临的主要问题及其解决的路径、方式和方法,正是残疾人学理论所要研究和解决的一个重要问题。

二、残疾人融合发展的主要特征

1. 残疾人融合发展的迫切性

习近平之所以高度关注残疾人的融合发展,是因为残疾人是人类大家庭的平等成员,又是一个特殊困难的群体。因此,在全球范围内推进可持续发展,实现"一个都不能少"的目标,这是由残疾人所处的特殊地位和国际社会和各国政府所要实现的发展目标所决定的。只有突出残疾人融合发展的迫切性,才能真正有残疾人融合发展持续推进的实在意义。国务院《"十三五"加快残疾人小康进程规划纲要》指出:"让改革发展成果更多、更公平、更实在地惠及广大残疾人,使残疾人收入水平明显提高、生活质量明显改善、融合发展持续推进,让广大残疾人安居乐业、衣食无忧,生活得更加殷实、更有尊严。"

---

① 邓朴方:《人道主义的呼唤》(第四辑),华夏出版社2012年版,第461-462页。
② 奚从清:《现代社会学导论》,浙江大学出版社2012年版,第45页。

2. 残疾人融合发展的内生性

残疾人是社会上最困难的一个群体。正因为有困难,所以残疾人往往表现出坚强的意志:热爱生活,艰苦奋斗,顽强拼搏,自强不息。而且,通过磨炼,一些功能得到代偿,比如,盲人看不见,他的触觉与听力特别好;聋人听不见,视觉特别敏锐;肢体残疾者活动不方便,思维特别活跃,工作特别专心。正是在这种情况下的超常发挥,成就了残疾人中的一大批优秀人物。中央电视台由撒贝宁主持的挑战不可能节目显示:姥姥默默跟踪18年,造就盲人陈燕声呐技能,从而提高了她自食其力和参与社会的能力,人们无不为她的事迹所感动!历史和现实生活表明,残疾人中蕴藏着巨大的创造力,他们也是物质文明和精神文明的创造者,是推动社会前进的力量。

3. 残疾人融合发展的对应性

"世界上一切生物群无不由健全者和残疾者共同构成。自从人类社会出现迄至今日,残疾人一直伴随着健全人同时存在。"[①]可见,残疾人与健全人是一个天然的对应概念,是一种天然的对应关系。残疾人不论是融入家庭、融入社区,还是融入社会,都要或多或少、直接或间接地与健全人发生这样或那样的关系,自然就会有形成一个个大小不一、形式多样的残健融合体。在社会实际生活中,残疾人家庭中有一些是重度残疾人,也有一些需要进行康复的残疾儿童,还有一些是"双老一残",其困难尤为突出。因此,广大残疾人工作者必须坚持运用普惠与特惠相结合的原则,既要通过普惠性制度安排给予残疾人公平待遇,保障他们的基本生存发展需求,又要通过特惠性制度安排给予残疾人特别扶助和优先保障,解决好他们的特殊困难和特殊需求,真正发挥在各种类型残健融合体系中的应有作用。

4. 残疾人融合发展的关键性

诚然,残疾人与健全人存在着一种天然的对应关系,使残疾人与健全人融合发展有了现实的可能性。但是,要把这种现实的可能性变为真正的现实性,关键问题是必须认真解决有关残疾问题的社会文化问题。对此,1982年12月3日,联合国大会第三十七届会议通过的《关于残疾人的世界行动纲领》指出:"目前对各种文化中残疾人地位的认识很不够,而文化又是态度和行为方式的决定因素,因此需要对有关残疾问题的社会文化问题进行研究。这样才能对不同文化中健全人与残疾人之间关系有一个比较具有洞察力的认识。"这就是说,正确解决有关残疾问题的社会文化问题,其根本问题是"破除旧的残疾人观,树立新的残疾

[①] 邓朴方:《人道主义的呼唤》(第一辑),华夏出版社2006年版,第9页。

人观"①,这是真正解决残疾人与健全人融合发展问题的关键所在。

第二节 保障残疾人平等权益,促进残疾人融合发展

一、习近平在贺信中提出时代命题及时代价值

早在2014年3月20日,习近平总书记致信中国残疾人福利基金会就强调:"残疾人是一个特殊困难的群体,需要格外关心、格外关注。"这"两个格外"的提出,使人们越来越看到其深层所包含的政府、社会、公民承担着重要的义务和责任。习近平对残疾人的关爱始终如初,他在致会议的贺信中深情地说,在全球范围内推进可持续发展,实现"一个都不能少"的目标,对残疾人要格外关心、格外关注。他还强调,改革开放以来,中国残疾人事业取得举世瞩目的成就。党的二十大提出,完善残疾人社会保障制度和关爱服务体系,促进残疾人事业全面发展。② 中国将一如既往推动包括亚太地区在内的国际残疾人事业共同发展。中国政府通过法律、法规和政策,积极推动残疾人立法,保障残疾人平等权益,加强服务标准体系建设和无障碍环境领域的科技应用,促进残疾人融合发展、回归社会等,并承担与我国发展水平相应的国际责任和义务,从而赢得了世界各国的好评。这就启发我们,在保障残疾人平等权益、促进残疾人融合发展的关系问题上,既要从中国看世界,又要从世界看中国。

二、保障残疾人平等权益与促进残疾人融合发展之间的辩证关系

国家主席习近平在致2013—2022年"亚太残疾人"十年中期审查高级别政府间会议的贺信中,明确提出一个时代命题:保障残疾人平等权益,促进残疾人融合发展。

习近平在贺信中指出,残疾人是人类大家庭的平等成员。在全球范围内推进可持续发展,实现"一个都不能少"的目标,对残疾人要格外关心、格外关注。随着联合国《残疾人权利公约》和《2030年可持续发展议程》的实施,保障残疾人平等权益、促进残疾人融合发展越来越成为国际社会和各国的普遍共识和共同行动。"亚太残疾人十年"由中国首倡、在北京发起,对推动亚太国家和地

---

① 奚从清:《论两种不同的残疾人观》,《浙江大学学报》(人文社会科学版)2000年第2期,第28页。
② 习近平:《高举中国特色社会主义伟大旗帜,为全面建设社会主义现代化国家而团结奋斗——在中国共产党第二十次全国代表大会上的报告》,人民出版社2022年版,第48页。

区在发展残疾人事业上互学互鉴起到了重要作用,成为残疾人事业区域合作的典范。

随着时间的推移和实践的发展,必将彰显国际残疾人运动的发展史是一部顺乎时代潮流的残疾人融合的发展史。一方面,保障残疾人平等权益是促进残疾人融合发展的根本前提。我们的党和政府代表中国最广大人民群众的根本利益,历来十分关心残疾人,高度重视发展残疾人事业,特别是改革开放以来,采取了一系列重大举措,推动残疾人事业不断发展壮大。同时,中国政府在保障残疾人平等权益的国际舞台上,支持并认真执行联合国《关于残疾人的世界行动纲领》,参与制定《残疾人机会均等标准规则》,积极参与"联合国残疾人十年(1983—1992年)"、《残疾人权利公约》和《2030年可持续发展议程》行动,倡导并促成"亚太残疾人十年"行动,充分彰显了中国政府高度重视保障残疾人平等权益的坚定立场和积极参与国际人权合作的鲜明态度。中国残联撰文认为,残疾人事业的发展和残疾人人权的保障,是中国人权事业的亮点,在国际上享有很高声誉,被联合国前秘书长安南誉为发展中国家的典范。中国为保障残疾人平等权益所作出的巨大努力和取得的显著成就赢得了国际社会的普遍赞誉,联合国等国际机构给中国残联等组织颁发了"联合国和平使者奖""联合国残疾人十年特别奖""联合国—中国二十五年合作杰出贡献奖""亚太残疾人十年特别奖"等10余个奖项。2003年,中国残联主席邓朴方荣获"联合国人权奖",成为历史上首个获得此奖的残疾人,也是第一个获此荣誉的中国人。

另一方面,促进残疾人融合发展是保障残疾人平等权益的内在要求。2013年8月20日,在全国宣传思想工作会议上,习近平首次公开谈及关于媒体融合的想法与概念。他强调,对世界形势发展变化,对世界上出现的新事物新情况,对各国出现的新思想新观点新知识,我们要加强宣传报道,以利于积极借鉴人类文明创造的有益成果。自此,在我国许多领域、行业和群体中出现一、二、三产业的融合发展、文化与旅游的融合发展、新老媒体的融合发展、军民的融合发展等新理念、新范畴和新表述,努力"讲好中国故事,传播好中国声音"。

上述两个方面充分表明,融合发展必将是残疾人国际事务和中国残疾人事业不断拓展的新理念、新范畴和新表述。

第三节　坚持六个维度分析,保障残疾人平等权益

由于残疾人融合发展与社会互动有着密切的关系,自然会受到政府、社会、公民对残疾人主体活动的关注度、认知度、认可度所带来的不同层面、不同范围

的影响。因此,要正确认识保障残疾人平等权益、促进残疾人融合发展的关系及其意义,就必然选择多维分析的科学方法。

一、全球维度

就全球维度而言,国家主席习近平在贺信中充分肯定:"保障残疾人平等权益、促进残疾人融合发展越来越成为国际社会和各国的普遍共识和共同行动。"[①]

党的十八大以来,以习近平同志为核心的党中央深刻把握新时代中国和世界发展大势,在对外工作上进行一系列重大理论和实践创新,形成了新时代中国特色社会主义外交思想。据报道,两年多时间里,国家主席习近平60多次谈及"命运共同体",深入思考事关人类命运的宏大课题,展现出中国领导人面向未来的长远眼光、博大胸襟和历史担当。尤其是2017年1月17日,习近平主席在联合国日内瓦总部发表题为"共同构建人类命运共同体"的主旨演讲,提出了推动构建人类命运共同体的倡议,得到越来越多国家和人民的欢迎和认同,并被写进了联合国重要文件,凸显出中国理念对全球治理的重要贡献。

党的十九大报告指出,明确中国特色大国外交要推动构建新型国际关系,推动构建人类命运共同体。这就把中国践行"人类命运共同体"理念,寓于深度的国际合作和广泛的国际贡献之中,把我们党和政府关于国际残疾人问题和外交事务联系起来的根本观点推向了一个新高度,进一步加强残疾人领域的国际交流合作,提升中国在国际残疾人事务中的话语权和影响力,愈发凸显中国理念在当今世界的示范意义。

二、理论维度

1. 坚持以习近平新时代中国特色社会主义思想为指导,是开启新时代中国特色残疾人事业发展新征程的必然要求

当前,中国特色残疾人事业发展正处在新的历史方位。习近平同志在十九大报告中指出,经过长期努力,中国特色社会主义进入新时代,这是我国发展新的历史方位。这个新的历史方位,正是在习近平新时代中国特色社会主义思想指导下,中国共产党领导全国各族人民,统揽伟大斗争、伟大工程、伟大事业、伟大梦想,推动中国特色社会主义进入新时代的历史发展过程。

中国特色残疾人事业是中国特色社会主义事业的一个重要组成部分。2018年1月4日,中国残联主席张海迪在接受经济日报—中国经济网记者吴佳佳采访时明确表示,做好当前和今后一个时期的残疾人工作,首要任务是学习宣传贯

[①] 见国家主席习近平致2013—2022年"亚太残疾人"十年中期审查高级别政府间会议的贺信。

彻党的十九大精神和习近平新时代中国特色社会主义思想。学习党的十九大精神，牢记"以人民为中心"的思想，是残联系统今后工作的要求。今后三年，要按照党中央决策部署和习近平总书记的要求，全力推动实现"全面建成小康社会，残疾人一个也不能少"的目标，不断满足残疾人的美好生活需要，开启新时代残疾人事业发展新征程。

2. 坚持弘扬人道主义精神，是推动社会文明进步和中国特色残疾人事业发展的迫切要求

党的十八大以来，习近平同志站在时代前沿，直面各种尖锐复杂的矛盾。他在关注国际残疾人运动提倡人道主义、保障残疾人人权的同时，充分肯定邓朴方、张海迪和同事们所从事的事业是崇高的人道主义事业，一再强调坚持以人民为中心的发展思想，把人道主义由一种思想转化为一面旗帜、一种精神，甚至转化为一种施政方略，以此激励广大残疾人自尊、自信、自强、自立，融入社会，参与发展，共享发展成果。

3. 学习习近平在哲学社会科学工作座谈会上的重要讲话精神，是建设中国特色残疾人事业学科体系、学术体系、话语体系的内在要求

2016年5月17日，习近平总书记在哲学社会科学工作座谈会上发表重要讲话，提出："要按照立足中国、借鉴国外，挖掘历史、把握当代，关怀人类、面向未来的思路，着力构建中国特色哲学社会科学，在指导思想、学科体系、学术体系、话语体系等方面充分体现中国特色、中国风格、中国气派。"[1]

笔者在《中国特色残疾人事业的理论研究与服务实践——从人道主义的延续性说起》一文中，以习近平在哲学社会科学工作座谈会上的重要讲话精神为指导，初步谈了一些建设中国特色残疾人事业的学科体系、学术体系、话语体系的心得体会。[2]

从2007年开始，中国残联分别与中国人民大学、北京大学等十所高校合作，建立了残疾人事业发展研究中心，举办了十六届中国残疾人事业发展论坛，积极开展残疾人事业的理论与实践研究，其中就涉及建设中国特色残疾人事业的学科体系、学术体系、话语体系的具体内容。

4. 研究中国特色残疾人事业自身理论及其指导思想，是发展中国特色残疾人事业的客观要求

在习近平新时代中国特色社会主义思想指导下，密切联系中国残疾人事业

---

[1] 2016年5月17日，习近平在哲学社会科学工作座谈会上的讲话。
[2] 奚从清：《中国特色残疾人事业的理论研究与服务实践——从人道主义的延续性说起》，《残疾人研究》2016年第3期，第17页。

发展的实际，切实加强残疾人口学、康复医学、特殊教育、手语、盲文、残疾人体育、残疾人保障、残疾人社会工作、残疾人社会学、残疾人学等基础学科建设，这必然为保障残疾人平等权益、促进残疾人融合发展创造更加有利的条件，也为进一步深化中国特色残疾人事业理论与实践研究创造更加充分的条件。

三、保障维度

中国残疾人联合会副主席吕世明说，党的十九大描绘了决胜全面建成小康社会、建设社会主义现代化强国的宏伟蓝图，提出"发展残疾人事业，加强残疾康复服务"的新任务，并提出要在弱有所扶上不断取得新进展。这彰显了以习近平同志为核心的党中央对民生问题的高度重视，为新时代残疾人事业和残疾人社会保障工作指明了方向、提供了遵循。5年来，有超过500万农村贫困残疾人脱贫，每年有800多万城乡贫困残疾人享受了最低生活保障，残疾人社会保障状况得到了明显改善。他认为，当前的重点问题，是要解决280.35万建档立卡残疾人的脱贫问题。他们普遍存在贫困程度深、扶持难度大、返贫率高等特殊困难，是群体脱贫攻坚的重点和难点。他还说，要啃下这些硬骨头，迫切期盼有关部门尽快启动残疾人社会保障条例的立法工作，并力争在2020年之前制定出台，为残疾人基本生活和福利提供制度性、法治化保障。可以考虑制定出台专门的残疾人社会保障单行法规，将现有散见于各部门政策性文件中的要求及实践中取得的成功经验以法规的方式确定下来。

当年的政府工作报告也提出，对老年人、残疾人、重病患者等特定贫困人口，因户因人落实保障措施。由于原有基础薄弱，社会救助领域还缺乏专门针对残疾人的扶助措施，仅靠临时性救助救济、有限定性的项目资助和碎片化的政策性措施是不够的，迫切需要采取一些超常规的强化措施。

中国残疾人联合会副主席吕世明提出建议，残疾人社会保障体系建设必须坚持以"全面建成小康社会，残疾人一个也不能少"为目标，以残疾人需求为导向，以一般性制度安排与专项制度安排、普惠性政策与特惠性政策相结合为原则，以残疾人最低生活保障制度、基本养老保险制度、基本医疗保险制度和基本福利制度（包括"两项补贴"、完善残疾儿童康复救助制度和继续拓展辅助器具、无障碍改造、生活费用支出及盲人聋人特定信息消费方面的福利补贴）为核心、以扶贫、康复、教育、就业等为重点，以慈善事业、商业保险为补充，形成"多层次、广覆盖、保基本、可持续"的保障格局，从而"进一步织密筑牢残疾人基本民生安全网,让任何一位残疾人都不会因为任何状况而陷入困顿"①。

四、文化维度

1. 正确认识残疾人文化的内涵、性质和作用,是解决残健融合发展的基本前提

残疾人文化有广义和狭义之分。广义的残疾人文化是指残疾人在长期的不同质的文化融合发展过程中所创造的社会物质财富和社会精神财富的总和,包括物质性文化、制度性文化、观念性文化以及文化工作和文化活动。狭义的残疾人文化是指残疾人在长期的不同质的文化融合发展过程中所创造的观念性文化以及文化工作和文化活动的总称。②《关于残疾人的世界行动纲领》提出"需要对有关残疾人问题的社会文化问题进行研究"正是观念性的文化。事实上,残疾人文化不仅是一种特有的文化印记,也是一种可贵的创新文化,而且是一种先进的文化形态,是社会主义先进文化的重要组成部分,是由多种多样的文化特质组成的统一体,包括弘扬人道主义思想、讴歌自强精神的励志文化、倡导平等友爱及包容互助的和谐文化、践行社会主义荣辱观的道德文化和建设社会主义精神文明的人文文化。

2. 树立社会主义核心价值观,是解决残健融合发展的内在要求

习近平说:"在当代中国,我们倡导富强、民主、文明、和谐,自由、平等、公正、法治,爱国、敬业、诚信、友善的社会主义核心价值观。社会主义核心价值,集中体现了当代中国精神,凝聚着全体人民共同的价值追求。"③"人民有信仰,国家有力量,民族有希望。要把培育和践行社会主义核心价值观作为凝魂聚气、强基固本的基础工程,广泛开展社会主义核心价值观宣传教育,不断夯实中国特色社会主义的思想道德基础。"④这为解决残健融合发展问题提供了理论支撑。

3. 促进残健精神文化层面的融合发展,是衡量残健融合发展的重要标志

毛泽东说:"人是要有一点精神的。"⑤如何科学地概括出在一定条件下所形成和发展起来的残疾人精神和健全人精神,如何研究残疾人精神和健全人精神之间的融合发展?这正是研究残疾人和健全人在有关残疾问题的社会文化上的

---

① 郭春林:《帮助残疾人和全国人民共建共享全面小康社会的新蓝图》,《残疾人研究》2016年第3期,第5-6页。
② 奚从清:《重新认识残疾人文化》,《残疾人研究》2016年第1期,第45页。
③④ 习近平:《新时代中国特色社会主义思想学习纲要》,学习出版社、人民出版社2019年版,第145、144页。
⑤ 《毛泽东选集》第五卷,人民出版社1997年版,第329页。

深层次问题,也是研究中国特色残疾人事业的理论与实践不可回避的一个重大的理论问题。

2014年5月16日,习近平总书记在北京会见第五次全国自强模范暨助残先进集体和个人表彰大会受表彰代表讲话中明确指出:"在当代中国,在改革开放进程中,我国残疾人中涌现出一大批像张海迪那样的自强模范,他们是改革开放大潮的弄潮儿,他们的事迹感人至深、催人泪下,激励了全社会的奋发自立精神。他们身上的精神就是自强不息精神,就是我们的民族精神、时代精神,也是社会主义核心价值观的应有之义。"

在这里,习近平把残疾人精神概括为"自强不息精神",就是我们的民族精神、时代精神,也是社会主义核心价值观的应有之义,不仅科学揭示了残疾人精神的深刻内涵,而且充分肯定残疾人的"自强不息精神",反过来"激励了全社会的奋发自立精神",也就是激励了全社会健全人的"奋发自立精神"。这两种精神相比较而存在、相融合而发展,从而形成一种良性互动、协调发展的生动局面。可以说,习近平关于残疾人与健全人两种精神深度融合发展的论述,为正确解决"有关残疾问题的社会文化"提供了一个具有深刻洞察力和价值力的观点。

新时代需要新思维。为了推动传统媒体和新兴媒体融合发展,2016年2月,习近平总书记在"2·19"讲话中强调,融合发展关键在融为一体、合而为一。这个新思维不仅为中国新闻媒体的改革指明了方向,而且也为中国残疾人事业的改革指明了方向。坚持以人为本,站在残疾人与健全人共同利益的高度,建立残健融合发展的机制,构建残健精神深度融合发展的关系,必将使我们社会出现高度文明的新局面。当然,这是一项长期而艰巨的任务,如果以短视的观点和行为对待残健精神的深度融合发展,就是用形而上学窒息其活生生的辩证法。

五、发展维度

1. 从发展目标来说,坚持一般与重点相结合

党的十九大报告明确提出:"发展残疾人事业,加强残疾康复服务。"这正是坚持一般与重点相结合原则的生动体现,不仅体现了习近平对残疾人的"格外关心、格外关注",体现了"全面建成小康社会,残疾人一个都不能少"的主要目标,而且凸显了残疾康复服务的重要地位。

2018年1月4日,中国残联主席张海迪在接受经济日报—中国经济网记者吴佳佳采访时介绍:"2018年,残联要办好五件事:一是要按照中央的决策部署和习近平总书记的要求,全力推动实现'全面建成小康社会,残疾人一个也不能少'的目标;二是要把残疾人康复放在第一位,完善康复设施,加快培养康复人才;三是要加强融合教育,提高特殊教育办学质量;四是要帮助更多的残疾人创

业和就业,改善残疾人生活状况;五是要加快建立残疾人托养机构,为残疾人解除后顾之忧。"张海迪之所以"要把残疾人康复放在第一位",是因为残疾人康复服务是发展残疾人事业发展的最基础的部分。残疾康复服务的水平如何,直接关系到残疾人就业、教育、体育、脱贫以及回归社会主流的发展程度或状况。可以想见,中国残联把残疾人康复放在第一位,也就是把解决残疾人的疾苦放在第一位,进一步完善康复设施,加快培养康复人才,使他们早日得到康复,同健全人一起,以顽强意志投身国家建设,推动社会前进。

张海迪还表示,残疾人是精准脱贫的重点,必须做到精准识别、分类施策、有效帮扶,确保农村贫困残疾人如期脱贫,重点研究解决农村重度残疾人的托养照料问题;要帮助更多残疾人就业创业,加快建立残疾人托养机构,为残疾人解除后顾之忧;要创造一切条件,帮助残疾人康复,建立更完善更多的康复设施,加快推进中国康复大学建设,加快康复人才培养;要继续巩固特殊教育的基础,提高特殊教育办学质量,让更多残疾孩子能够接受教育,大力推进融合教育,帮助更多残疾孩子进入普通学校读书;加强残疾人大数据建设,进一步完善数据的采集、分析研究、共享和转化应用工作,为残疾人提供更加便捷有效的公共服务;加强残疾人领域的国际交流合作,提升我国在国际残疾人事务中的话语权和影响力。张海迪在落实各项工作任务时所显现出来的突出重点、兼顾一般,正是辩证法在实际工作中的具体运用。

2. 从发展实情来说,坚持理论与实际相结合

全球有10亿多残疾人,中国有8500多万残疾人,是世界上残疾人口最多的国家,涉及2.6亿个家庭。因此,中国残疾人事业面临的困难和需要解决的问题是世界上任何其他国家都无法比拟的。如何改革和发展中国残疾人事业,迫切需要广大理论工作者和实际工作者携起手来,为发展中国残疾人事业作出积极的贡献。众多论者从关注一分部署、九分落实的实践维度出发,密切联系残疾人工作实际,从不同角度撰文,大力弘扬人道主义思想、扶残助残的中华民族传统美德和残疾人"平等、参与、共享、融合"的现代文明理念,阐明残健融合的重要性、必要性以及解决问题的途径和方法,营造理解、尊重、关心、帮助残疾人融合发展的社会环境,值得点赞。

3. 从发展措施来说,坚持四个具体原则

事实上,中国残疾人事业在城乡区域发展还很不平衡,残疾人群体仍然是全面建成小康社会的难中之难、困中之困。只有认真贯彻执行《纲要》提出的"四个具体原则",即坚持普惠与特惠相结合,坚持政府主导与社会参与、市场推动相结合,坚持增进残疾人福祉和促进残疾人自强自立相结合,坚持统筹兼顾与分类指

导相结合,才能确保残疾人实现平等参与、融合发展的愿望,才能彰显"残疾人既是全面小康社会的受益者,也是重要的参与者和建设者"的价值。

六、无障碍环境建设维度

1. 无障碍环境包括物质环境无障碍、信息和交流无障碍

20世纪初,在人道主义思想影响下,建筑学界产生了一种新的建筑设计理念——无障碍设计。它运用现代技术建设和改造环境,为广大残疾人、老年人和其他行动不便者提供行动方便和安全空间,创造一个"平等、参与"的环境。国际上,对于物质环境无障碍的研究可以追溯到20世纪30年代初,当时瑞典、丹麦等国家就建有专供残疾人使用的设施。1961年,美国制定了世界上第一个《无障碍标准》。此后,英国、加拿大、日本等几十个国家和地区相继制定了有关法规。[①]

我国无障碍的建设是从无障碍设计规划的提出与制定开始的。1985年3月,在"残疾人与社会环境研讨会"上,中国残疾人福利基金会、北京市残疾人协会、北京市建筑设计院联合发出了"为残疾人创造便利的生活环境"的倡议。北京市政府决定将西单至西四等四条街道作为无障碍改造试点。1986年7月,建设部、民政部、中国残疾人福利基金会共同编制了我国第一部《方便残疾人使用的城市道路和建筑物设计规范(试行)》,于1989年4月1日颁布实施。

2. 中国重视无障碍环境建设,不断加大支持力度

2019年7月,《平等、参与、共享:新中国残疾人权益保障70年》指出:中国重视无障碍环境建设与辅助器具供应和适配服务,逐步完善相关法律法规和标准,不断加大支持力度。[②]

无障碍环境建设形成规范体系。自1989年《方便残疾人使用的城市道路和建筑物设计规范(试行)》颁布实施以来,中国相继制定了《无障碍设计规范》《无障碍设施施工验收及维护规范》等国家标准,发布实施《城市公共交通设施无障碍设计指南》《标志用公共信息图形符号第9部分:无障碍设施符号》等国家标准。国家民航、铁路、工业和信息化、教育、银行等主管部门分别制定实施了民用机场旅客航站区、铁路旅客车站、网站及通信终端设备、特殊教育学校、银行等行业无障碍建设标准规范。2012年,国务院颁布《无障碍环境建设条例》。党的十八大以来,无障碍环境建设立法进一步加强,法律法规和政策措施呈现明显增长

[①] 参见中国残疾人联合会编:《残疾人工作基本知识读本》,华夏出版社2009年版,第158-160页。
[②] 国务院新闻办公室:《平等、参与、共享:新中国残疾人权益保障70年》,人民出版社2019年版,第32-36页。

态势。截至 2018 年,全国省、地(市)、县共制定无障碍环境与管理的法规、规章等规范性文件 475 部。

城乡无障碍环境建设由点到面有序推进。"十五"期间,在 12 个城市开展了创建全国无障碍环境建设示范城市活动;"十一五"期间,创建活动扩展到 100 个城市;"十二五"期间,50 个市县获选全国无障碍建设示范市县,143 个市县获选全国无障碍建设创建市县。2015 年 2 月,住建部、民政部、中国残联等部门发布了《关于加强村镇无障碍环境建设的指导意见》,推进无障碍环境建设由城市逐步向农村发展。截至 2018 年,全国所有直辖市、计划单列市、省会城市都开展了创建全国无障碍建设城市的工作,开展无障碍建设的市、县达 1702 个;全国村(社区)综合服务设施中已有 75% 的出入口、40% 的服务柜台、30% 的厕所进行了无障碍建设和改造。政府加快了残疾人家庭无障碍改造进度,2016 年至 2018 年共有 298.6 万户残疾人家庭得到无障碍改造。

信息无障碍建设步伐加快。制定关于信息无障碍的国家技术标准,推动政务和公共服务网站的信息无障碍建设。加强信息无障碍标准体系建设,发布多个国家及行业标准,为残疾人便利使用信息通信设备、获取互联网信息、操纵辅助装置等提供有效标准支撑。推进中国政务网站无障碍建设。截至 2018 年,500 多家政府单位完成了信息无障碍公共服务平台建设,多个政务和公共服务网站实现了无障碍服务。将手语和盲文的规范化和推广作为国家义务,《国家中长期语言文字事业改革和发展规划纲要(2012—2020 年)》和《国家语言文字事业改革"十三五"发展规划》将手语和盲文纳入国家语言文字工作总体规划。2018 年,《国家通用手语常用词表》和《国家通用盲文方案》正式颁布实施。全国人民代表大会等重大会议的直播加配手语播报,中央广电总台和部分地方电视台在重要节目中加配手语播报服务。截至 2018 年,全国省、地市级电视台共开设电视手语栏目 295 个,广播电台共开设残疾人专题广播节目 230 个,省、地(市)、县三级公共图书馆共设立盲文及盲文有声读物阅览室 1124 个。对残疾人信息消费给予优惠或补贴。中国残联、工信部发布《关于支持视力、听力、言语残疾人信息消费的指导意见》,鼓励基础电信企业推出面向特定人群的资费优惠,引导大型互联网企业为从事互联网行业的视力、听力、言语残疾人在技能培训、运营管理、信息共享等方面提供便利。互联网企业也在提升残疾人网购体验、开放信息无障碍技术、开展职业技能培训等方面提供了一系列服务。

重点领域无障碍建设积极推进。启动到 2035 年交通运输无障碍出行服务体系建设,交通运输部在客运枢纽、高速公路服务区、客运码头、地铁站等交通基础设施以及城市公共汽车电车、地铁等交通工具的设计使用标准中增加无障碍要求。各地积极推广应用无障碍化客运车辆,在公共交通工具上设置"老弱病残"专座,使用低地板公交车和无障碍出租汽车。大部分城市公交车都配备车载屏幕和语音报站系统,部分城市公交车安装了车载导盲系统。多个省份客运设施无障碍建设率达100%。铁路部门为3400余辆动车组列车设置了残疾人专座,允许盲人携带导盲犬乘坐火车。银行业金融机构改造轮椅坡道和盲道,配置语音叫号系统、叫号显示屏等设备,设立无障碍卫生间和无障碍停车位。邮政部门为重度残疾人提供上门服务,快递行业为聋人客户提供短信服务,盲人读物免费寄送。完善诉讼无障碍设施及服务。大力推进法院接待场所、审判场所的无障碍设施建设,方便残疾人参加诉讼。积极推进信息交流无障碍环境建设,根据案件情况,允许相关辅助、陪护人员陪同残疾当事人出庭。

辅助器具供应和适配服务获得政策支持。2016年,国务院制定《关于加快发展康复辅助器具产业的若干意见》,对推进辅助器具产业快速发展作出部署。财政部、税务总局、民政部联合发布《关于生产和装配伤残人员专门用品企业免征企业所得税的通知》,以降低伤残人员专门用品的生产成本。各地相继制定辅助器具补贴办法,对购买辅助器具和提供适配服务给予补贴。2018年,有319.1万残疾人获得盲杖、助视器、假肢等各类辅具适配服务。自1996年以来,各级政府组织实施"长江新里程计划"假肢服务、彩票公益金辅助器具服务等重点项目,累计为1500万人次提供服务。

残疾人个人行动能力得到提升。公安部不断放宽残疾人申领驾驶证条件,已有27.9万肢体、听力等残障人员申领驾驶证。《残疾人航空运输管理办法》要求承运人、机场和机场地面服务代理人为具备乘机条件的残疾人免费提供登机、离机所需要的移动辅助设备。每列火车预留残疾人旅客专用票额。盲人可以免费乘坐市内公交。制定"导盲犬"国家标准,积极发展网络、电话预约出租汽车服务,方便残疾人群体乘车出行。

《中国残疾人事业"十四五"残疾人保障和发展规划》强调,全面推进无障碍环境建设。

保障残疾人基本住房安全便利。优先解决低收入残疾人家庭住房安全问题。持续支持符合条件的农村低收入残疾人家庭实施危房改造,对符合条件的城镇残疾人家庭优先配租公租房,不断改善残疾人居住条件。城镇保障性住房建设、农村危房改造统筹考虑无障碍设施设备建设安装。

为残疾人特别是聋人参加职业技能培训、就业创业提供无障碍支持服务。

用人单位应当为残疾职工提供适合其身心特点的劳动条件、劳动保护、无障碍环境及合理便利,在晋职、晋级、职称评定、社会保险、生活福利等方面给予其平等待遇。加强残疾人就业劳动监察,坚决防范和打击侵害残疾人就业权益的行为。

加强安全生产、消防安全和交通安全管理,加强道路交通安全执法和安全防护设施建设,加快公共场所急救设备配备,提高自然灾害和火灾现场应急处置能力、突发事件紧急医学救援能力和院前急救能力,防止老年人跌倒、儿童意外伤害致残,减少因灾害、事故、职业伤害等致残。

保障残疾人平等权利,为残疾人提供无障碍环境和便利化条件。

加快科技创新和人才培养。将科技助残纳入科技强国行动纲要,促进生命健康、人工智能等领域科学技术在残疾人服务中的示范应用,开展残疾预防、主动健康、康复等基础研究,扶持智能化康复辅助器具、康复设备、盲文数字出版、无障碍等领域关键技术研究和产品推广应用。

相关内容可详阅中国残联、住建部等13部门印发的《无障碍环境建设"十四五"实施方案》,中国残联、国家发改委等6部门联合印发的《关于"十四五"推进困难重度残疾人家庭无障碍改造工作的指导意见》。

3. 共建包容、无障碍和可持续发展的世界

2020年12月3日,应国际电信联盟邀请,中国残联主席张海迪在北京出席2020年信息社会世界峰会视频互动对话会议并发表讲话。

张海迪对国际电联在第29个国际残疾人日到来之际召开互动对话会议表示赞赏。她介绍了我国在残疾人大数据建设应用方面取得的成绩,以及运用"互联网+"技术为残疾人提供服务的经验。

张海迪指出,中国残联已开展全国残疾人实名制抽样调查,并根据残疾人对康复、教育、就业培训、文化体育、无障碍改造的需求提供精准服务。中国已搭建起全国统一的"互联网+"助残服务平台,推动信息化无障碍建设,积极利用信息科技改善残疾人生活,促进残疾人更好参与社会。

张海迪表示,中国残联愿与国际社会分享中国残疾人大数据建设和推广信息无障碍的经验,共建包容、无障碍和可持续发展的世界。

国际电联副秘书长马尔科姆·约翰逊高度评价中国在运用新技术改善残疾人生活方面作出的积极努力,表示愿与中国残联进一步加强合作,共同致力于推广数字技术应用,推动全球信息无障碍建设。[①]

---

① 张海迪:《共建包容、无障碍和可持续发展的世界》,《中国残疾人》2021年第1期,第8页。